国家金融与发展实验室
National Institution for Finance & Development

中国债券市场 2021

中国债券论坛
China Bond Market Forum
CBMF

李 扬 王 芳/主编

社会科学文献出版社
SOCIAL SCIENCES ACADEMIC PRESS (CHINA)

目 录

宏观环境篇

市场篇

专题篇

宏观环境篇

第一章 2021~2022年宏观经济形势分析

汪红驹　张彬斌　冯　明　李双双*

- 2021 年，受新冠肺炎疫情反弹拖累，全球经济不平衡复苏，发达经济体与新兴市场经济体经济增长差距缩小。中国进出口较为旺盛，财政收支矛盾明显缓解。但内需快速回落，供需两侧同步放缓，制造业就业有所增加，实际就业恢复并不充分，供给侧因素推动大宗商品价格上涨，物价分化加剧，积极财政政策实施力度较弱，金融风险暴露加剧。这既有汛情疫情因素影响，也有大宗商品价格上涨、电力紧缺、能耗“双控”限产、大型平台企业规范监管、房地产“三条红线”“两集中”政策、财政赤字紧缩、货币信用收缩等因素的叠加共振作用。
- 2022 年，应统筹好各项政策时度效，科学引导市场预期，确保经济运行在合理区间；积极的财政政策要加力提效，稳健的货币政策要灵活适度；综合平衡绿色发展与保供稳价工作，努力缓解实体经济困难；更加注重保就业、保收入和保民生，促进国内需求恢复；统筹好稳增长、调结构与防风险的平衡，妥善处理重点领域风险防范化解工作。

* 汪红驹，中国社会科学院财经战略研究院研究员，博士生导师。张彬斌，中国社会科学院财经战略研究院；冯明、李双双，中国社会科学院数量经济与技术经济研究所。

一　全球经济不平衡复苏，国际经济格局加速重构

（一）全球经济不平衡复苏，发达国家与新兴市场经济体经济增速差距缩小

2021 年全球经济出现不平衡、不同步复苏（见图 1－1），总体上下半年复苏势头放缓。发达经济体虽然在二季度经济实现较为强劲复苏，但是由于疫情反弹，进入三季度以来增速放缓。美国疫情反弹、纾困资金刺激作用消退、物价上涨以及供应链约束造成供应紧张，进而导致消费支出增速回落，引起美联储调降增速预期；日本和欧盟经济虽从一季度环比下降转成二季度环比增

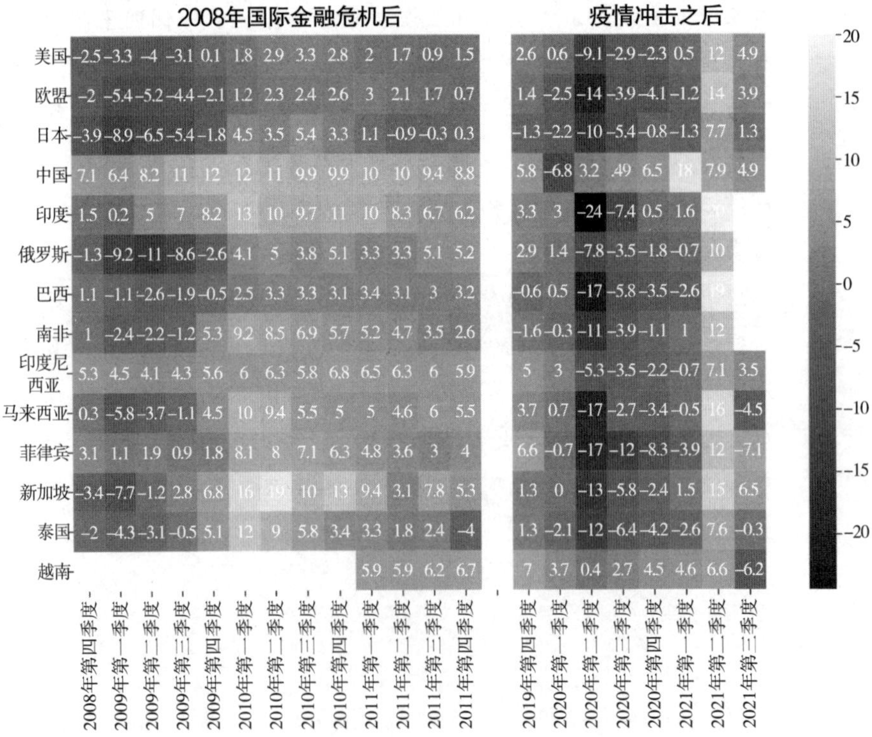

图 1－1　发达经济体与新兴经济体经济复苏比较

资料来源：CEIC。

长，但是进入三季度以来持续下降的采购经理人指数显示经济复苏势头已经走弱。由于在疫苗获得与接种以及财政政策支持力度和货币政策取向上与发达国家存在差异，新兴经济体复苏更加疲软。尤其是东盟疫情反复造成增速不及预期拖累新兴经济体整体增速预期下调，越南、马来西亚、泰国等东南亚国家三季度经济负增长，导致新兴经济体增速显著高于发达经济体的局势出现暂时调整，二者增速差显著缩小，预计 2021 年可能不到 1 个百分点。饱受新一轮疫情冲击且遭遇免疫鸿沟和数字鸿沟困扰的非洲等欠发达地区则复苏更弱，与发达经济体发展之间的鸿沟进一步拉大。此外，发达经济体超常宽松政策及其退出对新兴经济体和发展中国家产生显著溢出效应，为了应对通胀、本币贬值和资金外流，已有巴西、匈牙利、墨西哥、俄罗斯等多个新兴经济体开启加息进程。随着通胀持续高企，特别是美联储货币政策转向，更多新兴经济体和发展中国家将不得不在经济尚未恢复之际被动加息，收紧的融资环境将对其复苏进程构成新的阻碍。

（二）需求恢复带动全球货物贸易复苏，供给侧瓶颈则对贸易增长构成明显制约

由于各国防疫限制，全球服务贸易增长依然缓慢，随着经济恢复和需求增长，全球货物贸易实现恢复性增长，预计 2021 年或将实现 10% 左右的同比增长。然而供给侧瓶颈对全球贸易增长构成明显制约。一方面，海运运输成本暴涨暴跌，由于 OPEC 增产计划过于保守，国际能源需求持续增长，1 ~ 10 月原油价格持续上涨；11 月国际能源价格在美国联合中国、日本等国家释放战略储备油的政策下出现高位回落。用工成本不断提高，外贸企业成本压力将继续累积，面临有订单而不敢接的尴尬处境。另一方面，疫情造成消费模式转变，对私家车和居家办公与娱乐的电子产品需求增加，然而芯片短缺对汽车和电子产品供给构成限制，供需出现错配。

（三）国际金融市场多类资产价格创下新高，未来货币政策调整可能引发市场震荡

为摆脱疫情冲击下短期经济衰退，各国采用超常货币与财政刺激措施应对，导致资产价格飙升，全球主要股指同比增幅纷纷创出新高，且估值普遍偏

高，比特币等互联网相关资产泡沫化趋势显著，美欧等发达经济体和巴西、土耳其、墨西哥、智利等新兴经济体房地产市场价格指数自2020年以来陡然攀升至历史新高。与此同时，全球通胀持续高企导致各国货币收紧压力加大，美联储缩减购债计划趋于明朗，部分新兴市场国家“抢跑”加息。全球资产价格泡沫化引发市场担忧，投资者正逐步将资金转向货币市场基金等避险资产，对冲基金已开始提前抛售美股、比特币等高估值风险资产，造成股市和加密货币大幅波动。流动性收紧将降低投资者风险偏好，可能导致股票、房地产等资产价格大幅下跌，并引发全球股市、债市、汇市波动。全球金融市场特别是新兴市场国家金融市场面临大幅波动甚至爆发新一轮金融危机的风险。

（四）全球经济格局中大国力量与国际责任在调整中加速重构

新冠肺炎疫情对全球经济造成严重冲击，也加速了全球经济格局中大国力量和国际责任的重构。美国从阿富汗撤军，集中力量进行大国经济竞赛，希望在竞争中战胜中国，保持其一超地位。中国继续扩大对外开放，落实RECP，申请加入CPTPP，利用区域和多边机制谋求发展机会和空间。欧洲正式实施“下一代欧盟”复兴计划，在提振欧洲经济复苏的同时，帮助欧盟补齐财政一体化短板，推动欧洲一体化，力求实现中美欧三超并立局面。疫情应对和疫情后重建也加速了大国责任重构。一方面，IMF大规模增发和重新分配特别提款权，并希望发达国家将自身现有和新增特别提款权以适当形式转借给低收入国家，支持其经济复苏，但是转借还是赠予，以及如何实施，各方立场不同。与此同时，G20呼吁政府和商业债权人对低收入国家进行缓债，支持低收入国家应对疫情冲击。另一方面，为解决贫穷国家疫苗短缺问题，WTO正在就新冠病毒疫苗知识产权豁免进行谈判，中国和美国均先后表示支持，但由于欧洲很多大国表示反对，谈判进展缓慢，各成员面临在不同立场、观点和方法之间的艰难调和。

二 2021年中国经济运行态势与特征

（一）内需冲高后快速回落，供需两侧同步放缓

一是在供给方面，一季度基数影响使工业生产同比冲高，下半年受电力紧

缺、能耗“双控”限产、国际运输瓶颈等因素制约，工业增加值增速已显著放缓，两年平均增速明显回落。信息传输、软件和信息技术等现代服务业较快增长；但与上半年相比，下半年服务业生产指数两年平均增速也显著降低。二是在国内需求方面，制造业投资两年平均增速有所好转，但受房地产销售增速下降、专项债项目管控加强等因素叠加影响，房地产投资增速明显放缓（见图 1-2），基建投资同比下降。受自然灾害、疫情反复等因素影响，消费整体恢复较慢，与疫情前增速相比仍有较大距离，餐饮收入同比出现下降，外出旅游与疫情前相比仍存在较大差距。

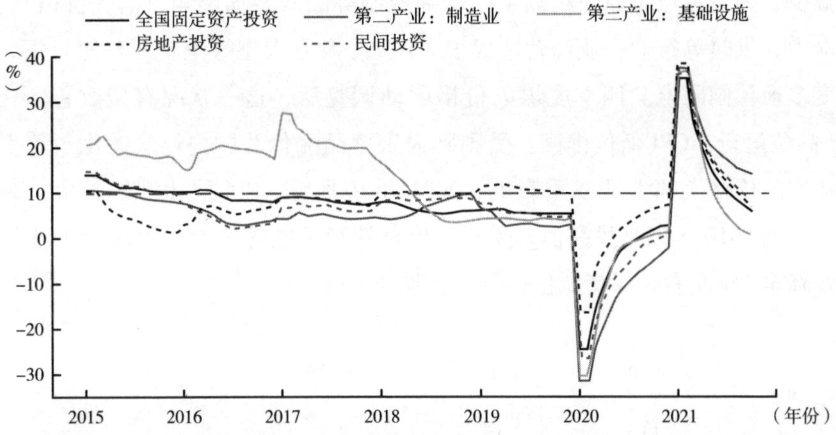

图 1-2 2015~2021 年各项投资增速

资料来源：CEIC。

（二）制造业就业有所增加，实际就业恢复并不充分

一是得益于常态化疫情防控以及有力的稳就业举措，全国城镇新增就业超额完成年度目标，但仍比 2019 年同期少增。二是城镇调查失业率维持在 5.1% 左右，比 2020 年有所降低，但城镇调查失业率无法反映农民工独特的“退出”劳动力市场行为，由于疫情发生以来劳动参与率明显下降，实际就业形势并不乐观。青年群体调查失业率可以剔除农民工退出现象，能更好地反映劳动力市场状况，其大幅高于平均失业水平。受就业创业机会收缩因素影响，居民可支配收入滞后于经济增长，反向制约消费和就业创造。

（三）物价分化加剧，供给因素推高大宗商品价格

2021 年我国物价走势的高度结构化特征继续呈现，PPI 涨幅走阔而 CPI 涨幅有限，物价分化加剧。一是大宗商品价格走势分化。受国际金融市场流动性、疫情汛情、能耗“双控”限产等多因素推升，2021 年一季度到三季度大宗商品价格普遍持续上涨，偏离经济基本面支撑。四季度我国通过推动进口多元化、实施保供稳价政策等方式，不同品种大宗商品价格出现分化，煤炭、黑色金属、铁矿石、铜等部分大宗商品价格有所回落。二是受需求增加而电煤进口减少、内蒙古煤企原先超额生产受到遏制等因素叠加影响，电煤价格高企，对电力、供热等行业企业经营造成很大压力，8 月大型煤电企业普遍亏损，三季度多地拉闸限电。四季度煤电价格联动调整后，这一状况有望改善。三是 PPI 高位运行，CPI 低位徘徊。受国际大宗商品涨价及国内煤炭、化工等上游行业产品价格大幅上涨双重影响，2021 年 9 月后，PPI 同比涨幅扩大，超过 10%，创 2010 年以来最高值。受猪肉价格持续下跌等影响，2021 年 CPI 同比涨幅降至 1% 左右，保持低位运行（见图 1 –3）。

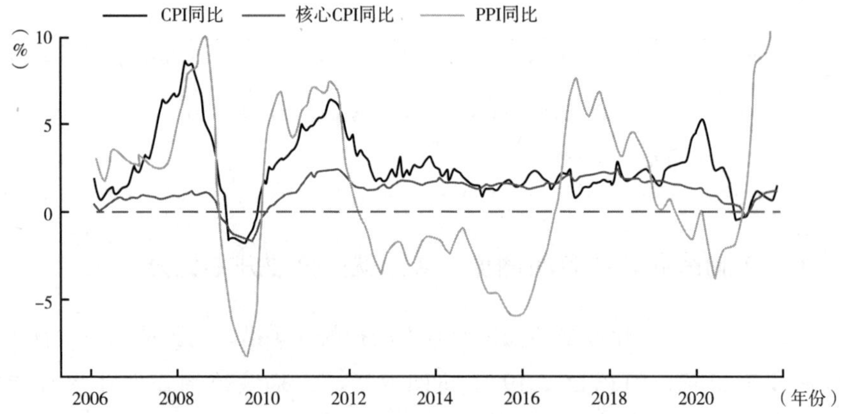

图 1 –3　2006 ~ 2021 年中国 CPI 和 PPI 同比变化

资料来源：CEIC。

（四）进出口保持旺盛，部分出口企业“增量不增利”

一是我国外贸延续高速增长势头，2021 年四季度出口增速同比回落，作为出口先行指标的 PMI 新增出口订单连续下降且落入收缩区间，预示出口增长大概率已经见顶。我国出口全球占比开始呈现下降走势，出口替代效应减弱。二是当前我国出口增长主要是由出口数量增长推动，价格因素对出口增长贡献相对较弱。尽管出口规模增速较快，但受大宗商品价格上涨、海运费用攀高、用工成本上升等因素影响，加之前期汇率升值幅度较大，部分出口企业以人民币计价的利润增长有限，有的甚至出现出口“增量不增利”的矛盾。三是货物贸易和银行结售汇均延续顺差格局，但在贸易条件恶化及非美货币相对美元走弱双重因素的作用下，外汇储备积累速度明显慢于经常项目顺差增速。

（五）财政收入增幅明显高于支出增幅，少数地区地方财政困难

一是全国一般公共预算财政收入增幅高于支出增幅，与前两年相比财政收支逆差明显改善，政府存款上升（见图 1－4）。二是累计税收收入已超越疫情发生前增长态势。受工业生产者价格指数上涨和基数效应影响，税收收入增速持续高于名义 GDP 增速。增值税累计收入回升至 2019 年运行轨迹，企业所得税累计收入超过 2019 年同期。中央财政本级支出持续压缩，中央财政收支盈余持续扩大。三是财政收入增速前高后低，下半年各地税收和财政收入均出现季节性下降，叠加经济增长减速，导致财政收入同比增速大幅下降。四是地方政府土地出让收入减少，地方财政收支分化，土地财政依赖度高、缺少产业支撑的地方财政仍较为困难。

（六）货币信贷增速进一步放缓，大型房企风险暴露加剧

2021 年前三季度广义货币量增速与社会融资规模存量增速放缓，四季度 M2 增速略有回升，但社融总量增速仍在回落（见图 1－5）。地区与行业之间信用分化、融资分化的格局边际上略有缓解，但仍然较为突出。贷款市场报价利率（LPR）平稳，银行间存款类机构 7 天期质押回购利率（DR007）在 2.2% 附近窄幅波动，10 年期国债收益率由 6 月末的 3.08% 降至 2.85% 上下。股票市场交易活跃度大幅提升，股价分化明显。恒大系多家公司出现风

险暴露事件，部分地产项目停工、商业票据到期无法兑付、理财产品遭遇挤兑、上市公司股价大幅下降。由于涉及众多购房者、员工、供应商和金融机构，该风险事件存在传导扩散的可能性。

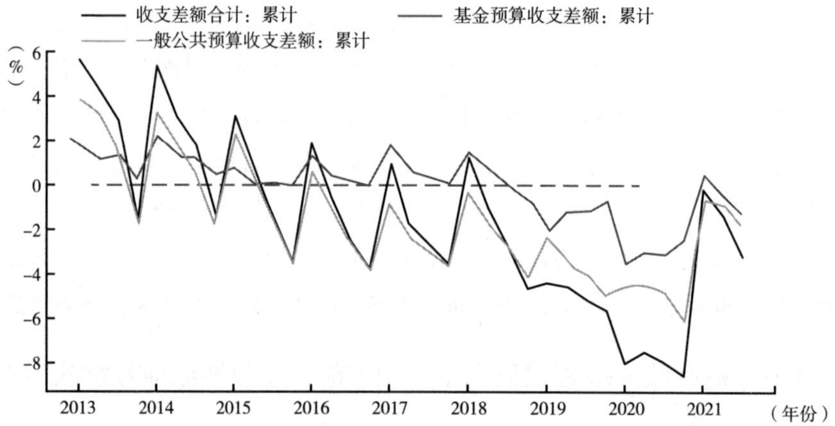

图 1-4　2013～2021 年财政收支差额占名义 GDP 比重

资料来源：CEIC，作者计算。

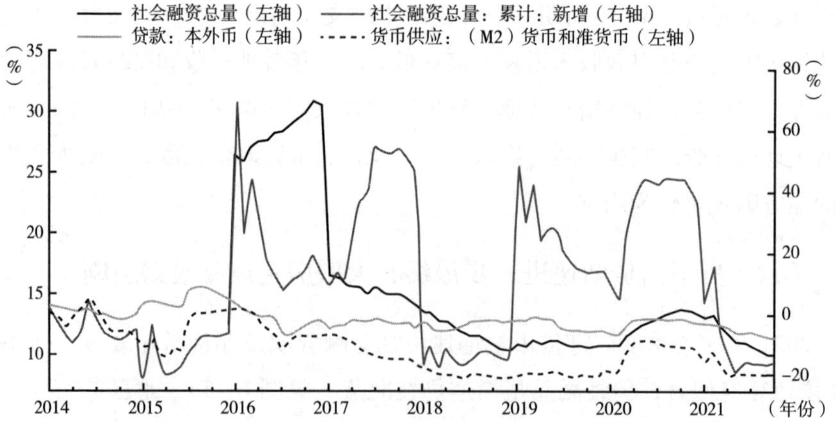

图 1-5　2014～2021 年货币供应量和社会融资总量同比增速

资料来源：CEIC。

三　2022 年需要重点关注的问题

（一）疫情防控形势复杂，疫苗接种和新药研发推广加快推进

第一，我国疫情常态化防控经验丰富，成效显著。虽然 2021 年国内仍受变异病毒事件影响，但所发生的点状暴发疫情都被及时有效地控制。第二，外部疫情仍存在较大不确定性。2021 年 7～8 月，部分国家新增感染率和死亡率再次上升。9 月以来，这些国家每百万人口新增感染率和死亡率有所下降，但是 10～11 月欧洲部分国家如英国、荷兰、俄罗斯等新增病例又出现一波新的上涨（见图 1－6、图 1－7）。继 Delta 病毒变异之后，南非又出现 Omicron 病毒新变异。未来的病毒变异以及最终是否流感化，病毒学界似乎还没有定论。第三，疫苗鸿沟明显。一是疫苗接种率国别差异明显。低收入国家居民接种率仍然很低。这些国家疫情散点暴发存在极高的可能性，其传导和新变异会影响全球疫情防控。二是美英等国垄断了高端疫苗生产和全球疫苗分配，优先满足发达国家。第四，未来疫情发展存在新的不确定性。美国和以色列已经推行第三针疫苗，说明疫苗提供的初始免疫力会随时间推移而减弱，疫苗对 Delta 变异病毒的有效性不足。第五，美国辉瑞、瑞士罗氏和日本盐野义制药等多国药厂加快研发治疗新冠肺炎的口服药物。美国默克药厂宣布临床实验已证实“Molnupiravir”能大幅降低患者的重症或死亡风险。英国药品与保健品监管局（MHRA）（11 月 4 日）批准使用美国默克公司研发的新冠病毒治疗药物 Molnupiravir。治疗新冠肺炎的口服药正在审批过程中。总体上，疫苗接种率高的国家接近实现全民免疫，经济恢复增长加快。美国向已经完全接种的国际人士开放边界，国际人员流动加快，但不同疫苗接种者相互接触增多，也加大了新病毒变异的可能性。

（二）美国经济持续复苏的因素增多

美国经济走出衰退后，正从经济复苏阶段转向周期扩张阶段。2021 年 7 月 19 日，美国国民经济研究局（NBER）发布公告称，从 2020 年 3 月开始的经济衰退在 2020 年 4 月结束，新冠肺炎疫情导致了两个月的经济衰退，这不

图1－6　全球新冠肺炎疫情演化趋势

资料来源：CEIC。

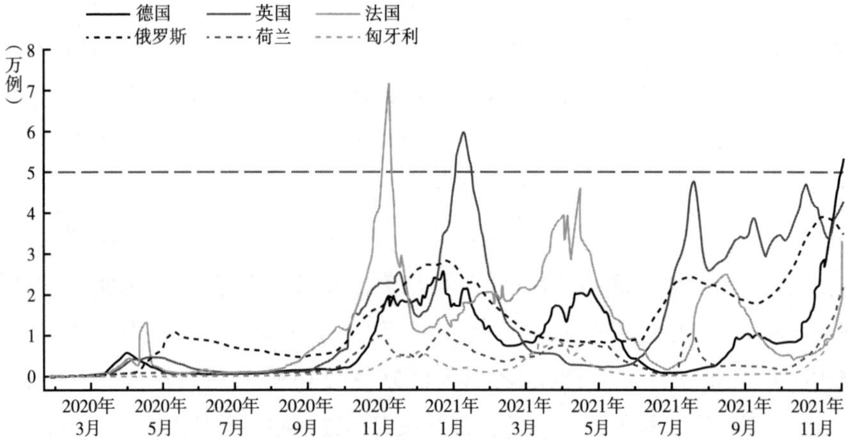

图1－7　欧洲部分国家当日新增病例（七天移动均值）

资料来源：CEIC。

仅是有记录以来最严重的衰退，也是最短暂的衰退。

四季度美国经济持续复苏因素增多。一是2021年三季度美国经济继续复苏，就业指标持续好转。2021年10月，美国失业率降至4.3%，经季节调整后为4.6%，也处于持续下降过程（见图1－8）。

二是为加快恢复经济增长潜力，美国政府推出财政扩张计划。拜登总统于

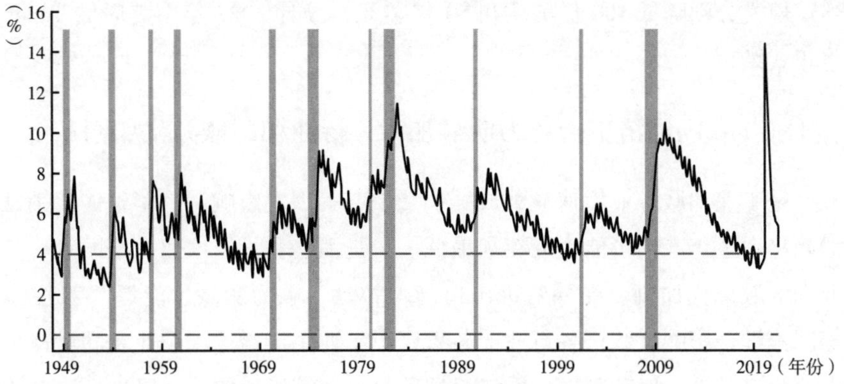

图1-8　美国失业率

资料来源：CEIC。

2021年11月15日签署《基础设施投资和就业法案》（Infrastructure Investment and Jobs Act），要求美国对基础设施建设增加大量投资。该法案是美国总统拜登实行基础设施计划的第一阶段，投资总额为1.2万亿美元（折合人民币7.7万亿元），其中明确指出1100亿美元用于道路和桥梁、390亿美元用于公共交通、660亿美元用于铁路、550亿美元用于污水处理设施，以及数十亿美元用于机场、港口、宽带互联网和电动汽车充电站的建设。2021年11月15日，美国众议院还将继续讨论《建设美好未来法案》（The Build Back Better Act），该法案的重点在民生，包括5550亿美元的清洁能源和气候投资、4000亿美元的幼儿保养和学前教育投资、2000亿美元的儿童税和工资税收抵、1500亿美元的廉价房屋投资、1300亿美元《平价医疗法案》抵免。

三是2021年11月8日美国向来自欧洲、亚洲等33个国家和地区的完成接种新冠病毒疫苗的国际旅客开放，这将加快航空、旅游餐饮等行业复苏。

四是美联储兼顾美国经济增长和控制物价上涨目标，计划启动Taper进程，增强美国经济中期增长信心。2021年11月2~3日，美联储召开的议息会议正式明确启动Taper进程。保持联邦基金目标利率在0~0.25%的区间内不变，且在劳动力市场达到委员会预计的水平之间，将维持这一目标区间不变。同时维持超额存款准备金利率在0.15%不变、贴现利率在0.25%不变；从11月开始，放缓扩表的步伐，将每月增购的美国国债和抵押贷款支持证券（即

MBS）规模分别降低 100 亿美元和 50 亿美元，预计 2022 年中美联储 Taper 进程将正式结束。

（三）我国经济下行压力明显加大，行业和区域分化加剧

一是工业和服务业增速显著放缓，受缺芯等因素影响，汽车整体产销延续下滑趋势，全年产销可能为近年来最低。二是消费和投资增速大幅回落。三是行业和区域分化加剧。受外贸进出口高增拉动、电力紧缺、能耗“双控”限产等因素综合影响，我国各行业、各省区市工业生产增速和企业利润增速出现较大分化。其一，医药制造、电气机械器材、计算机通信、金属制品、专用设备、通用设备等行业增加值两年平均增长都超过 10%；但煤炭、黑色金属、有色金属开采及冶炼等行业增加值两年平均增速都低于 5% 或为负增长。其二，上下游行业利润分化明显，采矿业、制造业、电力热力燃气及水的生产和供应业营业收入利润率高位回落，煤电企业亏损面显著扩大，煤电及新能源发电企业资金周转压力突出。其三，受疫情冲击下的行业结构变化影响，北京、江苏、浙江、重庆等省区市工业增加值增长较快；内蒙古、黑龙江、辽宁、河北等省区市工业增加值增长较慢。其四，受行业利润差异影响，北京、重庆、内蒙古、山西等省区市工业企业利润增长较快，东部沿海区域工业企业利润两年平均增速相对偏弱。

短期指标显示 2021 年四季度我国制造业企业 PMI 出现下降。2021 年 10 月我国制造业 PMI 低于 50% 的临界点，新订单指数、生产量、从业人员等分项指标均出现连续下降。我国大型企业景气度保持平稳，中小型企业有所回落。10 月大型企业 PMI 为 50.3%，与前两个月基本持平。中、小型企业 PMI 分别为 48.6% 和 47.5%，小企业 PMI 已经连续 6 个月低于临界点（见图 1－9）。

（四）大宗商品价格普遍上涨，实体经济运营成本高企

一是部分地区部分行业在执行碳达峰、碳中和的政策上存在偏差，加剧了大宗商品短期供需矛盾。推进碳达峰、碳中和是我国实现高质量发展的重要抓手。然而，当前部分地区部分行业由于对碳达峰、碳中和的政策领悟不深不透，对绿色低碳发展的谋划不早不深不细，加剧了短期供需矛盾，推升大宗商品价格，进一步拉高了实体经济的运行成本。特别是能源领域，近期煤炭、天

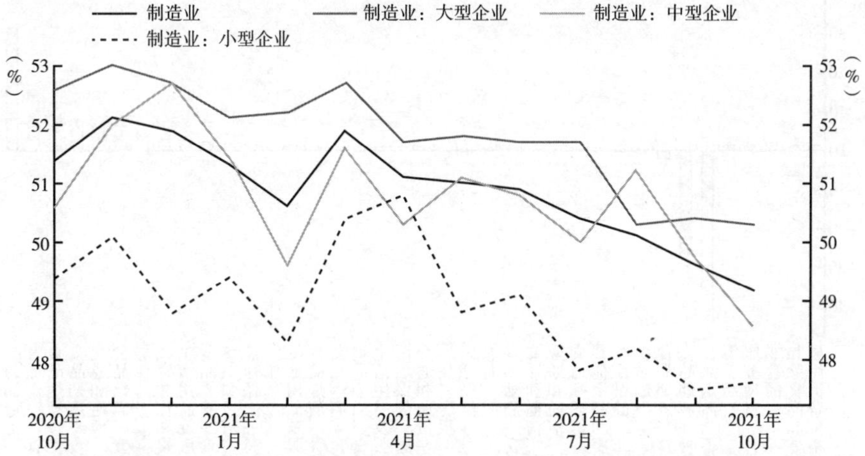

图1-9　中国制造业企业PMI（2020年10月至2021年10月）

资料来源：CEIC。

然气等能源价格在全球范围内大幅上涨，而国内部分地区在减碳和能耗“双控”目标驱动下，“去煤电”步伐过急过早，造成煤炭供应紧张和电力供需趋紧，加大了我国电力“迎峰度冬”风险。

二是供应链瓶颈制约短期内难以缓解，带动PPI延续上涨势头。除全球货币超发因素外，受供需格局、供应链瓶颈制约等因素综合影响，国际大宗商品价格在一段时间内仍可能保持高位运行，进而带动PPI延续上涨势头。一方面，近期，我国和部分发达国家对大宗商品的需求有所增加，而拉美和非洲等大宗商品主要出口地区的供给能力仍未恢复，导致“需强供弱”的格局短期内不会发生变化。另一方面，多数大宗商品行业投资周期长、产能见效慢，难以短期扩产，导致全球大宗商品供应链紧张。同时，运费飙升、缺柜、塞港、极端气候、新造船舶交付周期长等航运问题，进一步加剧了供应链紧张程度。PPI上涨推高了中小企业生产经营成本。中小企业大多处于同质化严重的产业链中下游，且其议价能力和成本传导能力有限，大宗商品价格高位运行导致中小企业生产经营成本持续推高，利润水平持续承压。CPI分类商品价格上涨最高的是交通工具用燃料，中小企业面临的结构化市场需求问题突出（见图1-10）。

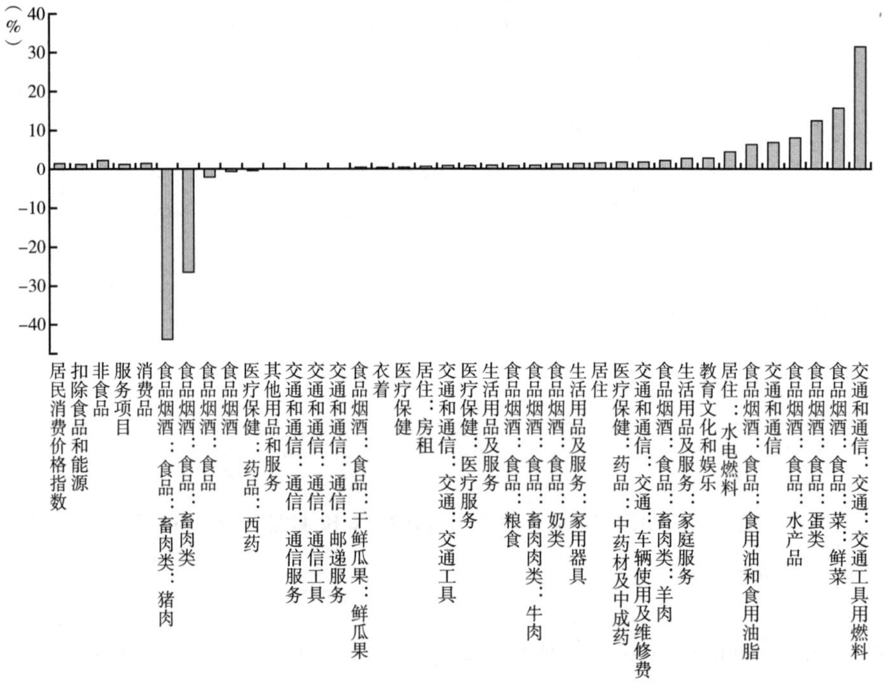

图 1－10　2021 年 10 月中国 CPI 分类商品同比变化

资料来源：CEIC。

（五）稳就业和保民生领域问题仍然较多

一是青年群体就业压力持续较大。青年群体就业意愿转变、农民工离场、育龄女性劳动参与率下滑、部分新就业形态导致统计范围变化在拉低失业率的同时，掩盖了劳动力市场的深层矛盾。20～24 岁大专及以上学历的青年群体更多在服务性行业就业，而疫情点状散发限制了服务业恢复，导致该群体失业率持续处于 20% 以上的高位，表明劳动力市场存在大量人力资本的闲置浪费情况。市场主体修复式增长，但创业对就业的边际带动能力趋弱，平均每新增 1 个市场主体对应的城镇新增就业数量从 2015 年的 0.9 个持续下降到目前的不足 0.5 个，表明新增市场主体规模过小，实质性经营程度较低。

二是增收入、扩消费和保民生压力加大。就业恢复不充分导致收入增速低于 GDP 增速，就业恢复不充分也导致收入不能得到充分恢复。这既表现在消费不能有力反弹，服务业不能完全复苏，消费者价格上不去的短期周期现象中，也很可能成为消费不振、需求制约长期经济增长态势的开始。

三是劳动力市场面临多重失衡与供需错配压力。行业规范新要求叠加疫情余波冲击，“冗余”劳动力持续释放但职业转换入口尚未充分打开，导致劳动力市场多重失衡。其一，高排高耗行业年龄偏大的一线工人面临再择业困境、校外教培行业数百万青年重新加入求职队伍、房地产销售与中介行业就业机会阶段性收缩等因素不仅对劳动力市场岗位供给提出新要求，而且对构建和维护和谐劳动关系带来新考验。其二，校外培训、网络游戏等行业溢出的职业转换需求预计在500万人左右，这些劳动力本身具有竞争优势，但由于其预期较高，可能延长再求职等待时间。其三，居民服务、交通运输、酒店旅游等接触密集型行业用工需求仍然回升乏力，而高技术制造等领域的企业用工需求长期得不到有效满足，劳动力市场供需错配仍然严峻。

（六）经济快速回落过程中金融风险暴露加剧

一是部分房企债务违约问题较为严重，存在传导扩散的可能。恒大系多家公司相继曝出违约事件，接下来可能在房地产业和金融体系中造成不容低估的风险传染，需要妥善应对。恒大事件加深了金融市场对高负债房地产开发企业的担忧，导致杠杆率偏高、信用指标偏弱的房企信用利差上升，再融资风险增加。绿地、融创等房企也面临困难，大量中小房企形势不容乐观。

二是美联储缩减购债计划（Taper）趋于明朗，国际流动性环境边际转向可能引发金融震荡和新兴市场风险。虽然2021年11月美联储开始的Taper并不意味着政策利率调整，但历史经验表明其可能引发美元回流，抬高美元币值和美国国债利率，从而改变大类资产定价基准，引发国际金融市场尤其是新兴市场震荡。相对而言，美联储货币政策调整对我国的冲击比其他新兴市场国家要小得多，但2020年以来大幅流入我国资本市场的热钱也可能面临一定流出压力，届时须谨慎防范资本流出与人民币汇率阶段性跳贬相叠加的风险。

三是一些地区与行业融资接续仍较为困难。其一，部分经济基本面和财政实力偏弱的地区社融下降较快，地方政府隐性债务风险仍然突出。《银行保险机构进一步做好地方政府隐性债务风险防范化解工作的指导意见》（银保监发〔2021〕15号）一方面强化了银行保险机构向地方政府相关客户提供融资时须遵循的监管约束；另一方面也在较大程度上限制了民营企业和社会资金参与专项债项目和城投公司项目的积极性。其二，在绿色低碳转型背景下，部分高耗能行业融资条件恶化。碳达峰、碳中和的路径和实施节奏尚不明确，导致市场预期混乱，部分金融机构在向高碳行业发放信贷或购买债券时简单一刀切，导致相关领域企业融资难度骤增，融资成本明显上升。其三，美国加强对中国在美上市公司的财务审核，尤其是具有国资背景海外中概股在未来两年内面临在美退市的风险。其四，须关注个别互联网平台和仪器设备企业在数据收集和管理方面的安全隐患。

四 总体判断与主要经济指标预测

总体上看，2021 年我国经济在外需保持旺盛背景下，受疫情汛情、电力紧缺、能耗“双控”限产、大型平台企业规范监管、房地产“三条红线”“两集中”政策、财政赤字紧缩、货币信用收缩等因素叠加共振影响，生产和内需下行压力明显加大，并有加速下滑之势。预计 2021 年全年经济增长 8.0%，两年平均增长 5.1%，PPI 全年上涨 7.2%，CPI 全年上涨 0.9%，涨幅偏弱。

2022 年美国面临中期选举，经济增长和能源价格成为政治性指标，拜登总统和民主党政府希望能保持经济较高增长并压制能源价格。应该注意的是，美国政府推出的《两党基础设施投资和就业法案》包括一项全面的“购买美国货”条款（Buy America），以确保所有纳税人资助的基础设施和公共工程项目都采用美国钢铁、制成品和建筑材料建造，以此保护美国就业市场。“购买美国货”条款限制了该法案对中国相关产品出口企业的需求。虽然全球疫情防控态势仍不稳定，但总体上趋向好转，全球供应链受阻的状况也会趋向好转，我国出口增幅将回落。2022 年我国基建投资增速有望从低位回升，高新技术产业投资继续保持高增长。2022 年我国经济增长呈现前低后高的发展态势，预计全年增长 5.0% 左右，略低于潜在经济增长率。

2021 年 11 月中美首脑会议后，美国联合中国、日本等释放战略储备油，推动沙特和俄罗斯增加石油产量，美国也重新讨论新建加拿大、美国之间的跨境石油天然气管道，加大页岩油开采力度，但这些措施与碳减排相矛盾，短时间内对长期稳定地增加原油供给难以奏效。总体上看，2022 年全球能源需求上升，能源供给受能源结构转型限制，能源价格大概率继续维持高位。国内不惜一切代价落实煤电保供，控制高耗能产品生产供应，有助于短期内降低大宗商品需求，大宗商品价格出现回落。随着全球供应链紧张局势缓解，叠加全球大宗商品生产投资和供应增加，我国 PPI 涨幅将出现一定程度的回落。我国猪肉价格已经出现持续下跌，随着猪场调整生产供应，2022 年猪价有望见底回升，从而推动我国 CPI 从低位缓慢回升。预计 2022 年 PPI 涨幅将明显回落至 5%左右，CPI 上涨 2.5%左右。

五　政策建议

（一）继续抓好疫情防控，根据国际疫情形势发展，争取有条件开放人员国际往来

一是持续做好点状疫情防控，统筹局部疫情防控与经济发展。应高度关注马来西亚、蒙古国、哈萨克斯坦、缅甸等周边国家的疫情发展情况。积极备战冬奥会，科学管理各口岸的人员和物流进出，避免疫情防控措施对人员往来和货物运输的过度阻碍。在人流密集的口岸建设先进科学的留观区域，形成高效的检测、监测防控机制。对国内散点病例和区域坚持目标责任制，把疫情防控限制在局部范围。

二是进一步提高疫苗防疫效力，加快推进治疗新冠肺炎药物的研发和使用。把疫苗作为疫情防控的最终出路。继续加大国内疫苗研发力度，开发生产新疫苗。加快引进国外疫苗，积极争取代工生产欧美的 mRNA 新冠病毒疫苗。提高疫苗接种率，争取早日形成与发达国家具有同等效力的免疫屏障，防止国际疫苗鸿沟阻断国际交流。综合评估国际疫情形势发展和国内疫苗及药物的效力，争取改变清零策略，并早日实现有条件开放人员国际往来。

（二）加大财政和货币政策跨周期调节力度，科学引导市场预期，确保经济运行在合理区间

第一，加大财政政策跨周期调节力度。一是健全财政收入体制，巩固财政

收入增长成果。保持税收收入对经济增长的弹性处于合理范围，提高直接税比重。稳妥推进房地产税改革，拓展地方税源，稳妥推进房地产税改革，缓解地方税收入比重降低的态势。二是优化财政支出结构，增强经济发展潜力。提高科技创新、教育和民生支出力度，重点支持国家重大项目，大力推进战略性新兴产业、绿色产业发展。强化科技创新和产业链供应链韧性，加强基础研究，推动应用研究，开展“补链强链”专项行动，加快解决“卡脖子”难题。统筹规划半导体产业发展，加快芯片国产化步伐。推动5G及相关基础设施建设，鼓励5G终端产品消费，尽快形成5G产业链。研究储备6G技术。三是继续保持适当的赤字规模，控制债务比率。2021年经济增长较快，财政收入增长高于财政支出增长，预计全国一般公共预算赤字率可控制在3.1%左右。2022年全国一般公共预算赤字率仍可设为3%左右，即财政赤字大约为37000亿元，比2021年增加1300亿元。四是优化地方政府债务管理，用好用足地方政府专项债资金。使地方政府专项债发行与项目管理相配套，提高地方债发行和支出效率，重点支持“卡脖子”项目、绿色发展和减碳项目，提高民营企业参与专项债项目的积极性。

第二，稳健的货币政策要灵活适度，边际上应适度宽松，保持流动性合理充裕，供需两侧双管齐下，保持信贷总量增长的稳定性。一是缓解信贷需求端的不合理约束，适度提高市场化高效能主体的信贷意愿；二是加大对商业银行（尤其是中小银行）发行永续债的支持力度，提高银行体系信贷投放能力；三是支持实现“碳达峰”“碳中和”目标，落实绿色产业发展信贷支持工具。四是保持人民币汇率基本稳定。

第三，统筹好各项政策时度效，科学引导市场预期。一是把握好经济周期波动规律，提高能耗“双控”限产政策的分阶段、分区域实施弹性，避免简单化、运动式、一刀切。疫情发生后，由于服务业恢复慢于工业，加之2021年制造业占GDP比重将比上年有所提高，经济结构发生变化导致短期内单位GDP能耗指标上升具有一定合理性，但并不等同于真实的能源强度上升和能源效率下降。二是在执行房地产“三条红线”“两集中”政策过程中，积极推动房地产业“软着陆”，既要防止土地拍卖频繁流标、热点城市供地不足从而导致后期房价暴涨，又要防止四五线城市房价过快下跌从而引发连带风险。三是在执行大型平台企业监管规范政策过程中，要更加注重与市场主体的沟通，科学引导市场预期，增强市场主体发展信心，提高民营企业发展积极性。

（三）综合平衡绿色发展与保供稳价工作，努力缓解实体经济困难

第一，多措并举持续稳妥推进碳达峰、碳中和工作，统筹好绿色低碳发展与经济平稳运行之间的关系。应科学有序推进碳达峰、碳中和工作，加快探索碳减排约束下的经济增长机制。加快梳理已出台的相关政策措施，并对与实现碳达峰、碳中和目标相矛盾的政策措施进行修改完善，确保政策措施与长期绿色低碳目标相一致。通过价格、税收、排放权交易等方式激励更多行业和企业进行绿色低碳改造，充分发挥政府调节和市场机制的合力作用，加快推进碳减排相关基础设施建设。应以实现碳达峰、碳中和为目标加强绿色金融顶层设计，加快完善相应的政策体系、市场体系、绿色金融产品体系和风险管理体系。应加快部署绿色低碳前沿技术研发攻关，逐步建立碳中和工程技术创新体系。

第二，多管齐下做好大宗商品保供稳价工作，切实降低实体经济运行成本。一是加强国家发改委能源局、安监环保等部门协调，阶段性适度放开国内煤企产量限制，简化并加速煤企产量核增流程。对具备增产潜力且在煤炭保供中做出突出贡献的煤矿在安全监管、产能核增等方面给予政策支持，解决好保供煤矿的后顾之忧。二是适时放开煤炭进口国别限制，持续推进大宗商品进口来源多元化、进口渠道多样化、通关过程便利化，积极探索构建中国与全球大宗商品市场互利共赢的交易新模式。三是加快健全大宗商品期现货市场联动监管机制，运用大数据等技术手段进一步完善价格监测分析预警机制，及时采取针对大宗商品价格大涨的应对措施。

第三，多点发力做好降本增效工作，切实缓解中小微企业生产经营困难。应落实落细已出台的各项降成本政策，并结合物价走势的新特点、新变化继续推出结构性的减税降费举措。加大普惠小微信用贷款支持政策的实施力度，积极拓宽中小企业融资渠道和方式。抓住北交所成立机遇，探索推出针对“专精特新”中小企业的专属支持。严格落实中小企业的政府采购份额预留政策，适度提高采购金额和比例。鼓励国内大型数字科技企业依托其技术优势和议价能力，打造服务于中小企业的大宗商品数字化采购服务平台；协调好产业链上游头部企业，对中下游用工数量多、“专精特新”等中小企业适当让利。

（四）更加注重保就业、保收入和保民生，促进国内需求恢复

第一，加快健全就业政策的有形抓手，完善就业目标管理。一方面，完善相对独立于财政、货币等其他宏观层面政策的就业优先工具箱，核心是建立健全劳动力市场本身的各类制度，充分发挥识别、筛选和匹配职能，降低劳动力市场摩擦，提高匹配效率；另一方面，强化其他宏观政策的就业支持导向，完善产业结构调整升级的就业影响评估机制。

第二，财政政策要更加注重保就业、保收入和保民生。继续扩大民生支出，拟予常态化的财政资金直达机制，不仅应直达基层地方和企业，而且要更多考虑直达个人和家庭。

第三，做好职业转换重点群体配套服务工作，力争稳中有进。密切关注裁员企业、停工停产企业、拟破产企业等重点企业的人员安置方案，防范劳动关系风险；鼓励产业调整溢出劳动力市场化再择业，完善就业服务台账，分类增强对排耗行业溢出的一线工人、农民工、校外教培行业溢出教员等群体就业服务的针对性。

（五）统筹好稳增长、调结构与防风险的目标，做好重点领域风险防范化解工作

一是妥善应对恒大风险事件，防止个体风险演化为系统性风险。防止相关房企在降价促销补充流动性过程中引发部分三四线城市房价下跌，进一步防范房地产行业债务风险。二是防范美国等主要经济体货币政策调整的外溢效应，“以我为主”灵活调整国内宏观政策。面对中美经济周期错位、增速差收窄的格局，国内宏观政策应坚持“以我为主”，调高稳增长在宏观政策制定中的权重，在加大积极财政政策力度的同时，避免货币政策跟随美联储被动收紧、避免人民币汇率跟随美元指数被动升值。三是妥善防范化解其他领域突出风险。加快研究重点行业碳达峰、碳中和的长中短期目标及实现路径，引导市场预期，防止部分高耗能行业出现融资接续困难。完善地方政府投融资机制，从根本上防范地方政府隐性债务增量风险。强化数据主权意识，加强数据安全监管，健全完善针对数据跨境流动的制度规范和监管举措。

第二章 宏观金融形势

费兆奇　谷丹阳*

- 2021年以来，各国经济逐步回归正常化的低速复苏，但由于新冠肺炎疫情仍在不断演化，国际形势中不稳定因素增多，复苏进程仍面临较多不确定性。主要体现在，全球经济复苏大幅放缓、复苏形势出现分化，全球经济的行业结构发生重塑。从国内经济运行看，与2008年次贷危机时期依靠“基建扩张”弥补“出口萎缩”和“消费低迷”不同，我国本轮经济企稳的需求端因素主要是出口和房地产投资。但2021年下半年以来，出口和房地产投资保持高速增长的态势受到了多重复杂因素的约束，导致国内经济的下行压力陡增。
- 在金融运行方面，进入2021年之后，我国M1增速持续下降，意味着实体经济的即期有效需求下降，企业和居民部门的经济活动和相关交易趋于冷淡，流动性较高的货币从实体经济中沉淀下来；居民消费意愿低迷叠加政策压制，融资需求的萎缩使企业中长期贷款和居民中长贷、短贷已连续三个月不及2020年同期水平；高基数效应下政府债券净融资同比减少，加之政策层面对表外融资的限制，导致社融同比大幅少增；货币市场运行状况良好，金融机构发放本外币贷款总量呈增长趋势，中国人民银行运用多种货币政策工具加强了与市场主体的沟通，利率稳定性得到进一步提升；在全球主要股票市场大幅飙升的背景下，我国股票市场涨幅相对较小，运行较为平稳；信用债的融资情况已从2020年底的永煤债违约事件中逐渐恢复过来，净融资总

* 费兆奇，国家金融与发展实验室高级研究员，中国社会科学院金融研究所研究员；谷丹阳，中国社会科学院大学金融系。

额已由负转正，但是区域和行业表现呈现分化态势；在外需和内需出现分化、离岸人民币政策收紧和短期交易操作等多种因素的共同作用下，人民币汇率呈现持续升值的态势。

- 进入2022年，在国内经济下行压力加大、美联储加息预期提前等因素的影响下，我国宏观经济政策需要在短期稳增长、防范外部风险冲击和中长期可持续发展等多重目标中寻求平衡。一是在短期稳增长和可持续增长之间，加强跨周期调节；二是依托结构性政策实现稳增长；三是在推进利率市场化改革的进程中降低实体融资成本；四是抓住重点风险环节，精准防控外部风险冲击。

一 2021年的宏观经济形势

2020年以来，新冠肺炎疫情使全球遭受了二战以来最为严重的经济衰退；2020年下半年，全球经济在经历了断崖式下跌后开始快速反弹，呈现结构重塑、地区轮动的复苏态势；进入2021年后，各国经济逐步回归正常化的低速复苏，但由于新冠肺炎疫情仍在不断演化，国际形势中不稳定因素增多，全球经济复苏仍面临很多不确定性。具体来看，主要体现在以下几个方面。

其一，全球经济复苏放缓。新冠肺炎疫情导致全球经济发展陷入瓶颈，衰退速度史上罕见；随着中国迅速控制住疫情，一些国家研制出疫苗，各主要经济体纷纷采取非常规的刺激政策，全球经济迅速走出低谷，反弹斜率异常陡峭。如图2－1所示，全球经济增速由2019年的2.8%暴跌至2020年的－3.1%；据IMF预测，2021年全球经济增速将恢复至5.9%，可以看出2019年下半年到2021年上半年，全球经济呈现“深V”形走势。然而，2021年的经济复苏是在低基数的基础上由“强刺激”政策推动的报复性反弹，这意味着全球经济会逐步恢复至低速增长阶段。其二，复苏形势出现分化。由于各国对疫情的控制效果存在差异、早期政策支持力度有所不同，经济的复苏进程呈现出较大差别。亚太国家和地区主要采取传统的封锁措施来应对疫情，防止了疫情的大规模扩散，取得了较好的防控效果，经济复苏相对稳健；在疫苗注射快速推广和大规模刺激政策的推动下，发达国家经济复苏较快；其他新兴市场由于医疗条件不够完善和宏观政策操作空间受限，经济复苏之路仍充满坎坷。未来，疫苗普及情况的差异、宏观政策操作空间的区别以及公共治理能力的差异，决定了全球经济复苏不同步、不同速的形势将长期存在。其三，行业结构发生重塑。在疫情的冲击下，全球发展理念、科学技术、生物技术等加速变革，加之各行业对疫情的适应能力、在封锁政策下的发展状况、对宏观政策的反应存在差异，全球经济的产业结构也呈现分化发展的趋势，危机后的经济结构、动能等都在重构。具体来看，包括以下几点，一是发展理念出现变化，绿色经济引起关注。中国提出“2030 年碳达峰、2060 年碳中和”目标，美国重返《巴黎协定》，各国共同开展绿色低碳转型，全球经济的运行轨迹被重塑。二是数字化转型加快，数字经济将成为经济高质量发展的核心推动力量。未来，人类极有可能与新冠肺炎病毒、极端天气以及其他类似自然灾害共存，需要数字技术为人类提供新的生产和生活方式。三是基础制造业回流、产业链安全引起各国关注。中长期来看，疫情演化态势仍不稳定，各国重新重视起制造业的发展，拥有完善的国内产业链对未来的发展极为重要。

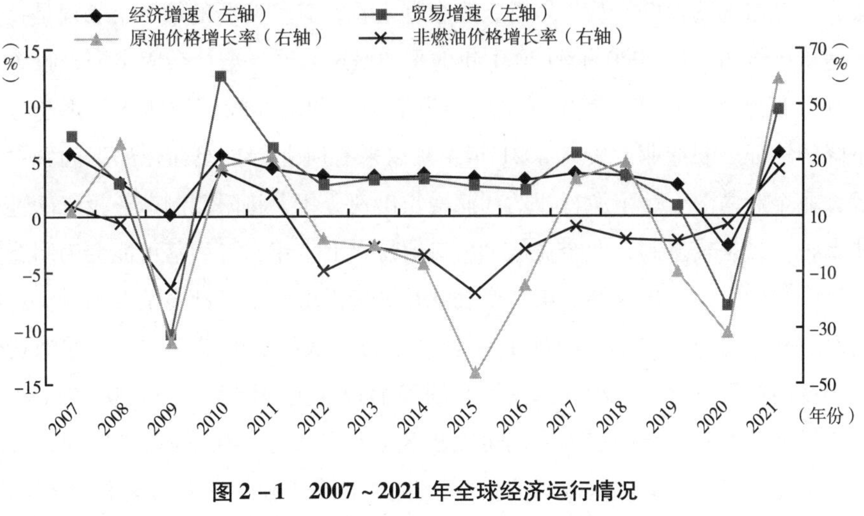

图 2-1 2007~2021 年全球经济运行情况

资料来源：根据 IMF 数据整理，其中 2021 年数据为 IMF 预测值。

从国内经济的运行来看，与 2008 年次贷危机时期依靠“基建扩张”弥补“出口萎缩”和“消费低迷”不同，我国本轮经济企稳的需求端因素主要是出口和房地产投资。一方面，疫情导致的全球“供需错位”支撑了我国出口的快速反弹，特别是主要经济体大规模的财政刺激支撑了当地消费的快速回升，进一步推动了中国的出口增长。另一方面，疫情时期我国货币政策的逆周期调控和房地产较低的库存等因素，推动了房地产投资的快速反弹，并成为拉动全社会固定资产投资的中坚力量。但是，随着2021年主要经济体财政刺激政策的陆续退出，以及供给能力的逐渐恢复，外需减弱将对我国出口带来双重压力。此外，出于防控金融风险和转变发展方式的目标，各级政府在2020年下半年以来逐步加强对房地产市场的监管力度，房地产投资增速在2021年以来面临持续下行的压力。

以缺口值估算的高频宏观经济先行指数（以下称先行指数）描述了我国宏观经济运行的总体形势。图2－2显示，疫情以来先行指数反弹的顶点出现在2020年8月上旬，此后震荡下行且下行速度较快，说明经济在疫情后的反弹基础相对薄弱，在新、旧增长动能转换的过渡时期缺少引领增长的主线。此外，先行指数在2021年6月中旬落入负值区间；并在7月末陷入“－1”以下经济下行压力较大的区域，直至样本末期。这说明当前经济运行已经偏冷，政策含义是需求端较弱。从具体的宏观数据来看，需求偏弱的第一个表现是投资增速持续走弱，从2020年和2021年的平均增速来看，全社会固定资产投资在2021年以来持续走弱。其中，房地产投资增速和基建投资增速均呈现趋势性下降的特征。制造业投资自2021年4月以来有所上行，但存在如下问题：一是工业企业内部上、下游行业的利润增长出现分化，将限制制造业投资的进一步增长；二是较多制造业企业从事出口贸易，下半年出口回落可能会为制造业投资带来较大的不确定性。第二个表现是消费需求不足，社会消费品零售总额的两年平均增速自2021年3月以来快速下行。从影响因素看，一是在消费倾向不变的假设下，可支配收入是影响居民消费的主要因素，但是从2021年前三个季度数据看，全国居民人均可支配收入持续低于GDP的名义增速，且收入的中位数增速更低，这说明消费在短期内难以“独撑”拉动经济增长的目标。二是房地产调控导致房屋销售放缓，从而导致与房屋相关的消费项目受到影响。三是汽车消费支出快速下行，主要原因除了需求端因素外，也包括车辆的生产供给端问题，例如由于芯片短缺，汽车产量受到影响，汽车产能下降间接影响汽车消费。

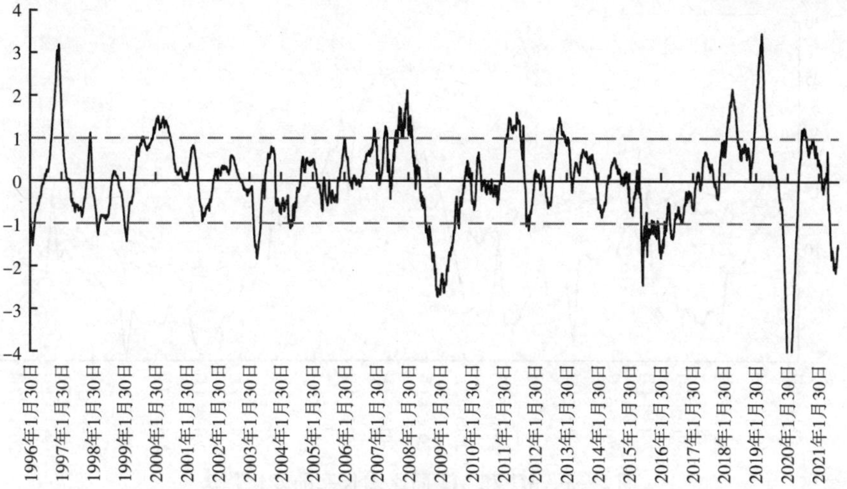

图 2－2　高频宏观经济先行指数

注：估算高频宏观经济先行指数的指标包括国债期限利差、股票指数、广义货币供应量、消费者预期指数、工业产品产销率、物流指数、房地产开发投资先行指数、中游产业工业品价格指数和重要部门开工率。

资料来源：Wind。

二　宏观金融形势分析

（一）　基础货币与货币供应量

在我国利率市场化尚未完成的背景下，货币供应量依然是货币政策重要的中介目标，其数量和结构的变化反映了宏观经济的变动情况。2020 年，为有效支持遭遇疫情冲击的实体经济，我国实施了稳健的货币政策，以精准滴灌的方式向市场注入了适量的流动性。此外，存款产品的规范也推动了活期存款的增加，2020 年我国 M1 持有量持续攀升。进入 2021 年后，M1 同比增长率开始下降，根据中国人民银行最新统计数据，M1 同比增长率已由 2021 年 1 月的 14.7% 下降至 2021 年 10 月的 2.8% 。在 M1 增速波动下降的同时，M2 增速也有小幅降低，但总体趋势比较稳定，2021 年全年在 8% 左右徘徊（见图 2－3）。

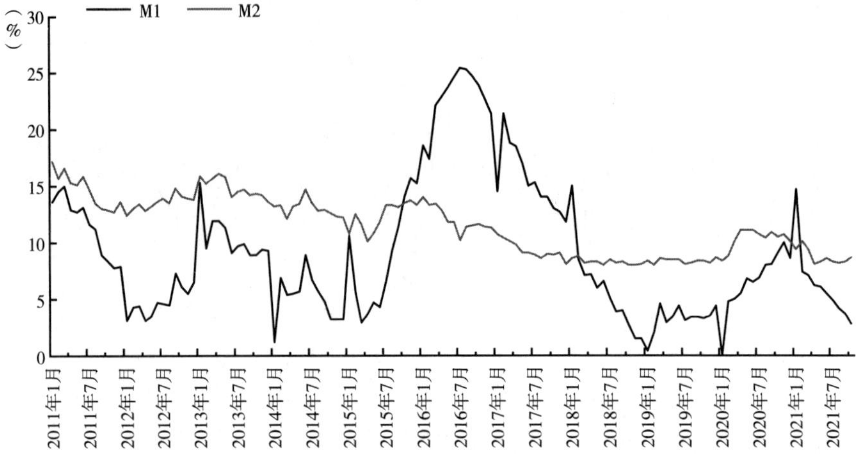

图2-3 M1和M2同比增长率的变化趋势

资料来源：中国人民银行。

在M2增速变化幅度相对稳定的背景下，M1与M2的剪刀差主要取决于M1增速的波动情况。具体来看，M1增速在2020年呈上升态势而M2增速基本没有发生变化，两者剪刀差快速收窄，并在2021年1月由负转正；进入2021年后，M1增速快速下降，而M2增速下降幅度较小，故两者剪刀差在2021年2月以后持续扩大（见图2-4）。

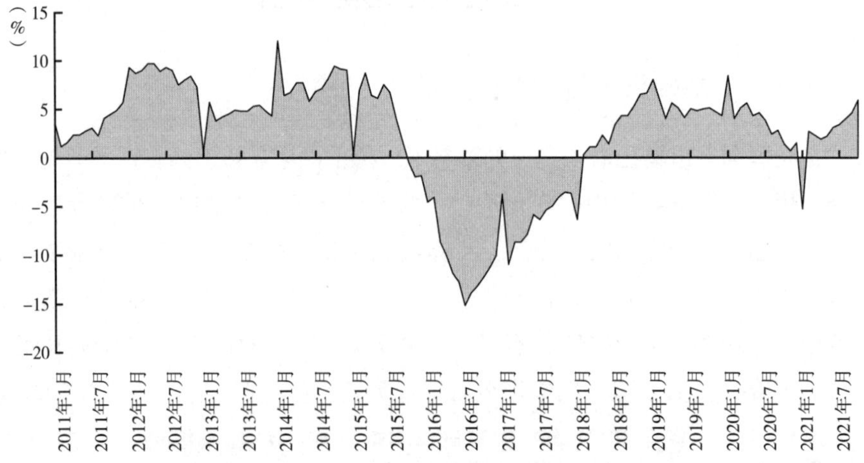

图2-4 M2和M1同比增长率差值的变化趋势

资料来源：中国人民银行。

由于 M1 加速回落，M2 与 M1 的剪刀差已经达到 2016 年以来的中高水平，这一方面说明了居民在消费端的需求疲软，中长期买方的需求受到压制；另一方面也表明企业的盈利能力减弱，且普遍对未来持悲观态度，经济活力较差。

（二）信贷

1. 信贷总量变化趋势

截至 2021 年 9 月末，金融机构人民币各项贷款余额约为 189.46 万亿元，较 2020 年 9 月增加 20.09 万亿元，同比增长率为 12%。近十年来，我国信贷余额一直呈现平稳上升的趋势，表明中国人民银行通过各金融机构向实体经济提供的流动性在逐年增加，很好地支持了实体经济的发展。但进入 2021 年后，信贷余额同比增速在波动中缓慢下降，已由 2021 年 1 月的 12.7% 下降至 2021 年 9 月的 11.86%（见图 2－5）。

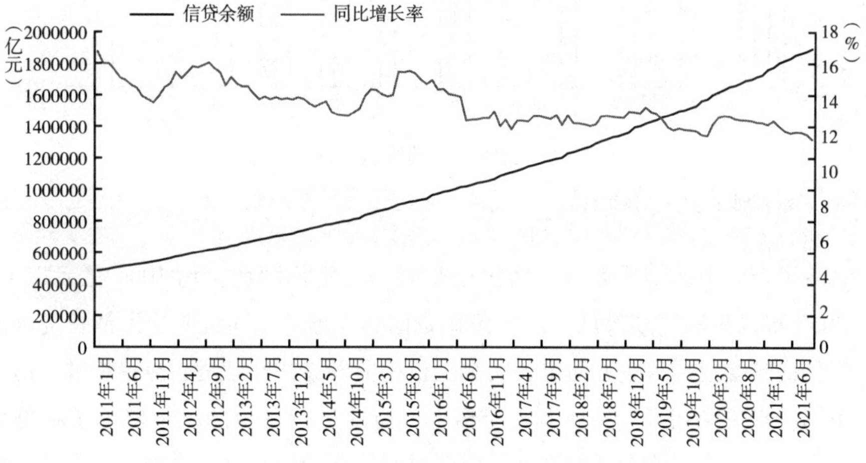

图 2－5　金融机构人民币信贷余额及同比增速

资料来源：中国人民银行。

2. 信贷结构变化趋势

从信贷结构来看，企业中长期贷款（见图 2－6）和居民中长贷、短贷已经连续三月不及 2020 年同期水平。在 PPI 持续上行的背景下，中下游企业遭受成本冲击的影响继续扩大，实体经济融资需求不足，使企业贷款走弱。未来，有多重因素影响企业长期信贷的发展。一方面，虽然成本上升压缩了企业的利润空间，降低了企业融资需求，但政府多次强调加强对制造业、小微企业的信贷支持，近期又有碳减排支持工具落地，增加了国内信用投放的渠道。在政策的拉动下，企业中长期贷款将有望回暖。另一方面，虽然城投、房地产等行业面临高压监管且受到了恒大事件的冲击，融资需求大幅萎缩会拖累整体信贷扩张，但结构性宽信用和跨周期调节机制的启动会持续改善实体经济融资环境，形成对信贷增长的政策支持。

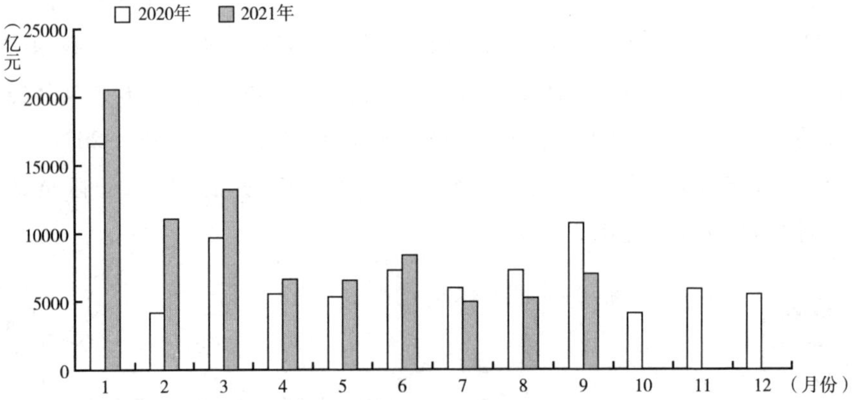

图2-6　企业中长期贷款同比增加额

资料来源：中国人民银行。

除了企业中长期贷款外，居民中长贷、短贷均同比少增1000亿元以上，是2017年以来的同期最低值。居民短贷同比少增一方面说明居民消费复苏的进程仍比较缓慢，另一方面也表明金融机构所发放的经营贷、消费贷进入房地产市场的现象受到了严格压制，对房地产行业进行管控的政策取得了良好效果。居民中长贷同比少增则进一步说明对房地产的调控仍未放松，且前期趋严的政策效果正进一步凸显，除此以外，房贷利率居高不下也压制了居民的长期贷款需求。

3. 信贷质量变化趋势

2021年第二季度，我国商业银行不良贷款余额达到2.79万亿元，较2020年同期下降了539亿元，同比下降1.9个百分点。我国商业银行不良贷款率近几年变化幅度不大，在1.8%左右徘徊，进入2021年后，不良贷款率略有下降，2021 年第二季度，不良贷款率为 1.76%（见图 2－7）。分机构来看，2021 年第二季度，农村商业银行不良贷款率最高，达到 3.58%，其余类型商业银行（包括大型商业银行、股份制商业银行、城市商业银行及民营银行）不良贷款率均在 1.9% 以下。2019 年 5 月 24 日，中国人民银行和银保监会发布联合公告，依法依规对不良贷款率高企的包商银行进行接管，经过一年半的时间，顺利化解了包商银行的金融风险。对包商银行的风险处置使有关部门探索出商业银行市场化退出的可行路径。未来，应当继续吸取包商银行风险产生的经验教训，保证金融机构信贷质量，健全防范化解金融风险的长效机制，及时发现可能存在的金融风险，有效防范化解中小银行可能引发的系统性风险。

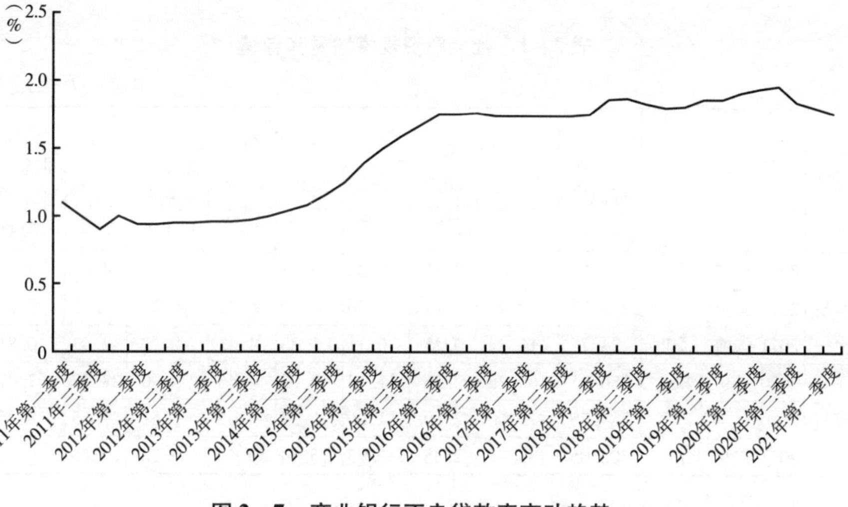

图 2－7　商业银行不良贷款率变动趋势

资料来源：中国银行保险监督管理委员会。

（三）社会融资规模

从增量上看，2021 年前三季度社会融资规模增量累计达到 24.75 万亿元，与上年同期相比减少了 4.87 万亿元（见表 2－1），比 2019 年同期增加了 4.14 万亿元。2021 年前三季度社会融资同比少增主要是由表外融资、政府债券净融资和企业债券净融资同比少增造成的。具体来说，表外融资增量为－1.56 万亿元，同比少增了 1.4 万亿元；政府债券净融资增量为 4.42 万亿元，同比少增了 2.31 万亿元；企业债券净融资增量为 2.43 万亿元，同比少增了 1.66 万亿元。

从存量上看，截至 2021 年 9 月末，社会融资总规模为 308.05 万亿元，同比增长 28 万亿元。其中，对实体经济发放的人民币贷款规模占比最大，占到了同期社会融资规模总量的 61.2%，同比增加了 1.1 个百分点；紧随其后的是政府债券，余额为 50.46 万亿元，占同期社会融资规模总量的 16.4%，同比上升了 0.5 个百分点；企业债券余额则为 29.25 万亿元，占同期社会融资规模总量的 9.5%，同比下降了 0.3 个百分点；表外融资总额 19.35 万亿元，比上年同期下降了 2.71 万亿元，表外融资减少是 2017 年以来政策层面推动的结果。

表 2－1　社会融资规模增量和存量

单位：万亿元

类别	时间	社会融资规模	其中							
			人民币贷款	外币贷款	委托贷款	信托贷款	政府债券	未贴现银行承兑汇票	企业债券	非金融企业境内股票融资
增量	2020 年前三季度	29.62	16.69	0.31	－0.32	－0.41	6.73	0.57	4.09	0.61
	2020 年全年	34.79	20.03	0.14	－0.40	－1.10	8.32	0.17	4.37	0.89
	2021 年前三季度	24.75	16.83	0.25	－0.11	－1.23	4.42	－0.22	2.43	0.81
存量	2020 年 9 月末	280.05	168.26	2.35	11.13	7.03	44.46	3.90	27.37	7.97
	2020 年	284.75	171.60	2.10	11.06	6.34	46.05	3.51	27.55	8.25
	2021 年 9 月末	308.05	188.42	2.35	10.93	5.14	50.46	3.28	29.25	9.06

资料来源：中国人民银行。

社会融资同比少增是由多种因素造成的。首先，虽然 2021 年政府债券发行放量，但 2020 年政府加速发行了专项债券与抗疫特别国债，高基数效应导致政府债券净融资同比有所减少。但与 2019 年相比，财政政策的托举作用已经显现。其次，虽然新增委托贷款较上年同期有小幅上涨，呈现边际回暖态势，但在资管新规过渡期的最后一年，信托监管对“两压一降”的要求仍未放松，对非标资产的大额清理是拖累社会融资增长的主要原因。最后，2021 年上半年，受永煤债违约影响，对公司债的发行审核趋严，加之信用债集中到期，债券净融资大幅下降，5 月企业债权融资甚至出现负值，这也是造成社会融资大幅少增的重要原因。

（四）货币市场

2021 年，我国央行货币政策仍坚持相机抉择的原则，综合运用多种货币政策工具，保证稳健的货币政策灵活精准、合理适度、稳字当头，保持了政策的连续性、稳定性和可持续性，为经济高质量发展营造了适宜的货币金融环境。

从信贷总量上看，在 2020 年上半年高基数的基础上，2021 年上半年金融数据依旧保持同比多增态势，实体经济的融资需求得到了很好的满足。2021 年 9 月各金融机构发放本外币贷款余额总计 195.56 万亿元，同比增长 11%，其中，人民币各项贷款余额约为 189.46 万亿元，较 2020 年 9 月增加了 20.09 万亿元，同比增长率为 12%。

从货币市场利率运行状况来看，央行运用多种货币政策工具加强了与市场主体的沟通，引导以隔夜拆借利率（Shibor）和 7 天期银行间质押式回购利率（DR007）为代表的货币市场短期利率围绕公开市场 7 天期逆回购操作利率（2.20%）维持低位运行，利率稳定性得到进一步加强（见图 2－8）。

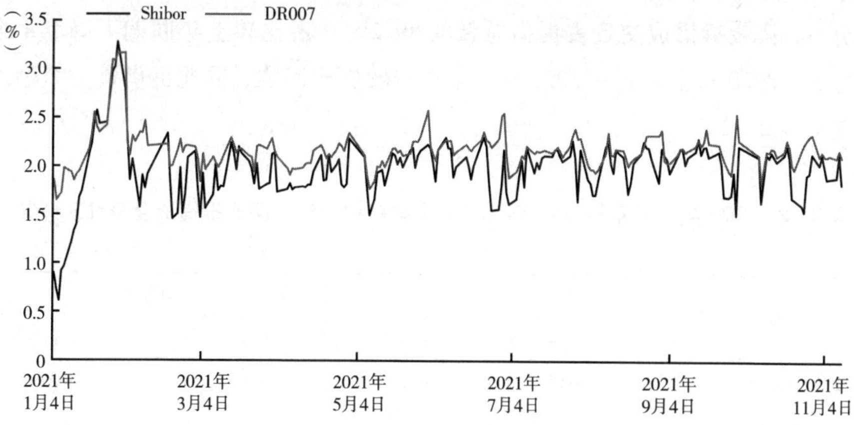

图 2－8　Shibor 和 DR007 走势

资料来源：Wind。

货币市场利率保持稳定主要受经济运行状况和宏观政策调节情况两方面因素的影响。一方面，虽然国际大宗商品价格的上升助推了 PPI 的持续上涨，但是由于疫情以后我国的供给端恢复速度快于需求端，企业难以将高成本转嫁给消费者，因此 PPI 上涨向 CPI 的传导效果有限。我国经济稳中向好、长期向好的基本面没有变，通胀水平处于可控区间，不会对货币市场利率造成上行压力。另一方面，央行综合运用多种货币政策工具对货币市场进行预调微调，既满足了各市场主体的流动性需求，又维护了市场的预期稳定，保证了利率不发生大幅度波动。2021 年 7 月 15 日全面降准的操作标志着我国此轮货币政策回归的结束，此次降准不仅前瞻性地考虑到税期高峰、前期发行的中期借贷便利（MLF）到期、地方债发行速度加快等因素的影响，还通过适时的流动性管理对金融机构的资金结构进行了优化，保证了市场资金供给的平衡，将短期、中期、长期的流动性供给都维持在与市场需求相匹配的合理充裕的水平上。

从交易情况来看，货币市场交易保持活跃。2021 年上半年，银行间市场债券回购累计成交 471.4 万亿元，日均交易额达到 3.9 万亿元，与上年同期大体持平；同业拆借累计成交额为 58.1 万亿元，日均交易额达到 4761 亿元，与上年同期相比减少了 26.6%。从期限结构来看，隔夜产品依旧是最主要的交易品种，隔夜回购成交量占回购总量的 83.6%，占比较上年同期下降 1.2 个百分点；隔夜拆借成交量占拆借总量的 89.2%，占比较上年同期下降 1.4 个百分点。2020 年上半年和 2021 年上半年金融机构回购、同比拆借资金净融入情况见表 2－2。

表 2－2　2020 年上半年和 2021 年上半年金融机构回购、同业拆借资金净融入情况

单位：亿元

类别	回购市场		同业拆借	
	2021 年上半年	2020 年上半年	2021 年上半年	2020 年上半年
中资大型银行	－935415	－1452030	－145893	－230389
中资中型银行	－777320	－427545	－49245	－42523
中资小型银行	62461	23779	51987	60861
证券业机构	601295	511590	105388	155881

续表

类别	回购市场		同业拆借	
	2021 年上半年	2020 年上半年	2021 年上半年	2020 年上半年
保险业机构	48897	57105	131	267
外资银行	35594	39158	-12808	-12065
其他金融机构及产品	964488	1247944	50439	67968

资料来源：中国外汇交易中心。

（五）资本市场

1. 股票市场

截至 2021 年 10 月末，沪、深两市上市公司合计 4573 家，比上年同期增长 455 家，同比上涨 11.05%；上市公司总市值达到 86.73 万亿元，比 2021 年初上涨了 5.74 万亿元。

从主要国家权益市场表现来看，我国股票市场的涨幅相对较小，与全球主要股票市场的大幅飙升形成了鲜明对比。具体来看，截至 2021 年 9 月末，以标准普尔 500 指数、日经 225 指数、法兰克福 DAX 指数、巴黎 CAC40 指数、伦敦金融时报 100 指数为代表的全球主要股指涨幅均在 10% 左右，而我国上证综指涨幅则不超过 2%。世界主要股市出现大幅上涨的原因在于多数国家都采取了扩张性的货币政策来应对新冠肺炎疫情，大量流动性涌入资本市场，引起了虚假繁荣。而我国则率先实施了正常化的货币政策，加之政府制定了一系列监管政策对经济进行了结构性调整，我国股票市场运行比较平稳。

从上市企业市值情况来看，截至 2021 年 5 月 31 日，A 股市场 100 亿元市值以上的企业占比达到 33%，这些企业总计占 A 股市场 87% 的市值和近一年来 76% 的成交量（见图 2-9）。今后 A 股企业价值将向“一九分化”的格局演变，市场上的资金将会流向各行业内的头部企业，非重点企业将面临被市场出清的风险。

从行业表现情况来看，28 个申万行业出现了分化，前两年表现较弱的钢铁、化工、有色金属等行业因为钢铁行业“去产量”和新能源的政策支持迎来结构性机会，涨幅居前；机构抱团的电气设备（光伏、锂电池等）、电子、医药等表现相对较好；地产行业因受到国家持续调控的影响表现一般；家电、

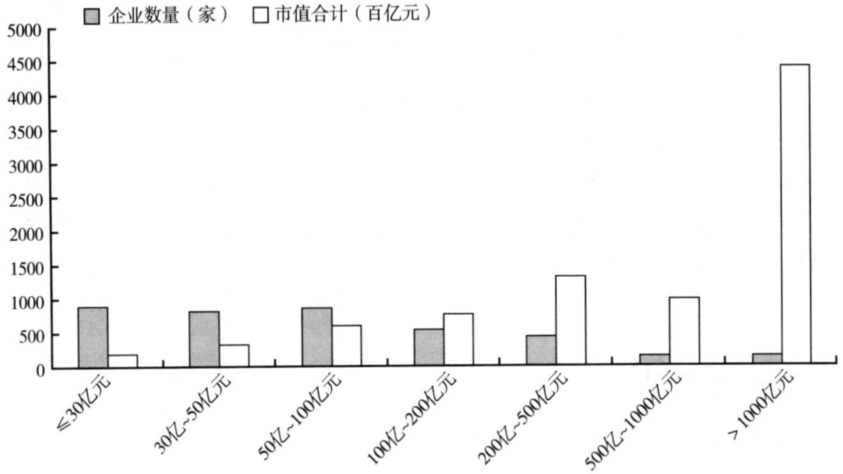

图 2-9　A 股市场企业市值情况（截至 2021 年 5 月 31 日）

资料来源：Wind。

非银金融、国防军工、农林牧渔等行业上半年涨幅则相对较低。总体来说，顺周期行业以及涉及碳中和理念的行业涨幅较大，机构抱团的行业中，电气设备、电子、医药涨势较好，而传统的家电、地产、非银金融等表现则比较一般。

未来，注册制改革和北交所成立给股市带来的结构性机会以及打破刚性兑付、资管新规落地引发的居民资产配置结构调整将会促进股票市场的供需两旺，推动我国股票市场的繁荣发展。

2. 债券市场

2021 年，我国经济运行平稳，疫情时期的各种特殊政策也已经逐渐退出，各项宏观政策已回归常态化，债券市场也恢复平稳发展状态。2021 年 1 ~ 10 月，我国债券发行总量合计 18.7 万亿元，比上年同期减少 0.29%。其中，地方政府债发行规模占比最大，达到 34.65%；其次是国债，发行规模占到了总发行量的 28%。

具体来看，利率债方面，地方政府债券发行量有所增加，但国债、政策性银行债的发行规模有所下降，利率债整体发行规模呈小幅增长态势。非政策性金融债方面，为加强对小微企业的金融支持，更好地服务实体经济，《政府工作报告》中对商业银行发放小微贷款提出了具体要求。商业银行为响应号召，于2021年发行了大量中小型微型企业贷款专项金融债券（简称“小微金融债”），进一步解决小微企业融资难题。此外，为贯彻落实国务院金融稳定发展委员会关于支持中小银行补充资本的要求，2021年1月25日，中国人民银行会同银保监会进一步推动融资工具的创新发展，鼓励符合要求的中小银行通过发行转股型资本债券的方式补充资本金。目前，已有部分中小银行通过这种方式拓宽了资金来源。信用债方面，融资情况已经从2020年底的永煤债违约事件中逐渐恢复过来，净融资总额已由负转正，但是区域和行业表现出现了分化。具体来说，长三角、珠三角地区的发债主体较多；而由于受永煤债违约风险影响较大，山西、河北、河南等地的净融资仍未转为正值。从行业角度来看，交通运输、公用事业和金融业的信用债发行状况较好，而在限制高风险行业通过债券融资的监管态势下，房地产、汽车等行业的净融资缺口则比较大。

值得一提的是，进入2021年以来，永煤兑付、山西调研会、天津恳谈会等事件向债券市场传递了积极的信号，体现了各地政府十分重视区域内可能发生的国企债务风险，因此，2021年债券违约情况有所好转。

未来，在多项政策助力绿色债券市场扩容、交易商协会推出乡村振兴票据、“南向通”正式上线的背景下，我国债券市场将会继续平稳发展。

（六）外汇储备和外汇市场

人民币汇率走势在2021年表现较为强劲，在美元指数走强的情况下，相对美元依旧持续升值。如图2－10所示，2021年10月19日，美元兑人民币即期汇率突破6.4，CFETS人民币汇率指数也自2016年首次突破100。

这是在外需和内需出现分化、离岸人民币政策收紧和短期交易操作等多种因素的共同作用下形成的。首先，突袭而至的新冠肺炎疫情突显了我国的制造业供应链优势，不断扩大的贸易顺差增加了各部门的结汇需求，与此同时，大幅收窄的服务贸易逆差减少了购汇需求，两者共同形成了对人民币汇率的支撑。其次，在离岸市场上，政府表现出对人民币的收紧态度。财政部在2021年9～10月于香港地区发行三期共计200亿元的人民币国债，中国人民银行也从5月开始超量续作央行票据，发行利率也有所提高，在一定程度上收回了离岸市场上的人民币流动性，收紧了离岸市场上的人民币供给，也

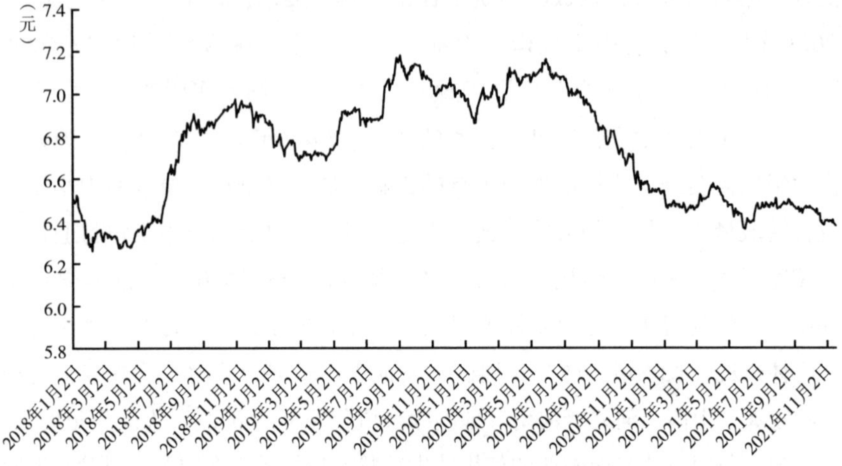

图 2－10　即期汇率：美元兑人民币

资料来源：Wind。

对离岸人民币的升值提供了支撑。最后，2018 年以来，我国不断深化金融领域的对外开放力度，持续吸引跨境资本的流入。2021 年 3 月以后，境外机构和个人持有的人民币金融资产持续上升，虽然流入速度有所放缓，但流入资金存量依旧维持高位，流入的境外资金也对人民币形成了支撑。长期来看，我国仍将坚持稳健的货币政策，美联储则已经启动 Taper，美国财政部 TGA 账户也难有进一步压降的空间，中美货币政策的分化将会成为影响人民币汇率的不稳定因素。

三　展望和建议

（一）展望

进入 2022 年，受各经济体疫情防控和疫苗接种水平差异较大等因素的制约，全球经济恢复将延续分化格局。美国通胀持续走高将加速美联储货币政策正常化的进程，Taper 启动在即和加息预期提前或引发全球金融市场剧烈震荡；美国触发并上调政府债务上限将导致市场避险情绪升温，资产价格波动加剧。全球传统能源产能收缩叠加绿色能源供给不足，能源危机持续发酵将进一步阻碍全球经济的复苏进程。

国内各项宏观政策对新能源产业、中高端制造业的支持力度持续加大，相关产业呈现较高的增长态势和较好的前景，为新发展格局下我国经济的高质量、可持续发展奠定了坚实的基础。但是，在新、旧增长动能转换的当下，以房地产投资、高耗能产业投资和低附加值产品出口为代表的传统增长动能仍在经济增长中占据较大比重。因此，相关产业在供给端的快速压降和需求端的持续走弱，为2021年第四季度和2022年的经济增长带来了一定的压力。

（二）建议

第一，在短期稳增长和可持续增长双重目标下，加强跨周期调节。一方面，高频宏观经济先行指数显示，当前经济运行的负向缺口有所扩大，适度加大短期的需求端刺激，稳住经济的周期性下行是题中应有之义。短期稳增长的着力点在于加大基建投资、稳定房地产投资和促进国内消费回升。货币政策的重心在于降低实体经济的融资成本；财政政策的重心是结构性减税，对财政支出结构进行合理调整，确保减税的直达性和可持续性。另一方面，跨越周期性因素，突破基于房地产投资和低附加值产品出口的经济增长模式。逐步转向以下几点：一是基于共同富裕实现国内消费提升，从而强化国内大循环之基础；二是基于清洁能源及相关产业链建设实现能源自给和出口，同时实现“双碳”目标；三是基于数字技术助推产业升级，同时借助大数据这一新型生产要素推升经济的潜在增长率。在当下，以5G基站建设、特高压、城际高速铁路和城市轨道交通、新能源汽车充电桩、大数据中心、人工智能、工业互联网为代表的新型基建投资，以及清洁能源系统的相关基建投资，是连接短期稳增长和中长期可持续增长的重要桥梁，更是跨周期调节的重要着力点。

第二，依托结构性政策实现稳增长。在美国加息预期提前叠加我国经济下行压力加大的时期，以“定向宽松”为主要特征的结构性货币政策，可以在保持货币政策总体相对稳健的基础上，加大对特定经济领域的支持和刺激力度，最终实现稳增长的目标。即以适度的货币增长支持经济高质量发展。具体而言，一是定向支持引领我国经济新增长动能的相关行业，如中高端制造业、新型基建、清洁能源系统的相关基建等。二是根据疫情进展和经济下行压力的程度，对中小微企业落实好两项直达实体经济货币政策工具的延期工作。三是加强对信贷增长缓慢地区的信贷支持力度，促进区域的协调发展。四是在 PPI、CPI 剪刀差持续挤压下游企业利润，上、下游利润增速出现明显分化的背景下，定向支持下游相关企业也应纳入结构性货币政策的考量范畴。此外，除了定向支持，结构性货币政策也应根据经济发展的需要和风险特征，对部分行业或一些扭曲的经济形态采取以“定向紧缩”或“宏观审慎”政策为主要特征的限制性措施，如高耗能高排放行业、教育培训资本化现象等。

第三，在推进利率市场化改革的进程中降低实体融资成本。在金融为实体经济服务的宏观背景下，特别是在经济增速下行压力加大的时期，我国利率市场化改革的目标需要同时兼具为实体经济降低融资成本的任务。一是持续、稳步降低法定存款准备金率。一方面，降准能够为金融机构提供长期、稳定的资金来源，有助于缓解金融机构负债端压力，进而增强其为实体经济提供信贷支持的能力。另一方面，逐步降准是我国利率市场化改革的重要环节：在外汇占款趋势性下降的情形下，通过提升准备金率对冲过剩流动性的需要已经大为下降；此外，在利率走廊机制的框架下，维持较高的法定存款准备金率会使得政策利率的关系和层次复杂化，甚至产生冲突。二是完善存款利率自律机制。中国人民银行在 2021 年 6 月将存款利率上限由倍数确定修改为加点确定的方式，该方法与贷款利率的 LPR 加点生成方法在形式上进行了靠拢；此外，从整个银行业来看，加点确定上限的方法有利于拉低长期存款利率上限的相对水平，从而有助于降低商业银行的负债端成本。存款利率自律机制虽然有效整治了银行业“高息揽储”导致的负债端成本上升的问题，但是也冲击了中小银行吸收存款的能力，导致部分存款向大中型银行回流，从而增加中小银行负债的不稳定性。为此，在持续完善存款利率机制的改革过程中，需要持续关注对中小银行流动性的补充。三是推动 LPR 形成机制、传导机制的相关改革。加快完善银行内部资金转移定价机制（FTP），在此基础上将 LPR 纳入 FTP 体系，使 LPR 的波动可以通过 FTP 有效传导至最终的贷款端。四是解决金融市场的分割问题。当前我国金融市场的分割现象依然明显，市场分割降低了资金流通的效率，最终表现为实体经济融资成本的抬升。应充分发挥债券市场对于一般企业的融资功能，加强商业银行资产负债与债券市场、货币市场的连接，破除各市场内部相关子市场的割裂（如债券市场的银行间市场和交易所市场等）。

第四，抓住重点风险环节，精准防控外部风险冲击。一是完善系统性金融风险防范化解的机制建设，建立健全系统性金融风险监测和预警机制，对外重点加强对以美元为代表的主要发达经济体政策的外溢性、短期资本流动性、资产估值重构、汇率大幅波动等环节的监测、防范和处置。二是对内强化对汇率、房地产、股票、债券等主要资产市场的风险跟踪，分类实施，精准防控，有效降低外部冲击引发的跨市场风险传染。三是加强资本流动管理，一方面要密切监测短期资本流动，加强我国进出口贸易中经常项目交易的真实性审验；另一方面，将临时性资本管制作为最后一道防线，即在非常时期，出台临时性资本项目管制，防止短期资本大进大出，有效隔离外部风险对国内金融市场的冲击，重点防控内外因素共振引发的系统性风险。

第三章
全球债券市场、其他大类资产与数字资产发展

胡志浩　李晓花　叶　骋　李重阳*

- 2021 年，全球未偿债券余额（含国际债券）为 136.10 万亿美元，同比上升 15.88%，占全球 GDP 比重升至 156%。全球经济复苏呈现不均衡、不稳固特征，在通胀高企的背景下，发达经济体政策宽松力度不减，国债利率整体延续由历史低位反弹的态势。受疫情反复影响，国债利率也一度回调。具体来看，2020 年 10 月以来，主要发达经济体国债收益率曲线走势大致经历熊陡—牛平—熊陡三个阶段。由于复苏节奏和力度不同，美国国债利率反弹和波动最大，欧元区次之，日本最小；新兴经济体经济复苏相对滞后，在高通胀和货币贬值压力下，普遍采用加息政策，国债收益率曲线整体呈现熊平态势。中美国债收益率利差从历史高位快速回落，10 年期利差大幅收窄 110BP，降至 136BP。未来全球经济复苏或将更加明朗，但仍面临供应链紊乱和高通胀风险。同时，须警惕发达经济体强劲复苏对新兴经济体的外溢性影响。
- 美股年内总体呈现上涨趋势。其中纳斯达克涨幅靠前，说明市场依然更加青睐科技类股票。在消费支撑和信用扩张的助推下，相对于新兴经济体权益市场，美股仍然相对具有吸引力。美联储进入宽松政策的收尾阶段，但在这之前，美元流动性平衡机制已得到进一步完善。通

* 胡志浩，中国社会科学院金融研究所研究员，国家金融与发展实验室副主任；李晓花，国家金融与发展实验室研究员；叶骋，国家金融与发展实验室研究员；李重阳，国家金融与发展实验室研究员。

胀走势仍然是接下来左右美联储货币政策的关键因素，但无论通胀的走势如何，全球货币政策的分化都将进一步加剧。2021 年人民币汇率基本保持稳定，未来一段时期仍具备保持总体稳定的基础。2021 年全球主要国家的国债收益率呈现上升走势，受到对冲需求增加的影响，预计 2021 年最终利率类衍生品统计数据将出现显著增加。

- 本文从加密资产、稳定币与央行数字货币三个角度来总结近一年数字资产发展总体情况。以太坊升级、NFT 引发关注、元宇宙概念迅速升温，加密资产于 2021 年出现创新迭代加速的迹象；稳定币开始受到美联储的青睐，同时，Facebook 启动元宇宙转型，将 Diem 与元宇宙结合起来或将引发一场剧烈的数字化共振；多国央行都开始积极参与 CBDC 的研发过程，跨境应用将成为真正决定 CBDC 发展模式的核心要点。

一　全球债券市场发展

（一）全球债券市场存量

截至 2021 年第一季度，全球未偿债券余额（含国内、国际债券）为 136.10 万亿美元，同比上升 15.88%，占全球 GDP 比重由 2020 年同期 134% 升至 156%。债券市场规模最大的国家依次为美国、中国和日本，其全部债券的未偿余额分别为 47.9 万亿美元、19.0 万亿美元和 13.7 万亿美元，与 2020 年同期相比分别增加 13.03%、26.89% 和 6.50%（见图 3－1）。美国约占全球债券市场未偿余额的 35.2%，三者之和约占全球债券市场未偿余额的 59.3%。与 2020 年同期相比，美国、中国和日本未偿债券余额占其本国 GDP 比重由 207%、110% 和 259% 增加至 224%、125% 和 271%。

全球债券市场未偿余额中约有 20% 为国际债券①，其中发达国家国际债券

① 发行人居住地如与证券注册地、发行法规颁布地、挂牌市场所在地三项中的任一项不符，则视为国际债券。

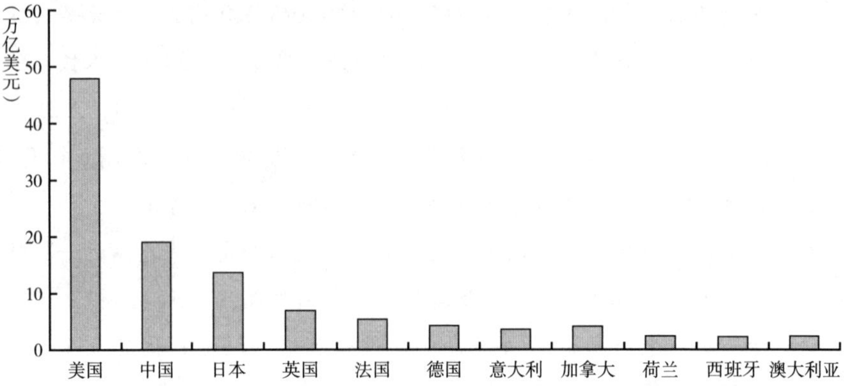

图 3－1　2021 年第一季度末全球主要国家未偿债券余额

注：未偿债券包括国内和国际债券，各国未偿债券余额为 2021 年第一季度末公布数据。
资料来源：BIS。

未偿余额占 68%。截至 2021 年第二季度，国际债券未偿余额总体规模为 27.61 万亿美元，同比上升 8.46%，约占全部债券未偿余额的 19.82%。其中，发达国家国际债券未偿余额始终占据主导地位，但份额逐渐下降。其规模占国际债券未偿总金额的比例由 2010 年第一季度的 83.5% 逐步降至 2021 年第二季度的 68.2%。发展中国家国际债券未偿余额占比较小，但其规模和份额均稳步上升。从 2008 年末的 0.89 万亿美元增长到 2021 年第二季度末的 3.06 万亿美元，占总规模的比例也从 4.7% 上升到 11.1%（见图 3－2）。其中，截至 2021 年第二季度，中国国际债券未偿余额由 2008 年的 200 亿美元增长至 2292 亿美元，占国际债券未偿总金额的比例升至 0.83%。

（二）全球债券市场发行量

2021 年发达国家国际债券净发行处于历史高位，发展中国家净发行则保持相对稳定。2021 年，全球经济保持复苏态势，但呈现不均衡、不稳固特征，主要发达国家仍采取宽松货币政策，市场利率保持历史低位，融资需求保持旺盛；发展中国家经济复苏相对迟缓，且在高通胀压力下利率有所上行，净发行保持相对稳定。2021 年上半年发达国家净发行国际债券 5120 亿美元，与 2020 年同期 4895 亿美元相比，增加 4.60%；发展中国家国际债券发行量为 1122 亿美元，与2020年同期1473亿美元相比，减少23.83%，回归正常水平（见图3-3）。

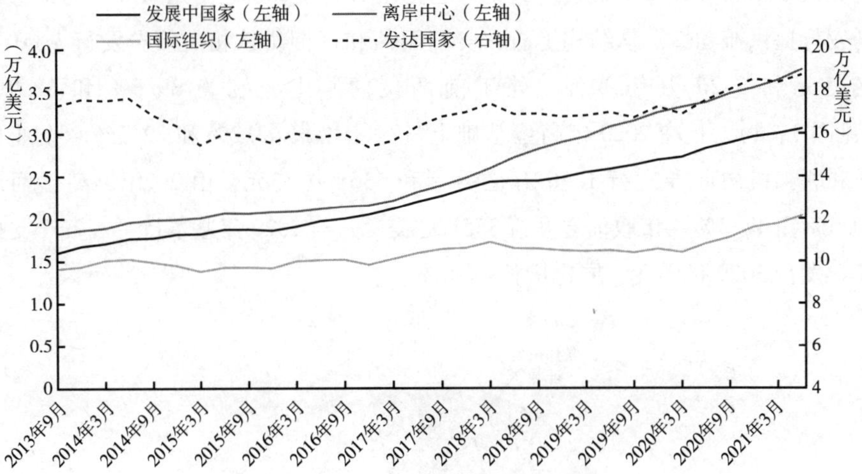

图3-2 2013~2021年国际债券未偿余额

资料来源：BIS。

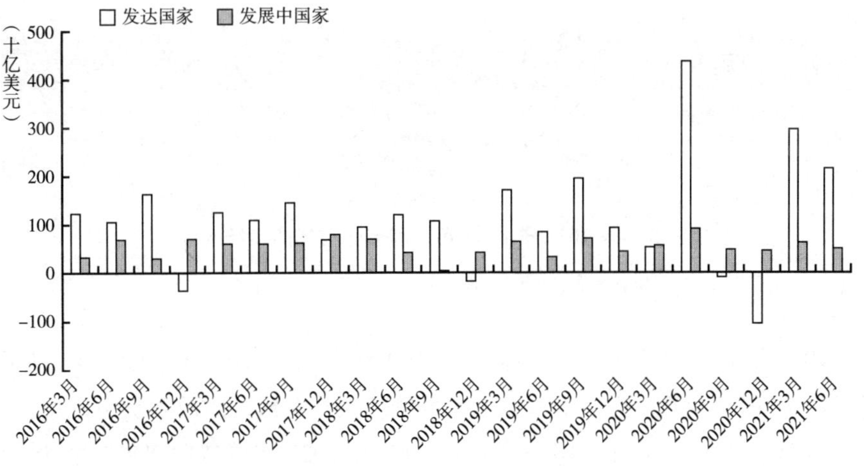

图3-3 2016~2021年国际债券净发行额

资料来源：BIS。

2021 年 1 ~ 9 月美国债券累计发行 9.92 万亿美元，较 2020 年同期上升 10.9%。2021 年，美国经济复苏，但考虑到复苏的稳定性有限，美联储仍保持宽松货币政策，每月继续购买 800 亿美元国债和 400 亿美元 MBS，为债券市场发行提供流动性。从结构上看，美国国债和抵押贷款相关债券发行 3.90 万亿美元和 3.26 万亿美元，处于前两位，占比分别为 39.3% 和 32.9%（见图 3 -4），且在 2020 年高位基础上进一步增长 43.2% 和 22.5%。企业债券和联邦机构证券发行 1.56 万亿美元和 5368 亿美元，由 2020 年高位回调 20.5% 和 47.3%。市政债券发行 3551 亿美元，与 2020 年基本持平。资产支持证券发行 3029 亿美元，同比增长 34.0%。

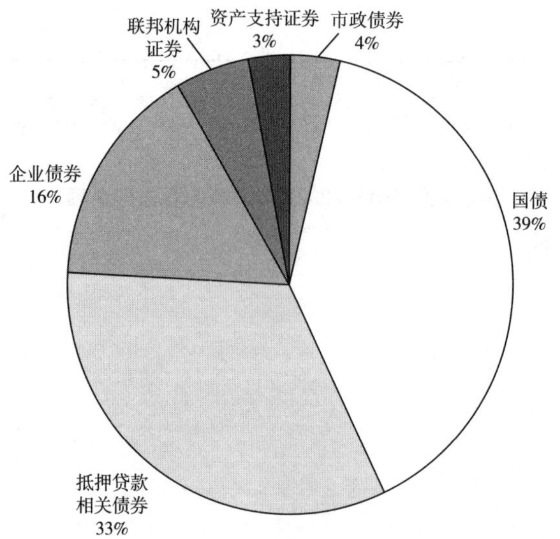

图 3 -4　2021 年 1 ~ 9 月美国债券市场的发行构成

资料来源：Wind。

2021 年 1 ~ 8 月欧元区债券净发行 8083 亿欧元，同比下降 40.19%，但仍处于历史高位。2021 年 1 ~ 8 月，欧元区继续实施宽松的财政和货币政策，包括每月 200 亿欧元的 APP（资产购买计划，比 2020 年疫情期间每月减少 120 亿欧元）和总额 1.85 万亿欧元的 PEPP（紧急抗疫购债计划），每月各类债券净发行额基本保持正值。同时疫苗接种助力欧元区经济恢复，欧元区债券净发行相对 2020 年下半年有明显增加，2021 年 1 ~ 8 月净发行额达 8083 亿欧元，其中政府类债券净发行5460亿欧元，占比近70%，中央政府债券和其他一般政府债券分别占比61.2%和6.4%。2021年1~8月，非金融企业债券和货币金融机构债券净发行基本保持正值，但两者同比下滑，显示欧元区经济缓慢复苏（见图3-5）。

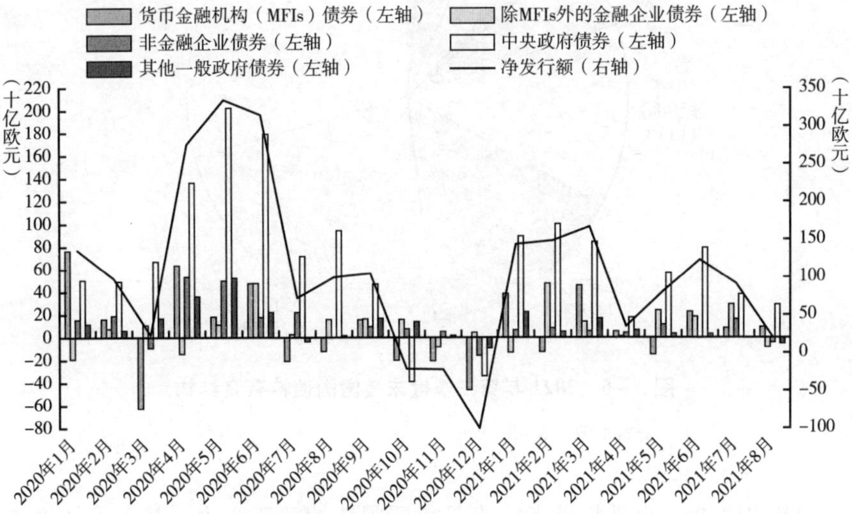

图3-5 2020~2021年欧元区债券发行情况

资料来源：Wind。

（三）债券境外投资

截至2021年第二季度末，美国国债的持有者中，份额最多的为海外投资者，占比为29.31%，持有规模较疫情前略有上升，但份额明显下降；其次为货币当局，占比为22.65%（见图3-6），比2020年初大幅飙升9.6个百分点。疫情以来，美国实施前所未有的财政金融政策。美国证券业及金融市场协会（SIFMA）数据显示，截至2021年第二季度，美国国债余额为24.9万亿美元，较2020年初大幅增加5.42万亿美元。其中，海外投资者持有7.3万亿美元，占比29%，较2020年初小幅增长4700亿美元，占比下降5.8%；美国国内投资者持有17.6万亿美元，占比71%。在美国国内投资者中，美联储、共同基金和养老基金的持有规模较大，占比分别为23%、15%和13%。其中，美联储持有规模较2020年初大幅增加3.1万亿美元，占比飙升9.6个百分点。

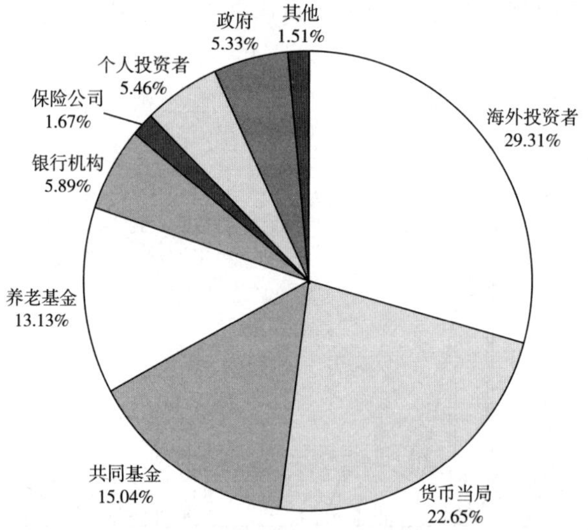

图 3－6　2021 年第二季度末美国国债持有者结构

资料来源：Wind。

1996 年以来，海外投资者一直是美国国债的配置主力，基本保持增持趋势，但持有份额变化呈“倒 U”形（见图 3－7）。第一阶段：以次贷危机为分水岭，海外投资者持有份额由 1996 年的 26% 快速增长至 2008 年的 43%。一方面美国贸易长期逆差，另一方面新兴市场高速增长吸引发达国家资金流入，这两种形式积累起来的外汇储备反过来又再次投资于美国国债。第二阶段：2009～2014 年，海外投资者持有规模保持增长，但持有份额基本保持稳定。由于次贷危机后，美联储采取多轮量化宽松政策，货币当局持有美国国债规模和份额快速增长，海外投资者持有规模和美国国债余额增长速度基本一致，因此持有份额相对稳定。第三阶段：2015 年至今，海外投资者持有规模增速变缓，持有份额快速下降，但进入 2021 年后，其份额在相对低位上保持稳定。近期海外美债投资占比稳定的主要原因来自两个方面：一方面，各国都在探索外汇储备投资的币种多元化和投资品种多元化，尤其随着美国国债和赤字率飙升，海外官方持有美债意愿不足；另一方面，随着欧元区和日本等经济体的负利率程度加深，美国国债投资收益相对优势突出，海外商业头寸保持较强的增持意愿，这也使海外投资者持有规模在经历 2015～2018 四年的“踟蹰不前”

后重启增长趋势。两种增减的力量相抵后，最终使得美债的海外投资占比趋于稳定。另外值得关注的是，自 2019 年 6 月以来，日本超过中国大陆，成为持有美国国债最多的国家。虽然是持有美国国债最多的两个国家，但近年来中（大陆）、日两国持美国国债占比已由 2012 年的 10.6% 和 9.7% 分别降至 2021 年 6 月的 4.3% 和 5.2%。

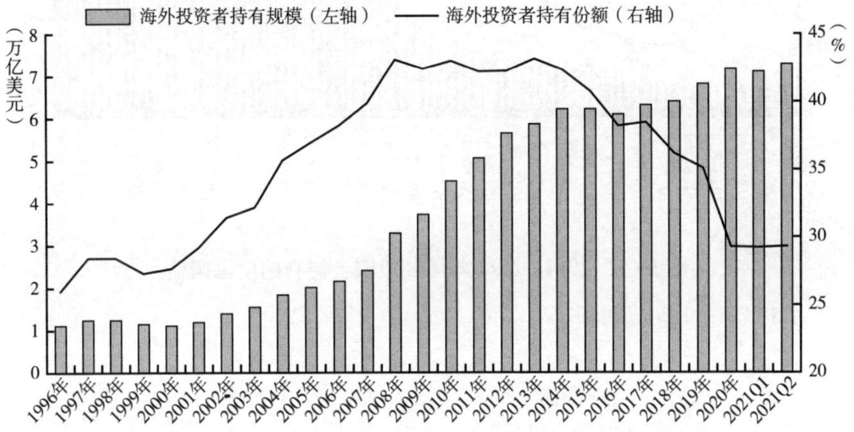

图 3－7　1996～2021 年海外投资者持有的美国国债

资料来源：Wind。

2015 年以来，境外投资者持有中国国债规模和份额逐年增加。2015 年 9 月，境外投资者持有中国国债仅为 2359 亿元，占比 2.57%；2021 年 9 月，境外投资者持有中国国债已增至 2.28 万亿元，近 2015 年同期的 10 倍，占比 10.59%（见图 3－8）。如下三大原因促进了境外投资者持有中国国债。第一，中国债券市场开放程度的不断提升和人民币国际化进程的稳步推进。第二，全球投资者投资币种的多元化需求以及中国国债利率的相对优势。2015 年以来，中美 10 年期国债利差长期处于 100BP 以上的历史高位，吸引全球大量主动投资资金持续进入中国国债市场。第三，中国国债入指吸引全球大量被动投资资金进入中国国债市场。近两年，彭博巴克莱全球综合指数（BBGA）、摩根大通全球新兴市场政府债券指数（GBI-EM）和富时罗素世界政府债券指数（WGBI）先后将中国国债纳入其中，吸引境外机构持续投资中国债券市场。

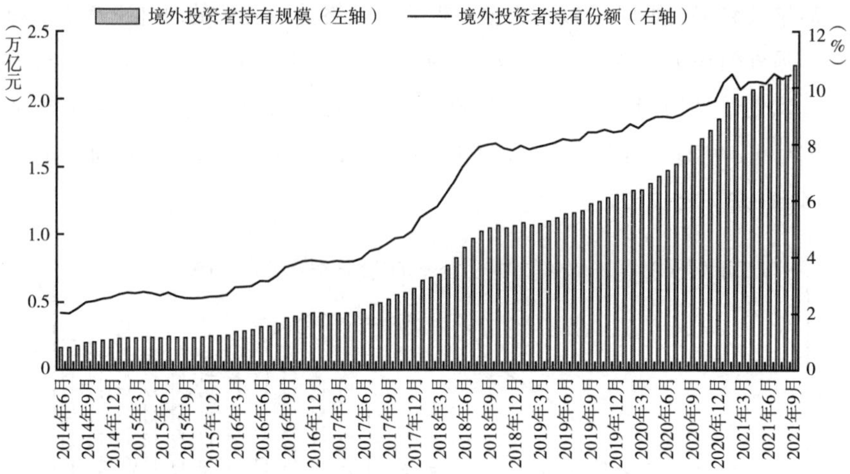

图 3－8　2014～2021 年境外投资者持有的中国国债

资料来源：中债估值中心。

二　全球债券收益率

（一）发达经济体国债收益率情况

2020 年 10 月以来，主要发达经济体国债收益率曲线走势大致经历熊陡—牛平—熊陡三个阶段（见图 3－9、图 3－10）。2020 年末，随着全球经济复苏和通胀走高，发达经济体国债利率整体延续由历史低位反弹的态势。但由于疫情反复干扰经济复苏进程，在 2021 年第二季度前后，发达经济体国债利率开始有所回调。与此同时，政策宽松力度不减，流动性充裕使得国债短端利率保持稳定，主要发达经济体国债收益率曲线斜率与水平走势保持一致。并且，由于复苏节奏和力度不同，主要发达经济体国债利率反弹和波动程度也不同。其中，美国国债利率反弹和波动最大，欧元区次之，日本最小。

2020 年 10 月以来，美国国债收益率曲线整体呈熊陡态势，但在 2021 年第二季度一度转为牛平。具体来讲，可以分为三个阶段：熊陡—牛平—熊陡。第一阶段：2020 年 10 月至 2021 年 3 月，国债收益率曲线呈现熊陡态势。2020 年

图 3-9 2008~2021 年主要发达经济体国债收益率曲线

资料来源：Wind。

图 3-10 2008~2021 年主要发达经济体国债收益率曲线斜率

资料来源：Wind。

第四季度，随着美国经济在疫情中恢复开放，美国经济基本面呈现缓慢复苏迹象，虽然持续受到疫情变化的影响，就业、通胀、PMI 等持续回暖且好于预期，国债收益率曲线有抬升迹象，水平上行 10BP 至 0.44%。2021 年第一季度，美国经济复苏强劲，数据普遍有超预期表现，尤其是就业和通胀表现抢眼。3 月非农就业人口达 91.6 万，失业率也逐月下降至 6%，美国通胀持续抬升，3 月 CPI 同比上涨 2.6%，均超预期。同时，金融财政政策起催化和协同作用，引导美国国债收益率水平上行45BP，至0.89%。首先，拜登政府上台，推动疫苗大规模接种，为经济活动持续恢复提供有力保障；其次，美国国会通过1.9万亿美元纾困救助法案，进一步加码财政刺激政策，在为美国经济复苏提供强劲动力的同时，推高通胀预期；最后，美联储在3月议息会议上，上调了美国经济增长和通胀预测，并保持基准利率和购债规模不变。第二阶段：2021年4~7月，国债收益率曲线呈现牛平态势。美国经济复苏强度有所弱化及流动性过剩开始主导国债利率走势，国债收益率水平下行22BP降至0.67%。首先，从基本面看，制造业和非制造业PMI虽然处于荣枯线以上，但第二季度数据大都低于3月份；美国通胀连续超预期，但美联储多次强调高通胀只是暂时的，反而导致通胀预期不断下行；美国就业不容乐观，6月份失业率为5.9%，比3月份仅仅降低0.1个百分点。其次，从政策面看，货币政策保持稳定，基准利率和购债规模保持不变，但拜登政府数万亿美元的财政刺激计划面临阻力。最后，从市场交易面看，在QE基础上，财政存款由2021年2月份的1.6万亿美元缩减至6月份的8000亿美元左右，释放资金约8000亿美元，导致美元流动性过剩，美联储“技术性上调”IOER（超额准备金利率）与ONRRP（隔夜逆回购利率）。2021年7月，全球原油价格从高位快速下跌，主导利率继续下行。第三阶段：2021年8~9月，国债收益率曲线呈现熊陡态势。美国持续高通胀和宽松政策退出预期主导国债利率走势，国债收益率水平上行22BP至0.89%。这主要是因为美国通胀维持高位，市场的通胀预期开始发生变化。2021年第三季度，美国三大通胀数据CPI、PCE及PPI继续维持在历史高位，其中，CPI同比增速保持在5%以上，PCE同比增速保持在4%以上，PPI同比增速更是跃升至8%以上。美国7月和9月CPI同比增速为2008年8月以来最高，8月PCE和PPI同比增速则创下数据编制以来的最高纪录。随后，美联储正式讨论Taper，加息预期有所提前。2021年9月美联储议息会议仍维持基金利率和资产购买节奏，并首次正式讨论Taper：认为就业已经几乎取得Taper所需的“进一步实质性进展”，预计2022年中结束Taper。此外，点阵图也显示美联储加息预期有所提前。受此影响，包括美债在内的几乎全球国债利率均有一定程度的上行。在政策利率保持不变、流动性保持充裕的情况下，美国国债短端利率保持相对稳定，国债收益率曲线斜率与水平保持同向变动。

2020年10月以来，日本国债收益率曲线走势与美国基本保持一致，收益率水平继续处于负区间，波动幅度明显低于美国。一方面，日本经济复苏缓慢，复苏强度也低于美国；另一方面，日本长期面临通缩压力，2020年第四季度以来，CPI同比增速基本处于负区间，直到2021年9月才勉强转正。2020年第四季度，日本国债利率基本保持小幅震荡，曲线水平仅上行1BP。2021年1~2月，在全球经济复苏带动下，日本国债收益率水平上行8BP至-0.01%。随后，由于疫情反复和通缩压力，国债收益率水平持续下行至7月的-0.11%。2021年8~9月，由于通胀温和上升，日本国债收益率水平跟随美国上行5BP至-0.06%。与此同时，日本国债收益率曲线斜率与水平保持同向变动。

2020年10月以来，欧元区公债收益率曲线走势与美国也基本保持一致，收益率水平处于负区间，且显著低于美国和日本，但波动幅度处于美国和日本之间。一方面，欧元区经济复苏强度介于美国和日本之间。根据IMF最新预测，2021年美国、欧元区和日本GDP增速分别为6.0%、5.0%和2.4%。另一方面，欧元区通胀由历史低位逐渐回升，尤其是2021年4月以来，持续走高，2021年9月CPI同比增速达3.4%，创次贷危机以来最高。2020年第四季度，欧元区经济复苏脆弱，CPI同比增速处于负区间，公债收益率曲线水平在-0.70%的历史低位小幅震荡。2021年第一季度，随着疫苗接种，CPI增速同比转正，PMI、消费者信心指数和投资者信心指数稳步抬升，欧元区公债收益率上行14BP，至-0.56%。2021年第二季度，得益于疫苗接种进程加快、重新开放速度超过市场预期、投资者对欧元区复苏信心增强，欧元区公债收益率在美、日国债利率下行的情况下，保持温和上升，至-0.51%。2021年7月，在全球原油价格快速下行引导下，欧元区公债收益率曲线水平下行17BP。2021年8~9月，在高通胀和全球货币政策转向预期的影响下，欧元区公债利率又反弹至-0.51%。

（二）新兴经济体国债收益率情况

2020年10月以来，新兴经济体经济复苏相对滞后，在高通胀和货币贬值压力下，普遍采用加息政策，国债收益率曲线整体呈现熊平态势，水平有明显上行。中国率先控制疫情，经济逐渐回归新常态，在增速面临下行压力、适度降准的背景下，国债收益率曲线整体呈现牛平态势（见图3-11、图3-12）。

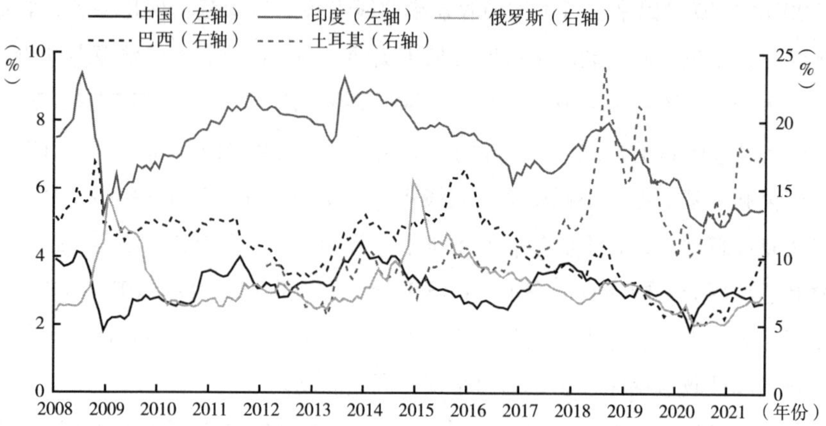

图 3－11　2008～2021 年部分新兴经济体国债收益率曲线

资料来源：Wind。

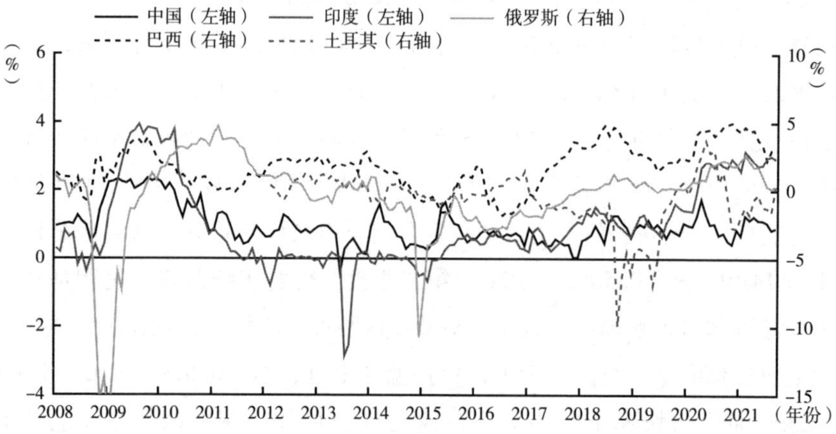

图 3－12　2008～2021 年部分新兴经济体国债收益率曲线斜率

资料来源：Wind。

2020 年 10 月以来，印度国债收益率曲线大致经历三个阶段：牛市—熊陡—震荡。2020 年第四季度，印度仍深受疫情影响，经济衰退预期强烈，导致国债收益率曲线水平下行 32BP 至 4.95%。2021 年 1～2 月，印度经济开始复苏，消费者信心指数有所回升，进出口实现反弹，制造业和服务业 PMI 均处于景气区间，引导国债利率上行 57BP 至 5.52%，曲线呈现熊陡态势。2021 年

3 月之后，印度先后受新一轮疫情暴发、通胀反弹后回落、经济复苏缓慢等因素影响，在政策和基准利率保持稳定的情况下，印度国债收益率曲线维持震荡态势。

2020 年 10 月以来，俄罗斯国债收益率曲线大致经历三个阶段：牛平—熊陡—熊平。2020 年第四季度，俄罗斯经济受疫情影响，综合 PMI 跌至荣枯线以下，进出口进一步下滑，国债收益率曲线呈现牛平态势。2021 年 1 ~ 2 月，由于疫苗接种和石油价格回升，俄罗斯经济出现反弹，制造业和服务业 PMI 均回归至景气区间，2 月份俄罗斯出口也转为正值，失业率不断走低，国债收益率曲线呈现熊陡态势。2021 年 3 月之后，俄罗斯面临通胀飙升和贬值压力，为此，俄罗斯央行分别于 3 月、4 月、6 月、7 月、9 月各加息一次，累计加息 250BP 至 6. 75%，国债收益率曲线呈现熊平态势。

2020 年 10 月以来，巴西国债收益率曲线大致经历两个阶段：熊陡—熊平。2020 年 10 月 ~2021 年 2 月，巴西先后受经济反弹和通胀回升的影响，国债收益率曲线整体呈现熊陡态势，其中仅在 2020 年 12 月由于疫情反弹，国债收益率水平有短暂下行。2021 年 3 月之后，由于通胀飙升和贬值压力，巴西央行分别于 3 月、5 月、6 月、8 月、9 月各加息一次，累计加息 425BP 至 6. 25%，国债收益率曲线呈现熊平态势。

2020 年 10 月以来，土耳其国债收益率曲线基本保持倒挂状态，并大致经历两个阶段：熊平—高位震荡。2020 年 10 月至 2021 年 3 月，土耳其国债收益率曲线整体呈现熊平态势。由于长期面临高通胀的压力，自 2019 年 11 月以来，土耳其 CPI 同比增速连续高于 10%。与此同时，自 2020 年以来，土耳其里拉持续贬值，截至 2020 年 9 月末，累计贬值 23%。为此，土耳其央行于 2020 年 9 月、11 月、12 月及 2021 年 3 月宣布加息，累计加息 1075BP，至 20. 50%。2021 年 4 月之后，土耳其依然面临高通胀和货币贬值压力，但总统埃尔多安对加息持强烈反对态度，先后罢免三任央行行长、两名央行副行长和一名货币政策委员会成员，最终促成 2021 年 9 月降息 100BP 至 19. 50%。在此期间，国债收益率曲线保持高位震荡。

2020 年 10 月以来，中国国债收益率曲线大致经历两个阶段：小幅震荡—牛平。2020 年 10 月 ~2021 年 2 月，中国国债收益率曲线整体呈现小幅震荡态势，水平基本处于 2. 90% ~3. 10%。2020 年 10 ~ 11 月，由于经济复苏和市场流动性边际收紧，国债收益率在即将达到疫情前水平的情况下，保持小幅上行。但由于信用债市场出现违约潮，央行加大货币投放力度，市场流动性呈现宽松状态，12 月份国债收益率曲线随之下行。由于春节前资金利率冲高以及 2 月份亮眼的经济数据，尤其是进出口数据明显超预期，2021 年 1 ~ 2 月，国债利率又转而上行。由于主导利率因素不断变化，利率走势来回切换，国债利率在此期间均保持小幅变化。2021 年 3 月之后，中国国债收益率曲线整体保持牛平状态。从基本面来看，为剔除基数效应，市场关注环比和两年平均数据，数据显示经济动能方向不变，但反弹斜率有所弱化，前期过于乐观的情绪得以调整。例如，制造业和非制造业 PMI 均低于 3 月份，社会消费品零售总额、固定投资额、社会融资规模和 M2 增速，也呈现相同的特征。尤其是进入 2021 年下半年，经济下行压力凸显，第三季度 GDP 同比增速跌破 5%，降至 4.9%。从物价水平来看，由于大宗商品价格强劲反弹，PPI 同比迅速飙升至次贷危机以来的最高水平，9 月份达到 10.70，CPI 同比增速则在 1% 左右波动。从政策面来看，2021 年第二季度，当局采用“宽货币 + 紧信用”的政策组合，一方面，保持市场流动性合理充裕，资金面偏松；另一方面，宏观降杠杆的政策要求下，防范地产泡沫和政府债务风险，地产和基建投资放缓，债市出现资产荒。为了对冲经济下行和发达经济体货币政策调整，7 月初，央行超预期降准 0.5 个百分点，释放长期资金 1 万亿元，上述操作引导国债收益率水平在 7 月底快速下行至 2.61%。在通胀飙升、政府债放量发行以及发达经济体货币政策转向预期的影响下，国债收益率水平在 8 月和 9 月小幅上行 5BP 至 2.66%。

（三）中美国债收益率利差情况

2020 年 10 月以来，中美国债收益率利差从历史高位迅速回落。截至 2021 年 9 月末，中美 3 月期国债收益率利差降至 192BP，较 2020 年同期收窄 31BP；中美 10 年期国债收益率利差由历史高位降至 136BP，较 2020 年同期大幅收窄 110BP（见图 3 - 13）。疫情发生以后，中国经济率先复苏，逐渐向新常态水平收敛，货币政策也回归正常。而美国经济则一直处于逐步复苏的过程中，仍采取量化宽松政策，但近来货币政策转向的预期正在被不断强化。就中国国债收益率来看，由于经济回归新常态，同时面临下行压力，货币政策由边际收紧转为边际宽松，尤其是在 2021 年 7 月初央行降准带动下，国债利率短端和长端均有明显下行。就美国国债收益率来看，经济逐渐复苏、通胀高企的情况下，货币政策继续维持宽松，但政策转向的预期被不断强化，从而使美国国债利率短端保持在历史低位，长端利率则有明显上行。综合上述因素，中美国债收益率利差短端和长端均有明显回落，并且长端收窄的幅度要大于短端。

图 3－13　2002～2021 年中美国债利差情况

注：利差等于中国国债对应期限收益率减去美国国债对应期限收益率。

资料来源：Wind。

三　权益、流动性与外汇市场

（一）美国权益市场总体收涨，未来相对吸引力仍然存在

2021 年 3 月，美股受国债收益率上升的影响出现较大幅度的回调，但美股年内总体呈现上涨趋势。其中纳斯达克涨幅靠前，说明市场依然更加青睐科技类股票。中国股票市场结构分化明显，3 月份与美股同步回调后，创业板随后出现持续上涨，而以上证 50 为代表的大金融、地产板块则继续维持下跌。

美联储明确缩减资产购买计划，向市场传达的是经济增长持续且通胀是暂时性的预期。长端美债收益率在 10 月份加速上涨，同时美股再次经历了一定幅度的回调，但收益率尚未对美国股市构成系统性的压力。长端美债收益率上行的直接结果是美债收益率曲线重新陡峭化，收益率曲线陡峭化将促使美国的

影子银行扩大资产负债表规模，进而增加对资本市场和居民消费信贷等部门的信用供给。此外，日本央行重新加码宽松，将推动日美之间出现新一轮的套利资本流动（日本流向美国），这仍将推动美国的信用扩张。映射到实体经济层面，随着就业的恢复，家庭消费支出将增加，主力投资资金可能从耐用品消费转向服务业消费。映射到金融市场层面，信用利差和股票市场波动率将继续保持低位。

此外，美国边际紧缩传导至汇率，将支撑美元汇率的强势。虽然已经出现边际性紧缩，但美联储货币政策仍处于宽松阶段，离岸美元流动性依然能保持宽松的局面。一方面大量的美元信用扩张一定会刺激资本开支，另一方面美元走强有利于降低美国进口商品的名义价格，这将对抑制通胀起到一定的支撑作用。上述情况将在短期内对美国经济给予向好支撑。在上述情况下，美国的资产将显著优于新兴市场国家。第一，消费支撑美国企业的业绩增长；第二，信用扩张进一步推动美国企业未来的业绩预期；第三，新兴市场国家在美债收益率走高，同时离岸美元信用扩张的情况下，将面临更高的投资回报率补偿压力，这就对新兴市场国家的金融市场形成一定压力。

（二）美联储进入宽松政策的收尾阶段，流动性稳定机制得以进一步完善

美联储在2021年推出了两个重要的流动性工具：一方面提高了ONRRP单一对手方的交易量以吸收市场过剩的流动性，另一方面设置了常备的回购便利（SRF）。前者为货币基金提供了安全资产，缓解了银行体系的负债端压力，为流动性市场提供了分流池；后者从机制上扫清了当前美元体系流动性纾解的盲区，美元体系流动性风险的概率被迅速降低。

美联储货币政策回归常态化，必然要经历三个阶段，依次分别是：Taper、加息和缩表。三者之间的间隔时间可根据情况相机决定，但总体的实施顺序十分明确，并且相互之间不会有时间上的重叠。第一步Taper是美联储减少购买资产的数量，这本质上仍然是量化宽松，只不过是量化宽松的增量开始减少。而第二步加息才是明确的紧缩信号。也正因为如此，Taper和加息时间点不会叠加，宽松与紧缩叠加在一起没有意义。再往后，如果第三步缩表与第二步加息叠加，则属于极度的政策紧缩状态，现实中，这很可能诱发美元信用链条的

崩溃。因此，最终美联储只会依次实施上述三个步骤，绝不会轻易地打乱节奏，以确保为经济持续复苏创造稳健的货币环境。

2021 年 9 月的美联储议息会议总体传递了两个信号。第一，美联储认为开始 Taper 的理由已经具备，美国的就业恢复情况和通胀已经达到“实质性进展（Substantial Further Progress）”。预计 2021 年底启动 Taper，用半年的时间达到停止扩表。第二，相比于上次 FOMC 会议的结果，本次会议后的加息预期有所提前，从点阵图来看，可能的加息时间点将在 2022 年底。但值得注意的是，点阵图仅代表当下政策决策者依据现有信息做出的政策偏好，最终实际的加息路径与节奏仍取决于未来经济金融运行的状况。事实上，点阵图与历史上实际的加息路径鲜有吻合的情况。目前，点阵图预计在 2024 年加息至 2.5%，仅与疫情前持平。并且，从点阵图来看，在 2024 年之前美联储绝对不会缩表。同时，美联储主席鲍威尔一再强调，Taper 与加息无关，加息需要更加严苛的经济数据。上述信息表明，美联储承认经济恢复，但对于经济复苏的可持续性仍保持警惕。

现有格局下，美联储货币政策正常化将比疫情之前更为困难。疫情发生之前，美联储已于 2019 年实施了三次降息，表明上一轮货币政策正常化已经无疾而终。可见，在经济长周期的下行阶段，想成功退出量化宽松绝非易事。疫情冲击后，量化宽松又登上了一个全新的高度，政府债务也达到历史峰值，在增长新动能尚未显现的情况下，美联储实现货币政策正常化将更加困难。目前看，2022 年就业情况是否能达到加息的条件存在较大的不确定性。虽然当前鲍威尔对就业市场仍然保持乐观，但 2021 年 8 月的数据已严重不及预期，并且考虑到疫情使部分劳动力退出就业市场，加上经济转型形成的结构性失业，美国最后几百万的就业恢复将显得尤为困难。同时，拜登的大基建财政刺激计划一再减码，未来通过财政刺激拉动经济增长的力量很可能不及预期。美联储未来实现加息缩表的难度将大于上一轮操作。而在上一轮紧缩的末期，加息导致了 2017 年和 2018 年离岸美元紧缩，进而导致全球经济增长失速，缩表又导致了 2019 年 9 月财政部发债对货币市场的虹吸效应，直接迫使美联储重新进入新一轮的宽松。美联储已经汲取了过往的教训，在货币工具上进行了更为充分的准备，即使未来紧缩政策对市场再次形成冲击，美元体系面临流动性枯竭的概率也大为降低。

（三）通胀已成为美联储下一步政策调整的关键因素

2021 年以来，数据显示美国潜在通胀水平已高于 FOMC 制定的 2% 通胀目标。此外，全球范围内的价格压力正在增加。食品服务业就是价格和薪资压力的有力佐证，在非家用食品类别中，通胀已经显示出持续的迹象。餐饮行业招工困难导致工资大幅度攀升，但工资上涨的幅度仍落后于物价。通胀预期指标（见图 3 - 14）显示，现在就认定全球经济处于工资通胀螺旋上升可能太早。总体来说，全球各大央行依然认为当前的通胀是临时性的，是由疫情引起的诸如供应链中断和劳动力供应短缺等问题导致的，但严重的供应链瓶颈问题确实超出了预期。从目前的数据看，各项指标没有显示出长期通胀预期失控的风险，但“暂时性”的通胀压力确实可能持续相当一段时间，并一定程度上使通胀预期脱离目标锚。在这样的情况下，如果美联储认为短期通胀预期已经失控，则可能提前启动紧缩周期以抑制通胀。

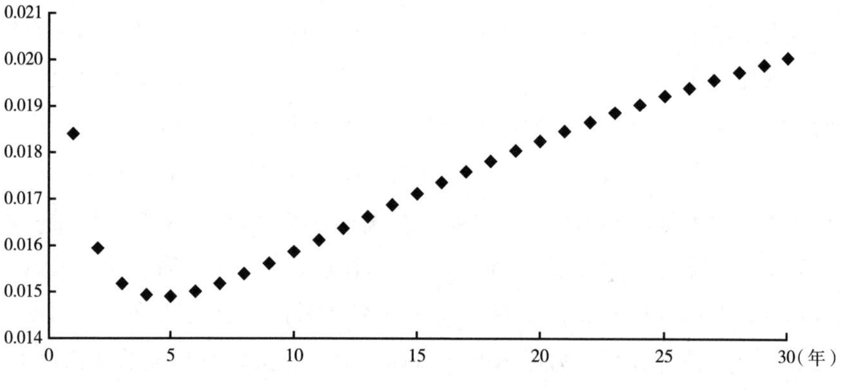

图 3 - 14　CIE 通胀曲线（1 年至 30 年，取值时点为 2021 年 10 月 1 日）

资料来源：Fed reserve of Cleveland。

（四）全球货币政策分化将进一步加剧

回顾上一轮货币政策正常过程，将有助于我们理解当下的宽松政策收尾行动。2013 年底美联储开启 Taper 以后，欧洲央行保持原有的宽松节奏，日本央行的货币政策则继续加码宽松。于是，Taper 开始后的半年内，美德和美日长债收益率利差扩大，但美元并未走强，欧元兑美元反而震荡上升（见图 3－15）。当时的市场认为，美联储即使实施了 Taper，也仍处于宽松货币政策的范畴内，美联储是否实施真正紧缩的预期还不明确。直到 2014 年 7 月和 2014 年 10 月欧洲和日本相继宣布加码宽松之后，美元货币政策的相对强势才得以充分显现，美元开始大幅走强。当时货币政策的分化导致了国际资金大幅流入美债市场，压低了长期美债收益率和期限利差。

图 3－15　2010～2021 年美德利差与欧元兑美元汇率

资料来源：Wind。

与 2014 年相比，当下局面可能更加复杂。虽然欧洲现在同样处于宽松周期中，但拉加德近期的讲话释放了欧洲央行或将在 2022 年第一季度开始实施 Taper 的信号。而日本面临疲软的经济复苏，仍决定进一步加码宽松。如果欧洲也开始 Taper 操作，欧美之间的货币政策分化将不再是主要矛盾，而日本的资金将成为美元信用产品的重要来源之一。美债收益率未来的变化将取决于美国就业与经济增长的前景、通胀预期和美联储加息预期三大因素。由于当前美联储政策框架中就业的优先级别最高，在确认就业能够持续复苏之前，美联储几乎不可能实施加息。此外，现有美联储政策框架分析中，导致长期实际利率下降的因素并未出现本质上的变化，自然利率的长期低迷也不支持货币政策在利率方面进行调整，因此，所有的矛盾似乎都集中在了通胀预期上。虽然美联储目前判断通胀压力是个短期现象，但短期通胀预期会从两方面影响国债收益率。一方面，短期通胀预期过高，市场会形成美联储被迫加息的预期，从而推高短期美债收益率；另一方面，虽然美联储新框架锚定的是平均通胀水平，但如果通胀变化超出美联储的预期，市场会认为被迫加息可能依旧是一个无奈的选择。届时，经济恢复节奏被打乱，甚至可能再次出现衰退预期，而通胀是否能够得到有效控制依然存疑，衰退和通胀谁将成为主要趋势，决定了美债利率的最终走势。

同样的问题已经在其他一些国家率先得以显现，一些产业链薄弱、受到供给瓶颈影响严重的国家（例如巴西、英国、新西兰等），可能受通胀压力影响被迫提前进入紧缩周期。然而由供给瓶颈导致的通胀仅仅靠货币政策是无法得以破解的。加息抑制总需求的同时，有可能进一步加剧总供给瓶颈，这将导致短期通胀的压力进一步上升。图 3－16 显示，近期美国的通胀预期上升主要是由通胀补偿上升引起的，也就是说市场对未来通胀的担忧进一步加深了。就当前而言，通胀可能是决定金融市场走向最为关键的因素。

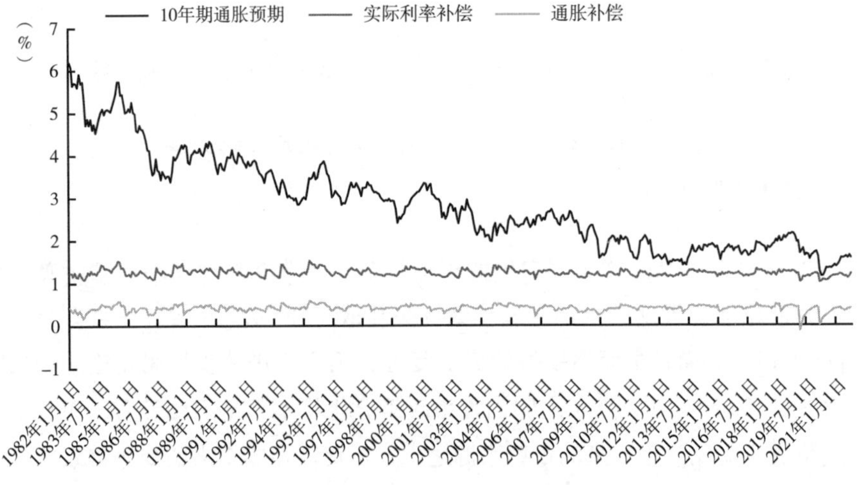

图 3－16　1982～2021 年 10 年期 CIE 分解

资料来源：Fed reserve of Cleveland。

基于当前的宏观趋势与政策响应，从汇率角度来看，美元、欧元兑日元将继续走强，美元兑欧元、英镑等升值幅度有限。从配置角度来看，未来供给弹性大、产业链较完善、政策调节灵活的国家（中、美、德）的资产配置优势将更加凸显。

（五）人民币汇率总体稳定

2020 年 7 月至 2021 年初，人民币基于基本面的支撑而持续升值：第一，中国相对于美国而言，经济基本面明显好转；第二，从金融市场来看，中美利差扩大；第三，从国际收支来看，经常项目大量盈余，结售汇差额一直为净结汇方向，银行代客远期净结汇大幅上涨，收汇结汇汇率高于付汇购汇汇率。数据表明贸易、资金、跨境资金三个方面都具有人民币升值的预期。但从 2021 年 3 月起，中美利差开始收缩，并且，第二季度开始中美利差明显回落，7 月开始中美短端利差（三个月期）甚至开始倒挂。2021 年 7 月开始，市场情绪逐渐有所变化，离岸市场出现了一定程度看跌人民币汇率的迹象，银行远期代客结汇额大幅回落，但此时即期的收汇结汇汇率依然高于付汇购汇汇率，这也使得即使存在贬值预期，7～9 月人民币汇率仅仅小幅下跌。进入 10 月以后，人民币汇率受到大量即期结汇的支撑再次走强（见图 3－17）。

总体来看，短期内人民币未来或将承受一定的贬值压力。这是由于中美经济存在复苏的错位，中国经济增速从复苏初期的高增长逐步回落，而美国经济则

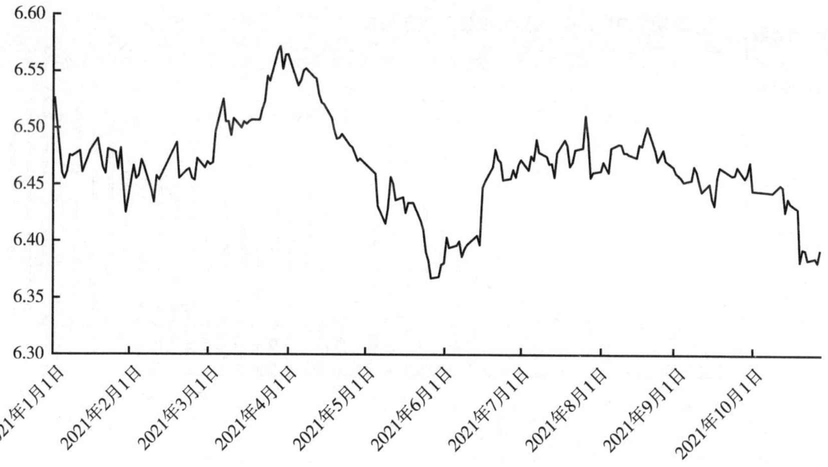

图 3－17　2021 年美元兑人民币汇率

资料来源：Wind。

逐渐进入较高增速的复苏期，与此同时，美国货币政策确认进入宽松末期，预期中美利差将进一步缩小。基于此，短期内人民币可能面临一定的贬值压力。但中国经济韧性远远强于其他新兴市场国家，并不存在出现严重经济衰退或恶性通货膨胀的基础，即使未来或将面临一定的贬值压力，但预计这种压力十分有限。

四　全球场外衍生品

全球衍生品市场以场外衍生品为主，场内衍生品成交金额不足场外市场的1/10。截至2020年，全球场外衍生品市场名义本金余额约为582万亿美元，比2019年同期增长23万亿美元。

（一）外汇类衍生品

2020年末全球外汇类衍生品名义本金余额共97.51万亿美元，比2019年增长5.38万亿美元。从品种上看，远期及掉期合约成交量最大，2020年末名义本金余额为58.03万亿美元；其次是货币互换，名义本金余额约27.81万亿美元；期权类衍生品名义本金余额为11.67万亿美元（见图3－18）。以合约期限划分，以1年期及以下的合约为主，2020年末名义本金余额约76万亿美

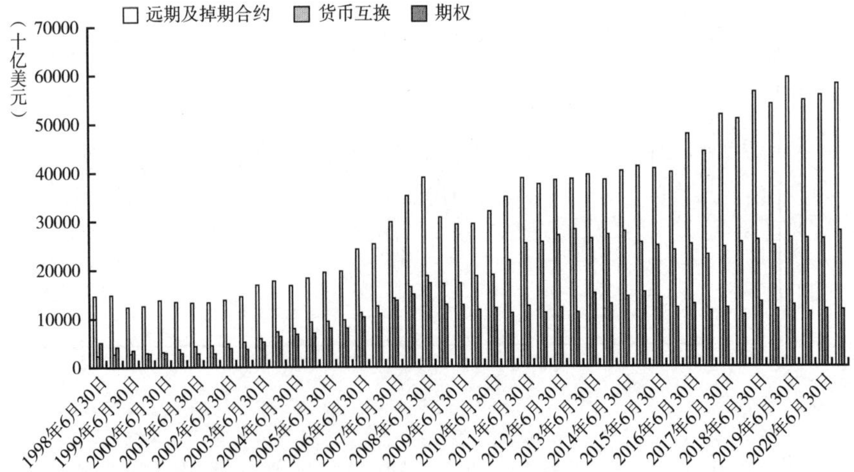

图3－18　1998～2020年全球外汇类场外衍生品规模（以合约类型划分）

资料来源：国际清算银行。

元；其次为1～5年期的合约，名义本金余额为14.93万亿美元；5年期及以上合约名义本金为6.57万亿美元（见图3－19）。从币种上看，2020年末以美元为标的名义本金余额（按双边计算）约为85.34万亿美元，以欧元和日元为标的名义本金余额分别为31.76万亿美元和15.50万亿美元（见图3－20）。

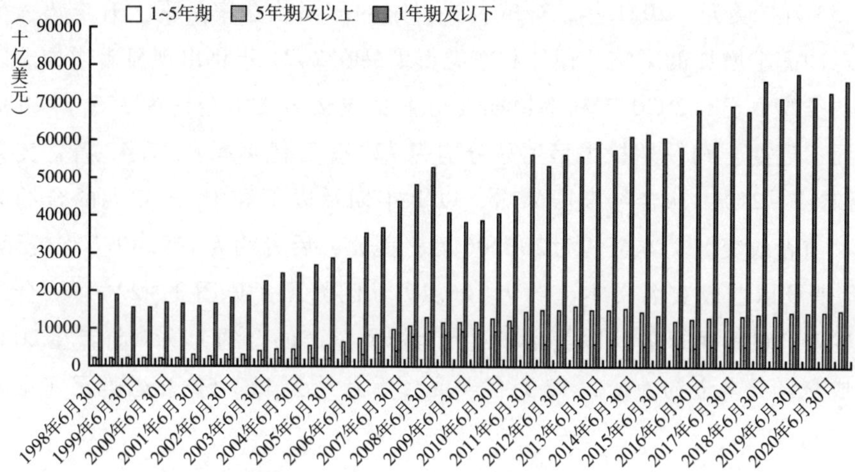

图3－19　1998～2020年全球外汇类场外衍生品规模（以合约期限划分）

资料来源：国际清算银行。

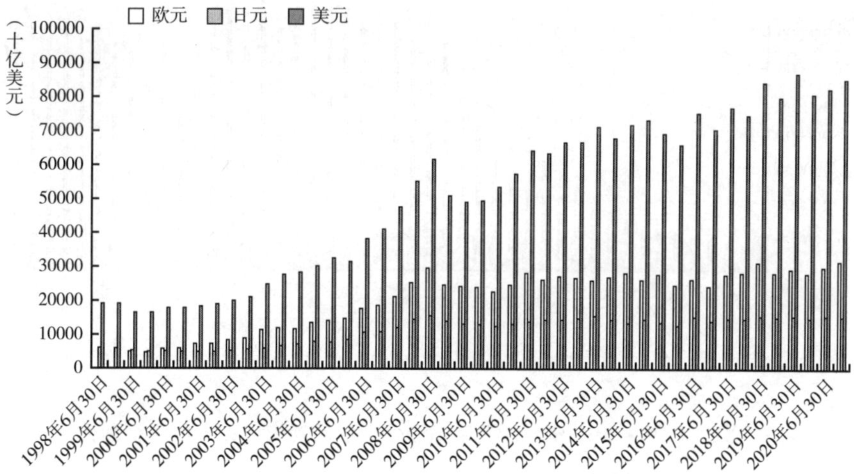

图3－20　1998～2020年全球外汇类场外衍生品规模（以币种划分）

资料来源：国际清算银行。

（二）利率类衍生品

利率类衍生品依然占据场外衍生品市场绝大部分交易份额，2020 年利率类场外衍生品成交名义本金约 466.49 万亿美元，比 2019 年同期增加 17.53 万亿美元。2021 年，全球主要国家的国债收益率呈现上升走势，受到对冲需求增加的影响，预计利率类衍生品在 2021 年将出现显著增加。以合约类型划分，2020 年利率掉期类衍生品成交名义本金约为 355.79 万亿美元，远期合约及期权类衍生品分别为 72.93 万亿美元及 37.47 万亿美元（见图 3 - 21）。从合约期限来看，以 1 年期及以下和 1 ~ 5 年期的合约为主，前者成交名义本金约为 200.06 万亿美元，后者约为 159.39 万亿美元，5 年期及以上成交名义本金约为 106.19 万亿美元（见图 3 - 22）。从合约标的资产的币种来看，以美元和欧元为标的资产的合约为主，前者在 2020 年成交名义本金约为 152.12 万亿美元，后者约为 132.62 万亿美元（见图 3 - 23）。

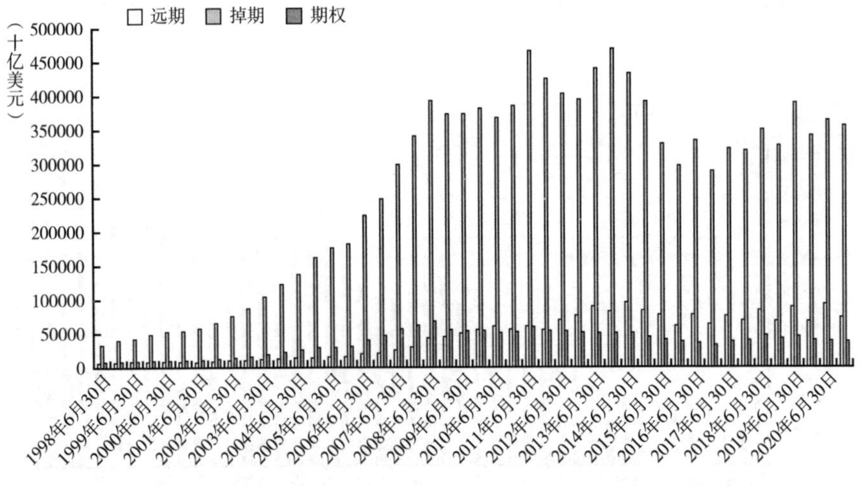

图 3 - 21　1998 ~ 2020 年全球利率类场外衍生品规模（以合约类型划分）

资料来源：国际清算银行。

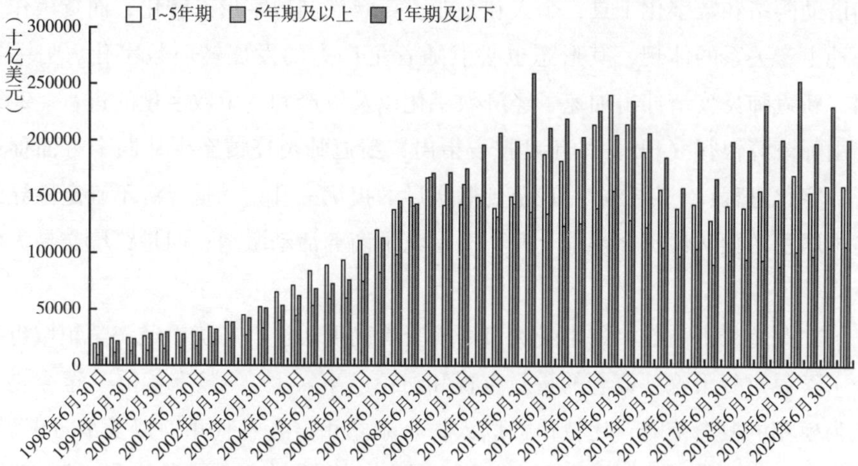

图 3－22　1998～2020 年全球利率类场外衍生品规模（以合约期限划分）

资料来源：国际清算银行。

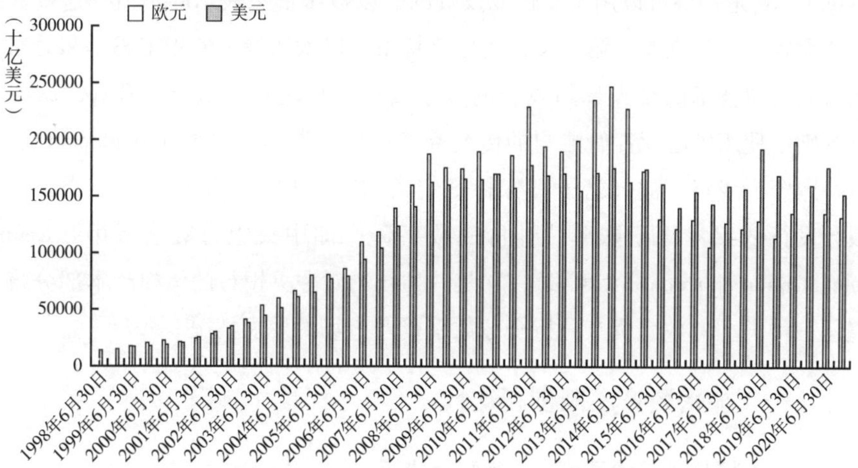

图 3－23　1998～2020 年全球利率类场外衍生品规模（以币种划分）

资料来源：国际清算银行。

五　全球数字资产市场发展

近年来，在多方面因素的共同作用下，包括货币在内的诸多资产出现数字化的趋势。一方面，最重要的内因是数字经济的蓬勃发展。越来越多的生产活动借助网络和数字化工具，个人和企业资产自然向数字形态转化，而货币作为一种生产关系的体现，其形态也必然随着生产力的发展转向数字化。另一方面，新冠肺炎疫情冲击加速了经济数字化以及资产和货币数字化的进程。2020年国际清算银行（BIS）的年度报告指出，新冠肺炎疫情至少从四个方面促进了数字化进程：一是公众对现金传播病毒的担忧上升；二是经济不确定性导致各国居民的预防性资金需求上升；三是电子商务活动激增；四是跨境交易大幅下降。

在此背景下，数字货币受到市场投资者高度关注，在货币经济学领域也引发了学界对货币这一概念的重新审视和讨论。事实上，“数字货币”至今仍是较为模糊的概念范畴，比特币、以太坊、泰达币、各种代币，以及 Diem 乃至中央银行数字货币（CBDC），都有可能在一些场合被称为“数字货币”。我们认为，上述广义的“数字货币”，更确切的称谓应该是数字资产（Digital Asset），它是一种可以用于支付或投资的、以数字形态表示的价值。这些数字资产大致可分为三类：第一类，诸如比特币、以太坊等，使用密码学和分布式账本或类似技术的私人部门发行的数字资产则称为加密资产（Crypto-asset），这有别于使用中心化托管账户的传统资产；第二类是稳定币（Stablecoin），指与特定资产或资产池（篮子）保持稳定关联的一种加密资产；第三类，中央银行发行的以本国记账单位计价的数字资产即中央银行数字货币（Central Bank Digital Currency，CBDC），它是一种新的对中央银行的债权。本部分将围绕这三种类型的数字资产分析全球数字资产市场的发展情况。

（一）加密资产不断创新迭代

1. 以太坊生态成绩亮眼，升级稳步进行

2021 年 10 月 29 日，以太坊（ETH）发布第三季度报告，回顾了 2020 年第三季度至 2021 年第三季度的成绩。报告显示，以太坊网络上结算的交易价值从 2020 年第三季度的 1077.5 亿美元上升到了 2021 年第三季度的 5364.8 亿美元，增长了 398%。去中心化金融（Defi）生态维持火热，锁定在 Defi 协议中的资产总价值从 2020 年第三季度的 92.3 亿美元增加到 2021 年第三季度的 1239.0 亿美元，同比增长 1242%；去中心化交易所（Dex）总交易量从 2020 年第三季度的 482.7 亿美元上升到 2021 年第四季度的 1891.6 亿美元，年化增长率达 242%。

在以太坊2.0升级进程方面，2021年8月5日，以太坊完成了伦敦升级，其主要成绩是引入EIP－1559协议。该协议修改了以太坊的费用机制，从第一价格拍卖模式改为用户支付固定基本费用加上优先费用（小费）的模式。同时，EIP－1559还引入了费用燃烧机制，基本费用将不再支付给矿工，而是被“燃烧”，导致ETH有趋于通缩的势头。根据以太坊2021年第三季度报告，自EIP－1559实施一个月以来，燃烧机制已经销毁了价值13.3亿美元的ETH。

2022年，以太坊的升级之路将以“合并”（the Merge）为主题。网络将改变共识机制，从工作量证明（PoW）转到权益证明（PoS）。如果升级成功，以太坊能源密集型的硬件矿工将被淘汰，网络验证将以ETH形式的资本而非算力进行保证。一方面，这将使以太坊大大减少能源消耗；另一方面，以太坊矿工将被“驱逐”，不再成为以太坊的利益相关者——而在PoW下，矿工在某种意义上才是以太坊真正的主人。“合并”与伦敦升级的费用燃烧机制结合，可能使ETH的年发行量从目前的净3.5%降至净0%左右，使其币值更为强势。此外，在协议层面，以太坊的网络架构可能产生变化，从一个单体链转变为64个独立的分片，每个分片都具有处理交易的能力，但是这一升级的时间表尚不明晰。

2. 火热的NFT：或将成为元宇宙的关键点

一年来，非同质化通证（NFT）概念引爆并迅速“破圈”，2020年第三季度至2021年第三季度，以OpenSea销售量衡量的NFT市场交易量从476万美元增长到65.7亿美元；各种艺术品、收藏品持有者以及大型公司等开始采用这项技术推出相关的文化、体育、艺术类NFT。然而如果剔除NFT的短期波动，关注其中长期发展的话，我们认为，NFT的实质就像程序设计中的“指针”。一个NFT被创造出来，其目的就是指向另一件东西，代表附着在这件东西上的某种权利，并经过这个NFT被创造出来的那条链上的矿工认证，它是安全且唯一的。从这个定义出发，我们可以立刻发现NFT的问题。第一，这个指针，尤其当它指向链下非数字化资产的时候，它代表的权利在短期内很难融入现行法律框架。一方面，这种指向本身难以受到现行法律的保护；另一方面，附着于NFT之上的、对被指向物所拥有的权利也很难界定。换句话说，当我们铸造或交易一枚NFT的时候，我们究竟获取了某件事物的物权、版权、使用权、冠名权还是其他什么权益，在法律上很难界定；而当我们交易NFT

的时候，究竟是交易了这项权利还是 NFT 本身，目前也尚未有清晰的答案。第二，对同一件事物，指向它的指针可能并不是唯一的。哪怕某一枚 NFT 在 A 链上被认证了唯一性，我们仍然可以在另一条 B 链上再发行一枚 NFT，并声称指向同一个事物。所以 NFT 的“非同质化”具有很大的局限。第三，NFT 已经产生断链问题。现在已经有很多 NFT 指向的地址无法访问，一旦被指向的资产消失，这枚 NFT 的价值也就随之蒸发。在 NFT 火热了短短数月后，断链就已经不是什么小概率事件，尤其当它指向的资产在链外的时候，我们势必需要把信任投射到某个中心化的机构或者其他链上，相信这枚 NFT 指向的资产不会被没收、篡改或者凭空消失，然而事实往往证明，这种信心是一点也不稳固的，同时也是一点也不“去中心化”的。

可以说，NFT 无论在法律上还是技术上，都还有很长的路要走，但是纵然“道路是曲折的”，这条道路通往的方向也许是光明的：NFT 可以成为元宇宙（Metaverse）资产确权的重要技术保障。随着 NFT 的大热，画作、音乐、卡牌乃至世间万物都可以在区块链上获得映射，现实与虚拟的桥梁似乎正在逐步构建得愈发完善。NFT 能够让我们在元宇宙中保有对数字化资产的所有权，同时区块链技术使我们能够相信，不再有哪个中心化机构可以篡改这些数据，从而剥夺我们对数字资产的权利。也就是说，NFT 能够让我们和在“现实世界”中保有某项资产一样，保持对数字资产的权利。只有如此，人们才会真正愿意在元宇宙的“虚拟世界”里投入更多的时间和金钱，而这恰恰是 NFT 之于元宇宙的重要性所在。

（二）稳定币逐步纳入监管框架，或与元宇宙概念共振

1. 稳定币已逐步被纳入正规监管框架，获得较为宽容的对待

近年来，美国及许多监管当局对稳定币的态度较为积极。2018 年 9 月，纽约金融服务局（NYDFS）批准两家私人企业按照 1∶1 的比例向托管银行账户存入美元，以此发行基于美元的稳定币。2020 年 9 月，美国货币监理署（OCC）允许联邦特许银行和联邦储蓄机构合法持有美元稳定币作为储备金。2021 年 1 月，OCC 进一步允许联邦特许银行和联邦储蓄机构作为区块链稳定币的运行节点，并允许银行发行自己的稳定币。

国际方面，2021 年 6 月 10 日，巴塞尔委员会发布《对加密资产风险敞口

的审慎对待》的讨论文件（以下简称《审慎对待文件》），提出了一套加密资产分类标准，以及对各类加密资产的监管要求，并对其征求利益相关方的意见。《审慎对待文件》将稳定币定义为具有稳定机制的加密资产（Cryptoassets with Stabilisation Mechanisms）。这种资产可以被兑换或赎回为传统资产，如现金、债券、大宗商品、股票等，且寻求通过稳定机制将加密资产的价值与传统资产或传统资产池的价值联系起来。其中，稳定机制的有效性要求在一年之内，其与标的传统资产价值偏差超过0.1%的情形不得超过三次。而引用其他加密资产作为基础资产或者“基于算法的稳定币”不包含在这一分类中。

在监管框架设计上，巴塞尔遵循“相同的风险、相同的活动、相同的处理方式”原则。如表3-1所示，稳定币获得了较为宽松的监管对待，展现出巴塞尔委员会对其发展的宽容态度。与之形成鲜明对比的是，包括比特币、以太坊在内的加密资产，则被要求对其多头及空头仓位的最大值适用1250%风险权重，这意味着，100美元的风险敞口将产生1250美元的风险加权资产，参照当前8%的最低资本要求，将产生100美元的最低资本要求。这是巴塞尔规则中仅次于“不允许持有”外最为严厉的监管标准，且如果考虑到额外的交易对手方信用风险或流动性风险，最终的风险权重可能要高于1250%。

表3-1　《审慎对待文件》对加密资产的分类及监管框架

审慎性条件	第1组加密资产（满足分类条件）		第2组加密资产（不满足分类条件）	不在讨论范围
	1a组：通证化的传统资产	1b组：具有稳定机制的加密资产（即稳定币）	不属于第1组的加密资产（如比特币）	中央银行数字货币
信用和市场风险要求	资本要求至少相当于传统资产的资本要求（进一步考虑追加资本）	适用现行规则以捕捉与稳定机制有关的风险的新指引（并进一步考虑追加资本）	对其多头及空头仓位的最大值适用基于1250%风险权重的新的保守审慎对待	N/A
其他最低要求（杠杆率、大额风险敞口、流动性比率）	适用现有的巴塞尔框架要求和附加指导			N/A
监督审查	确保在最低（第1支柱）要求下未捕获的风险得到评估、管理和适当减轻（包括通过资本附加）的附加指导			N/A
披露	要求银行定期披露有关加密资产敞口信息的新要求			N/A

资料来源：Basel Committee on Banking Supervision，国家金融与发展实验室整理。

2. Libra 更名 Diem，开始受到美联储青睐

稳定币最早是被当作区块链上的价格尺度而诞生的，由于加密资产（如比特币、以太坊等）价格波动剧烈，且往往同涨同跌，因此需要一种与“现实世界”货币保持稳定关联的代币，以避免频繁将资产在链上和链下转移。泰达币、DAI 等稳定币就是在这样的需求下诞生的。

然而真正让稳定币“破圈”的是脸书（Facebook）于 2019 年 6 月发布的天秤币（Libra）白皮书。初版白皮书计划基于一篮子货币合成一个名为 Libra 的货币单位，其价格与这一篮子货币的加权平均汇率挂钩。Libra 作为一篮子货币的稳定币，也创造了全球稳定币的概念。然而出于其对全球稳定币可能产生巨大影响，尤其是对削弱货币主权的担忧，二十国集团（G20）、金融稳定委员会（FSB）、IMF 等国际组织均立即对 Libra 项目展开了调查并联合发布了多份报告。在这样的背景下，2020 年 4 月，Libra 第二版白皮书提出重大修订：一是增加了单一货币稳定币，二是明确了将设立反洗钱（AML）、反恐怖融资（CFT）等监管合规框架，三是放弃未来向无许可系统过渡的计划，四是在 Libra 法币储备池的设计中引入强有力的保护措施。在这一版白皮书中，超主权货币 Libra Coin 虽仍然存在，但重要性已经显著下降。2020 年 12 月，Facebook 宣布 Libra 更名为 Diem，项目的目标进一步退化为首先推出由美元支持的单一代币。更名举措旨在强调项目的独立性，以寻求获得监管部门的批准。显然，面对货币当局的高压态势，Facebook 的稳定币计划已被美联储成功“招安”。

从博弈的角度看，美国态度的转变很大程度上来自于中美竞争的压力。目前数字人民币试点推动较快，其双层运营机制、替代流通中的现金（M0）和支持“双离线”支付等特征，已经珠玉在前，逐渐成为国际众多央行的优选方案。如果美国决定发展 CBDC，相当于默认了中国选择的数字货币路线，并将自己置于模仿者和后发追赶者的位置，一方面有可能失去在央行数字货币领域的标准制定权，另一方面也有损美国一贯的领跑者形象。而不同于中国和欧盟的是，美国拥有许多具有世界影响力的大科技公司（BigTech），因此，美国很有可能寄希望于其强大的市场化机构，通过锚定美元的稳定币开辟另一条国际货币竞争赛道，并确保在这条稳定币赛道上，美国可以继续成为绝对的领跑者。

3. Facebook 母公司更名 Meta，稳定币可能与元宇宙结合推出

2021 年 10 月 28 日，Facebook 母公司宣布更名为 Meta，确定元宇宙作为长期战略重心。而就在更名前一周，10 月 20 日，Diem 项目在美国和危地马拉两国间开启其数字钱包 Novi 的小型应用试点，支持用户实时、安全且免费地在这两国之间发送和接收资金。这种元宇宙与稳定币的协同发展并不是空穴来风，早在 10 月 6 日，国际清算银行召开了以监管大型科技公司为主题的国际会议。在这次会议上，BIS 总裁卡斯滕斯对大型科技公司未来的发展及隐患做了情景分析。其中，第二种情景剑指大型科技公司发布稳定币的情形，卡斯滕斯认为其影响将十分深远。稳定币在大型科技公司生态内流通，会通过用户在其电子商务和社交媒体中的交互获取用户数据，进而利用数字服务的网络效应，迅速扩大规模，随着规模的扩大，更广泛的用户活动将产生更多数据，进一步加强网络效应的优势，从而使稳定币能够非常迅速地建立市场势力。卡斯滕斯将这种快速增长方式称为“数据—网络—活动”（Data-Network-Activities，DNA）循环。DNA 循环会导致市场集中度过高，威胁金融稳定、公平竞争和数据治理。此外，稳定币的发行还可能威胁商业银行的经营，甚至威胁其他国家的货币主权。尤其值得注意的是，卡斯滕斯在演讲中“点名”Facebook 的 Diem 稳定币项目，提到“大型科技公司的稳定币项目如 Facebook 的 Diem 可能很快上线，并在全世界迅速流行”。而就在一个月内，Facebook 相继在稳定币和元宇宙两方面做出了如上动作。

我们认为，未来一段时间，稳定币与元宇宙（Metaverse）概念可能产生共振。随着数字时代的不断发展，尤其面临新冠肺炎疫情冲击，“现实世界”与“虚拟世界”的边界愈发模糊。比如 2020 年，顶级学术会议 ACAI（算法、计算和人工智能国际会议）的主办方将大会在游戏《动物森友会！集合!》里举行，演讲者在游戏中播放 ppt 并做报告——我们已经很难明确地定义，这样的会议是“真实”还是“虚拟”。而随着加密资产领域 NFT 的大热，画作、音乐、卡牌乃至世间万物都可以在区块链上获得映射，现实与虚拟的桥梁似乎正在逐步构建得愈发完善。我们认为，如果元宇宙理念能获得突破，其大概率会由坐拥最广泛用户的社交平台达成。元宇宙的本质是在一个更真实的层面满足人类的精神需求，即马斯洛需求金字塔中的社交、尊重与自我实现需求。虽然游戏为人类创建了一个在虚拟世界实现全新自我的方式，且随着元宇宙概念的

火热，游戏公司收获了大量关注，但毕竟游戏仍然属于“小众”亚文化范畴。实现自我之后到社交平台去分享并收获“点赞”，即获得最广泛的尊重与声望才是关键所在。而当今人类社会最显性化的价值就是由货币所表示的财富，稳定币恰恰提供了联通“现实世界”与“虚拟世界”财富的渠道。回忆几年前微信“抢红包”取得的巨大成功，不难想象，随着技术愈发成熟，如果在诸如Facebook这样的平台上加入轻娱乐内容，并把稳定币集成到奖励、分享与社交机制设计当中，将可能获得快速且巨大的成功。

（三）央行数字货币研发进度加快，跨境应用逐渐受到重视

1. 数字人民币项目稳步推进

目前，在全球主要央行中，中国人民银行的数字人民币项目仍走在前列。2020年10月，深圳首次开展数字人民币红包试点，随后苏州、北京冬奥场景、成都等地先后加入，场景覆盖逐步拓展。2021年11月9日，中国人民银行行长易纲在芬兰央行新兴经济体研究院成立30周年纪念活动上介绍了数字人民币研发的进展情况，易纲指出，截至10月8日，数字人民币试点场景已超过350万个，累计开立个人钱包1.23亿个，交易金额约560亿元。部分城市还推出了数字人民币绿色出行、低碳红包等使用场景。

2021年7月16日，中国人民银行发布《中国数字人民币的研发进展白皮书》（以下简称《白皮书》），《白皮书》阐明了人民银行在数字人民币研发上的基本立场，阐释了数字人民币体系的研发背景、定义和目标愿景、设计框架及相关政策考虑。《白皮书》对数字人民币进行了明确的定义，即它“是人民银行发行的数字形式的法定货币，由指定运营机构参与运营，以广义账户体系为基础，支持银行账户松耦合功能，与实物人民币等价，具有价值特征和法偿性”。同时，《白皮书》还明确了数字人民币的7点设计特性，包括兼具账户和价值特征、不计付利息、低成本、支付即结算、可控匿名、安全性和可编程性。此外，我们发现，《白皮书》在研发背景方面的表述值得注意。人民银行除了提及数字经济发展、金融普惠、现金替代、国际竞争等其他央行经常提到的动机以外，还特别表达了对加密货币迅速发展的关注。一方面，人民银行指出了比特币等加密货币缺乏价值支撑、价格波动剧烈、交易效率低下、能源消耗巨大等问题；另一方面，认为商业机构计划推出的全球稳定币“将给国际

货币体系、支付清算体系、货币政策、跨境资本流动管理等带来诸多风险和挑战”。

2. 全球 CBDC 研发提速

国际上，CBDC 的研发也在提速。2021 年 6 月 29 日，国际清算银行（BIS）年度报告发布。该报告的第三部分着重讨论了中央银行数字货币（CBDC）的发展，并称其为“货币体系的一次机遇”。BIS 认为，CBDC 作为以数字形式提供的央行货币具有独特优势。第一，“央行公共产品”是货币体系的基础；第二，CBDC 作为央行的直接债权，不会给支付系统参与者带来任何额外的信用风险；第三，生息的 CBDC 将为央行提供更为直接的货币政策工具，加强货币传导能力。BIS 特别提到，私人部门提供的数字化方案并不一定具有效率优势：当科技巨头进入支付市场时，他们从旗下数字业务条线获得的用户数据可能使其取得垄断地位，导致其费率最终高于目前信用卡和借记卡公司收取的水平。2021 年 7 月 14 日，欧洲央行执委会委员发表短文，扼要阐述了数字欧元迄今的进展及未来发展安排，表示其将用两年的时间进行数字欧元设计的调查和准备工作，并以必要程度的审慎推动数字欧元的研发。

2021 年 9 月 30 日，美联储、英国央行、加拿大央行、欧洲央行、日本央行、瑞典央行、瑞士央行（以下简称“七国央行”）联合 BIS 共同发布了四篇 CBDC 报告，包含一篇摘要和三份子报告。摘要总结了 2020 年 10 月七国央行与 BIS 发布《中央银行数字货币：基础原则与核心特征》以来，CBDC 研究的最新进展；而三份子报告则分别阐述了 CBDC 的系统设计和互操作性、用户需求，以及对金融稳定的影响。具体而言，CBDC 的系统设计应在中央银行、公共部门和私人部门之间取得平衡，以促进创新、为公众提供更为高效便捷的服务；面对多样化的用户需求，应借助私人部门的力量最大限度地满足公众需求，力图减少金融排斥；虽然报告分析表明即使现在引入 CBDC，其对银行体系的影响也是可控的，但仍应该对 CBDC 进行谨慎的设计以减少其影响金融稳定的风险。总体而言，这四篇报告仍处于对 CBDC 设计原则和后续影响的讨论阶段，但七国央行持续合作研发 CBDC，与数字人民币快速发展产生的“假想敌”效应恐怕不无关系。

此外，一些小型经济体已经出现落地应用的 CBDC 项目，如 2020 年 10 月 20 日，全球第一个在全国范围内落地的 CBDC——巴哈马中央银行发行的“沙元”（Sand Dollar）正式推出。“沙元推广计划”正在埃克苏马岛和阿巴科岛试行，拥有四家汇款业务提供商、三家支付服务提供商和一家商业银行作为授权金融机构。目前，巴哈马“沙元”试点采用持有量上限规则，以防止对传统银行产生大量的存款替代。2021 年 3 月 31 日，东加勒比中央银行（ECCB）启用其央行数字货币 DCash，从而成为了首个发行 CBDC 的货币联盟中央银行。目前，DCash 在东加勒比海货币联盟的八个国家中的四个国家得到使用，包括圣基茨和尼维斯、安提瓜和巴布达、格林纳达及圣卢西亚。

3. CBDC 跨境新进展

尽管到目前为止，大多数 CBDC 研究着眼于国内，但 2021 年第三季度以来，各国央行对 CBDC 跨境使用的关注度有所提高。例如 2021 年 10 月 19 日，欧洲央行执委帕内塔专门发表演讲，称跨境问题是央行数字货币发行的核心考量内容。CBDC 跨境领域项目研发也产生了实质性进展。2021 年 9 月 2 日，澳大利亚、马来西亚、新加坡和南非的货币当局与 BIS 创新中心合作的“邓巴项目”（Project Dunbar）成立，将基于 DLT 开发 CBDC 跨境交易原型共享平台。更为引人注目的是，由 BIS 创新中心香港中心、香港金融管理局和泰国央行共同发起的 Inthanon-LionRock 项目，在 2021 年 2 月获得升级，中国人民银行数字货币研究所和阿拉伯联合酋长国中央银行加入，并更名为多边央行数字货币桥（mCBDC Bridge，mBridge）。其中，中国人民银行数字货币研究所将出任技术小组委员会主席。2021 年 9 月 28 日，mBridge 发布了题为《从 Inthanon-LionRock 到 mBridge：构建多边央行数字货币跨境支付平台》（*Inthanon-LionRock to mBridge：Building a Multi CBDC Platform for International Payments*，以下简称“报告”）的报告，阐述了项目中期研究成果，即其第二阶段原型设计（Inthanon-LionRock Phase 2，IL2），并对第三阶段进行了展望。

根据报告对 IL2 的描述，该原型（Prototype）可以使 3 家央行参与一个分布式网络，实现央行数字货币（CBDC）的发行和回收、监控本国 CBDC 的交易和余额，并通过可编程的智能合约实现流动性管理、隐私保护和监管合规等功能。目前，更名后的 mBridge 项目已经进入第三阶段研发，将通过充分考量技术、政策、法律和商业等方面问题，不断吸纳新的中央银行、商业银行和非银行机构，最终开发成一个生产就绪（Production-ready）网络，为全球央行提供开源的公共服务。根据报告，我们认为 IL2 原型具有以下优势。首先，相比现行的代理行模式，IL2 原型拥有更高的效率、更低的成本和更加去中心化的治理结构。其次，相较基于稳定币或加密资产的跨境支付方案，IL2 原型无论在技术层面还是在经济层面都能提供更强的结算终局性。最后，在维护货币主权、实现监管合规方面，基于 CBDC 的跨境支付网络拥有更直接的优势。此外，值得注意的是，IL2 原型的区块链网络层是由以太坊联合创始人 Joseph Lubin 创办的 ConsenSys 公司在 Hyperledger Besu 上构建的，因此该网络可能与以太坊主网具有较强的兼容性，其未来或能联结以太坊的丰富生态。

第四章
全球利率环境分析

周莉萍　许　蕴*

- 2021 年，主要发达经济体仍然维持低利率政策，通货膨胀水平升高，部分发达经济体央行开始缩减购债，但预计在一定时期内仍然不会放弃超低利率政策。主要原因在于疫情发展态势仍不明确，且部分国家长期以来经济处于疲软的状态，超低利率或将成为发达经济体利率政策的常态，不会因疫情受到控制而逆转。
- 2021 年，主要新兴经济体多次加息，利率水平达到高位。一方面，新兴经济体受全球能源危机影响较大，国内通货膨胀高企，物价剧烈波动，而发达经济体释放紧缩信号，加大新兴经济体资本外流压力，迫使央行不断布局加息政策。另一方面，新兴经济体疫苗接种率较低，企业复工复产难度较大，加息政策不断提高融资成本、抑制企业投资需求，对经济复苏造成负面影响。
- 发达经济体利率政策出现分化，欧洲央行、日本央行继续执行负利率政策，以期达到或超过 2% 的通货膨胀目标。部分发达经济体如瑞典加息退出负利率政策，新西兰、挪威也开始加息，其主要受经济增速及增速预期的影响。
- 继 2020 年美国调整货币政策框架后，2021 年 7 月，欧洲央行对货币政策框架做出调整，将通货膨胀“接近但低于 2%”调整为“以 2% 为目标”，表示欧洲央行将能够容忍一定时期内通货膨胀水平突破 2%。

---

* 周莉萍，中国社会科学院金融研究所副研究员，国家金融与发展实验室债券研究中心高级研究员；许蕴，北京市化学工业研究院有限责任公司投资助理。

- 从超低利率政策传导的经济效应来看，央行超低利率政策并不具有很强的内在稳定性，主要原因是货币政策“宣示效应”自身的作用有限。流动性效应存在的前提是利率为正，当流动性效应不存在时，中央银行开始逐步转向宣示效应。宣示效应对利率水平没有严格要求，宣示效应是检验央行超低利率政策有效性的关键。但目前超低利率调控的“免费午餐”效应会削弱政府信用，继而削弱与其紧密配合的中央银行的独立性，宣示效应效果随即弱化。

一　全球主要国家和地区的官方基准利率：维持现状或加息

2021 年，全球主要国家的利率政策出现分化，部分国家仍维持新冠肺炎疫情发生以来的宽松货币政策，保持基准利率水平不变，部分国家则采取了加息政策，以应对预期通货膨胀水平的不断提升。

从表 4 – 1 来看，发达国家与新兴国家之间的利率政策和官方利率水平表现出较大的差异。主要发达国家仍然维持接近零甚至为负数的超低利率水平，以推动经济、就业在疫情反复下的复苏。如美联储 2021 年 11 月 FOMC 会议宣布开始缩减购债，但政策利率仍然维持不变，以推动劳动力市场进一步愈合。尽管如此，能源危机与疫情叠加下的通货膨胀水平高企，部分发达国家开始释放加息信号。市场预计英国将于 2021 年底及 2022 年多次加息。部分发达国家央行已于 2021 年布局加息政策，如新西兰、挪威等。

新兴经济体基准利率水平相对较高，随着经济的逐渐恢复，为避免通胀，多个新兴经济体采取了加息政策，包括巴西、匈牙利、墨西哥、俄罗斯等。深陷货币危机的土耳其，其基准利率在 2021 年 3 月达到了 19% 的高水平。2020 年 4 月以来，中国基准利率水平一直维持不变，实行结构性货币政策，以提升货币政策执行效率。

（一）发达经济体：货币政策温和转向

自新冠疫情肺炎席卷全球以来，主要发达经济体央行纷纷降低基准利率，

表4-1　全球主要国家和地区央行基准利率走势（截至2021年10月25日）

利　率	当前水平(%)	变动方向	之前水平(%)	最新变动时间
美国联邦基金利率	0.25	⬇	1.25	2020年3月15日
澳大利亚基准利率	0.10	⬇	0.25	2020年11月3日
智利基准利率	0.50	⬇	1.00	2020年3月31日
韩国基准利率	0.75	⬆	0.50	2021年8月26日
巴西基准利率	6.25	⬆	5.25	2021年9月22日
英格兰银行基准利率	0.10	⬇	0.25	2020年3月19日
加拿大基准利率	0.25	⬇	0.75	2020年3月27日
中国人民银行基准利率	3.85	⬇	4.05	2020年4月20日
捷克共和国基准利率	0.75	⬆	0.50	2021年8月5日
丹麦基准利率	-0.35	⬇	0.05	2021年3月11日
欧洲央行基准利率	0.00	⬇	0.05	2016年3月10日
匈牙利基准利率	1.80	⬆	1.65	2021年10月19日
印度基准利率	4.00	⬇	4.40	2020年5月22日
印度尼西亚基准利率	6.50	⬇	6.75	2016年6月16日
以色列基准利率	0.10	⬇	0.25	2020年4月6日
日本基准利率	-0.10	⬇	0.00	2016年2月1日
墨西哥基准利率	4.50	⬆	4.25	2021年8月12日
新西兰基准利率	0.50	⬆	0.25	2021年10月6日
挪威基准利率	0.25	⬆	0.00	2021年9月23日
波兰基准利率	0.50	⬆	0.10	2021年10月6日
俄罗斯基准利率	7.50	⬆	6.75	2021年10月22日
沙特阿拉伯基准利率	1.00	⬇	1.75	2020年3月16日
南非基准利率	3.50	⬇	3.75	2020年7月23日
瑞典央行基准利率	0.00	⬆	-0.25	2019年12月19日
瑞士基准利率	-0.75	⬇	-0.50	2015年1月15日
土耳其基准利率	16.00	⬇	18.00	2021年10月21日

资料来源：各国和地区央行，http：//www.global-rates.com/，访问时间2021年10月25日。

加快资产购买步伐，采取宽松的货币政策，刺激经济复苏。随着疫苗接种率提高，企业复工复产逐步推进，就业市场逐渐恢复，各国经济缓慢复苏。2021年以来，疫情反复，造成供应链条中断，劳动力市场恢复缓慢，经济增长不及预期。在全球能源危机叠加影响下，多个国家物价指数飙升，通货膨胀水平高涨，各国央行需要在刺激经济增长、促进就业恢复和物价稳定之间做出权衡。

为了应对疫情这一重大外部冲击，美联储和欧洲央行均采用超宽松货币政策以推动经济复苏，但效果有限，随后相继调整了货币政策框架。2020 年 8 月，美联储发布《长期目标和货币政策策略声明》，对货币政策框架做出了近 40 年以来最重大的调整，主要包括以下两个方面。一是对最高就业目标的调整。在调整前的货币政策框架中，美联储认为就业水平与通胀水平负相关，在通货膨胀水平持续上行时，应该收紧货币政策以应对物价总水平的失衡。新的货币政策框架则强调就业水平的恢复不一定导致通货膨胀水平的高企，为促进充分就业提供了支持依据。二是提出了“平均通货膨胀目标”制。自 2012 年起，美国开始采用 2% 的通货膨胀目标。新修订的货币政策框架将目标调整为“在一定区间内将通货膨胀水平保持在 2%”。这意味着，在某些时刻，美联储可以突破 2% 的通货膨胀目标限制，只要一定时间内的平均水平保持在 2%。美联储此次确定的“平均通货膨胀目标”制没有确定具体的计算方法和计算区间，这为其实际操作保留了相机抉择的空间。2021 年 7 月 8 日，欧洲中央银行宣布，将中期通货膨胀目标由“接近但低于 2%”调整为 2%，允许通货膨胀水平在短期内适度高于 2%。

从修订货币政策框架这一事件来看，美联储和欧洲央行都体现了偏“鸽”的立场，将促进经济与就业水平的恢复置于保持物价水平稳定的目标之前。2021 年 11 月，美联储 FOMC 会议决定于当月起开始缩减购债，每月国债和抵押贷款支持证券的购买规模分别缩减 100 亿美元和 50 亿美元，依此步伐，美联储将于 2022 年中终止资产购买计划。美联储重申缩减购债与加息无关，宣布维持当前政策利率不变，即美国联邦基金利率维持在 0% ~0.25% 的区间，超额准备金利率（IOER）为 0.15%，隔夜逆回购利率为 0.05%。2021 年 11 月，英格兰银行利率决议表示维持 0.1% 的基准利率不变，并维持 8950 亿英镑的资产购买规模不变。英格兰银行表示将始终关注中期通胀预期，不考虑暂时性因素的影响。总体来看，发达经济体提高了对通货膨胀水平的容忍度，仍然保持超低利率水平，部分国家开始缩减购债，货币政策温和转向。

（二）新兴经济体：常态化加息

2020 年，受新冠肺炎疫情影响，全球经济体步入“降息”潮，俄罗斯、印度、墨西哥、巴西等新兴经济体也纷纷采用降息等宽松货币政策刺激国内经济复苏。然而进入2021年后，主要新兴经济体多次加息。2021年10月27日，巴西央行宣布加息150个基点，将基准利率由6.25%上调至7.75%，为巴西央行2021年以来的第6次加息。2021年10月22日，俄罗斯央行宣布加息，基准利率由6.75%上调至7.50%，同样为本年度以来第6次加息，超过市场预期的7%的水平。墨西哥、波兰、匈牙利、捷克、哥伦比亚均加入加息队伍。新兴经济体加息的原因主要如下。第一，应对不断上行的本国通货膨胀水平。截至2021年9月，巴西通货膨胀水平达到10.25%，为5年以来的最高水平。2021年10月，俄罗斯消费者物价指数上涨8.13%，达到5年以来的最快增速。主要新兴经济体采取加息政策以抑制通货膨胀水平的过快增长。第二，一些发达经济体迈入加息和紧缩周期。2021年10月，新西兰央行宣布加息，加拿大央行提前结束资产购买计划。2021年11月美联储开启Taper，受美联储加息预期影响，主要新兴经济体相对应调整本国基准利率，以应对市场可能出现的“缩减恐慌”情绪，缓解本国货币贬值、资产价格下跌与资本外流的压力，防止流动性紧缩带来融资环境恶化、债务风险提升的问题。第三，为应对金融不稳定风险而持续加息。从这个角度看，加息将导致企业融资成本提升，抑制企业投资需求和复工复产进程，加重供需矛盾，影响经济复苏进程。

（三）中国的利率走势

2021年7月15日，中国人民银行下调金融机构存款准备金率0.5个百分点，下调后金融机构加权平均存款准备金率为8.9%，精准发力，加大对小微企业的支持力度。2021年9月9日，为加大对中小微企业纾困帮扶力度，中国人民银行新增3000亿元支小再贷款额度，在2021年剩余4个月之内以优惠利率发放给符合条件的地方法人银行，支持其增加小微企业和个体工商户贷款，要求贷款平均利率在5.5%左右，引导降低小微企业融资成本。2021年9月24日，中国人民银行货币政策委员会召开的2021年第三季度例会指出，稳健的货币政策要灵活精准、合理适度，保持流动性合理充裕，要健全市场化利率形成和传导机制，完善央行政策利率体系。

截至2021年10月末，我国政策性利率体系的下限——超额准备金利率为0.35%，利率体系的上限——7天常备借贷便利（SLF）利率为3.2%，1年期贷款市场报价利率（LPR）为3.85%，1年期存款基准利率为1.5%。在国际上，我国基准利率水平处于中等偏高的水平，相比于发达经济体利率水平触及零下限的情况，我国货币政策操作仍有很大的空间。截至2021年7月，受疫情反复、汛情频发等因素影响，市场对国内经济增速预期开始下调，我国债券市场收益率大体呈现下行的趋势。2021年8月初至9月末，受全球债券市场利率上行、“双控”政策、大宗商品价格持续上涨等因素的影响，我国债券收益率趋向平缓，出现窄幅震荡上行的趋势。

二　全球金融市场关键利率：Libor退出倒计时

Libor一直是全球金融市场最重要的基准指标，是多数金融工具定价的基础。然而，从2021年起Libor报价利率将开始逐步被替代。英国金融行为监管局（FCA）证实，大多数Libor利率将于2021年末停止发布，只有少数几个重要的美元Libor会再保持18个月（见表4－2）。

表4－2　Libor利率结束日期

时间	利率
2021年12月31日	所有英镑、欧元、瑞郎、日元利率
2021年12月31日	1周期、2个月期美元利率
2023年6月30日	所有剩余美元利率(隔夜、1个月、3个月、6个月和12个月)

资料来源：作者整理。

Libor指标存在一定的缺陷。一方面，Libor报价并非真实交易形成，无法准确反映银行间资金利率的真实水平。另一方面，统计样本只有20家银行，容易被操控。Libor市场流动性逐步丧失，Libor利率的有效性逐步减弱。2017年8月美国ACCA初步选定担保隔夜融资利率（SOFR）替代Libor作为美元衍生品等金融市场基准利率。SOFR是以美国三大国债回购交易市场的交易数据为基础，取中位数交易量所对应的利率指标。SOFR是真实交易的数据，能反映金融市场真实资金需求，且具备强大的市场基础，是替代Libor的较好选择。欧洲央行选定欧元隔夜指数均值（EONIA）作为替代利率。其他国家也在探索本国无风险利率替代指标。从各国替代方案看，无风险替代利率大多为隔夜平均利率指数。

2021 年，欧元隔夜指数均值在 -0.5% ~ -0.47% 的范围内波动，大部分时间处于 -0.49% ~ -0.475%，整体呈下行趋势（见图 4-1）。欧洲央行维持宽松货币政策立场，欧元隔夜指数均值受政策利率影响仍然保持在负区间，未出现上浮的迹象。

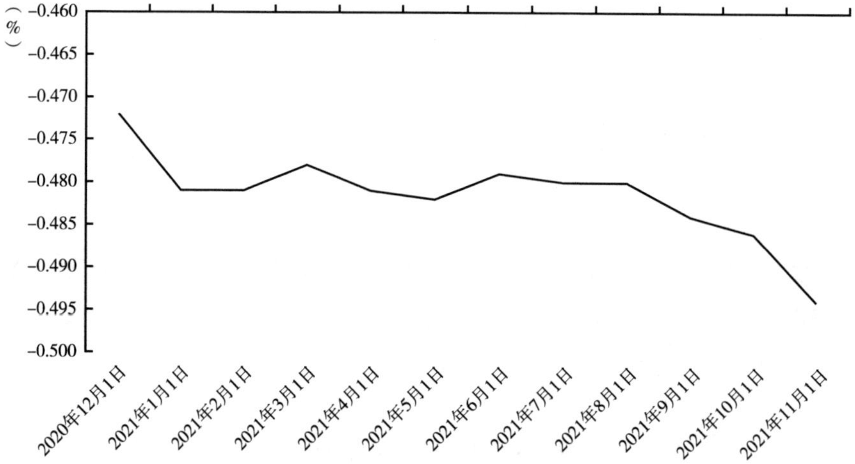

图 4-1　2020 年 12 月至 2021 年 11 月欧元隔夜指数均值（EONIA）

资料来源：https://www.euribor-rates.eu/en/eonia/。

2021 年上半年，美国担保隔夜融资利率呈下行趋势，从年初的 1% 下降到 0.1%，并从 3 月维持到 6 月。随着美联储偏鹰派信号的释放，下半年担保隔夜融资利率开始上浮（见图 4-2）。

（一）美国

1. 美联储货币政策回顾

（1）缩减资产购买计划。美联储 2021 年 11 月 FOMC 会议宣布开启缩减（Taper）资产购买计划的进程，每月减少购买 100 亿美元国债和 50 亿美元抵押贷款支持证券。此前，美国在疫情期间的“无限量 QE”政策保持每月购买 800 亿美元美国国债和 400 亿美元的抵押贷款支持证券的规模。按照 11 月 FOMC 会议公布的缩减计划，美联储预计将在 2022 年中结束资产购买进程。开启 Taper 意味着美联储货币政策开始温和转向，走向收缩，但美联储也强调

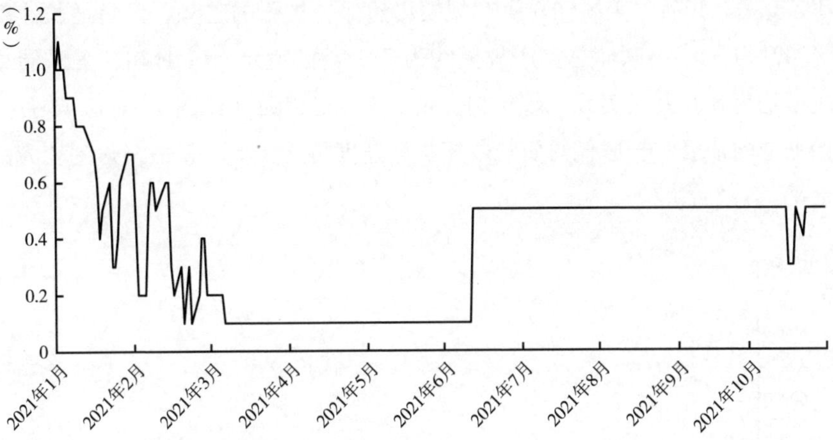

图 4-2 2021 年美国担保隔夜融资利率（SOFR）

资料来源：Wind。

缩减资产购买计划与加息无关。

（2）维持基准利率水平。美联储 11 月 FOMC 会议宣布仍然维持 0% ~ 0.25%的基准利率目标区间。截至 2021 年 11 月 4 日，美联储超额准备金利率（IOER）为 0.15%，隔夜逆回购利率（ONRRP）为 0.05%，有效联邦基金利率（EFFR）为 0.08%。美联储重申缩减资产购买计划不意味着即将开始加息。加息的条件更为严苛，从“量”到“价”的调整还要视经济、就业水平恢复的具体情况而定。从历史情况来看，2008 年国际金融危机过后，美国从 2013 年 12 月开启 Taper，于 2015 年 12 月开始加息，当时留有两年的准备和权衡时间。

（3）维持平均通货膨胀目标制。美联储于 2020 年 8 月调整货币政策框架，将 2%的通货膨胀目标修订为“在一定区间内将通货膨胀水平保持在 2%”，这意味着美联储对货币政策和通货膨胀水平将拥有更大的解释空间，通货膨胀水平能够暂时性地突破 2%的限制，只要在一定时间内平均水平维持在 2%。2021 年 4 月，美国核心 PCE 物价指数突破 2%。2021 年 9 月，美国核心 PCE 物价指数当月同比上涨 3.64%，美联储认为高通胀的局面还将继续维持。

2020 年，由于疫情造成经济萎缩，美联储开启“无限量 QE”，增加资产购买规模，美联储总资产规模从 3 月份的 4 万亿美元左右陡然上升至 6 月初的

7 万亿美元。此后，美联储总资产规模仍然保持扩张的趋势，但是增长速度放缓。2021 年初，美联储总资产规模约为 7.3 万亿美元，11 月初，美联储总资产规模约为 8.6 万亿美元，较年初扩张 1.3 万亿美元（见图 4－3）。11 月宣布开始缩减购债后，美联储总资产规模扩张速度将逐步下降，最终达到较为稳定的水平。

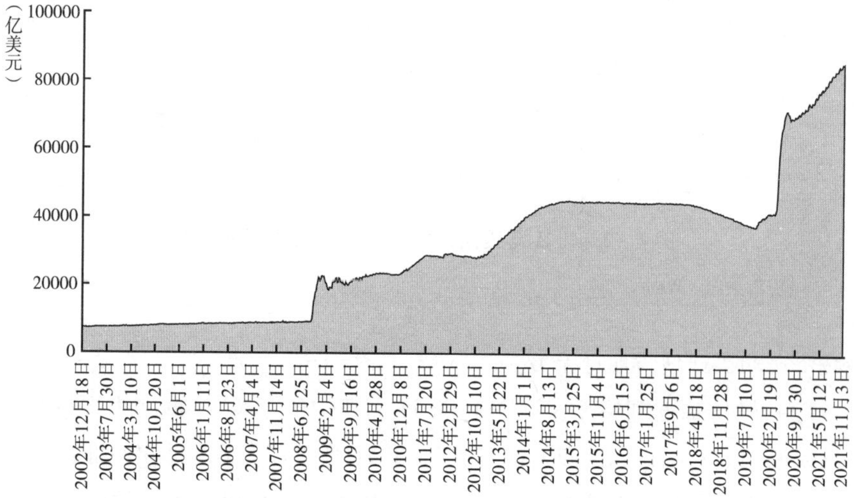

图 4－3　2002 年 12 月至 2021 年 11 月美联储总资产规模

资料来源：美联储圣路易斯分行。

2. 美国金融市场代表性利率分析

联邦基金利率是美联储的政策目标利率，美联储设定目标区间，并通过货币市场操作将联邦基金利率控制在区间范围内。在流动性短缺的情形下，美联储通过公开市场操作调节流动性，对有效联邦基金利率进行精准的调控。而且，在此情形下，美联储采取并不严格的利率走廊（Corridor）机制，利率上限为贴现利率，下限为超额准备金利率，联邦基金利率目标区间与利率走廊上限、下限不完全重叠。随着市场流动性增加，联邦基金利率下降到接近零的水平，超额准备金利率难以构成联邦基金利率的下限。部分非银行金融机构不能享受超额准备金利率，因此在联邦基金市场拆出资金，获取有效联邦基金利率的收益，EFFR 在 IOER 的下方运行，IOER 未能构成 EFFR 的下限。在流动性充裕的情形下，利率地板（Floor）机制应运而生。在有效联邦基金利率趋近于零的情况下，超额准备金利率作为“主地板”实际上构成了EFFR的上限，隔夜逆回购利率作为“次地板”构成EFFR的下限。由于隔夜逆回购参与的机构范围更广，包括政府资助企业（GSE）和货币市场基金（MMF），不存在套利的问题，因此能够构成货币市场利率的“硬下限”（见图4－4）。

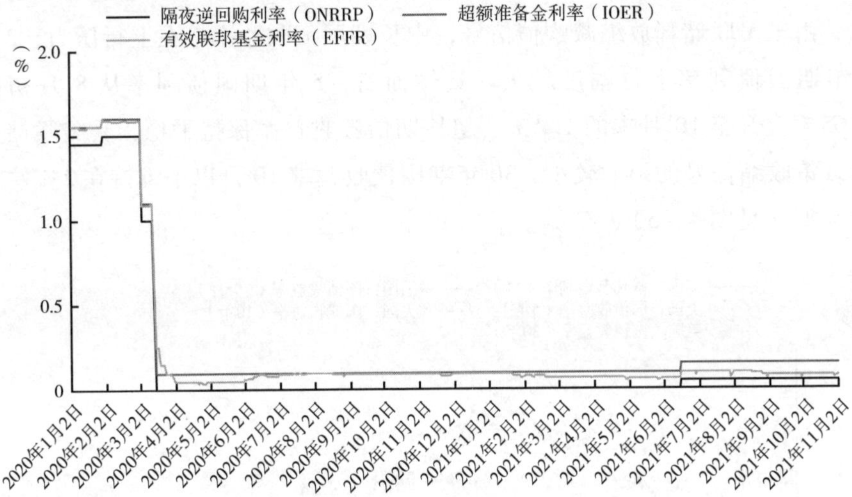

图4－4　2020～2021年美联储利率地板机制

资料来源：美联储圣路易斯分行。

2021年3月，美国存款机构的补充杠杆率（SLR）豁免到期，存款机构没有扩表的倾向，联邦基金市场拆借需求下降，有效联邦基金利率逐渐向下偏离超额准备金利率，两者之间的利差扩大。多余的流动性涌向货币市场基金，造成流动性堆积，压低回购利率和短期国债利率，货币市场甚至出现负利率。2021年3月之后，3个月期美国国债利率被压低至0.01%的水平。2021年6月，美联储对超额准备金利率和隔夜逆回购利率进行调整，将IOER由0.1%调高至0.15%，ONRRP由0%调高至0.05%，将EFFR推高至0.1%左右的水平。美联储此次对超额准备金利率和隔夜逆回购利率的调整属于技术性微调，但并不意味着加息，目的是将联邦基金利率更好地保持在目标区间内，以维护货币市场的平稳运行。此次调整后至2021年11月初，联邦基金利率在0.08%～0.1%的区间内运行，仍然低于目标区间的中间值，短期国库券利率小幅提升。

截至2021年11月，美国国债3个月期、5年期、10年期、30年期收益率分别为0.05%、1.19%、1.6%、2%。短期、中长期、超长期国债收益率走向出现分化，主要表现为：由于疫情期间“无限量QE”堆积的流动性，短期资金利率如3个月期短期国库券利率等一直维持趋近于零的低位；由于美联储释放缩减购债信号，中长期国债收益率存在上行压力，2～5年期国债利率上行幅度较大。具体而言，5年期国债利率从8月初的0.65%上升至10月末的1.2%。超长期债券收益率保持平稳，受美联储货币政策收缩信号的影响较小，30年期国债收益率10月以来维持在2%左右的水平（见图4－5）。

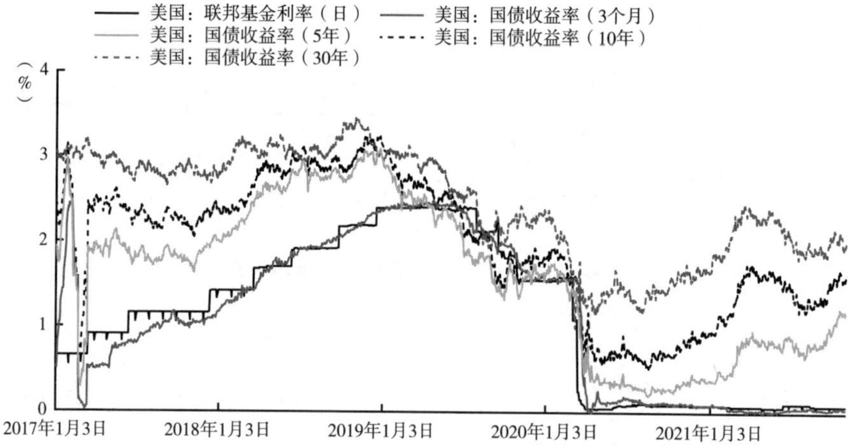

图4－5　2017～2021年美国的代表性利率水平

资料来源：Wind。

过去一年，美国国债市场流动性压力较小。2020年3月，新冠肺炎疫情蔓延至全球后，美国长期国债实际平均收益率下降为负数，疫情发生之后截至2021年11月，长期国债平均收益率大致维持在－0.5%～0%的区间内。2021年，10年期国债期限升水经历了“上升—下降—再上升”的过程，但大致仍在－0.5%～0%的区间内波动，维持负利率水平，美国国债市场流动性状况较好（见图4－6）。

国际金融市场美元融资压力继续减小。2020年3月，TED利差指数陡升，

图 4-6　2016～2021 年美国的长期利率和国债流动性压力

资料来源：美联储圣路易斯分行。

市场风险扩大，市场资金趋紧，银行借贷成本提高，信用状况收紧。美联储应对疫情开始新一轮的 QE 后，金融市场流动性逐渐充裕，TED 利差收窄。2021 年，随着资产购买计划的持续推进和流动性的不断投放，TED 利差指数维持在 0.2% 以下的水平，保持下行趋势（见图 4-7）。金融市场流动性充足，市场信用状况改善，国际金融市场美元融资压力较小。

圣路易斯分行金融压力指标下行。近年来，美国金融市场流动性压力指标保持下行的趋势，圣路易斯分行金融压力指标多数时间维持在负数的水平。2020 年量化宽松政策执行后，圣路易斯分行金融压力指标暂时性飙升后开始呈下行趋势。2021 年，该指标维持下行趋势，体现了金融市场流动性充裕，流动性压力持续下降（见图 4-8）。

（二）欧元区

2021 年欧洲央行 10 月议息会议宣布维持基准利率水平不变，存款便利利率为 -0.5%，主要再融资利率为 0%，边际贷款利率为 0.25%。欧洲央行资产购买计划（APP）维持每月 200 亿欧元的速度，紧急抗疫购债计划（PEPP）维持 1.85 万亿欧元的总规模。欧洲央行整体仍然保持宽松的货币政策，以此拉动经济进一步复苏。

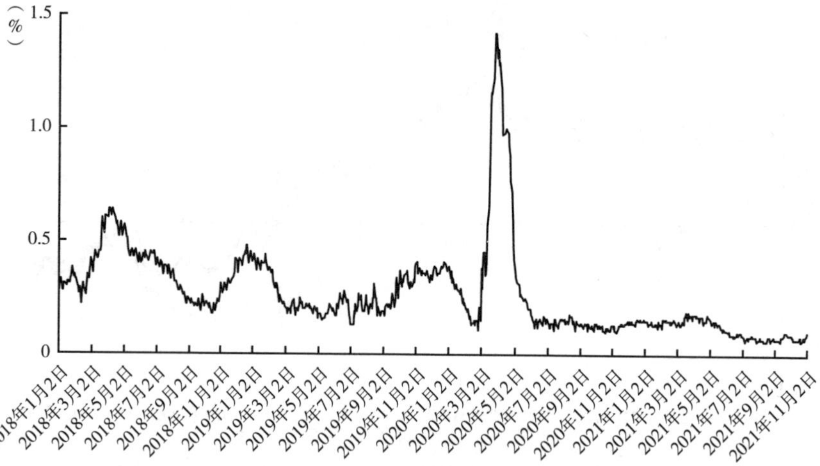

图 4-7　2018～2021 年美国 TED 利差指数

资料来源：美联储圣路易斯分行。

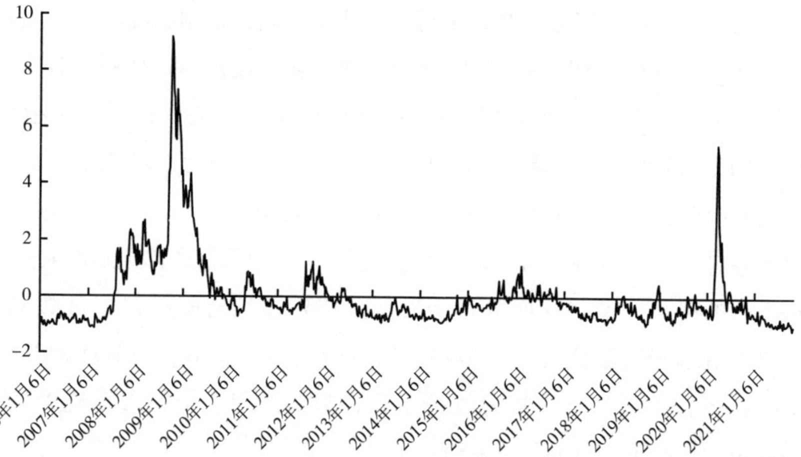

图 4-8　2006～2021 年美国金融市场的金融压力指标

资料来源：美联储圣路易斯分行。

2020 年，欧洲央行启动了货币政策战略评估程序。2021 年 7 月，货币政策战略评估完成，欧洲央行公布评估结果，对货币政策框架做出调整。货币政策框架调整的主要内容为将通货膨胀目标由“接近但低于 2%”调整为“以 2% 为目标”，从单方向的要求低于 2% 改变为对称制的通货膨胀目标，上下两个方向均不能持续偏离目标，但也给予了一定时间段内温和偏离目标的可能性，为疫情之下通货膨胀高于目标值提供了解释空间。欧洲央行调整货币政策框架的主要目的是为继续进行经济刺激计划提供合理性解释。在宽松货币政策下，欧洲经济缓慢复苏，同时受供应链中断、能源危机、劳动力短缺等因素影响，欧洲地区通货膨胀高企而经济持续复苏乏力。2021 年 7 ~ 10 月，欧元区调和消费者物价指数（HICP）当月同比增长持续高于 2%，10 月达到 4.1% 的水平。美国等主要发达经济体释放缩减购债等货币政策紧缩信号，市场对欧元区货币政策方向的不确定性预期增加，继而引发了欧洲股市的剧烈波动。调整通货膨胀目标，可以表明欧洲央行立场不变，将继续维持宽松货币政策，刺激经济与就业，同时稳定金融市场。过早的紧缩货币政策可能带来严重的冲击。调整通货膨胀目标，允许通货膨胀在短期内突破 2% 的水平，不过早紧缩货币政策，为经济的复苏预留时间，防止引发债务风险和市场动荡，是欧洲央行从当年“欧债危机”中吸取的教训。2011 年 4 月 13 日，由于油价飙升，出于将通货膨胀稳定在 2% 的目标之下的考虑，欧洲央行将存款便利利率由 0.25% 提高到 0.5%，7 月继续提高至 0.75%。接连两次加息对欧洲地区主权债务危机爆发起到了推波助澜的作用，造成了金融市场动荡、失业率上升、经济衰退的严重后果。

美联储于 2021 年 11 月宣布开启缩减购债，货币政策开始转向，而欧洲央行仍然维持宽松货币政策的立场，强调通货膨胀是由暂行性因素引起，预计还将维持一段时间，不构成紧缩货币政策的诱因。对欧洲央行来说，通货膨胀下行风险高于通货膨胀上行风险，经济衰退和通货紧缩的可能性是最大的威胁。2021 年 6 月，美国核心 PCE 物价指数已经突破 3.5%，而在欧元区，尽管 10 月 HICP 突破 4%，核心 HICP 在 2021 年大部分时间仍然处于 2% 以下的水平（见图 4 - 9）。核心 HICP 的表现可以印证欧洲央行的观点，即通货膨胀高企很大程度上是由供应链紧张、需求回升、能源价格上升等暂时性因素引起，与美国物价的全面飙升有显著区别，加上疫情发生后欧洲财政、货币政策的宽松程度弱于美国，目前欧元区货币政策仍然有继续宽松的空间。

欧洲央行采取利率走廊机制，为商业银行提供抵押贷款的利率（边际贷款利率）为走廊的上限，商业银行在欧洲央行的存款准备金利率（存款便利利率）为利率走廊的下限，政策目标利率为主要再融资利率。目前，边际贷款利率、主要再融资利率、存款便利利率的水平分别为 0.25%、0%、-0.5%。受近年来欧洲央行负利率政策影响，2019 年中以来，欧元区各期限

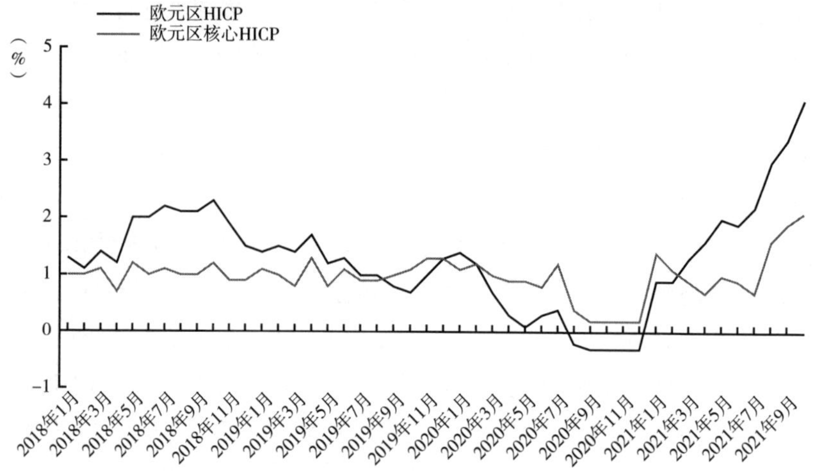

图 4－9　2018～2021 年欧元区 HICP 及核心 HICP：当月同比

资料来源：Wind。

公债收益率维持在零以下的水平。短期利率如隔夜拆借利率、3 个月期公债收益率波动较小；中长期收益率如 5 年期、10 年期公债收益率波动幅度较大。受疫情反复等各种因素影响，2021 年 4 月，中长期公债收益率大幅上升，10 年期公债收益率在 5 月达到接近于零的峰值（见图 4－10）。

图 4－10　2018～2021 年欧元区代表性利率水平

资料来源：Wind。

2008 年至今，欧元区各期限公债收益率整体呈现下降的趋势，从 2008 年 3% ~5% 的区间下降到 0% 以下。随着欧洲央行负利率政策的开展，欧元区各期限公债之间的利差逐渐缩小，收益率水平逐渐接近。2020 年以来，由于疫情下宽松货币政策的开展，欧元区各期限公债收益率波动变小，趋于接近，大致在 -1% ~0% 的范围内变化。1 年期、2 年期、5 年期公债收益率早在 2015 年向下突破 0%，10 年期公债收益率于 2019 年突破零下限。2021 年，欧元区各期限公债维持低利率水平，10 年期公债收益率在零下限略有提升（见图 4 -11）。

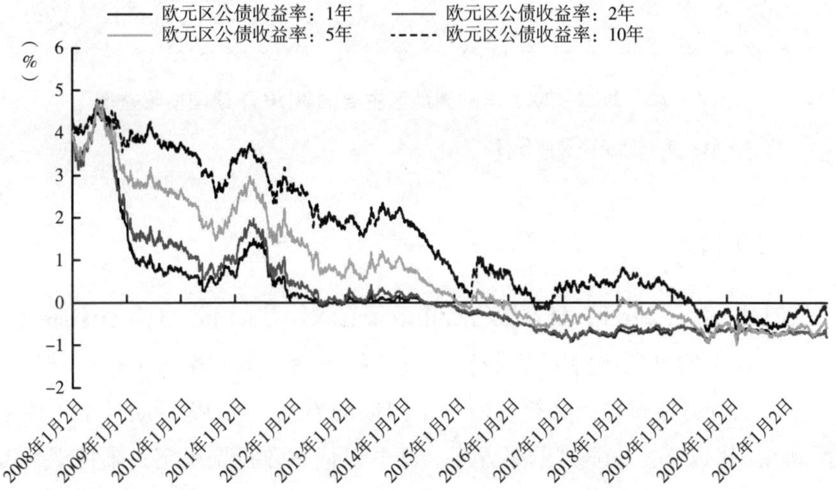

图 4 -11　2008 ~2021 年欧元区各期限公债收益率

资料来源：Wind。

2021 年欧洲地区主要国家 10 年期国债收益率维持原水平。自 2008 年国际金融危机以来，欧洲地区主要国家 10 年期国债收益率大致在 0% ~5% 的区间内波动。瑞士 10 年期国债收益率先于 2015 年进入负利率区间，法国、德国 10 年期国债收益率于 2019 年转负。2021 年，法国、德国、瑞士长期国债收益率大致维持在 -0.5% ~0% 的区间，意大利、希腊由于债务负担较重，信用风险偏高，尽管在财政、货币宽松条件下长期国债利率下行，但仍然保持正收益率（见图 4 -12）。

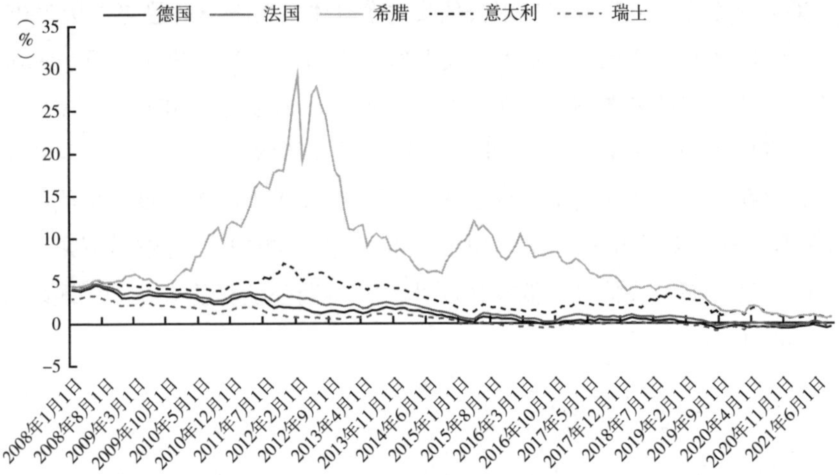

图 4－12　2008～2021 年欧洲地区主要国家 10 年期国债收益率

资料来源：美联储圣路易斯分行。

（三）日本

2021 年 10 月 28 日，日本银行货币政策会议决议如下。①收益率曲线控制方面。以 8∶1 的投票比例决定维持－0.1% 的短期政策利率水平；针对长期利率，日本银行将通过购买必要规模日本国债的方式，将 10 年期日本国债收益率控制在 0% 以下。②资产购买方面。日本银行一致投票决定，维持交易型开放式指数基金（ETF）和日本房地产投资信托基金（J-REITs）年度购买规模不变，ETF 购买规模为 12 万亿日元，J-REITs 购买规模为 1800 亿日元；日本银行将在 2022 年 3 月前完成上限为 20 万亿日元的商业票据和企业债券购买总额度。日本银行表示将继续维持量化和质化“双宽松”（QQE）政策，将持续投放基础货币，控制收益率曲线直至消费者物价指数超过 2% 的目标水平，并稳定在 2% 以上。

受全球能源价格上涨影响，2021 年一直处于负值水平的日本消费者物价指数于 9 月转为正，达到 0.2% 的水平（见图 4－13）。此次价格上涨主要由暂时性因素引起，且 0.2% 的通货膨胀水平与日本银行 2% 的目标水平仍相距过远。长期处于通货紧缩阴影下的日本，受到疫情对经济的加大打击，预计近年内将继续多举措刺激经济复苏，不会改变宽松货币政策的立场。

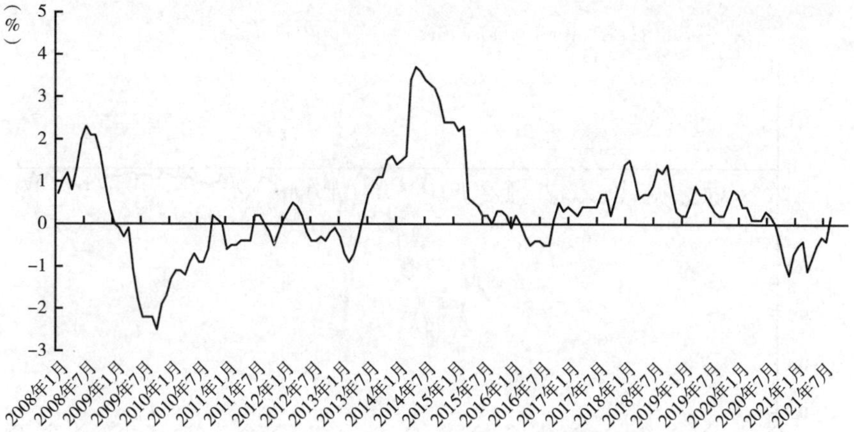

图 4 – 13　2008 ~ 2021 年日本 CPI：当月同比

资料来源：Wind。

2016 年以来，日本维持 – 0. 1% 的短期政策利率不变，日本多年来维持的宽松货币政策使得隔夜拆借利率、各个期限国债收益率长期维持在零以下的水平。隔夜无担保拆借利率波动较小，大致保持在 – 0. 1% ~ 0% 的区间；5 年期、10 年期日本国债收益率波动方向趋近，利差较为稳定，其中 5 年期国债收益率大致在 – 0. 4% ~ 0% 范围内波动，10 年期国债收益率大致在 – 0. 3% ~ 0. 2% 范围内波动。2021 年初以来，隔夜拆借利率、5 年期国债利率持续为负，10 年期国债利率大致处于 0% ~ 0. 1% 的正区间（见图 4 – 14），预计随着超宽松货币政策的继续施行，10 年期国债利率将向更低的水平趋近。

受负利率政策影响，自 2016 年以来，日本大额定期存单市场各期限收益率波动较小、趋近于零，商业银行活期存款利率接近于零，定期存款利率逐渐下行，处于 0% ~ 0. 1% 的收益率区间（见图 4 – 15）。自 2008 年 12 月以来，商业银行贷款利率就稳定在 0. 3% 的水平（见图 4 – 16），贷款利率水平较低，但商业银行仍然能从存贷利差中获取稳定收益，至今仍是如此。因此，疫情之下，商业银行存、贷款利率仍然维持低位但保持稳定，商业银行在超低利率环境下运营。

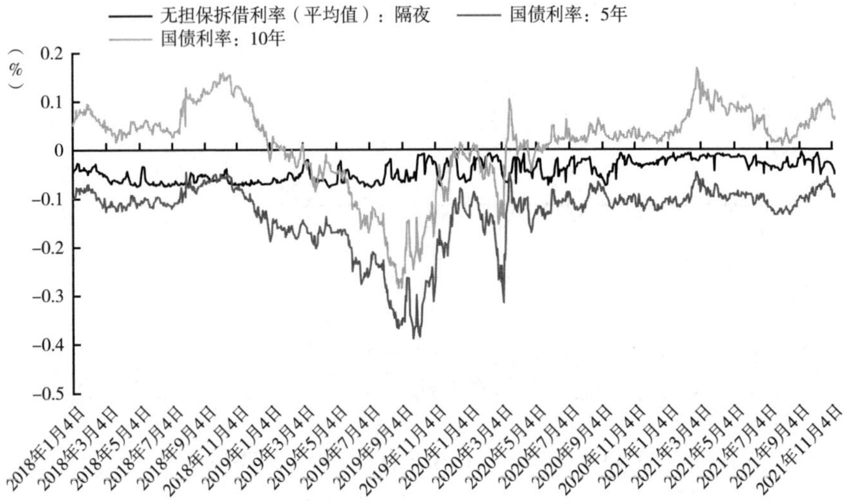

图 4－14　2018～2021 年日本代表性利率

资料来源：Wind。

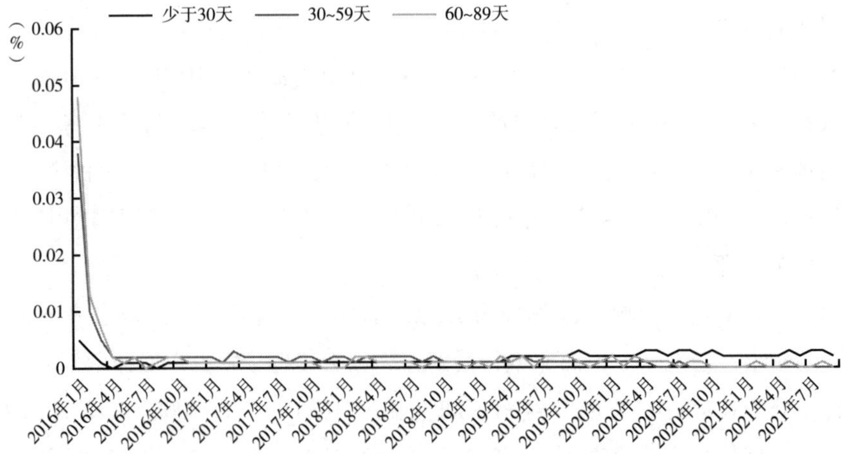

图 4－15　2016～2021 年日本大额定期存单市场利率

资料来源：Wind。

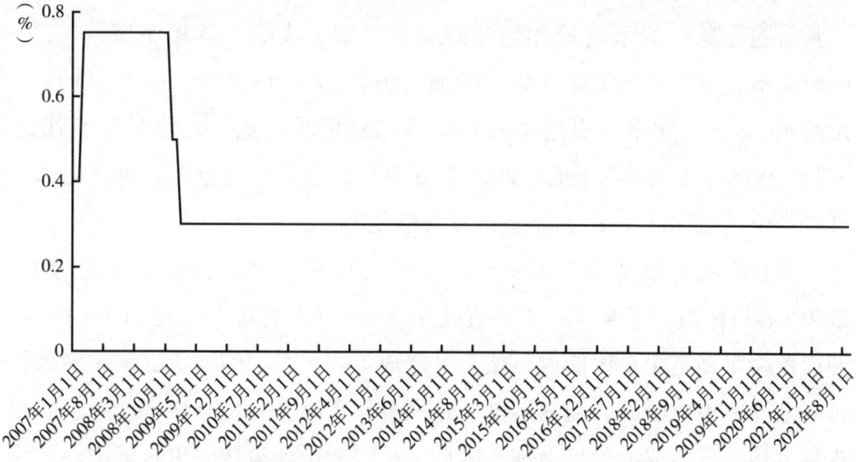

图 4－16　2007～2021 年日本金融机构贷款平均利率

资料来源：日本央行。

三　全球未来利率走势展望

2021 年，全球经济增长仍然受到疫情变种及反复的显著影响。一方面，受能源价格上涨、需求恢复等因素影响，主要发达经济体和新兴经济体物价指数飙升；另一方面，疫情之下供应链中断、劳动力市场紧缺造成全球经济复苏乏力。要在最大程度上促进经济和就业，同时稳定总物价水平，中央银行需要在各种货币政策工具中做出选择，确定最合适的货币政策立场，对资产购买计划结束和加息的时间做出精准的预判，既要避免过早收紧货币政策带来金融市场动荡、经济衰退的后果，也要避免过晚防治通货膨胀，造成物价剧烈波动，影响长期经济和金融稳定。

（一）美联储：加息周期仍需等待

2021 年前 10 个月，美联储一直维持疫情以来的宽松货币政策。2021 年 11 月，美联储开始缩减购债，并维持政策利率目标区间不变。美联储表示，加息需要更严苛的条件，还需要等待就业市场进一步恢复。从美国失业率数据来看，由于新冠肺炎疫情暴发，美国失业率在2020年上半年上升至14.8%的峰值，其后随着宽松货币政策和财政政策的开展，失业率逐渐下降。2021年，美国失业率表现出缓慢下降趋势，10月，失业率约为4.6%，还未恢复至疫情暴发前4%以下的水平（见图4－17）。美国新增非农就业人数同样于2020年4月达到低点，随后逐渐上升。2020年5月，新增非农就业人数再次回落，但仍维持正值（见图4－18），就业市场缓慢复苏。

从通货膨胀方面来看，2021年，美国核心PCE物价指数整体持续上升，超过2%的目标值，下半年以来一直处于3.5%以上的水平（见图4－19）。与欧洲通货膨胀高企主要由能源价格上升造成不同，美国的通货膨胀表现为物价的普遍上涨，不仅能源、交通运输价格飙升，食品与饮料、住宅、服装、娱乐行业等也均出现明显的价格上涨。因此，美国货币政策转向更具紧迫性。为了避免类似"缩减恐慌"的情形出现，美联储将采取更稳健的方式，根据经济、就业与总物价情况相机抉择，实现温和的转向。美联储目前仍未有加息的计划，将在一段时间内继续维持0%～0.25%的联邦基金利率水平，助推经济与就业进一步复苏。后续是否加息，美联储需要在就业目标与通货膨胀目标之间做出权衡，根据实际环境做出最合适的抉择。

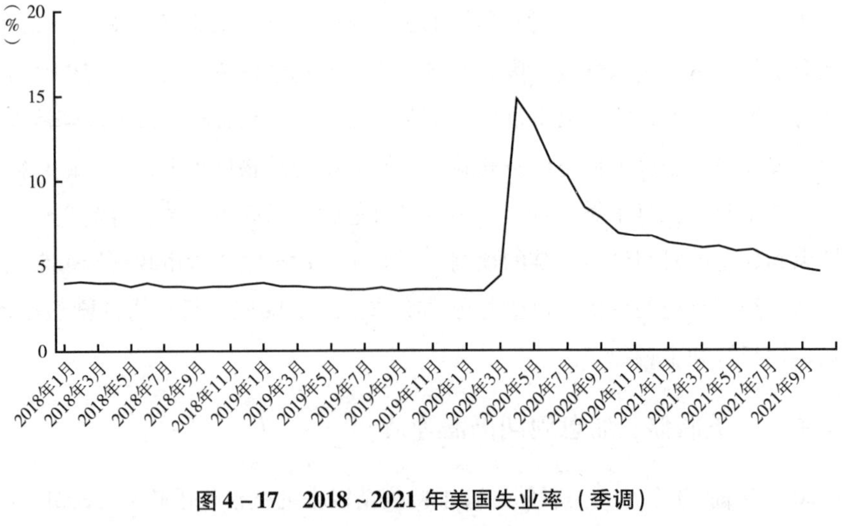

图4－17　2018～2021年美国失业率（季调）

资料来源：Wind。

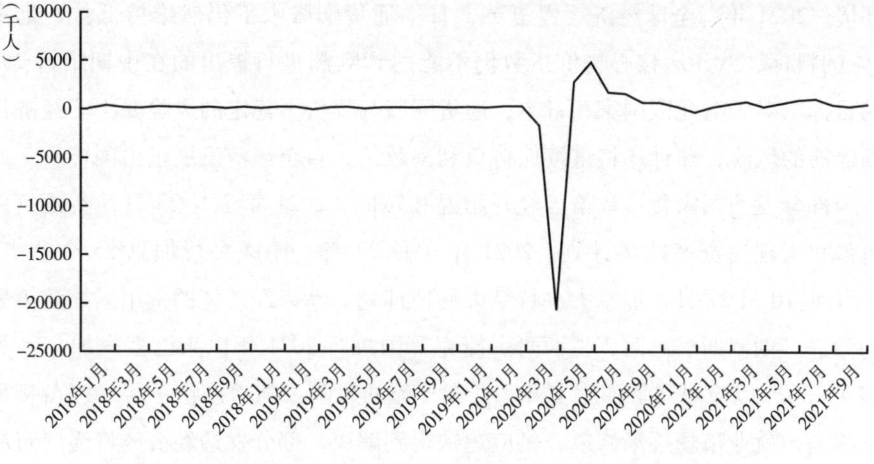

图 4－18 2018～2021 年美国新增非农就业人数（季调）

资料来源：Wind。

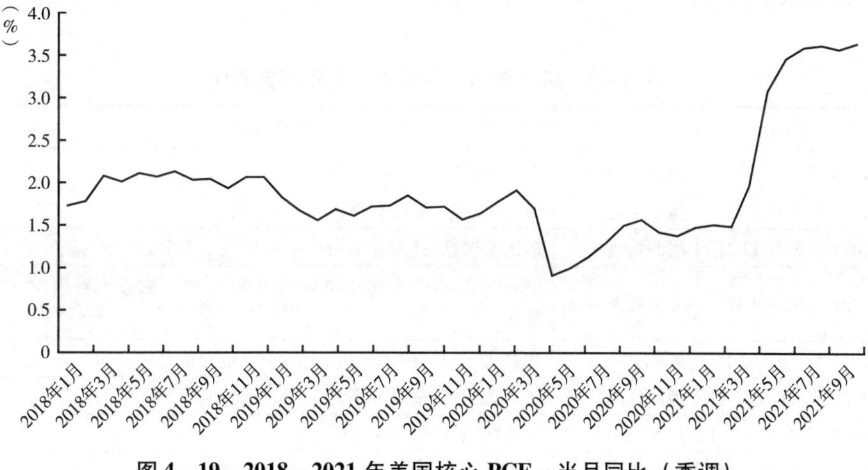

图 4－19 2018～2021 年美国核心 PCE：当月同比（季调）

资料来源：Wind。

（二）欧元区、日本与新兴经济体：利率走向显著分化

主要欧洲国家、日本长期以来处在经济停滞与通货紧缩的压力下，近年来一直维持负利率政策。新冠肺炎疫情发生后，负利率政策与资产购买计划双管齐下，欧洲央行和日本银行均采取了超宽松货币政策挽救受到严重冲击的经济

环境。2021 年，全球经济缓慢复苏，日本通货膨胀水平仍然维持低位，远离 2% 的目标，欧元区核心物价指数仍不能达到欧洲央行提出的在中期维持 2% 的目标。对于欧元区国家和日本，通货膨胀与物价不稳定的风险要小于经济长期停滞的风险，预计还将继续保持负利率政策，直至经济发展走出困境。

部分发达国家货币政策已经开始温和转向。2021 年 7 月 23 日，新西兰央行停止大规模资产购买计划。2021 年 9 月 23 日，挪威央行加息 25 个基点。2021 年 10 月 27 日，加拿大央行结束购债计划。新兴经济体的货币紧缩政策更为激进，俄罗斯、巴西、墨西哥、捷克等国央行 2021 年以来已多次加息（见表 4－3），以应对通货膨胀上升和资本外流的风险。随着疫情平缓、疫苗接种率提高，就业市场逐渐修复，供应短缺得到解决，部分发达经济体将逐渐布局加息政策，但总体利率水平仍将维持低位；而新兴经济体将保持较高的利率水平，由此也可能带来抑制投资、加重债务压力的问题，因此需要不断探索合理的货币政策框架。

表 4－3　2021 年以来部分央行货币政策操作

时间	央行	货币政策
2021 年 7 月 23 日	新西兰央行	停止大规模资产购买计划
2021 年 8 月 5 日	捷克央行	第二次加息，基准利率由 0.5% 上调至 0.75%
2021 年 8 月 12 日	墨西哥央行	第二次加息，基准利率由 4.25% 调整至 4.5%
2021 年 9 月 7 日	澳大利亚央行	缩减购债，资产购买规模从每周 50 亿澳元缩减为每周 40 亿澳元
2021 年 9 月 23 日	挪威央行	加息 25 个基点，基准利率由 0% 调整为 0.25%
2021 年 10 月 22 日	俄罗斯央行	第 6 次加息，基准利率由 6.75% 上调至 7.5%
2021 年 10 月 27 日	加拿大央行	停止购债计划，结束 QE
2021 年 10 月 27 日	巴西央行	第 6 次加息，基准利率由 6.25% 上调至 7.75%
2021 年 11 月 3 日	美联储	宣布开始缩减购债，每月购债规模缩减 150 亿美元

资料来源：各国央行网站，作者整理。

未来，发达经济体预计将继续维持超低利率政策，与疲软的经济增长态势做斗争，疫情的后续发展情况不明确，或许将给经济复苏蒙上阴霾，使发达经济体更不愿轻易放弃维持多年的低利率或负利率政策。对新兴经济体而言，通货膨胀、资本外流、货币贬值、经济衰退等问题相互交错，多轮的加息在防控物价波动的同时可能影响经济的复苏进程，带来负效益，货币当局需要在各个目标中做出取舍。

（三）中国利率政策：继续保持稳健的货币政策

发达经济体采取的负利率政策对促进经济与就业的具体效果并不明确，部分国家如瑞典已果断退出负利率政策。一旦利率触及零利率下限，央行的利率调控手段将失效，只能采取持续量化宽松的手段释放流动性、刺激经济与就业。与发达国家普遍采取资产购买计划刺激国内经济不同，中国人民银行行长易纲表示，资产购买工具不属于常规货币政策工具，而是央行在市场出现问题时的被迫选择。中国有条件实施正常货币政策，将尽可能地延长实施正常货币政策的时间，目前不需要采取资产购买操作。

目前，中国的基准利率在国际上处于中等水平，为货币政策操作预留了空间。中国央行将继续维持稳健的货币政策，灵活精准、合理适度、稳字当头，保持流动性合理充裕，增强信贷总量增长的平稳性，继续完善中央银行政策利率体系，继续巩固以公开市场操作利率为短期政策利率和以 MLF 利率为中期政策利率的中央银行政策利率体系，着力完善利率走廊机制，持续强化市场基准利率培育。由于中国的通货膨胀较为温和，资本外流压力较小，短期内不存在被迫加息的问题，因此中国的利率政策将继续以我为主，保持稳健。

四　理论分析：超低利率调控的内在稳定性

全球多个国家已实行若干年的负利率政策，除了瑞典，其余国家和地区一直没有退出负利率政策。美国、英国等发达经济体也坚持推行超低利率政策。超低利率政策是否具有内在稳定性？

我们认为，从超低利率政策传导的经济效应来看，央行超低利率政策并不具有很强的内在稳定性。一是货币政策宣示效应自身的作用有限。流动性效应存在的前提是利率为正，当流动性效应不存在时，中央银行开始逐步转向宣示效应。宣示效应对利率水平没有严格要求，宣示效应是检验央行超低利率政策有效性的关键。但目前超低利率调控的“免费午餐”效应会削弱政府信用，继而削弱与其紧密配合的中央银行的独立性，宣示效应效果随即弱化。典型案例是瑞典的阶段性负利率政策（2015~2019年）。二是超低利率政策只是拓展了中央银行调控核心短期利率下限的能力，并不意味着其对货币市场所有短期利率均有很强的调控能力。利率下限在超低水平的暂时稳定并不意味着该短期利率水平的全部稳定。

（一）超低利率调控的内在不稳定性

1. 宣示效应的不可完全置信：瑞典案例

从其上述传导过程的经济效应来看，超低利率政策属于中央银行“不可置信的承诺”，原因如下：超低利率政策及与之相伴的非常规货币政策高度依赖前瞻指引工具，通过引导市场预期产生宣示效应。与此同时，负利率政策具有缓解政府债务等“免费午餐”效应。当金融市场投资者对“免费午餐”效应给予负面评价时，会改变债券二级市场的交易行为，不再配合央行量化宽松政策进行债券交易，国债收益率等开始反转。此时，政府整体信用开始下降，这反过来将弱化中央银行的独立性，而央行的独立性及可信承诺的执行能力是利率调控宣示效应生效的基础。最终，超低利率调控效果弱化，通货膨胀等目标难以顺利实现。这是超低利率调控的两难问题，导致其从根本上存在内在不稳定性。在这种情况下，中央银行的最佳策略是“见好就收”。典型是瑞典案例。

瑞典的回购利率自2015年以来开始为负。2017年以来，瑞典的通货膨胀率一直接近2%，但从未达到2%。瑞典央行认为，达到2%通货膨胀率的潜在条件已经存在（总需求增加、工资和劳动力成本上升、通胀预期上升等），负利率政策已经对实体经济产生了正面作用。同时，瑞典央行也意识到，负利率的负面影响在持续增加。第一，投资者出现过度的风险承担行为，导致股票、房地产等资产价格飙升等。第二，瑞典央行大量购买政府债券，导致市场上一度出现无债券可交易。随后其负面影响开始出现，如逐步降低了国债市场对投资者的吸引力，各期限债券收益率逐步飙升等。第三，虽然瑞典的商业银行目前没有因负利率政策出现盈利下降，但不排除会受到负面影响，并将负利率政策传导至普通居民存款。有鉴于此，为防止其负面影响进一步增加，瑞典央行决定“见好就收”，于2019年12月将回购利率从-0.25%提升至0，至此，结束了负利率政策。虽然如此，瑞典央行认为，名义利率停留在零水平、实际利率仍然为负，同时瑞典央行在继续购买政府债券。这意味着货币政策依然是宽松的态势，仍在支持实体经济复苏。

2. 央行调控短期利率上限的能力或被弱化：美国案例

量化宽松政策大幅扩张了中央银行的资产负债表规模、改变了其结构，对准备金市场以及央行利率调控造成了深刻影响。其虽然强化了央行控制短期利率下限的能力，但削弱了其有效控制短期利率的能力。典型案例是 2019 年 9 月美国货币市场的“钱荒”。

美国“钱荒”机制分析。2019 年 9 月 16 日，美国货币市场出现“钱荒”，回购市场利率剧烈上涨，回购利率超出回购标的自身的收益率，也超过了当时联邦基金目标利率 10% 的水平。美联储紧急提供流动性 1282 亿美元，最终稳定了回购利率。但这足以表明，美联储调控货币市场利率的能力受到了挑战。挑战来自哪里？

美国回购市场主要以国债等近乎无风险的安全资产为标的，为金融机构（主要是非银行金融中介）提供短期流动性。其基本运行机制是，交易商等以高流动性的安全证券如国债等为抵押品，获得短期现金贷款（变现）；到期后还本付息，赎回抵押品。2008 年国际金融危机期间，交易商以 MBS 等证券化产品重复抵押、加大杠杆。当原标的物如住房抵押贷款出现坏账时，市场挤兑造成了流动性的迅速枯竭，引发了金融危机。一直以来，回购市场运行的基本前提是，在正常情形下，美国政府债券市场存在充裕的流动性，不会枯竭。由此，从理论上而言，以近乎无风险的国债为抵押品进行融资，回购市场的流动性供给能力将近乎无限，流动性需求的季节波动一般不会引起回购利率的剧烈波动。同时，货币市场存在多种融资渠道如美国国内和国际的同业拆借等，各渠道之间的联动决定了一个市场的利率难以剧烈波动。2019 年 9 月中旬的“钱荒”，确实有需求方面的原因，如临近月末、第三季度末，流动性需求增加。但在供给方面，政府债券的供给并不短缺，2008 ~ 2019 年，美国政府债券增发了近 15%，同时回购市场自身交易规模萎缩了 15% 左右。流动性供给和需求的相对变化，并没有撼动回购市场的基本面，不是“钱荒”的主因。

我们认为，美联储当时将精力集中在稳定联邦基金利率的超低水平上，忽略回购市场的做法，从根本上助推了该市场再次发生“钱荒”的可能性。在非银行金融中介和金融市场高度发达的美国，回购市场的重要性不亚于以银行为主的同业拆借市场，况且诸多商业银行也是回购市场的交易对手方。但2008年国际金融危机之后，量化宽松和货币政策前瞻指引成为美联储对整个货币市场的新干预方式，依赖前瞻指引产生的宣示效应引导货币市场其他短期利率、回购利率与美联储的联邦基金利率联系机制弱化。回购市场主要依靠多个交易对手方支撑运行，缺乏实际的最后贷款人，即使是最有实力的交易对手方如大型商业银行、交易商，在市场流动性最紧缺之际，它们也不愿意提供流动性。

总之，我们认为，超低利率政策目前尚缺乏内在稳定性。超低利率调控的最大“魅力”在于给常年受到零利率下限限制的全球央行提供了突破的机会，让央行调控核心短期利率的能力不断增强，极大地拓展了危机时期货币政策的作用空间，流动性效应、宣示效应、利率平滑效应、“免费午餐”财政效应同时存在。但超低利率调控主体是央行，因此也高度依赖中央银行声誉。当多重经济效应的负面影响逐步扩大、影响央行声誉时，超低利率政策的内在稳定性开始减弱。同时，全球实行超低利率政策的央行，其调控的基准利率并不相同，欧洲部分国家的超低利率调控覆盖面较宽，如覆盖了非银行金融中介为主的回购市场，美联储的超低利率调控依然限于以商业银行为主的联邦基金市场。超低利率调控领域的局限性，也会弱化其超低利率政策自身的稳定性。因此，我们推断，超低利率政策仅能实现有条件的稳定。其中的关键是“免费午餐”财政效应能产生正面影响，典型案例是日本。

（二）日本长期超低利率与“免费午餐”财政效应

日本是一个典型的、执行超低利率政策长达近40年的案例。日本超低利率政策的事实起点是20世纪80年代末期日本房地产泡沫破裂，此后，其长期利率开始上升。为了维持经济复苏趋势、防止通货紧缩，日本央行将基准利率长期维持在零附近，1999年降至零利率，此后，其10年期债券收益率一直低于2%，2016年至今在-0.3%左右，而银行零售存款利率也长期接近零。

超低利率产生的“免费午餐”财政效应，基本能够解释日本长期超低利率现象。在实行超低利率早期，日本的宏观经济政策组合本质是积极的财政政策与消极的货币政策配合模式。积极的财政政策体现在增加政府债务同时不增税，消极的货币政策体现在利率对通货膨胀几乎没有反应，因为日本当时处于通货紧缩状态。除了GDP增速要高于利率，还需要政府支出保持大致稳定，否则这种政策组合下的日本财政将难以长期持续，要么日本政府债券违约，要么日本发生通货膨胀。事实证明，随着老龄化加速，日本的社会保障支出压力加大，日本的积极财政政策最终必须转型，如创设新税种、增税。例如，自1989年设立以来，日本的消费税税率从最初的3%不断提高至1997年的5%、2014年的8%、2019年的10%。而在此期间，日本的利率一直保持超低状态。

除了“免费午餐”财政效应的两个关键条件（GDP增速高于利率、政府支出保持稳定），日本的财政金融体系还有诸多细节，成就了其长期的超低利率政策和超高政府债务率共存、没有爆发通货膨胀的经济复苏等。其一，日本政府自身的财政纪律，如维持较低的一般财政支出、财政资金主要投向生产领域并维持较高的投资效率（例如投资或补贴给出口能力较强的企业，维持其制造业在全球的相对优势地位）。巨额债务对经济社会产生的正面效应如技术水平提升、产出增加等超过了负面效应，使得“免费午餐”财政效应的正面影响一直存续，这是超低利率没有引发政府债务危机、通货膨胀的根本原因。其二，日元资产受国内、国际市场青睐。日本政府债券被其本国国内居民、机构和国际投资者视为避险性最强的全球安全资产，目前日本央行、国内金融机构和居民的持有比例高达95%。金融机构有能力购买日本国债的主要原因是，其国内居民储蓄率较高。其三，日本企业在海外市场的投资规模巨大，据IMF统计，在过去近40年，日本海外资产规模长期相当于国内GDP的两倍，政府债务率与日本真实的经济实力不完全是一回事。在某种程度上，超高债务率掩盖了日本超强的经济实力，而后者决定了，只要投资者不失去信心，其政府债务的国内吸收空间仍然较大。

总之，日本长期超低利率持续的基本条件是财政部门与央行的特殊协调机制，尤其是财政部门保持合理的支出结构、高效的支出效率，把债务融资用在合理的地方，进而使“免费午餐”财政效应产生了正面影响。当然，除此之外，日本的特殊性尤其是企业海外资产规模远远超过国内GDP决定了，其自身经济实力巨大，政府债务的自我吸收和消化能力强，政府债务仍具有较大的扩张空间。

第五章
2021年全球大宗商品市场走势分析及未来展望

黄国平　方　龙*

- 2021 年，随着疫苗接种率提升以及疫情限制措施有所解除，全球经济持续复苏。但在疫情反复影响下各国经济复苏存在明显差异，尤其疫苗分配不均使得许多新兴经济体仍面临疫情冲击，经济恢复程度远低于美欧等发达经济体。中国受益于疫情防控常态化、疫苗接种高度普及，经济保持平稳增长，韧性不断显现。
- 美国在拜登政府经济救助政策刺激下经济复苏势头强劲，增速创数十年新高；欧元区疫情亦有效缓解，经济明显反弹，同比增速创历史纪录；日本和多数新兴市场国家经济复苏相对乏力。2021 年，以美联储为代表的各主要经济体央行仍坚持宽松货币政策立场，金融市场流动性普遍过剩，加之疫情导致的供应链紧张长于预期，供需错配形势下大宗商品价格持续上涨、幅度惊人，推动全球通胀不断走高。其中，以煤炭、原油为代表的能源类商品受供给端影响尤甚，价格创下近年来新高；以工业金属为代表的非能源商品亦表现不俗、涨势迅猛。
- 展望 2022 年，随着各国疫苗接种率提升以及经济内生动能修复，全球经济有望逐步回归趋势增长。但考虑到供应链紊乱引致的通胀风险趋于上行，以美联储为代表的各国央行或不得不加快货币政策正常化进程。
- 总体上，大宗商品需求端将受益于经济恢复性增长而有所改善，供给

---

* 黄国平，中国社会科学院金融研究所研究员，国家金融与发展实验室投融资研究中心主任，博士生导师；方龙，光大兴陇信托有限责任公司投资经理，国家金融与发展实验室投融资研究中心研究员。

端受制于疫情反复冲击产能释放尚需时日，预计未来大宗商品市场整体仍有上行压力但幅度或有限，需求传导下非能源类商品表现或强于能源类商品，但经济不稳定性引致的价格波动或显著抬升。

一 2021年全球大宗商品市场走势分析

（一）大宗商品市场总体形势

2021年，受益于全球疫苗接种率提升以及疫情限制措施有所解除，各国经济持续复苏。但病毒变异和疫情反复冲击下，不同国家经济复苏进程差异化明显扩大，特别是疫苗分配不均导致许多新兴经济体受疫情干扰更甚，经济恢复程度要远低于美欧等发达经济体。中国受益于疫情防控常态化、疫苗接种高度普及，经济稳中有进、平稳增长，韧性不断显现。美国在拜登政府经济救助政策刺激下经济复苏势头较为强劲，增速创数十年来新高；欧元区得益于疫情有效缓解，经济触底后明显反弹，同比增速创纪录高位；日本和多数新兴市场国家经济复苏则相对乏力或不及预期。2021年，考虑到经济企稳与增长可持续性仍面临诸多因素干扰，以美联储为代表的各国央行仍普遍坚持宽松货币政策立场，全球金融市场流动性趋于过剩，加之疫情导致的供应链紧张长于预期，供需错配形势下大宗商品价格不断飙升，创下近年来新高，并推动全球通胀水平持续抬升。从世界银行（World Bank）商品价格统计数据来看，2021年大宗商品价格指数总体大幅上涨，累计涨幅达58.82%。其中，能源与非能源价格指数齐飞，同创六年来新高，前者呈大幅飙升态势，累计涨幅高达95.36%；后者延续震荡走高态势，累计涨幅达18.44%。从年度均值来看，2021年大宗商品价格指数较上一年“V形”反转，涨幅高达53.60%（见图5-1）。

（二）主要能源类商品走势

1. 国际原油

作为强周期性品种之一，原油价格长期取决于全球经济基本面变动，中期受实际供需关系主导，短期则容易受资本流动、地缘政治冲突等因素影响。

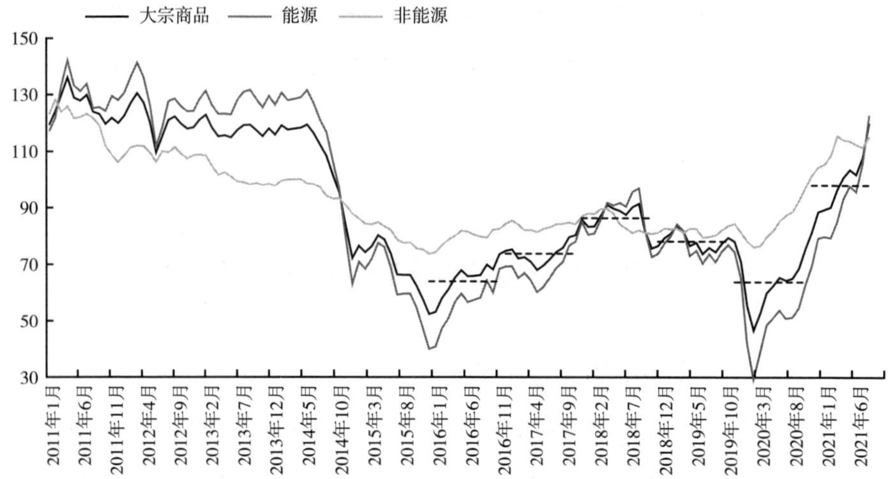

图 5-1　2011~2021 年国际大宗商品价格指数

资料来源：世界银行数据库。

2021 年，以美联储为代表的各国央行普遍坚持宽松货币政策，加之疫苗接种后疫情得以有效控制，全球主要经济体解封后对原油消费需求持续向好。与此同时，欧佩克等为了规避疫情反复的需求利空，决定采取谨慎适度的增产策略，而美国原油产量又迟迟无法有效恢复，因此欧佩克基本上主导了原油供应端局势。总体而言，无论是宏观面还是原油供需关系，均呈现一定利好，因而共同推动油价不断震荡走高。当前来看，全球通胀水平逐步抬升，美联储缩紧货币政策预期不断增强，且在高油价刺激下，欧佩克成员国增产步伐或快于预期。此外，尽管各国经济持续修复，但病毒变异与疫情反复阻碍下，复苏势头边际减弱，不确定性上升。短期来看，随着宏观面与供需关系利好逐步兑现，油价进一步大幅飙升可能性较小，大概率呈高位震荡态势；长期而言，全球经济复苏是否持续以及原油供需关系能否改善将成为决定油价走向的关键影响因素。从世界银行（World Bank）商品价格统计数据来看，2021 年原油价格综合指数总体呈震荡上行态势，累计涨幅高达 68.42%。其中，英国布伦特轻质原油、迪拜中质原油及美国 WTI 重质原油的年度涨幅分别为 67.74%、64.88%、72.84%。从年度均值来看，2021 年原油价格综合指数较 2020 年“V 形”反转，涨幅达 63.86%（见图 5-2）。

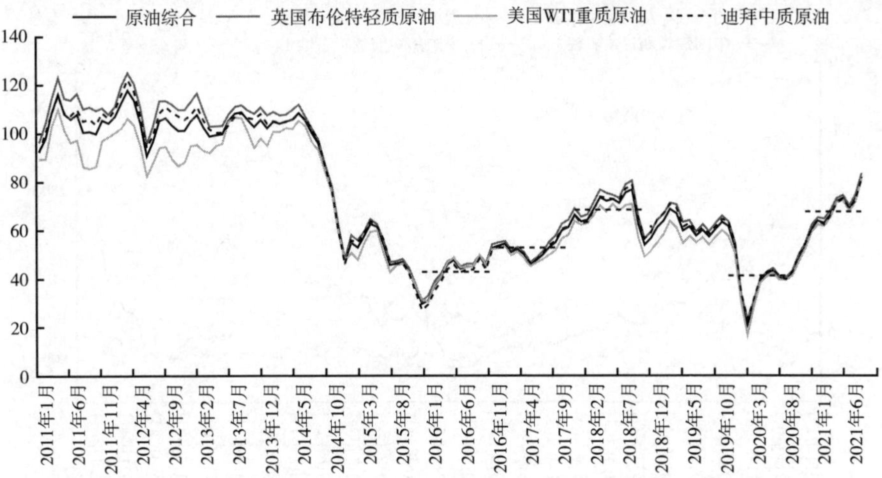

图 5－2　2011～2021 年国际原油价格指数

注：原油价格综合指数为英国布伦特轻质原油、迪拜中质原油及美国 WTI 重质原油价格的等权重平均指数。

资料来源：世界银行数据库。

2. 煤炭

2021 年，我国煤炭市场总体需求向好，加之供应端持续偏紧，供需错配、资金炒作、环保、安全等诸多因素作用下，煤炭价格表现异常强势、屡创新高。供应方面，上半年国内煤矿严格按照核定产能组织生产，产量增加受限，供应增量不及预期；而受国际供应偏紧、进口煤价差优势缩小等因素限制，进口煤对国内供应补充又相对有限。需求方面，由于我国宏观经济稳定恢复向好发展，全社会用电量保持快速增长，终端工业用煤需求不断释放，拉动煤炭消费增速较快上涨。综上，煤炭供需错配加剧且短期难以改善就成为其价格不断上行、连创新高的重要支撑。下半年，随着增产保供措施陆续落地，煤矿产能释放明显加快，国内动力煤产量稳中有增，供应偏紧局面有所缓解，煤炭价格开始震荡走低。不过，考虑到当前我国电厂煤炭库存依然偏低，加之冬季采暖储煤需求有所增加，预计对煤炭价格仍有一定支撑。从统计数据来看，2021 年中国郑商所动力煤、大商所焦煤及焦炭价格整体表现为加速上行态势，累计涨幅分别为 51.86%、45.21%、10.82%。与此同时，世界银行（World Bank）商品价格统计数据显示，澳大利亚动力煤价格从 2021 年初以来大幅飙升，累计涨幅高达 185.32%（见图 5－3）。

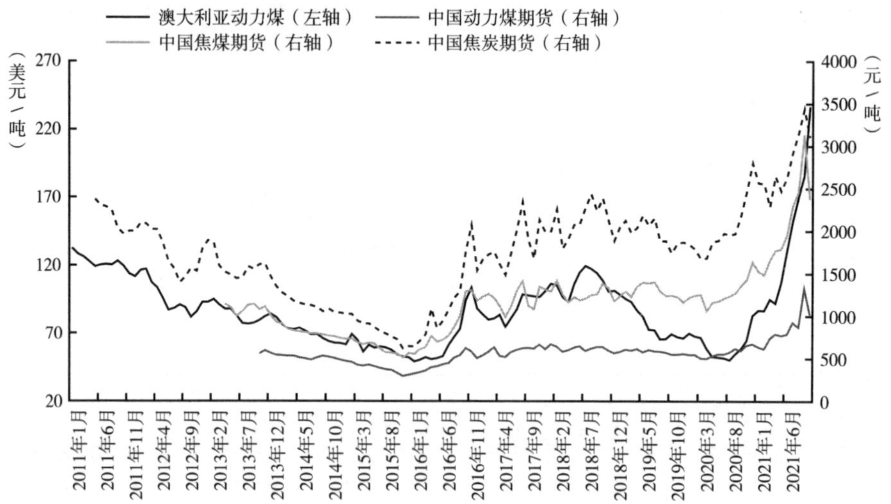

图 5－3　2011～2021 年煤炭市场价格

资料来源：世界银行数据库，Wind。

（三）主要非能源类商品走势

1. 金属矿石

工业金属方面。2021 年，工业金属价格表现较为强势，供应端受限对金属价格影响明显。上半年在海外需求恢复带动下，基本金属价格震荡上行；下半年，随着能耗双控、限电限产政策推进，供应端受影响较大的金属价格持续创新高。此外，库存方面，国内外期货交易所各金属品种库存大部分下降明显，处于近年来低位。供应端受限、需求端上行，使得部分金属品种供需缺口不断扩大、价格表现相当亮眼。当前，由于疫情制约及“双碳政策”持续推进，工业金属供给端调整能力或相对有限，需求端拉动则明显改善，供需错配格局或长于预期，故未来工业金属价格将易涨难跌。经统计，2021 年，无论国内还是国外工业金属价格总体呈加速上行态势，其中铝、铜价格表现相对较好，伦敦铝、中国铝累计涨幅分别为45.65%、30.76%，伦敦铜、中国铜累计涨幅分别为26.47%、22.13%；锌、铅涨幅相对较小，伦敦锌、中国锌累计涨幅分别为 20.87%、13.65%，伦敦铅、中国铅累计涨幅分别为 16.05%、7.49%（见图5－4、图5－5）。

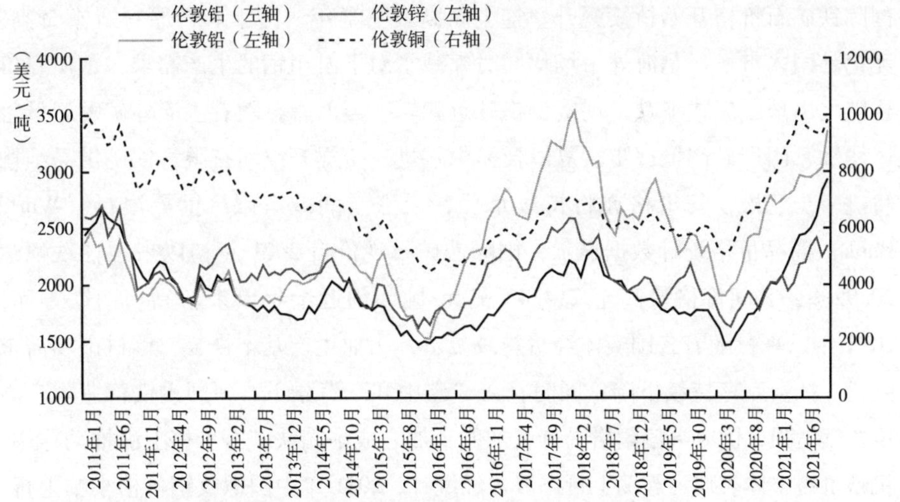

图 5－4　2011～2021 年伦敦工业金属价格

资料来源：世界银行数据库，Wind。

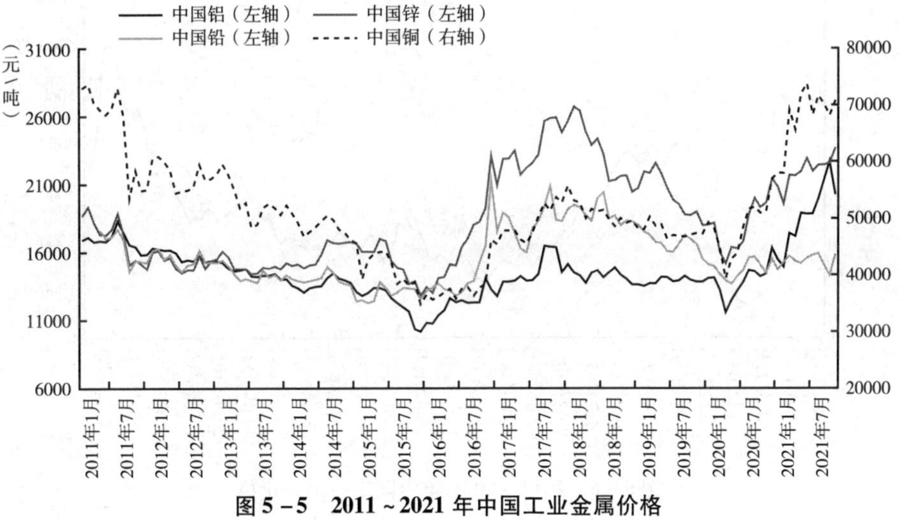

图 5－5　2011～2021 年中国工业金属价格

资料来源：Wind。

矿石钢铁方面。2021 年，铁矿石价格经历一轮“过山车”行情，整体上表现为前高后低态势。上半年，随着全球经济持续复苏向好，越来越多企业开始对大宗商品矿产资源进行大规模采购，从而引发了一轮矿产资源价格上涨热潮，同时受澳大利亚、巴西疫情等导致的供应链紧张及劳动力不足问题影响，国际铁矿石价格开始持续飙升、连创新高。下半年，由于矿石原料成本奇高，无论是国内市场还是海外市场均同时缩减了对下游粗钢的生产需求，铁矿石价格随之出现断崖式下跌，现货价格几近腰斩。当前看，随着主流外矿发运量趋于增加、国产矿产量逐步恢复以及需求端进一步提升空间有限，铁矿供需结构将进一步宽松，其价格亦将持续承压，上涨空间或有限。世界银行（World Bank）商品价格统计数据显示，国际铁矿石现价自2021年初以来累计跌幅达20.92%，其间价格最高至214.43美元/吨，创近十年以来新高。钢铁方面，2021年以来，随着各国实体经济持续复苏，工业生产基本恢复，钢材市场需求旺盛，社会库存持续下降；同时，在“碳中和”背景下，中国钢铁行业限产力度持续增强，供应端偏紧格局有所加剧，加之成本端铁矿石价格上涨推动作用，钢铁价格整体表现为震荡上行态势。经统计，2021年中国螺纹钢价格小幅上行，累计涨幅为8.92%（见图5-6）。

图5-6　2011~2021年中国矿石钢铁价格

资料来源：世界银行数据库，Wind。

2. 农产品

一般而言，农产品本身价格弹性系数较小，其走势主要受实际供需关系影响。近年来，全球农产品市场需求相对稳定，其价格变化受供给方面的影响更为强烈。2021年，在新冠病毒疫苗快速推广的背景下，全球疫情出现整体性好转，各主要经济体逐渐走出衰退阶段，经济和就业状况都出现明显好转，这为全球农产品消费增长提供了有力支撑。其中，小麦、玉米产需平衡相对偏紧，加之金融流动性泛滥引发资本炒作升温，价格出现大幅上行；大豆、大米供需局面总体平稳，加之疫情限制措施有所解除等突发性因素对成本端推升作用减弱，大豆、大米价格整体上开始向中枢水平回归。从世界银行（World Bank）商品价格统计数据来看，2021 年农产品价格指数自年初以来大致呈震荡上行态势，累计涨幅为 12.98%。但不同品种走势分化有所加剧，其中 CBOT 小麦、CBOT 玉米价格涨幅较大，分别上涨 20.65%、17.41%；CBOT 大豆、泰国大米价格较 2020 年则分别下跌 -4.69%、-22.88%（见图 5-7）。

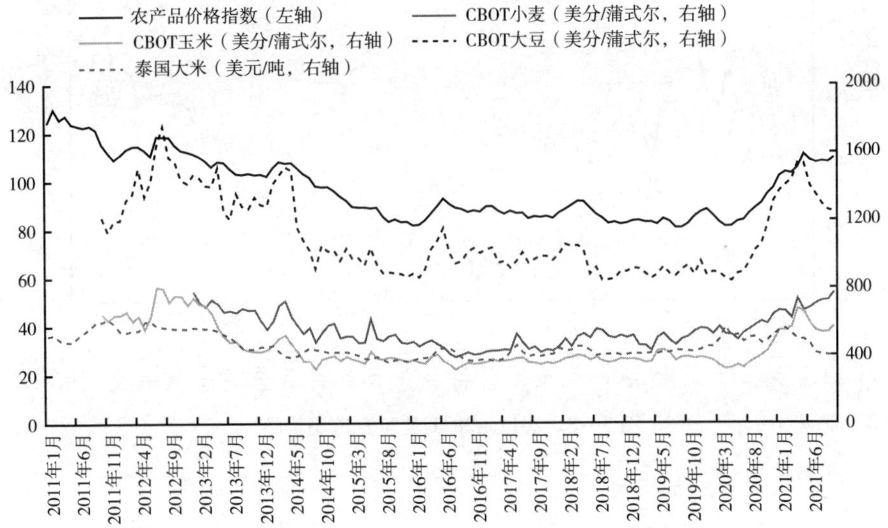

图 5-7　2011～2021 年农产品市场价格

资料来源：世界银行数据库，Wind。

3. 贵金属类

黄金方面。作为全球最重要的硬通货之一，黄金一直以来受到机构及个人投资者青睐，尤其在全球利率下行或金融市场流动性普遍泛滥背景下。另外，黄金本身所具有的抗通胀与避险功能，亦使其无论在通胀预期上升抑或全球地缘政治冲突升级之时备受资本市场追捧。2021 年，随着全球疫苗接种率不断提升，疫情对欧美等发达经济体影响明显减弱，海外经济预期大幅改善，投资者风险情绪回升，黄金避险需求下降，金价也从历史高位开始回落。伴随经济强复苏以及消费价格不断走高，市场对通胀失控担忧加剧，2021 年中美联储 FOMC 决议上首提缩债，其后美联储鹰派频频发声，Taper 预期升温对黄金价格形成持续压制，全球资金不断减持黄金，金价一路震荡走低。经统计，2021 年黄金市场总体呈高位回落态势，黄金价格自 2020 年突破 2011 年历史性高位后进入区间震荡阶段。其中，伦敦现货黄金、COMEX 黄金期货价格累计跌幅分别为 -6.28%、-5.87%；人民币计价现货金 T+D 及黄金期货累计跌幅分别为 -5.55%、-5.91%（见图 5-8）。

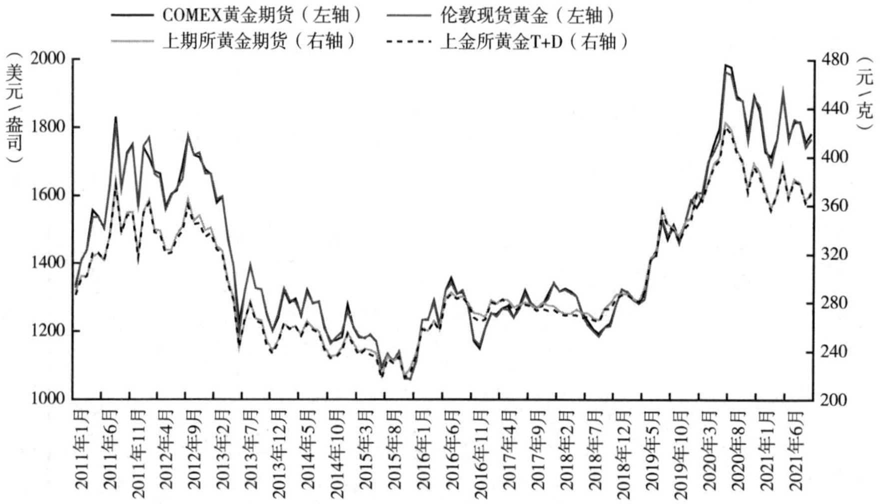

图 5-8　2011~2021 年黄金市场价格

资料来源：Wind。

白银方面。作为贵金属类之一，白银工业属性较其金融属性更为突出，其价格走势受实体经济、供需基本面影响较大。与此同时，黄金、白银价格长期走势高度相关，二者之间相对强弱指标——“金银比”大多数时间会处于 20~80 合理区间内。对比图 5-8、图 5-9 中黄金与白银的价格可以发现，二者走势基本一致。2021 年，欧美股市表现强劲，投资者风险偏好维持高位，加之美联储开启缩减资产购买计划，市场对明年加息预期不断升温，贵金属对长期配置资金吸引力持续降低，白银价格跟随金价走势一路震荡下行。由于白银兼具货币属性与工业属性，其价格波动幅度通常要高于黄金。2021 年，贵金属市场整体表现相对惨淡，其间白银跌幅亦明显超过黄金。经统计，2021 年白银市场整体表现较为弱势，其中伦敦现货白银、COMEX 白银期货价格累计跌幅分别为 -9.34%、-9.33%；人民币计价现货银 T+D 及白银期货累计跌幅分别为 -11.54%、-12.16%（见图 5-9）。

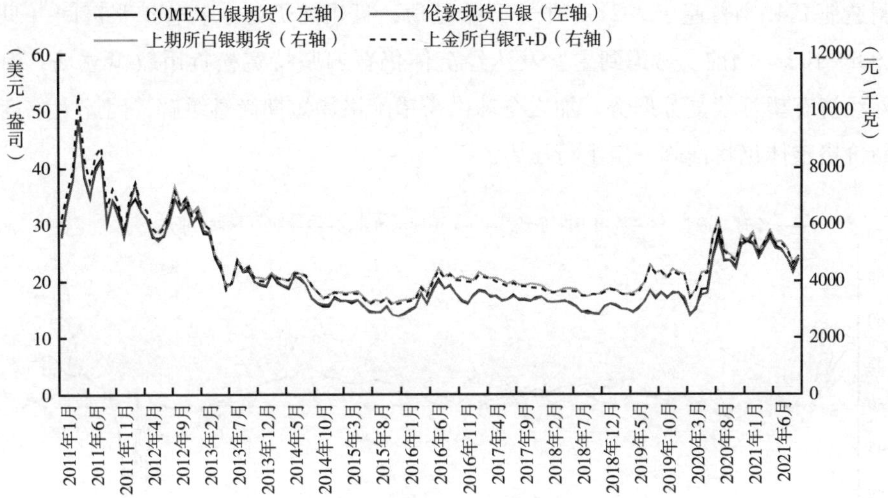

图 5-9　2011~2021 年白银市场价格

资料来源：Wind。

二　大宗商品市场主要影响因素分析

（一）经济周期因素

长期而言，大宗商品价格走势与经济周期变动之间高度一致。2021 年，在疫苗接种加快推广背景下，世界各地疫情得到有效缓解，全球经济持续修复，各主要经济体逐渐走出衰退阶段，经济增速创下近年来新高。在此背景下，大宗商品价格受供应端短缺叠加消费需求上升影响开始走出前期低谷并持续上行，推动全球通胀水平有力抬升。尽管全球经济总体保持复苏态势，但新冠病毒变异与疫情反复冲击仍对经济恢复形成一定拖累。与此同时，由于各地区疫苗接种进度不一，发展中国家普遍面临疫苗短缺问题，世界范围内疫情防控与经济复苏的双重分化可能加剧，这使得未来世界经济走势面临更多的不确定性。从图 5－10 中各主要国家和地区 PMI 指数走势可以看出，疫情影响下各国经济复苏步伐并不统一，中国制造业 PMI 回升明显领先于发达经济体，并已于 2021 年初开始见顶回落，至 10 月份已跌至荣枯线下方；而美国、欧元区制造业 PMI 则普遍于 2021 年中才开始见顶，且当前仍处于显著扩张区间（见图 5－10）。当前，考虑到主要发达经济体仍普遍坚持宽松货币政策立场，海外经济有望延续复苏态势，加之全球供需错配格局短期尚难缓解，因此大宗商品价格整体仍将面临一定上行压力。

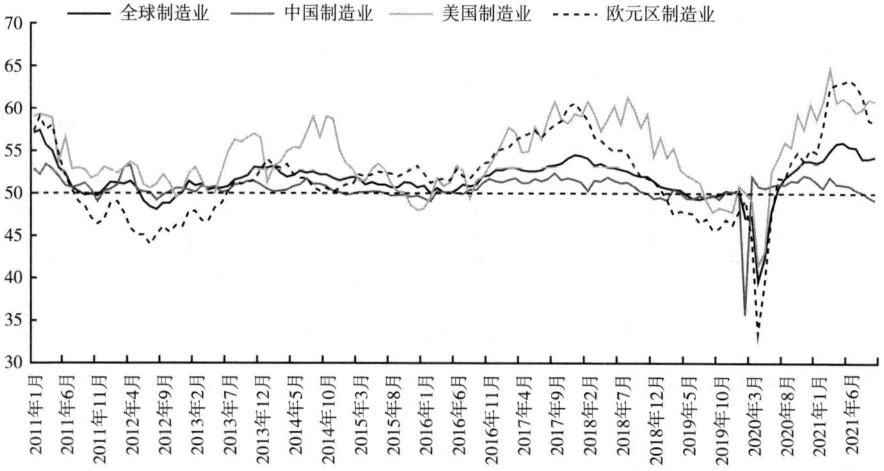

图 5－10　2011～2021 年全球及主要国家和地区 PMI

资料来源：Wind。

当然，也应关注到，疫情发生以来发达经济体货币、财政政策刺激规模巨大，尽管对经济走出疫后衰退起到了重要推动作用，但同时不可避免地增加了通胀压力，催生了资产价格泡沫膨胀，使金融市场走势逐渐背离实体经济，经济与金融脆弱性明显加大。当前，全球新冠肺炎疫情形势严峻、全球供应链紊乱持续时间未知，一旦疫情导致的供需错配持续时间过长，或疫情对供给产能造成打击坏于预期，都将导致更为持久的通胀高企，并迫使发达经济体不得不加快货币政策正常化进程。未来若主要经济体货币政策转向步伐加快，将极有可能引发金融资产价格大幅调整，加之经济恢复动力减弱、不确定性上升，大宗商品供需关系也将扭转并引发价格高位回落，同时市场价格波动性将显著抬升。

（二）产业供求因素

产业供求关系直接反映大宗商品内在价值的高低，决定着商品价格中期走势的强弱。以国际原油为例，2011 年起原油基本上处于供大于求的过剩局面，且这种局面于 2014 年、2015 年有明显加重态势，其间国际原油价格出现了较大程度的超卖下跌，原油的商品价值被大幅低估。不过，2016 年初以来，全球经济温和复苏态势下中国等原油消费大国需求增长，加之 OPEC 成员国冻产和减产协议的有力执行、美国页岩油产业投资减缓以及伊朗被重启制裁，使得原油供需缺口明显缩窄，前期供大于求的趋势得到彻底扭转甚至达到供不应求的局面。受此影响，原油的商品价值自 2016 年以来得到大幅修复，其价格从当年初开始触底反弹且一路震荡上行，至 2018 年下半年甚至再次突破 80 美元/桶高位水平。2020 年第一季度起，新冠肺炎疫情冲击所带来的经济短期深度衰退导致市场对原油需求出现断崖式下跌，原油“胀库”风险难以释放，库存成本因素影响下原油价格无限下探，期货价格一度跌入负值区间。其后，随着疫情缓解、经济企稳恢复，原油需求端明显改善，油价亦开始触底反弹并持续回升。

2021 年，随着各国疫苗接种率快速提升，全球疫情出现整体性好转，各主要经济体逐渐走出疫情后的衰退阶段，经济呈现良好复苏势头，原油消费需求继续回升。此外，为了规避疫情反复造成的需求利空，欧佩克等普遍采取了谨慎的适度增产策略，再加上美国原油产量短时间内难以有效恢复，因此原油供需总体表现为紧平衡态势。在全球货币流动性过剩背景下，原油宏观面与供需基本关系利好共同推动油价持续上行。从图 5 – 11 中全球原油供给需求量的相对变化可以看出，2021 年全球原油需求量快速回升且明显超过供给端恢复速度，供需缺口扩大导致原油市场供不应求预期抬升，原油价格亦随之不断上行。展望后市，考虑到全球疫情反复及供应链、产业链不稳定性加剧，原油市场供给端恢复尚需时日，而需求端则受益于美国、欧元区经济延续复苏态势或保持上行，原油供求关系仍将处于紧平衡状态，因此未来油价大概率于当前高位上下徘徊、呈区间震荡态势。

国内方面，自 2015 年“三去一降一补”政策首次提出至今，中国政府积极推进供给侧改革，钢铁、煤炭等长期产能过剩行业的产量有所下降，企业与市场去库存较为积极。此外，2016 年来全国范围内环保督查及限产等诸多外

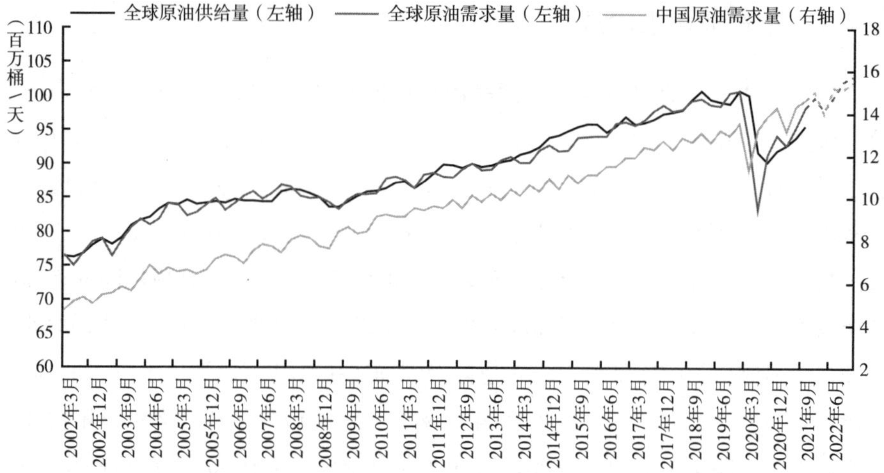

图 5-11　2002～2021 年全球原油供给需求量

注：2021 年 9 月之后的数据为预测值。

资料来源：Wind。

部因素的影响也使钢铁、煤炭等市场的供给明显缩窄。2018 年后，钢铁、煤炭行业去产能任务基本完成，落后产能退出速度减缓，取而代之的是优质产能利用率逐渐提升，钢铁、煤炭市场供给也恢复正常化轨迹。另外，诸如煤价保持高位也促使企业高盈利预期下复产积极性较高，煤炭市场供给基本能够有效满足生产旺季需求。从图 5-12 动力煤供给量、需求量对比来看，2010 年后，中国煤炭市场长期处于供大于求的局面；直至 2016 年，煤炭供给侧改革强力推进，煤炭市场过剩产能迅速出清，供过于求的局面彻底扭转，甚至受需求端增长刺激影响在相当长一段时间内煤炭市场一直处于紧平衡状态，其间煤炭价格也出现强有力的上涨行情。

2021 年，煤炭市场供需错配明显加剧，价格大幅抬升。上半年，国内煤矿严格按照核定产能组织生产，产量增加受限，供应增量不及预期；另外，受国际供应偏紧、进口煤价差优势缩小等因素影响，进口煤对国内供应补充相对不足。从需求来看，全球经济持续复苏背景下，中国经济稳中向好、平稳发展，全社会用电量快速提升，终端工业用煤需求大幅增加，推动煤炭消费增速加速上行。由于供需缺口不断扩大，加之资本炒作升温，煤价不断飙升、连创新高，波动性显著加剧。展望后市，考虑到当前我国电厂煤炭库存依然偏低，补库需求仍在，且冬季采暖也会进一步刺激储煤需求增加，预计短期内煤炭价格大概率将偏强运行。但长期来看，随着我国增产保供措施陆续落地，优质煤矿产能将进一步释放，国内动力煤产量提升将促使供需紧张关系逐渐趋于平缓，而煤价也将向合理中枢水平回归。当然，不排除诸如疫情反复、能耗双控及环保安全等突发因素仍将对市场造成扰动。

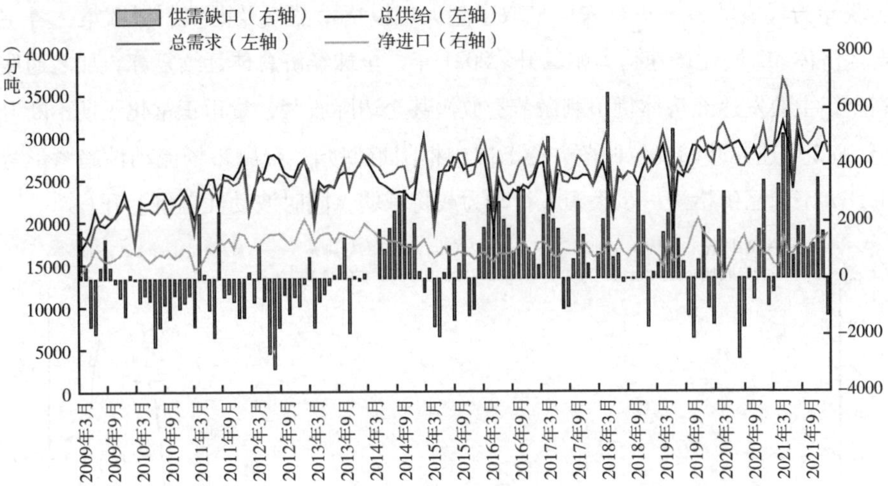

图 5－12　2009～2021 年中国动力煤供给量与需求量走势对比

资料来源：Wind。

（三）市场流动性因素

经济周期、产业供求关系往往决定着大宗商品市场中长期的走势特征，而短期影响商品价格变动的关键性因素则主要来自货币层面，货币流动性的扩张与收缩对大类资产的名义价格有显著影响。从全球货币市场来看，2008 年金融危机后，面对复苏乏力的经济、长期低位徘徊的通胀及高居不下的失业率等，各国政府纷纷采取多种形式的量化宽松政策，货币超发引致流动性急剧泛滥，资本市场一度陷入零利率甚至负利率的泥淖，而廉价资金更是在全球金融市场肆虐横行，对整个金融市场尤其是大宗商品市场带来了巨大冲击，其间大宗商品的名义价格短期内也被迅速抬升。图 5－13 给出了全球主要国家 M2 同比变化趋势，可以看出以下几点。2011 年后，中国、美国的货币与准货币（M2）增长速度一直处于高位，尤其中国 M2 同比增速基本保持在 10% 以上水平，大幅超过名义 GDP 增速，导致 M2 占名义 GDP 比重一路攀升。2016 年后，随着全球货币正常化进程加快，紧缩性政策背景下美国、欧元区、中国及日本 M2 增速齐步向下，流动性紧缩导致新兴市场经济下行压力加大同时资本市场波动明显加剧。2020 年，由新冠肺炎疫情冲击所导致的经济深度衰退迫使以美联储为代表的各国央行先后采取了超大规模货币宽松及财政刺激政策，各主要经济体 M2 同比增速均大幅攀升。2021 年，全球经济总体延续复苏，加之通胀高企，主要发达经济体货币刺激节奏放慢甚至边际收紧，货币正常化预期不断升温，M2 增速亦开始高位回落并逐渐向中枢附近回归。金融市场流动性趋紧形势下，大宗商品价格进一步大幅上行动力或将减弱，同时波动性也将上升。

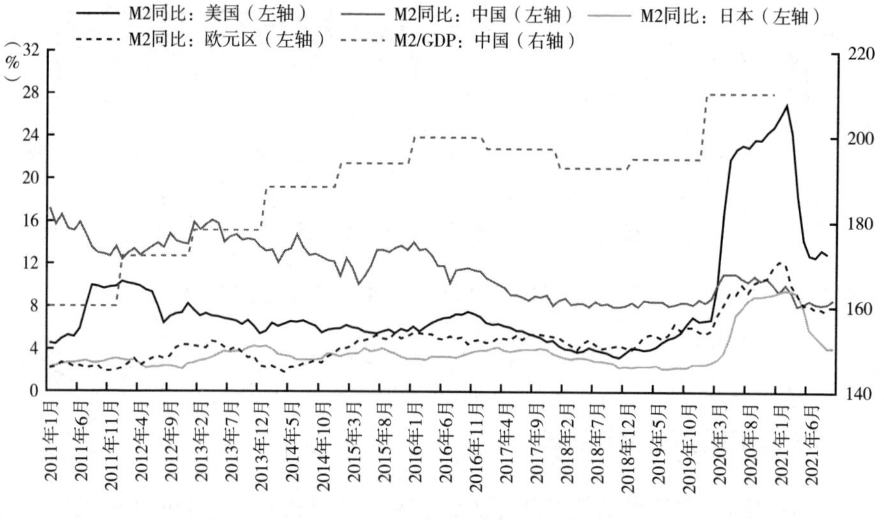

图 5-13　2011~2021 年全球主要国家 M2 同比

资料来源：Wind。

（四）美元强弱因素

作为全球通用货币，美元在大宗商品贸易中大多充当结算币种，金融市场交易中很多商品的价格也以美元计价，这直接导致美元的强弱变化时刻影响大部分商品的短期与长期价格走势波动，其中表现最为突出的就是国际原油与黄金两个品种。

从图 5-14 中美元指数与大宗商品价格关系可以看出以下几点。长周期内，美元与原油、黄金价格基本表现为负相关的反向波动关系，当美元进入上升周期时，原油、黄金价格往往会经历比较大的调整下跌；反之，当美元开始走弱时，原油、黄金价格又会获得强有力的反弹回升。短周期内，这种反向变动关系则变得比较复杂，影响原油、黄金价格的因素如国际政治格局、地缘冲突及限产限购等一系列突发事件都有可能使它们与美元指数呈现同涨同跌的走势关系，如 2016 年英国脱欧、OPEC 减产协议达成背景下，美元与黄金、原油在不同阶段就分别表现出比较明显的齐涨态势。此外，美元对大宗商品价格的影响背后往往还存在经济周期的变化规律，如 2011 年后美元进入长期升值通道，伴随全球经济尤其是新兴经济体的投资增速放缓、需求下降，大宗商品价格足足经历了漫长的 5 年熊市。

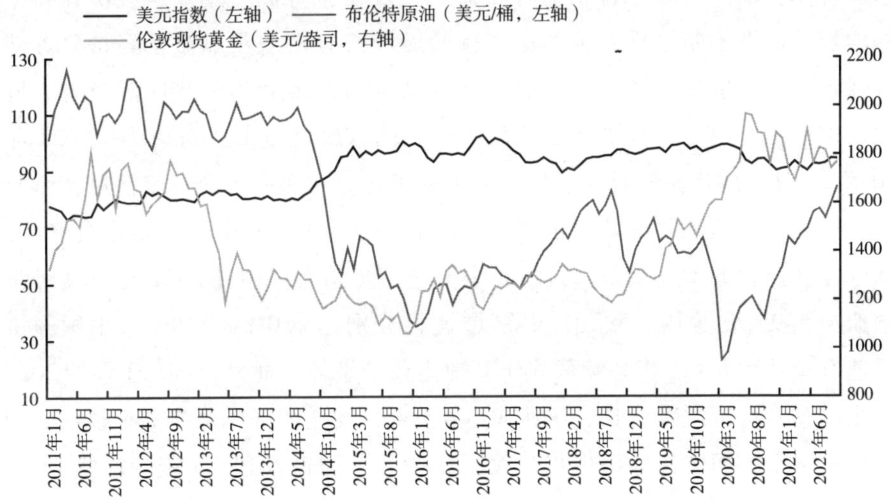

图 5-14　2011～2021 年美元指数与大宗商品价格关系

资料来源：Wind。

2021 年，随着疫苗接种快速推广，美国疫情得到有效缓解，经济复苏势头异常强劲，就业局势明显改善，通胀水平持续提升，美联储继续推行宽松货币政策必要性逐渐降低。在此背景下，美联储于年中提出缩减购债规模，Taper 预期升温亦使得美元指数触底回升，黄金价格在短期强美元压制下从高位开始震荡下行、持续走低；其间，国际原油因受供需缺口扩大及通胀预期升温影响，价格表现较为强势、连创新高。未来，倘若美国经济持续增长加之通胀风险加剧，货币政策正常化或加快推进，美元大概率仍将保持强势，这将对以黄金、原油为代表的大宗商品价格形成一定下行压力。

三　2021 年大宗商品市场走势预判

（一）全球经济形势展望

2021 年，随着疫苗接种率提升以及疫情限制措施有所解除，全球经济持续复苏。但疫情反复影响下各国经济复苏存在明显差异，尤其疫苗分配不均使得许多新兴经济体仍面临疫情冲击，经济恢复程度远低于美欧等发达经济体。中国受益于疫情防控常态化、疫苗接种高度普及，经济保持平稳增长，韧性不断显现。美国在拜登政府经济救助政策刺激下经济复苏势头强劲，增速创数十年新高；欧元区疫情亦有效缓解，经济明显反弹，同比增速创历史纪录；日本和多数新兴市场国家经济复苏相对乏力。2021 年 10 月 12 日，IMF 在最新《世界经济展望报告》中表示，全球经济虽持续复苏，但受疫情拖累复苏动力正在减弱，下行风险加剧；受供应链紊乱影响，部分经济体复苏增速受阻，且通胀水平进一步抬升。预计 2021 年全球经济增速为 5.9%，美国、欧元区经济增速将分别达 6.0%、5.0%，中国经济增速有望达到 8%，仍持续领先于其他主要经济体。此外，IMF 还预计 2022 年全球经济有望继续增长，增速或达 4.9%；发达经济体总产出有望回归到疫情前水平，而中国经济也将延续平稳增长，增速或达 5.6%。总体上看，受疫情影响，全球经济虽有望延续复苏，但复苏势头趋于放缓；同时，通胀高企与金融风险集聚对各国货币政策制定提出了更大挑战，也给未来世界经济增长带来了更多不确定性。中国经济面临的外部环境依然严峻，但随着供给侧结构性改革持续深化与新发展格局加快构建，中国经济有望实现更高质量更强有韧性的增长。

（二）政策性突发事件影响

货币流动性方面。2020 年，受新冠肺炎疫情冲击影响，以美联储为代表的各国央行采取了超大规模货币宽松及财政刺激政策，全球金融市场流动性普遍泛滥，部分资产价格泡沫显著形成并放大。2021 年，在全球疫苗接种率提升、疫情限制显著缓解背景下，美欧等发达经济体经济增长保持良好势头，美债收益率触底回升，美元指数亦企稳上行，市场流动性重新从新兴市场回流美国。尽管疫情发生以来发达经济体货币、财政政策刺激规模巨大并最终推动经济强劲复苏，但金融市场流动性过剩加之疫情导致的供应链紧张亦不可避免地推动全球商品价格走高，各主要经济体通胀压力逐渐显现，货币宽松政策必要性不断降低。与此同时，资本炒作作用下多数资产价格泡沫横生，使金融市场走势与实体经济背离愈发严重，金融体系脆弱性显著提高。当前，全球供需错配仍然存在，疫情演变及其对供应链扰动影响持续多久尚未可知，一旦供应链紊乱持续时间过长或疫情对供给端打击超过预期，都将使对通胀风险失控的担忧加剧，并迫使发达经济体不得不加快货币政策正常化进程。未来若主要经济体货币政策转向步伐加快，将极有可能引发资产价格大幅调整，同时市场波动性也将明显上升。考虑到各主要经济体货币信贷增速已开始从高位回落，加之美联储业已缩减购债，且加息预期有所升温，预计未来全球资本流动性将趋于收紧，资本回流将对强美元形成一定支撑，这将对以美元定价的大宗商品价格形成一定压制。

产业供需方面。对原油而言，疫情对供给产能的破坏能否恢复、欧佩克成员国是否加大增产力度及美国页岩油产能是否提升等将对未来国际原油供需平衡及油价走势产生重要影响，除此之外诸如伊核谈判、中东地缘政治冲突或局部地区战争威胁等也将对原油供给产生短期扰动或冲击。不过，长期来看，随着全球经济持续性修复，原油需求端将进一步改善，而供给端修复的速度与力度或弱于需求端，原油供需错配的持续时间或长于预期，这将对油价进一步上行形成有力支撑。煤炭方面，随着中国经济结构性转型升级与供给侧改革进一步深化，加之“双碳政策”不断推进，煤炭、钢铁等行业落后产能将持续出清，而政府增产保供政策指引下优质产能也将加快释放，预计未来煤炭等能源类商品供需紧张形势将趋于缓解，长期来看有望维持稳定平衡状态。当然，不排除外部环境冲击、内部能耗双控、环保限产、安全以及季节性需求等短期内对煤价造成一定扰动。农产品方面，拉尼娜异常气候现象近期有所加剧，气温变冷将对全球农产品生产供应等产生不利影响，粮食安全问题愈发突显，这些将对农产品价格形成一定支撑。

突发性因素方面。2021 年，新冠病毒变异给疫情持续时间带来了更多不确定性，疫情反复冲击导致供应链紧张局面尚难彻底扭转，一旦供需错配持续时间过长，通胀失控担忧或将加剧，并迫使美国等发达经济体加快收紧货币，这将对全球资产价格形成巨大扰动。除此之外，诸如美国中期选举、伊核谈判、中东地缘政治冲突以及局部地区战争威胁等一系列潜在突发因素，也将为全球经济持续性修复蒙上一层阴影，而大宗商品中具有独特避险价值与抗通胀属性的黄金等贵金属则可能因通胀超预期或全球局势不稳定等突发事件影响而价格波动。此外，诸如拉尼娜等异常性自然气候大概率于 2021 年冬季再次上演，并对农产品供给形成一定冲击。

（三）大宗商品价格走势预判

对于未来全球大宗商品的价格走势，世界银行（World Bank）给出了一系列预测，如表 5 - 1 所示。可以看出，2021 年、2022 年、2023 年大宗商品价格指数平均水平预计分别为 100.7、101.1、91.5，其中 2021 年相对前一年的变动率预计为 57.9%，这反映出 2021 年大宗商品市场整体表现不俗。能源类商品表现惊人，2021 年能源价格指数平均水平或上涨 83.4%，其中煤炭价格表现最为强势，预计年变动率为 130.3%；原油市场价格平均水平将显著抬升，年变动率或达 69.5%。非能源类价格指数表现亦较为可观，预计 2021 年变动率为 31.0%，其中金属矿石价格受全球疫情反复及供应链、产业链脱钩影响表现突出，年变动率或达 48.5%，农产品、食品价格受通胀影响亦大幅上行，年变动率预计分别为 22.0%、28.1%。

表 5 - 1　全球大宗商品价格或价格指数走势

指标	实际值			预测值			年变动率(%)		
	2018 年	2019 年	2020 年	2021 年	2022 年	2023 年	2018 ~ 2019 年	2019 ~ 2020 年	2020 ~ 2021 年
大宗商品	86.3	78.1	63.8	100.7	101.1	91.5	-9.6	-18.3	57.9
非能源	85.2	81.7	84.1	110.2	107.6	103.8	-4.2	3.0	31.0
金属矿石	82.5	78.4	79.1	117.5	111.7	103.5	-5.0	0.9	48.5
贵金属	97.2	105.4	133.5	140.2	136.5	134.9	8.5	26.6	5.0

续表

指标	实际值			预测值			年变动率(%)		
	2018 年	2019 年	2020 年	2021 年	2022 年	2023 年	2018 ~ 2019 年	2019 ~ 2020 年	2020 ~ 2021 年
农产品	86.7	83.3	87.1	106.3	104.8	104.1	-3.9	4.5	22.0
食品	90.4	87.0	92.5	118.5	116.3	115.0	-3.8	6.3	28.1
能源	87.0	76.0	51.9	95.2	97.3	84.3	-12.7	-31.7	83.4
原油(美元/桶)	68.3	61.4	41.3	70.0	74.0	65.0	-10.2	-32.7	69.5
煤炭(美元/吨)	107.0	77.9	60.8	140.0	120.0	90.0	-27.2	-21.9	130.3

注：大宗商品价格指数按能源、非能源价格指数加权平均计算。

资料来源：世界银行数据库。

综合来看，2022 年，随着各国疫苗接种率提升以及经济内生动能修复，全球经济有望逐步回归趋势增长。但考虑到供应链紊乱引致的通胀风险趋于上行，以美联储为代表的各国央行或将加快货币政策正常化进程。此外，新冠肺炎疫情持续反复，病毒变异将给疫情持续时间带来更多不确定性，而就业增速放缓、通货膨胀加剧、粮食安全以及气候变化等问题也将使各国经济增长面临诸多方面挑战。总体上，大宗商品需求端仍将受益于经济恢复性增长而有所改善，供给端则受制于疫情反复影响产能释放尚需时日，预计未来大宗商品价格整体仍有上行压力但动能趋于减弱，而需求传导下非能源类商品表现或强于能源类商品，同时经济不稳定性引致的价格波动也将明显加剧。当然，也应关注到美联储加息节奏快于预期、欧佩克成员国大幅增产以及拉尼娜极端气候灾害等可能对大宗商品市场造成的扰动与冲击。

市场篇

第六章
货币市场运行分析

李　刚*

- 总量上看，2021 年货币市场成交量整体维持稳定，截至 2021 年 9 月末，滚动 1 年累计交易量达到 1139 万亿元，同比增长 -0.01%，其中债券回购、同业拆借和同业存单滚动 1 年累计交易量分别为 981 万亿元、119 万亿元和 39 万亿元，同比增速分别为 4.53%、-20% 和 -25%。结构上看，总体变化不大，短期回购占比较高，同业存单总量上升发行期限拉长。其中票据融资方面，2021 年以来实体融资需求偏弱，“信贷冲量”意愿较强，票据转贴现利率快速下行，转贴现利率持续在低位运行。
- 利率波动上看，货币政策逐步回归常态化，整体维持稳健基调，央行更加注重政策操作的有效性和精准性，建立每日定量投放逆回购的操作机制，并在流动性压力较大时点加大公开市场投放力度。2021 年，除了 1 月底以及半年末个别时点，流动性分层现象明显。整体来看，R-DR 利差波动低于 2020 年，显示在央行精准调控下，流动性分层现象有所缓解。
- 货币市场改革方面，一方面央行加强商业银行存款市场管理，降低高息存款的比例；另一方面提高货币市场沟通方式和频率，增强货币市场利率的稳定性。此外，市场参与者方面，货币基金和银行现金理财的规模快速增长，成为推动市场发展的动力。截至 2021 年第三季度，货基份额为 9.4 万亿份，较上一季度增加 1456 亿份。截至 2021 年第

---

* 李刚，博士，中国社会科学院副研究员，国家金融与发展研究实验室特聘高级研究员，资产管理论坛理事，教育部高校就业委员会委员，现任惠升基金管理有限责任公司联席总裁。

二季度，现金管理类产品规模为7.78万亿元，在理财市场产品规模中占30%，较2019年末的4.16万亿元增长近87%。同时，银行现金理财管理新规逐步落地，银行现金理财收益稳步下降，公募基金市场也创新性申报了同业存单指数基金，该产品是未来现金管理产品净值法转型的一种尝试和创新。

一　货币市场概况

货币市场是指期限在一年以内的短期资金市场，作为金融市场的重要组成部分，是调节短期资金头寸、传导货币政策和形成短期市场基准利率的重要场所，主要由同业拆借、债券回购、同业存单、票据市场和短期债券市场等子市场构成。其中，债券回购、同业拆借和同业存单等市场作为批发性短期资金市场，交易量大、流动性高且影响范围广，是货币市场最重要的组成部分，因此本文将其作为重点予以分析，后续所称货币市场主要指上述三个子市场。

（一）交易规模——交易量绝对水平平稳，增速有所回落

货币市场业务规模同比增速自2016年下半年开始回落，至2017年呈现小幅负增长。2018年开始随着央行放松货币政策，市场重新回暖，货币市场交易量增速持续回升。2019年整体货币市场维持均衡中性，货币市场交易量保持平稳，增速小幅回落。2020年，受疫情冲击，货币政策量、价、结构全面放松，货币市场交易量再度显著回升。进入2021年，央行维持稳健的货币政策，货币市场成交量整体维持稳定，截至2021年9月末，滚动1年累计交易量达到1139万亿元，同比增长-0.01%（见图6-1），其中债券回购、同业拆借和同业存单滚动1年累计交易量分别为981万亿元、119万亿元和39万亿元（见图6-2），同比增速分别为4.53%、-20%和-25%。

（二）交易品种结构——存单发行分层常态化

从交易品种结构来看，债券回购业务仍然占据主导地位（见图6-3），截至2021年9月末，债券回购、同业拆借和同业存单交易量占比分别为87.7%、8.7%和3.5%，同比变动分别为4.9%、-3.1%和-1.9%。以债券回购业务

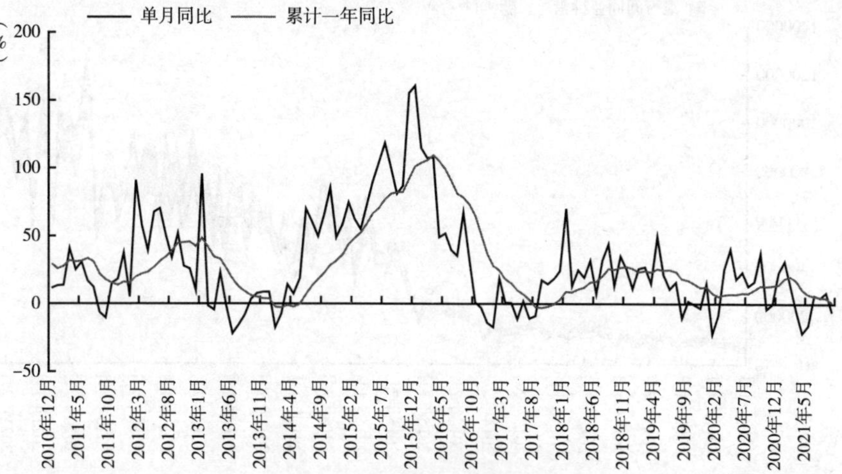

图 6-1　货币市场成交额同比增长率

资料来源：Wind。

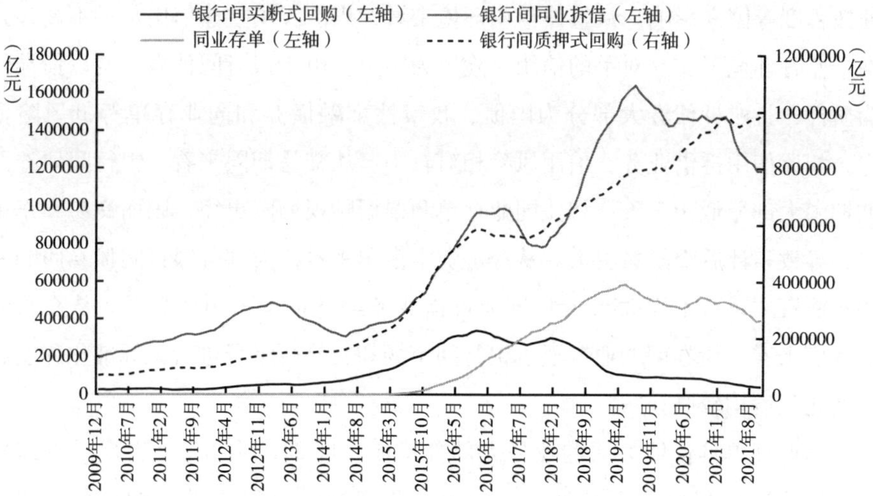

图 6-2　货币市场年度累计交易量

资料来源：Wind。

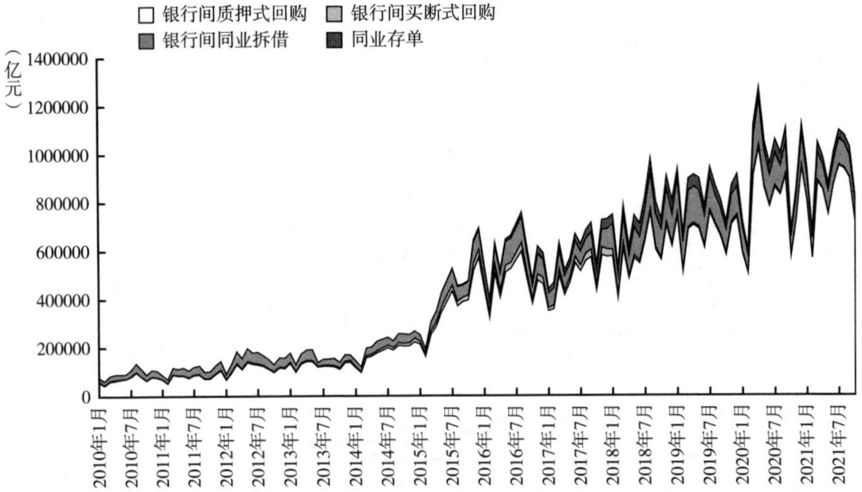

图 6－3　货币市场月度交易量

资料来源：Wind。

为主导的交易品种结构主要受整体信用环境、交易期限、经济资本占用和交易便捷程度等因素影响。从整体信用环境来看，当前我国整体信用水平不高，且在严监管环境下交易对手的信用风险更为突出。由于银行间债券回购以债券作为质押，且所押债券大部分为国债、政策性金融债券和同业存单等低风险债券，相比信用拆借业务，信用风险相对较小。从交易期限来看，银行间债券回购期限大部分低于 7 天，相比同业存单和票据贴现期限更短，因而交易频率更高，导致累计后交易量更大。从经济资本占用来看，大部分银行间债券回购占用经济资本系数不到 25%，比同业拆借业务经济资本占用系数低。从交易便捷程度来看，债券回购业务通过银行间市场和交易所市场进行，标准化程度和透明化程度均较高。

同业存单具备债券回购业务大部分特征，自 2013 年 12 月出现后迅速发展，增速远超其他业务品种，已成为同业市场投融双方青睐的产品。截至 2021 年 9 月末，同业存单托管余额为 12.7 万亿元，比 2020 年末增长 1.5 万亿元，存量增速呈低位平稳态势（见图 6－4）。AAA、AA＋及以下同业存单月度净融资额情况分别见图 6－5、图 6－6，同业存单发行认购率情况见图 6－7。

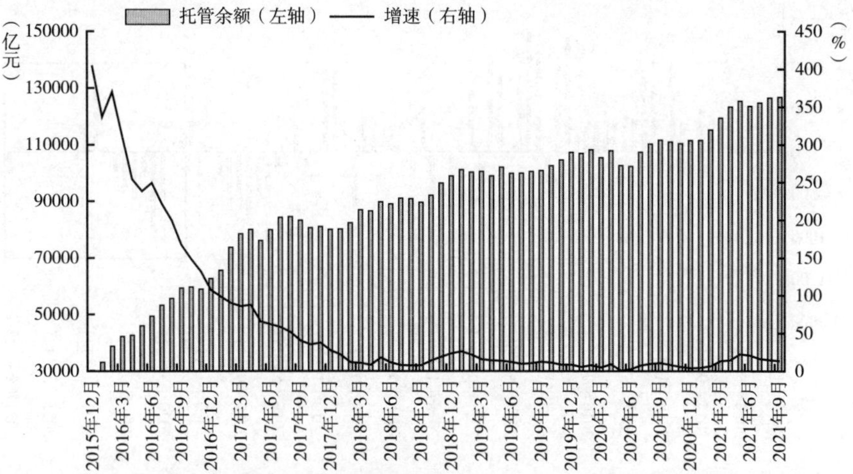

图 6－4　同业存单托管量及增长率

资料来源：Wind。

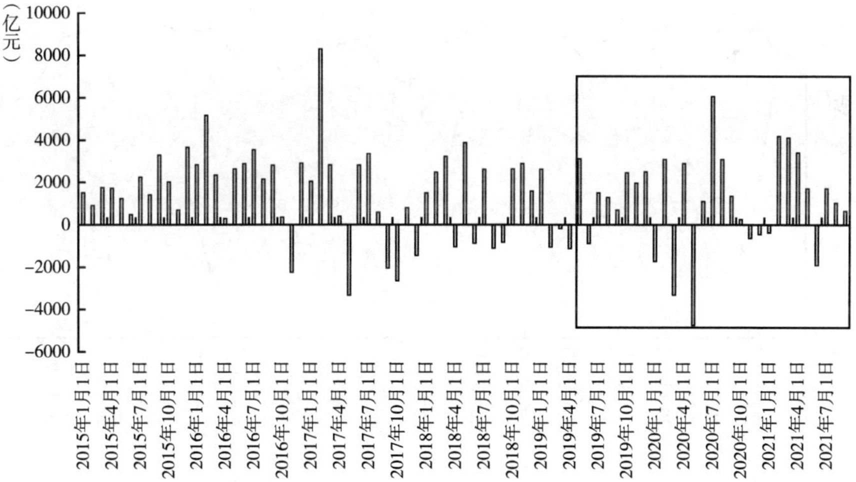

图 6－5　AAA 同业存单月度净融资额

资料来源：Wind。

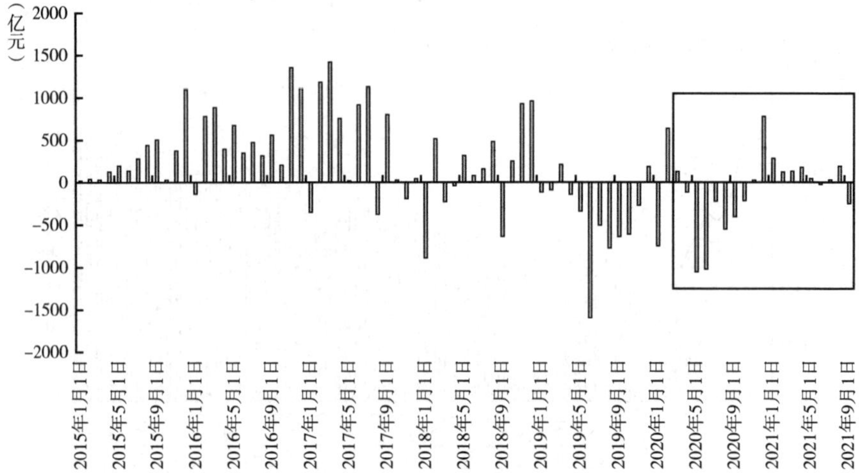

图 6－6　AA＋及以下同业存单月度净融资额

资料来源：Wind。

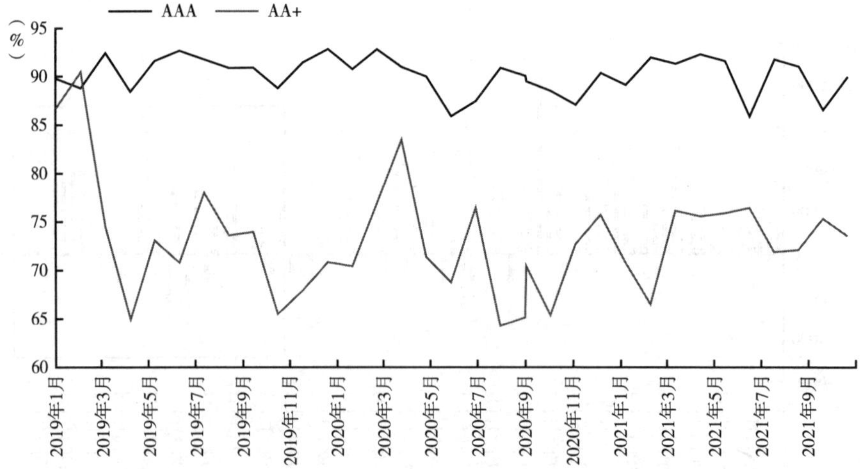

图 6－7　同业存单发行认购率

资料来源：Wind。

（三）客户融资结构——银行保持融出，非银金融净融资小幅回落

从客户融资结构来看，中资大型银行、中资中型银行为资金主要净融出方，中资小型银行、证券业机构、其他金融机构及产品为主要净融入方（见表6－1）。

银行间回购和拆借交易活跃。2021年上半年，银行间市场债券回购累计成交471.4万亿元，日均成交3.9万亿元，与2020年同期大体持平；同业拆借累计成交58.1万亿元，日均成交4761亿元，同比减少26.6%。从期限结构看，回购和拆借隔夜品种的成交量分别占各自总量的83.6%和89.2%，占比分别较2020年同期下降1.2个和1.4个百分点。交易所债券回购累计成交156.2万亿元，同比上升21.6%。从融资主体结构来看，主要呈现以下特点：一是中资大中型银行为货币市场的资金融出方，融出量同比回落；其他金融机构及产品与证券业机构是货币市场的资金主要融入方，2021年上半年净融入资金101.49万亿元；中资小型银行和证券业机构融入资金保持快速增长。

表6－1　金融机构回购、同业拆借净融资情况

单位：亿元

类别	回购市场		同业拆借	
	2021年上半年	2020年上半年	2021年上半年	2020年上半年
中资大型银行	－935415	－1452030	－145893	－230389
中资中型银行	－777320	－427545	－49245	－42523
中资小型银行	62461	23779	51987	60861
证券业机构	601295	511590	105388	155881
保险业机构	48897	57105	131	267
外资银行	35594	39158	－12808	－12065
其他金融机构及产品	964488	1247944	50439	67968

资料来源：中国人民银行货币政策执行报告。

（四）期限结构——隔夜占比维持高位

期限结构呈现两大特征。一是融资期限以短期为主，期限越长，交易量越小。以银行间质押式回购为例，2021年前三个季度质押式回购交易量中隔夜

和7天的交易量占比分别为84%和12%，7天以上品种累计占比仅为4%（见图6-8）。二是短期融资占比受资金面影响较大。2021年隔夜占比整体维持稳定水平，7月央行降准，隔夜占比迅速回升。8月以来，随着央行货币政策逐步回归正常，隔夜占比有所走低，9月隔夜占比回落至2018年以来中性偏低水平（见图6-9），显示投资者对资金面感受中性偏紧（见图6-10）。

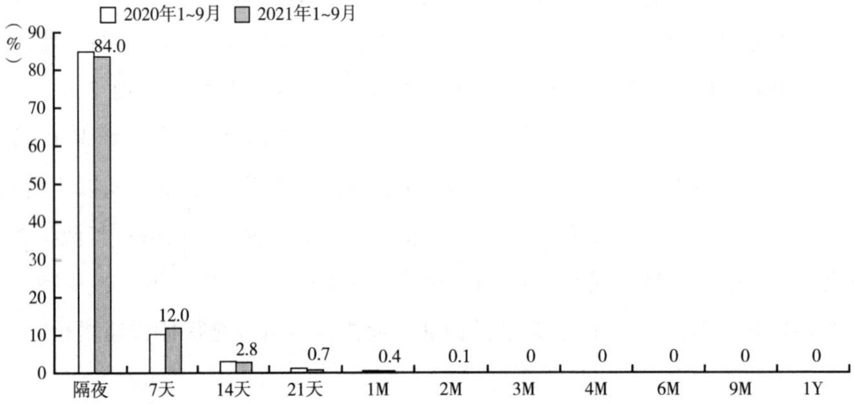

图6-8　2021年前三个季度银行间质押式回购成交占比

资料来源：Wind。

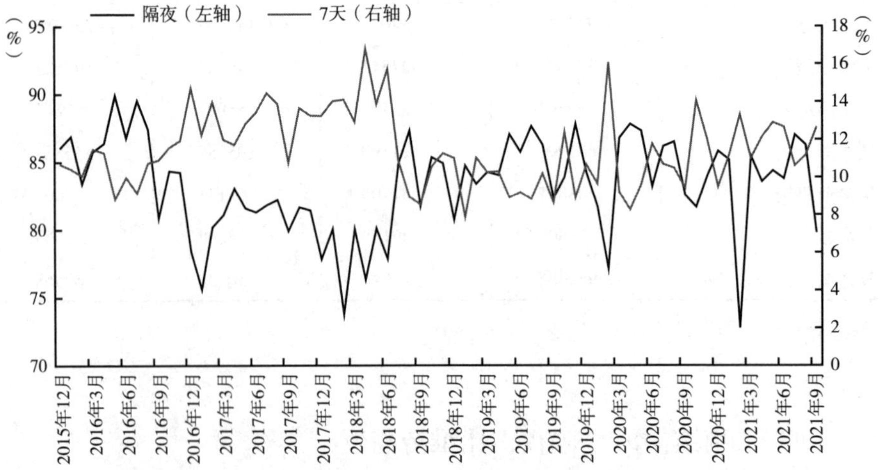

图6-9　隔夜与7天回购占比

资料来源：Wind。

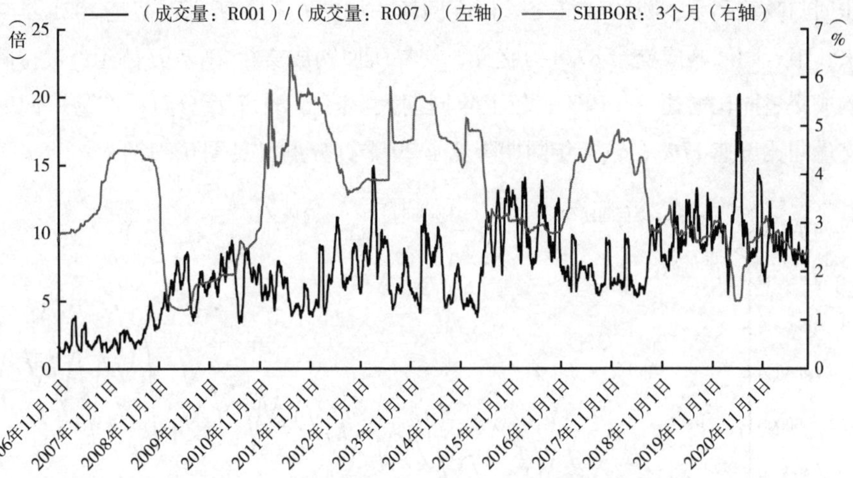

图 6－10　隔夜与 7 天成交量受资金面影响较大

资料来源：Wind。

二　货币市场主要子市场发展动态

（一）债券回购市场

从交易场所来看，我国债券回购市场可分为银行间回购市场和交易所回购市场，其中银行间回购市场作为批发型市场占据主导地位，但近年来交易所市场规模快速增长，在整个市场中的影响力逐步加大。银行间债券回购市场可分为质押式回购市场和买断式回购市场，其中，质押式回购市场占据主导地位，买断式回购市场整体交易量不大。

1. 经济下行压力下，央行对冲下回购成交量整体维持高位震荡

整体而言，货币市场在 2021 年经历了三波变化，1 月底，货币市场宏观调控边际收紧，导致 2 月货币市场交易量大幅回落；随后央行政策边际放松，叠加机构配置仓位低，银行流动性较为充足，货币市场利率走低，货币市场交易量回升；7 月央行降准，货币市场成交快速活跃，金融机构杠杆融资显著放大，尤其是银行间市场，回升尤其明显；不过 8 月开始，货币市场利率走高，资金利率逐

步回归政策利率，机构杠杆交易再度回落。如图 6－11 所示，截至 2021 年 9 月末，银行间回购成交量 89. 8 万亿元，交易所回购成交量 27. 7 万亿元；银行间回购成交量同比增速－1. 19%，较上年同期大幅降低 39 个百分点，交易所回购成交量同比增速 17%，较上年同期降低了 29 个百分点（见图 6－12）。

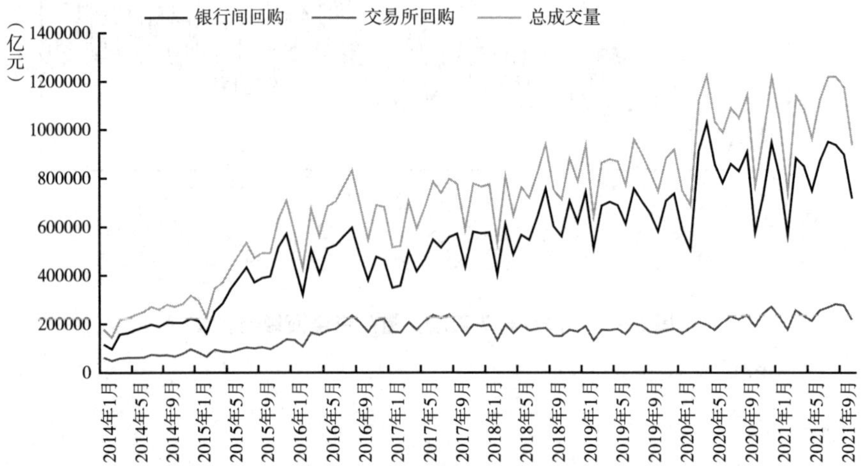

图 6－11　债券回购成交量

资料来源：Wind。

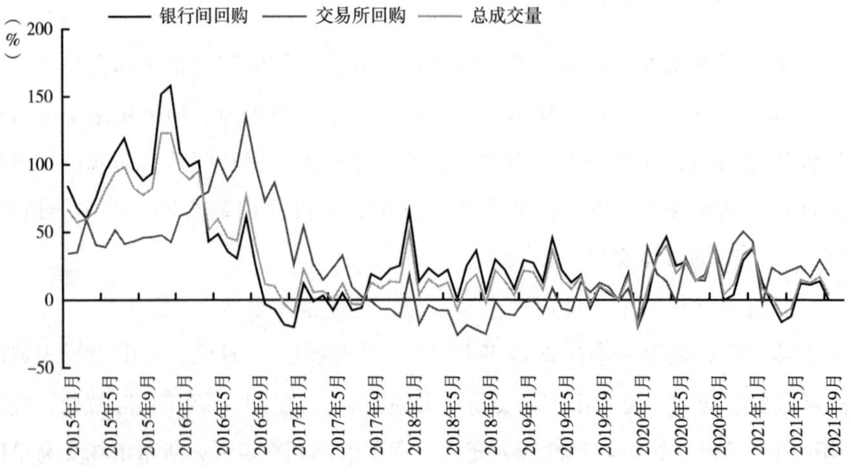

图 6－12　债券回购成交量同比增速

资料来源：Wind。

从结构上看，交易所占比自2017年第四季度以来逐步下降，2018年上半年趋于稳定，6月后加速下降，从2017年9月末的26.8%逐步降低至2018年9月末的21.2%。交易所回购参与主体主要是非银金融机构，2017年第四季度交易所占比下降，主要受到金融严监管、流动性结构性偏紧等因素影响，利率品种大幅上行，机构主动降低杠杆；2018年下半年交易所占比加速下滑，主要原因是随着央行降准及各种补充流动性的工具出台，6月后银行间市场宽松，银行间融资成本显著低于交易所，部分机构转移至银行间融资。与交易所回购不同的是，银行间回购无论是绝对交易量还是占比，都呈现稳步回升的趋势，至2021年9月末，银行间回购占76.4%，比上年同期下降约2.9个百分点，而交易所回购占比则上行2.9个百分点至23.6%。

2. 杠杆率稳中有降，机构杠杆率结构分化明显

从全市场来看，2021年银行间债券杠杆率相比2020年稳中回落，前两个季度平均杠杆率109.3%，比上年同期回落了1.84个百分点（见图6－13）。分机构来看，结构性分化比较明显，主要特征为：商业银行杠杆率平稳，非银机构杠杆率有所回升。

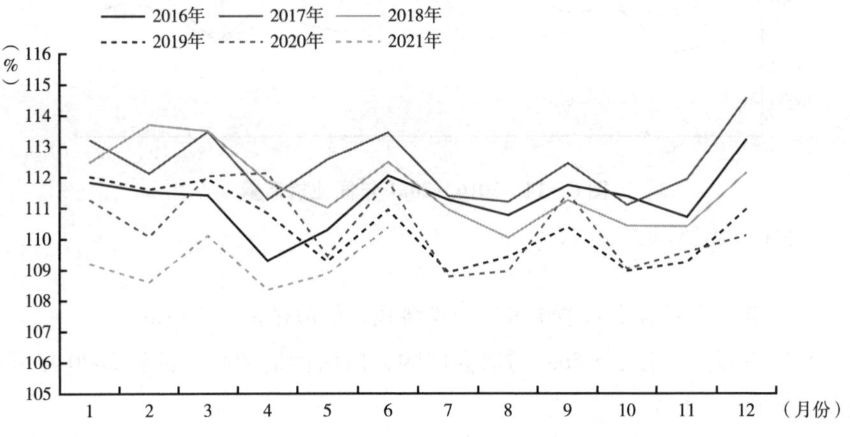

图6－13　2016～2021年全市场杠杆率

资料来源：Wind。

注：全市场杠杆率＝债券托管量/（债券托管量－待购回余额）

（二）同业拆借市场

1. 货币政策正常化，杠杆稳中有降

与2018年同业拆借成交量整体呈上升趋势不同，2019年同业拆借成交量经历了先增加后减少的过程，主要的转折点发生在包商事件之后，银行间市场信用风险有所扩大，信用拆借成交量有所萎缩。而2021年整体走势与2019年基本类似，不过成交量整体低于2019年，2021年3月，同业拆借成交量达到1.2万亿元后，开始回落，从3月高点回落近45000亿元至75154亿元（见图6-14）。2019年5月以来，受包商事件影响，同业拆借交易量和存量均大幅回落。

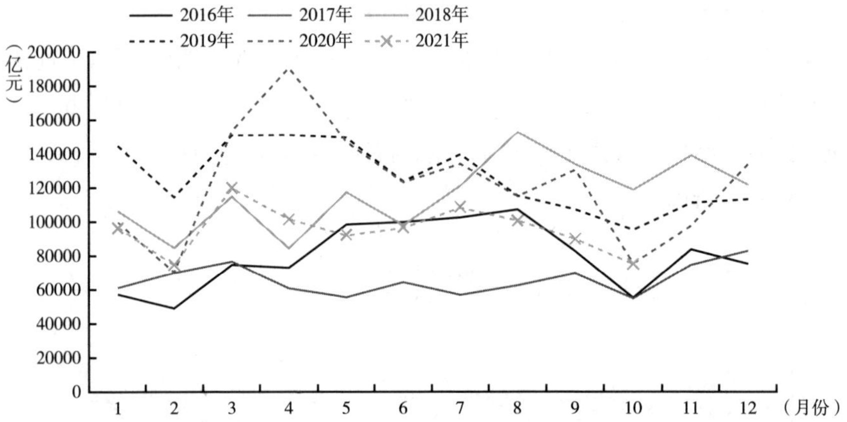

图6-14 2016~2021年同业拆借量

资料来源：Wind。

2. Shibor市场基准利率作用进一步增强，但仍存在一定滞后

2021年前三季度，Shibor与债券回购、信用拆借的相关性较2020年同期增强（见图6-15）。

中长期Shibor与同业存单的相关性较高，且Shibor较同业存单利率波动小、稳定性高（见图6-16），对长期利率的传导作用在稳健中性的货币政策环境下继续增强。值得注意的是，从时间顺序上看，3个月Shibor较3个月同业存单略滞后一两天到几天不等，通常在股份制存单价格发生变动后跟随趋势变化。

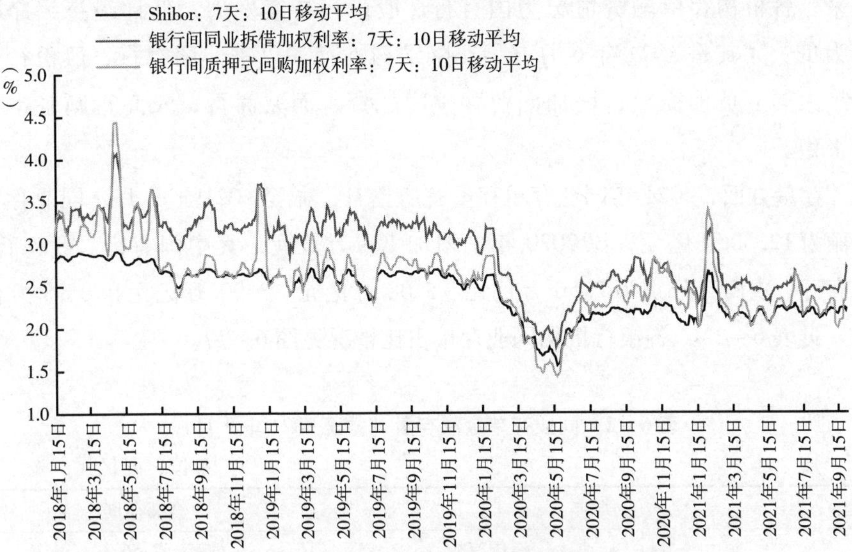

图 6－15　Shibor 与同业拆借回购利率走势

资料来源：Wind。

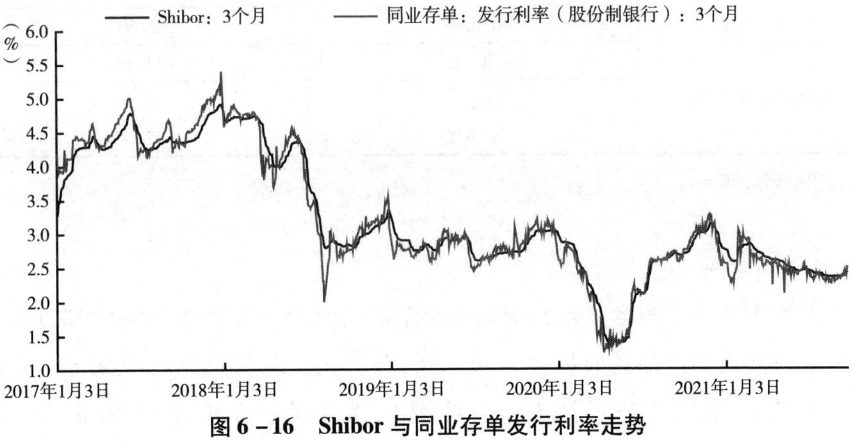

图 6－16　Shibor 与同业存单发行利率走势

资料来源：Wind。

（三）同业存单市场

1. 一级市场发行分化，存量小幅上升

整体而言，同业存单一级市场发行有所分化，自 2019 年 5 月包商事件以来，各机构存单融资情况为国有行、股份行持续发力，低评级持续净融资为负。尤其是2021年6月开始压降结构性存款以来，国有行、股份行显著扩大同业负债需求，增加同业存单净融资，而城商行、农商行则基本保持平稳。

存量方面，2021年同业存单存量有所抬升，截至2021年9月，同业存单余额为12.60万亿元，比2020年末增加1.4万亿元，其中国有行、股份行、城商行、农商行分别为2.56万亿元、5.08万亿元、3.90万亿元和0.98万亿元（见表6－2），各银行机构同业存单占比情况见图6－17。

表6－2　同业存单余额存量（截至2021年9月）

单位：万亿元，%

类别		余额存量
同业存单机构分布	国有行	2.56
	股份行	5.08
	城商行	3.90
	农商行	0.98
	全市场	12.60
同业存单评级分布	AAA	11.51
	AA+	0.86
	全市场	12.60

资料来源：Wind。

2. 存单投资的主体

非法人类产品与商业银行为同业存单的前两大投资主体。截至2021年9月末，非法人类产品持有同业存单7.08万亿元，占55.8%（见图6－18），主要是银行理财子公司持有；商业银行持有同业存单3.97万亿元，占31.3%。2021年第三季季报货币基金投资同业存单占基金净值比例为30%（上季末为30%，上年同期为27%）（见图6－19），第三季度末货基存单配置规模为2.8万亿元。

3. 发行利率呈现明显的季节性特征，机构间分化不大主要因为同业负债需求加大而非信用风险溢价增加

自2017年以来，受到MPA考核制约以及同业存单第一大持有主体货币基

金投资期限的制约，同业存单发行利率开始呈现临近季末利率抬升的特点，并同时伴随发行放量。但 2021 年在央行对流动性整体调控更加精准的背景下，同业存单大利率波动的季节性有所减弱（见图 6－20）。

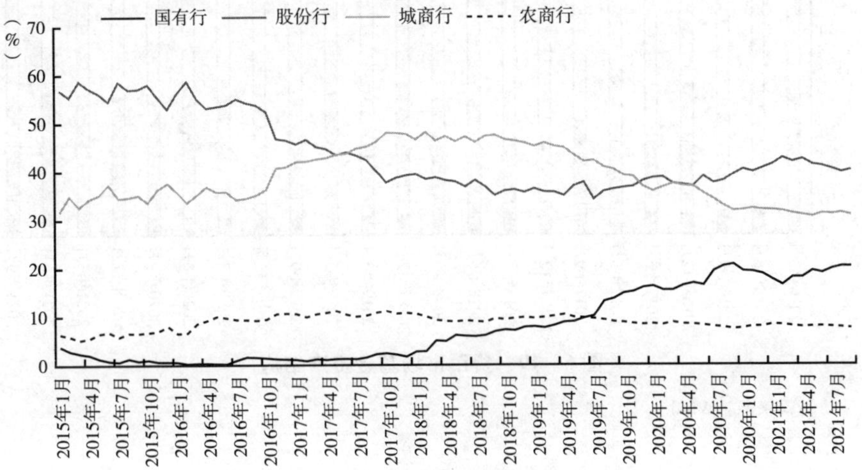

图 6－17 各银行机构同业存单占比

资料来源：Wind。

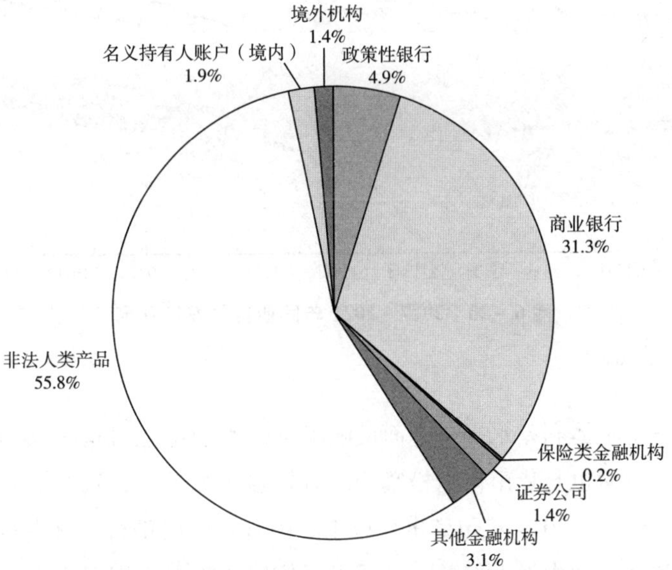

图 6－18 同业存单持有者结构（截至 2021 年 9 月末）

资料来源：Wind、中债登。

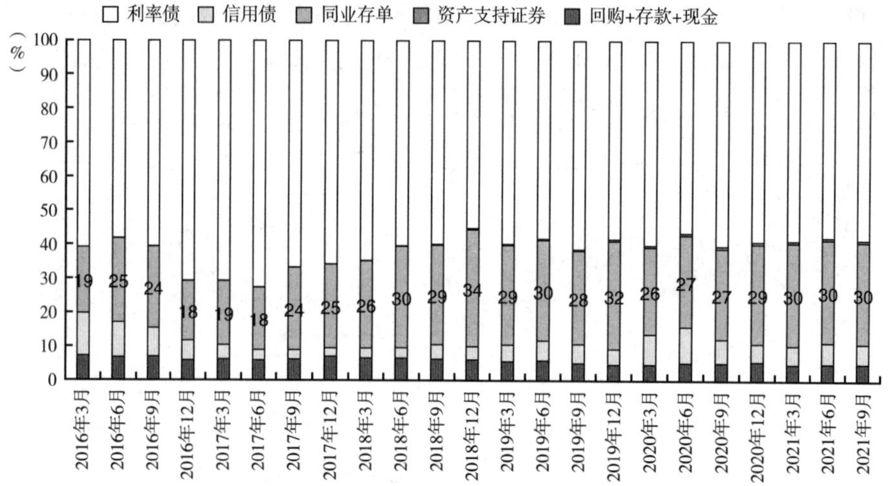

图 6－19　货币市场基金资产结构

资料来源：Wind。

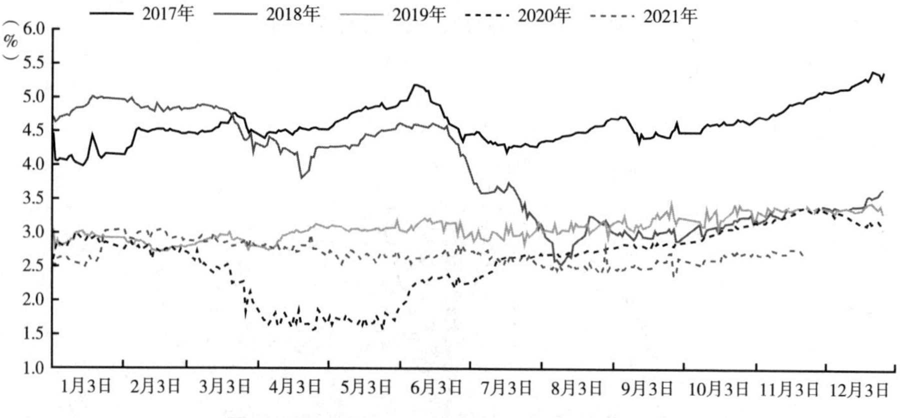

图 6－20　2017～2021 年同业存单发行利率

资料来源：Wind。

不同发行主体利差水平一方面反映了不同类别金融机构之间的信用风险溢价，另一方面也与货币市场松紧程度有较强的相关性，资金面紧张程度加剧会使利差走阔。2019 年包商事件以来，国有行、股份行与城商行、农商行存单发行利率出现中枢性偏差，显示银行信用风险对不同资质银行存单发行影响较大且持续存在。

但从2020年5月开始，随着资金利率向政策中枢回归，各主体存单发行利率基本转为上行（见图6－21），主要反映重定价而非风险溢价分化。流动性紧张但并未显著分层，同业存单发行利率未有分化，主要因为同业负债需求较大。

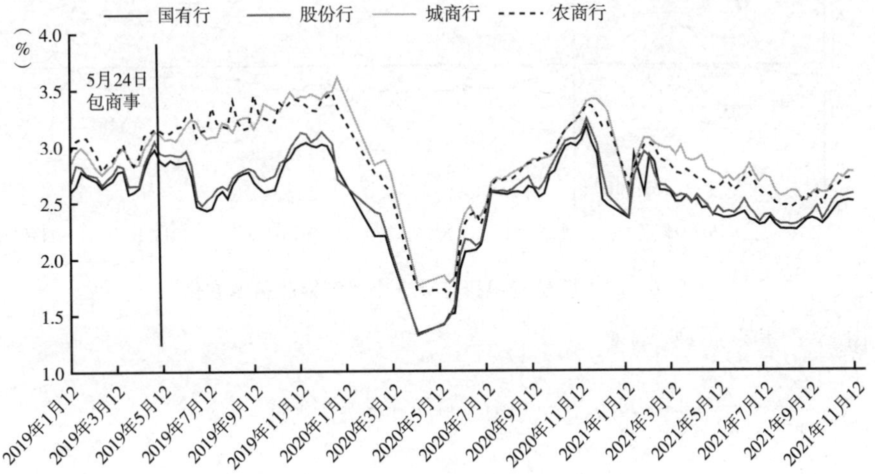

图6－21　不同类型银行同业存单发行利率

资料来源：Wind。

商业银行对负债需求旺盛，一个佐证是6月9日和8月27日操作的28天商业银行现金定存利率分别为3.35%和3.0%，远超存单发行利率。股份制银行存单3个月到期收益率变化与各主体同业存单发行利率分别见图6－22、图6－23。

4. 存单发行期限拉长

2018年以来，同业存单发行主体逐步拉长负债久期，9个月及1年品种发行量占比抬升（见图6－24）。在商业银行一般性存款总账放缓的背景下，商业银行为降低资产负债错配的压力，同时保持满足监管要求的同业资金来源，对长期限存单的发行需求增加。可能原因有以下几个方面：①被动配置地方债叠加MPA考核增设企业中长期贷款考核指标，增加长久期负债的需求；②结构性存款大幅压降，商业银行缺少稳定期限负债；③短端货币市场品种比价，同业存单优于短融，投资者对1年期同业存单需求较大；④资金利率低，国有行倾向于提高负债久期；利率市场化环境下，国有行有意愿且有额度提高同业

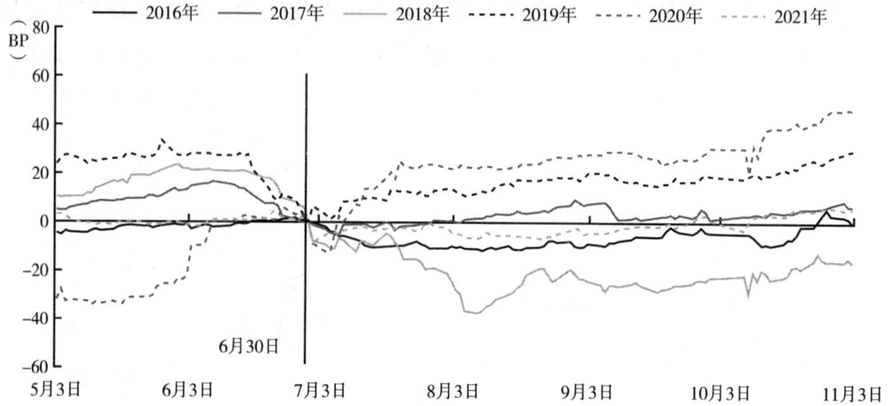

图 6－22　股份制银行存单 3 个月到期收益率变化

资料来源：Wind。

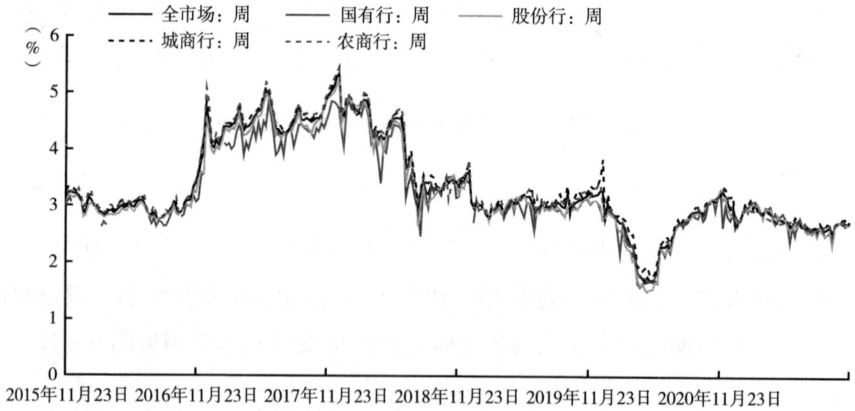

图 6－23　各主体同业存单发行利率

资料来源：Wind。

负债比例。⑤商业银行流动性考核指标的被动要求，1 个月以上的长期限存单更有利于改善流动性指标，同时滚动发行压力降低。

（四）票据市场

1. 标票存量规模清零，但仍是未来政策支持方向

2020 年 7 月《标准化票据管理办法》正式实施以来，2020 年全年共发行

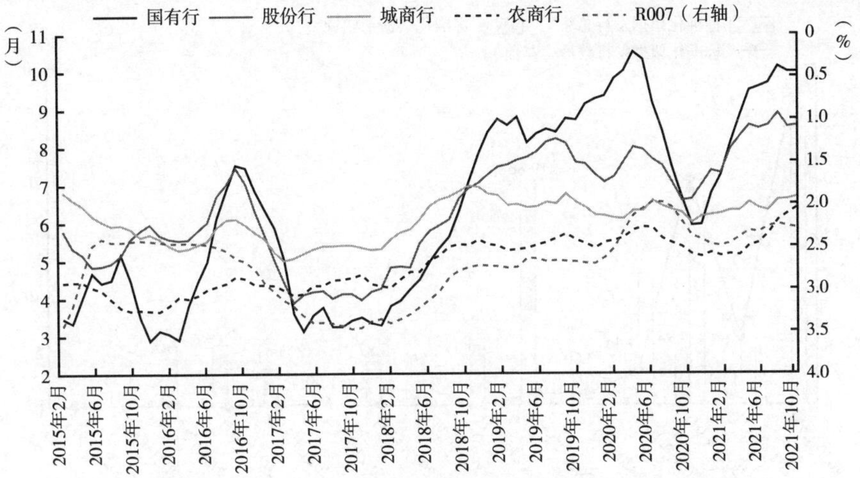

图6-24　不同类型银行同业存单发行平均期限（左）与7天回购利率（右）

资料来源：Wind。

标准化票据产品58只，创设规模61.68亿元；2021年以来标准化票据无新发行（见图6-25），第三季度共有8只产品到期；8月19日，随着信银山东高速2020年度第一期标准化票据的到期兑付，标准化票据这一品种的存量规模正式清零。截至2021年6月末，票据贴现余额达到8.6万亿元，票据市场已经是一个体量相当大的子货币市场，且随着上海票交所的建立，以及电子银票、电子商票的普及，未来票据市场将迎来快速发展。尤其是资管新规中对于标准化债权资产的界定，标准化票据有望迎来重大发展。2021年6月，上海票交所发布2021~2023年发展规划，明确提到要继续推动标准化票据相关工作，包括支持基础资产的配套服务、“供票+标票”模式、标票交易流通服务等，这表明监管仍意在拓宽企业票据融资渠道，打通票据市场和债券市场；2021年8月，上海票交所召开下半年工作会议，提出要继续完善标准化票据业务配套机制；2021年9月，国务院常务会议首次提出，引导金融机构开展票据贴现和标准化票据融资工作，以加大对中小微企业的支持力度，这表明标准化票据仍是未来政策支持的方向。

2. 实体融资需求偏弱，“信贷冲量”意愿较强

由于票据贴现与转贴算入商业银行表内信贷，票据业务与商业银行中长期

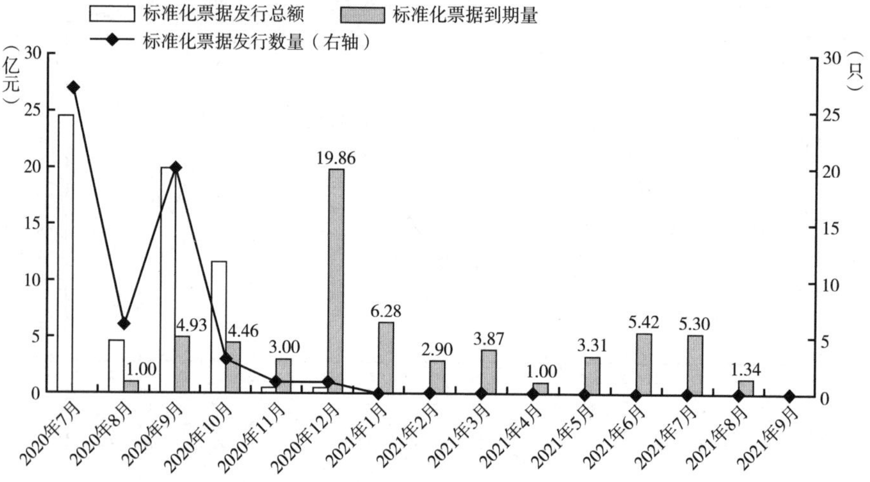

图 6－25 标准化票据交易情况

资料来源：Wind。

信贷业务的互补性较强。而 2021 第三季度以来，监管层对于房地产与城投平台两大板块的信贷调控持续升级，导致商业银行信贷资产普遍欠配。房地产方面，继 2021 年 7 月初上海提高房贷利率以来，北京、杭州提高“离婚购房”门槛，广州也取消“人才购房绿色通道”，反映出热点城市房地产调控仍在加码，此举将抑制居民房地产贷款需求。城投平台方面，银保监会“15 号文”仍在发酵，各地商业银行对文件的执行较为严格，造成商业银行资产欠配。在仅靠制造业贷款无法满足信贷需求的情况下，商业银行需要靠收购票据填补额度。

从“量”来看，2021 年第三季度以来票据二级市场成交较为活跃。2021 年第三季度票据二级市场日均交易量为 2536 亿元，日均交易笔数为 2675 笔，10 月票据二级市场日均交易量为 2518 亿元，日均交易笔数为 2497 笔，均较上年同期大幅上行。

从“价”来看，买盘“信贷冲量”意愿较强，转贴现利率于 2021 年 7 月末触底后持续低位运行。2021 年以来，实体融资需求偏弱，“信贷冲量”意愿较强，由于政策对于信贷投放的诉求较强，银行在转贴市场上收票“冲量”需求旺盛，票据转贴现利率快速下行。8 月至今，企业和居民短期融资需求逐步修复，但房地产调控政策“刚性”特征明显，中长期信贷融资需求偏弱，银行收票“冲量”需求仍在，转贴现利率持续在低位运行（见图6-26）。就期限而言，转贴现利率曲线整体下行，短端品种的利率下行幅度更大。2021年第三季度以来，“降准”落地，央行维护流动性合理充裕的积极性较高，资金面波动风险不大，机构对1~6个月的短期限票据品种较9个月、1年的长期限品种需求更为强烈，买盘力量推动转贴现利率短端下行幅度较长端更大，利率曲线趋于平缓。从不同信用资质主体来看，城商行各期限品种表现多好于国有行。

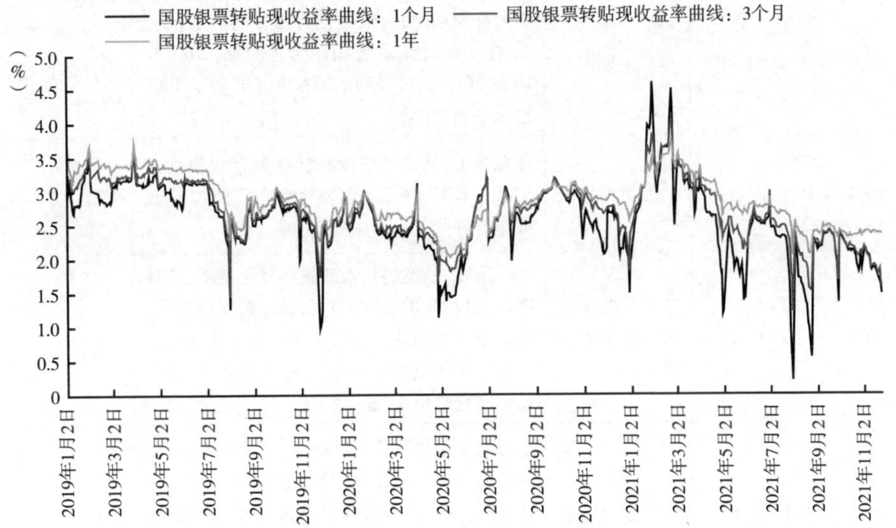

图6-26　转贴现票据收益率

资料来源：Wind。

三　货币市场利率走势

（一）央行对货币市场的利率调控能力明显增强

1. 货币政策坚持稳字当头，操作注重精准调节

2021年以来，货币政策逐步回归常态化，整体维持稳健基调（见表6-3），央行更加注重政策操作的有效性和精准性，从3月起建立每日定量投放逆回购的操作机制，并在流动性压力较大时点加大公开市场投放力度。具体可分为以下三个阶段。

表6－3　央行货币政策表述

时间	场合	主要内容	性质判断
2021年11月8日	央行公告	推出碳减排支持工具，“发放对象暂定为全国性金融机构，通过‘先贷后借’的直达机制，对金融机构向碳减排重点领域内相关企业发放的符合条件的碳减排贷款，按贷款本金的60%提供资金支持，利率为1.75%”	中性偏正面
2021年10月25日	公开市场操作	为对冲税期、政府债券发行缴款等因素的影响，维护银行体系流动性合理充裕，2021年10月20日央行以利率招标方式开展了1000亿元逆回购操作	中性偏正面
2021年10月21日	金融街论坛	在总量上，货币供应量和社会融资规模增速与名义GDP增长率是基本上匹配的，总量政策是合理的，流动性是充足的	中性
2021年10月15日	第三季度金融统计数据新闻发布会	下一阶段，稳健的货币政策将灵活精准、合理适度，以我为主、稳字当头，做好跨周期调节，统筹考虑今明两年政策衔接。央行将综合运用多种货币政策工具保持流动性合理充裕，增强信贷总量增长的稳定性	中性
2021年9月24日	货币政策例会	稳健的货币政策要灵活精准、合理适度，保持流动性合理充裕，增强信贷总量增长的稳定性，保持货币供应量和社会融资规模增速同名义经济增速基本匹配，保持宏观杠杆率基本稳定	中性
2021年9月7日	国务院政策例行吹风会	基础货币可能并不存在很大的缺口。今后几个月流动性供求将保持基本平衡，不会出现大的缺口和大的波动。对于财政收支、政府债券发行缴款等因素对流动性产生的阶段性扰动，央行有充足的工具予以平滑，完全可以保持流动性合理充裕……在目前的条件下，可能不需要原来那么多的流动性就可以保持货币市场利率平稳运行	中性偏紧
2021年8月23日	金融机构货币信贷形势分析座谈会	保持信贷平稳增长仍需努力……统筹做好今明两年宏观政策衔接，保持货币政策稳定性，增强前瞻性、有效性，把服务实体经济放到更加突出的位置，以适度的货币增长支持经济高质量发展	中性

续表

时间	场合	主要内容	性质判断
2021 年 7 月 13 日	国新办新闻发布会	此次降准是货币政策回归常态后的常规流动性操作,稳健货币政策取向没有发生改变。下一阶段,货币政策将坚持以我为主、稳字当头,坚持正常货币政策,坚持货币政策的自主性	中性

资料来源：央行。

第一阶段（1～2 月）：本阶段货币政策基调由“宽货币”向“稳货币”转变，央行操作边际收紧。受 2020 年 11 月债市信用风险事件影响，央行在 2020 年 11～12 月加大公开市场操作力度，跨年时点资金面相对宽松；随后在前期资金充裕导致楼市、股市等过热的背景下，央行公开市场操作较为谨慎、边际收紧流动性，跨春节时点资金投放明显低于往年。1～2 月净回笼资金超 5000 亿元，整体回笼金额超预期，政策操作边际收紧。

第二阶段（3～5 月）：本阶段货币政策维持稳健中性基调，央行操作更加谨慎精准，开始建立每日定量投放逆回购的操作机制。3 月，央行公开市场开始每个工作日投放 100 亿元逆回购操作惯例，同时央行货币政策委员会第一季度例会开始淡化政策“不急转弯”表述，继 1～2 月流动性收紧以来，货币政策完成从宽到稳的初步转向。4～5 月，央行公开市场操作仍以稳为主，延续 3 月以来每个工作日投放 100 亿元逆回购的操作，在《2021 年第一季度中国货币政策执行报告》强调政策操作应重点关注政策利率而非公开市场操作数量的背景下，央行公开市场操作精准投放也表明政策操作更加注重价格调控，通过持续释放政策利率信号，引导市场利率围绕政策利率波动。

第三阶段（6～9 月）：本阶段货币政策延续稳健基调，受流动性等因素扰动，央行公开市场加大操作力度。6 月央行打破近期 100 亿元逆回购投放常规，于 6 月 24 日起每个工作日投放 300 亿元逆回购，以维护跨半年关资金面稳定。7 月，央行下调金融机构存款准备金率 0.5 个百分点（见图 6－27），释放约一万亿元长期资金，用于归还到期 MLF 以及弥补 7 月中下旬税期高峰带来的流动性缺口。9 月中下旬资金投放力度明显加大（见图 6－28）；27 日，央行货币政策委员会 2021 年第三季度例会继续强调货币政策坚持稳健基调，搞好跨周期政策设计，增强信贷总量增长的稳定性，坚持把服务实体经济放到更加突出的位置。

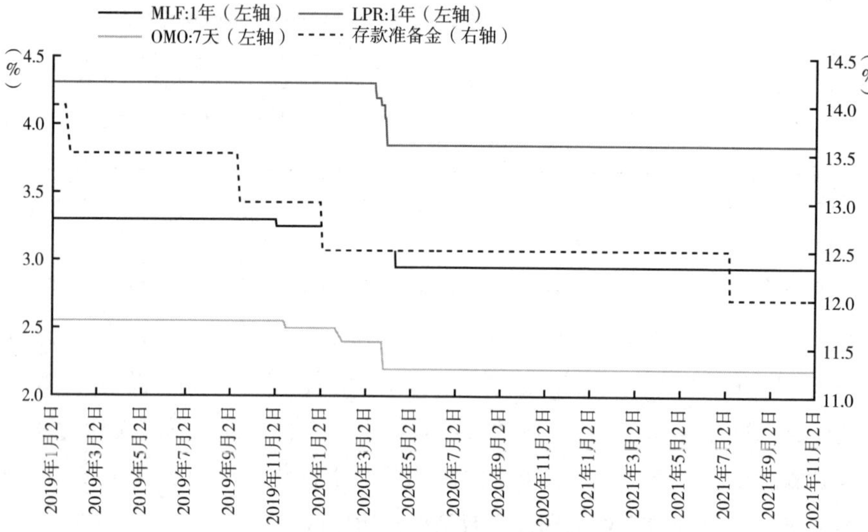

图 6－27　MLF、LPR、OMO 利率和存款准备金率

资料来源：Wind。

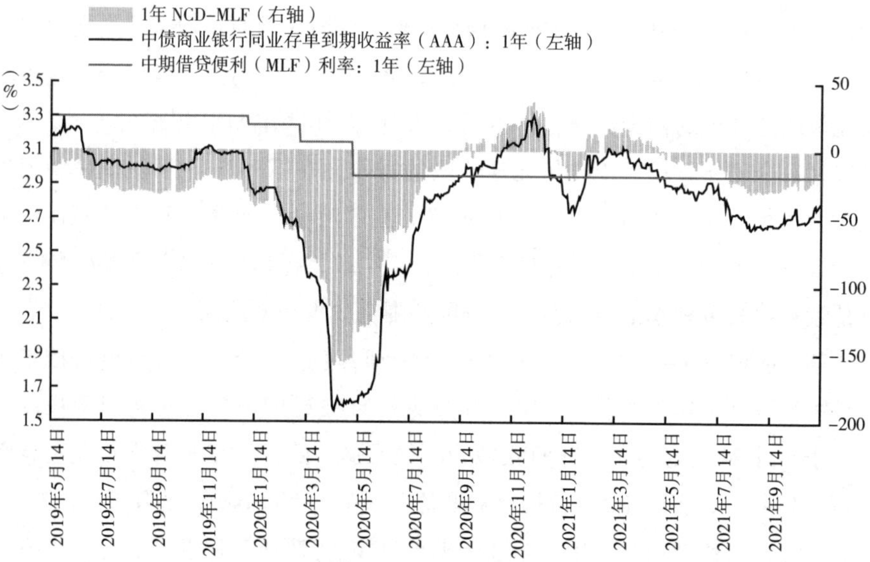

图 6－28　NCD－MLF、同业存单到期收益率和中期借贷便利利率

资料来源：Wind。

自 DR007 回归合意中枢后，跨月压力也回归正常，显示货币政策稳健中性（见表6－4）。

表6－4 央行公开市场操作措辞（对流动性判断）

年份	指标	为维护合理充裕	处于合理充裕	处于较高水平
2018 年	DR007(%)	2.77	2.63	2.66
	DR007－OMO 7D(BP)	23	8	12
2019 年	DR007(%)	2.61	2.56	2.43
	DR007－OMO 7D(BP)	6	2	－12
2020 年	DR007(%)	2.21	1.76	2.05
	DR007－OMO 7D(BP)	－3	－51	－32
2021 年	DR007(%)	2.17		
	DR007－OMO 7D(BP)	－3		

资料来源：Wind。

2. 央行对货币市场的利率调控能力显著增强

结构性的流动性短缺是指在供求平衡的情况下，央行处于借贷双方中的贷方，并非指流动性供小于求，因此不影响实体经济的运行。

在此框架形成后，央行保持适当的法定准备金率水平，即可使银行体系的存款增长自动带来法定准备金需求的增加，维持货币市场压力，货币政策操作由吸收流动性转为投放流动性，央行可以有效调控市场利率。

（二）货币市场利率基本围绕政策利率变动

缴税缴准会形成月内银行间市场资金面中下旬较上旬紧张的特征。2017年以来，由于金融去杠杆、存款类机构对非银金融机构的授信纳入 MPA 考核等因素，月末、季末资金面波动大于以往（见图6－29），2017 年末质押式回购7天加权平均利率最高达5.04%。

但从 2019 年开始，这种现象明显减弱，尤其是 2020 年 5 月央行转向结构性流动性紧缺调控模式后，表征银行间市场基准利率的 DR007 基本做到了围绕2.2%的 OMO 政策利率平稳波动（见图6－30）。

而 2021 年以来，央行通过跨周期操作，稳定市场预期，引导市场利率围绕政策利率波动，减少市场利率的波动性。

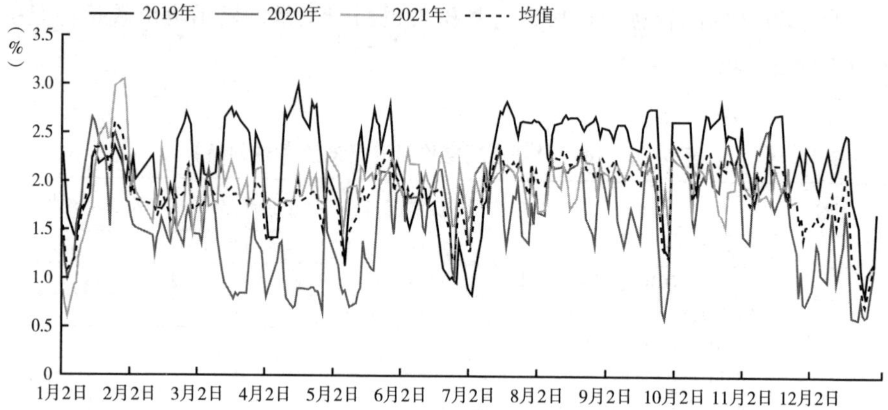

图6-29 DR001 利率

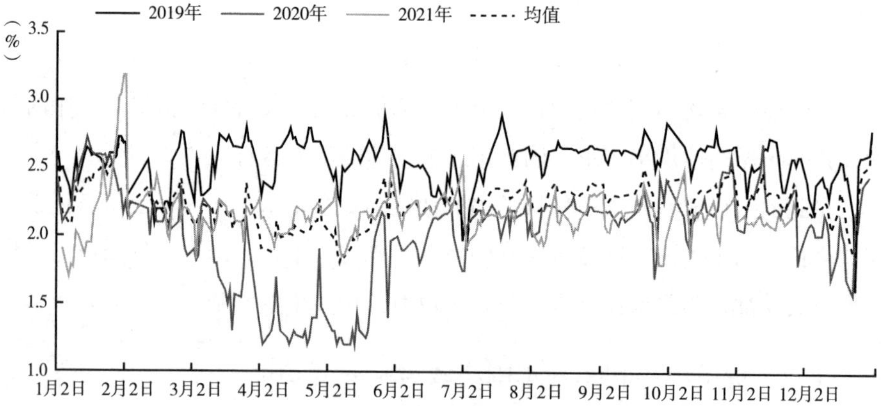

图6-30 DR007 利率

资料来源：Wind。

2019 年以来 R－DR 利差季节性弱化，绝对水平低于 2017~2018 年，显示流动性整体较为宽松（见图 6－31、图 6－32）。可能的原因有以下两个。①R：非银机构从银行间转向交易所，杠杆可能有所降低，质押式回购成交量持续下行可以佐证；②DR：包商事件后银行内部也出现分化，导致 DR 有所上行。

从 2020 年 8 月开始，随着央行转向结构性流动性紧缺的调控模式，处于

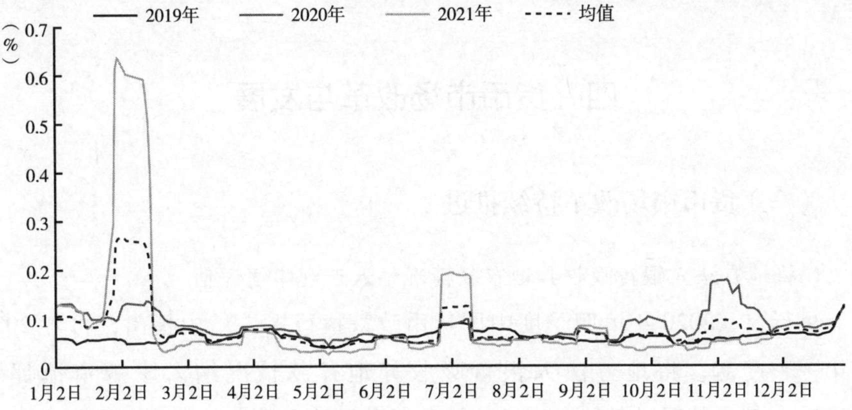

图 6-31 R001-DR001 十天移动平均变化

资料来源：Wind。

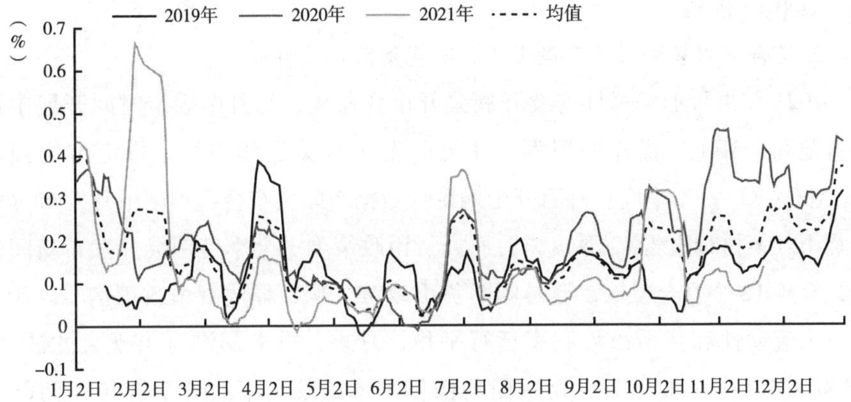

图 6-32 R007-DR007 十天移动平均变化

资料来源：Wind。

流动性传导末端的非银机构明显感受更偏紧，8～10 月非银利差明显上行，显示在资金紧平衡下，流动性分层情况持续增加。

2021 年，除了 1 月底以及半年末个别时点，流动性分层现象明显，整体来看，R-DR 利差波动低于 2020 年，显示在央行精准调控下，流动性分层现象有所缓解。

四　货币市场改革与发展

（一）货币市场改革持续推进

1. 将地方法人银行吸收异地存款情况纳入宏观审慎评估

央行在《2020 年第四季度中国货币政策执行报告》中指出，将于 2021 年第一季度起，将地方法人银行吸收异地存款情况纳入宏观审慎评估（MPA），禁止其通过各种渠道异地揽存开办异地存款，已发生的存量存款自然到期结清。目前，各金融机构的周期付息型存款产品已基本整改完毕。绝大多数地方法人银行已停办异地存款，异地存款余额正有序压降，为保持银行负债端成本稳定、推进利率市场化改革和促进企业综合融资成本稳中有降创造良好环境。

2. 综合运用多种货币政策工具，实现货币政策目标

2021 年央行形成每日连续开展公开市场操作，每月中固定时间开展中期借贷便利（MLF）操作的惯例，并提前发布有关操作安排，稳定市场预期（见图 6 – 33）；每季度首月召开金融统计数据新闻发布会，季度中月发布《中国货币政策执行报告》，季度末月召开货币政策委员会季度例会并发布新闻公告，全年 12 个月全覆盖，逐月阐明货币政策立场，释放货币政策信号。2021 年以来流动性和货币市场利率运行平稳，月末、季末都没有出现大的波动，DR007 相对公开市场 7 天期逆回购操作利率的偏离幅度处于近年同期低位（见图 6 – 34），为金融机构流动性管理创造了平稳的环境，也稳定了市场预期。市场预期平稳又进一步降低了预防性流动性需求，增强了流动性的稳定性。

（二）货币市场发展展望

1. 央行对货币市场调控能力进一步增强，央行增加结构化总量政策使用，降低实体经济融资成本成货币政策主要逻辑

2019 年以来央行流动性投放增量主要由降准资金贡献（“长钱 + 便宜

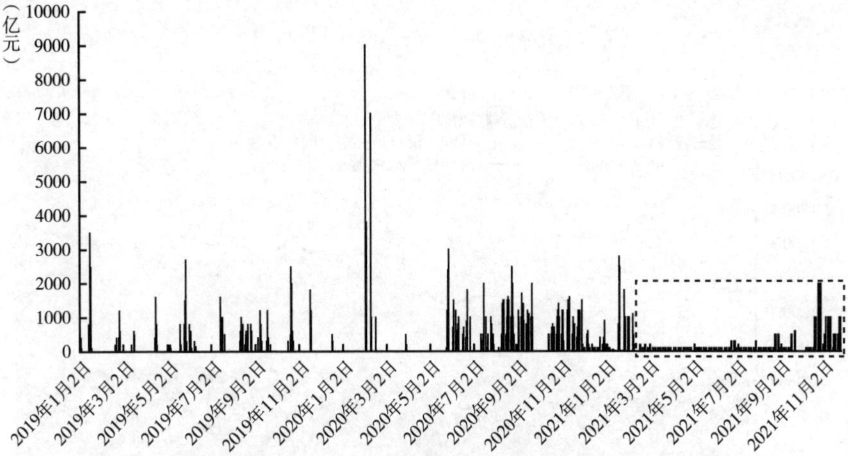

图6-33　公开市场操作量（逆回购数量：7天）

资料来源：Wind。

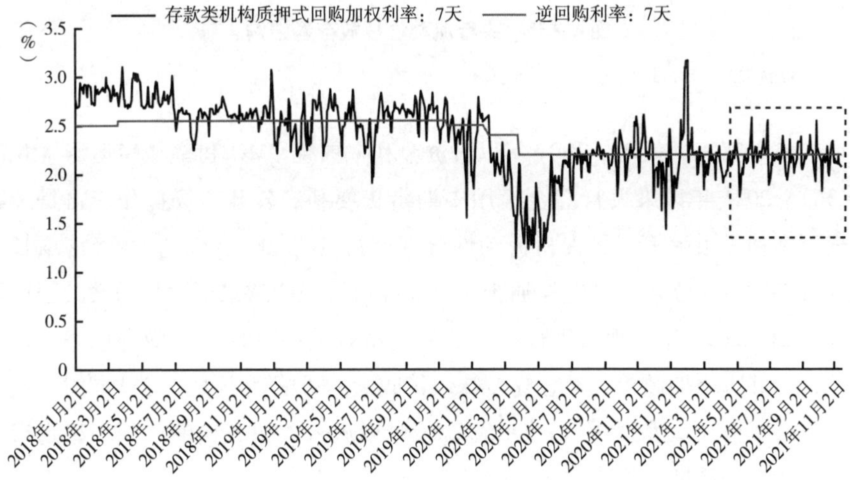

图6-34　DR007与OMO利率

资料来源：Wind。

钱”），另外TMLF置换部分MLF，以上均符合央行通过压降银行负债成本的传导作用降低实体经济成本的调控方向。但2018年10月以来，公开市场投放占比下降，准备金投放占比增加（见图6-35）；公开市场中逆回购使用减少。

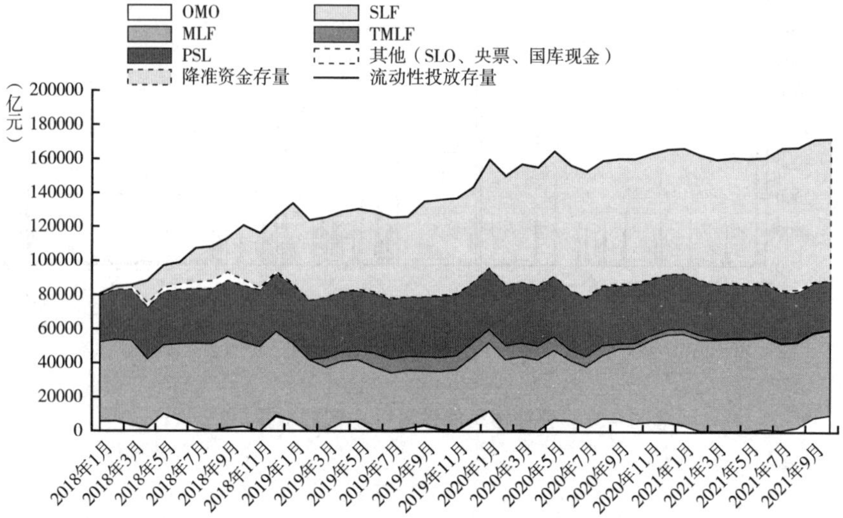

图6-35　央行流动性投放存量结构

资料来源：Wind。

利率走廊发挥效用，2021年以来资金利率围绕OMO利率平稳运行（见图6-36）。2021年以来央行综合运用中期借贷便利、公开市场操作、再贷款再贴现等多种货币政策工具保持流动性合理充裕（见图6-37）。在经济增长动能的可持续性面临挑战、短期通胀压力又相对可控的背景下，货币政策强调要统筹2021~2022年宏观政策衔接，保持货币政策稳定性，并增强前瞻性、有效性，搞好跨周期政策设计，这意味政策收紧的可能性不大。与此同时，政策表示坚决不搞“大水漫灌”，意味着政策难以进入大幅放松的区间。稳定市场预期，通过跨周期安排降低流动性波动。

2. 货币市场承担利率市场改革中的双重调控职能，OMO-MLF-LPR形成货币市场和信贷市场联动机制

我国央行可以直接控制货币市场的利率，但货币市场利率向贷款利率的传导效率不高。一方面是由于央行对信贷市场的调控工具主要是调整存贷款基准利率，其市场化的程度与发达市场还有一定差距；另一方面是由于信贷市场中

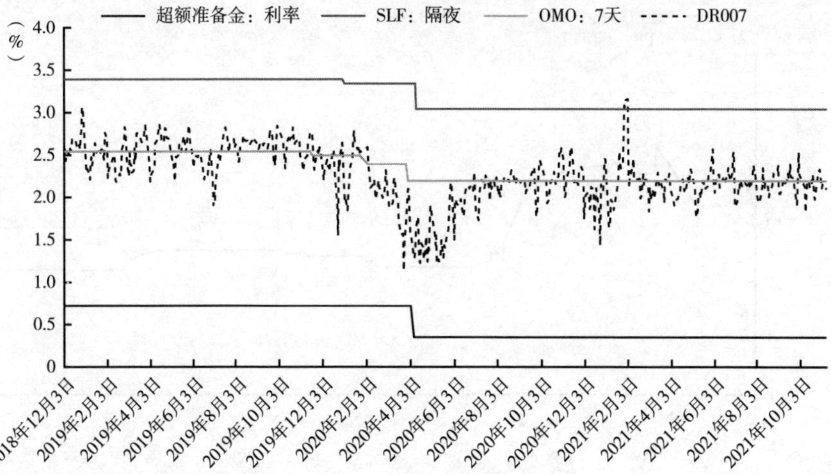

图6－36　DR007与OMO利率

资料来源：Wind。

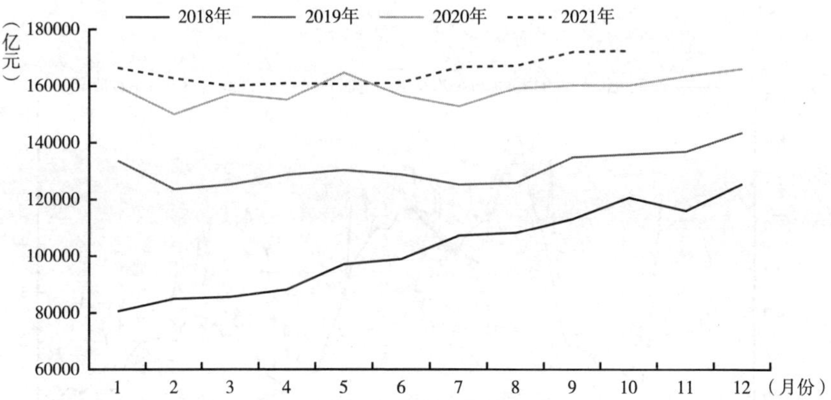

图6－37　央行投放资金存量

资料来源：Wind。

贷款以短端浮动利率为基准的比例较低，短端货币市场利率的变动对长端贷款利率的影响在短期内并不大。正因为货币市场利率对信贷利率的传导效率不高，货币市场对实体经济的影响时滞也较长。

但随着2019年8月开始的LPR改革，货币市场利率的变动向贷款市场的传导效率明显增强（见图6－38、图6－39）。

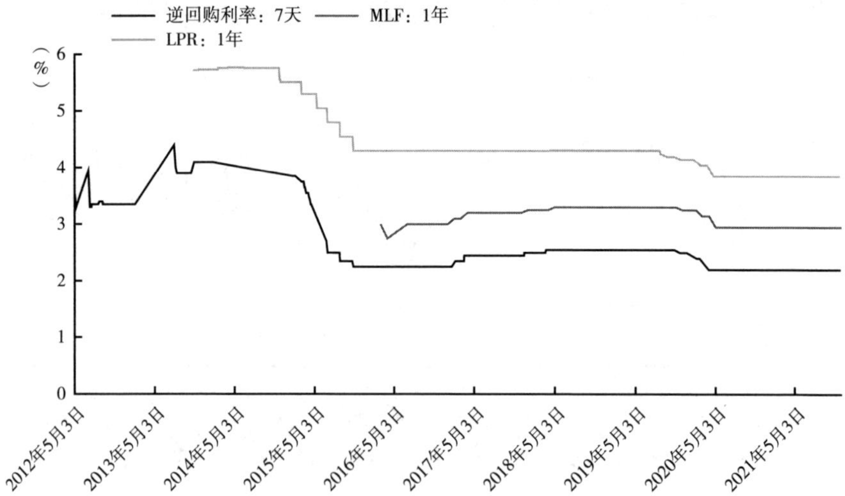

图 6－38　OMO-MLF-LPR 联动货币市场与信贷市场

资料来源：Wind。

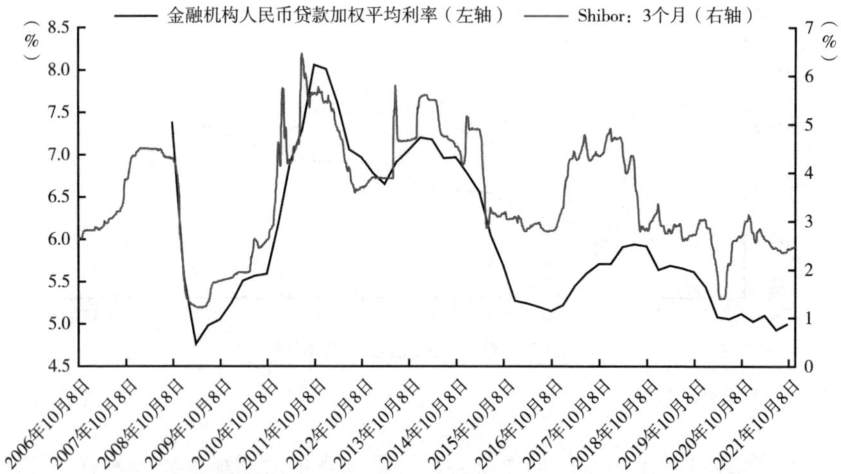

图 6－39　Shibor 与贷款加权利率

资料来源：Wind。

五 货币市场品种与参与者的变化

（一）货币基金和现金理财的规模快速增长，成为推动市场发展的动力

截至2021年第三季度，货币基金份额为9.4万亿份，较上一季度增加1456亿份。不过由于第三季度其他类型基金规模提升更多，货币基金占整体基金规模的比重回落至45.39%（见图6-40），仍占据基金市场的近半壁江山。

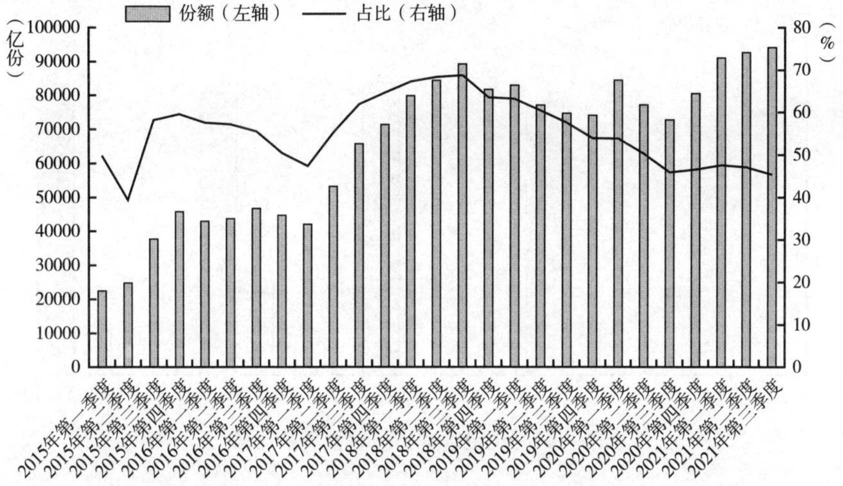

图6-40 中国货币基金份额及其占全部基金之比

资料来源：Wind。

根据《中国银行业理财市场半年报告（2021年上）》，与公募基金、信托、保险资管等其他类型资管产品相比，银行理财产品的投资者覆盖面广，且存续规模居各类资管产品首位（其中信托数据截至2021年3月，保险资管数据截至2021年5月）。2021年上半年，全国共有325家银行机构和理财公司累计新发理财产品2.55万只，同比减少10054只；累计募集资金62.41万亿元，同比增长5.57%。理财公司存续产品6402只，存续规模10.01万亿元，同比增长3.27倍，较年初增长50.07%，占全市场的比例达到38.80%。从存续规模来看，理财公司已超越股份制银行成为市场第一大机构类型，成为理财市场主力军。

国内现金管理类理财产品自2018年7月资管新规补充通知发布以来，凭借在投资范围、估值方式、期限匹配等方面诸多优势，成为银行理财公司在设立之初重点布局的产品类别。在工银理财、招银理财等理财公司产品体系中，其均作为重要的产品种类被列示。银行业理财登记托管中心发布的中国理财市场2021年第二季度报告显示，截至2021年第二季度末，现金管理类产品规模为7.78万亿元，在理财市场产品规模中占30%，较2019年末的4.16万亿元增长近87%，而2018年7月现金管理类理财规模还几乎为零（见图6－41）。货币基金和现金理财管理规模快速增长，成为推动市场发展的动力。

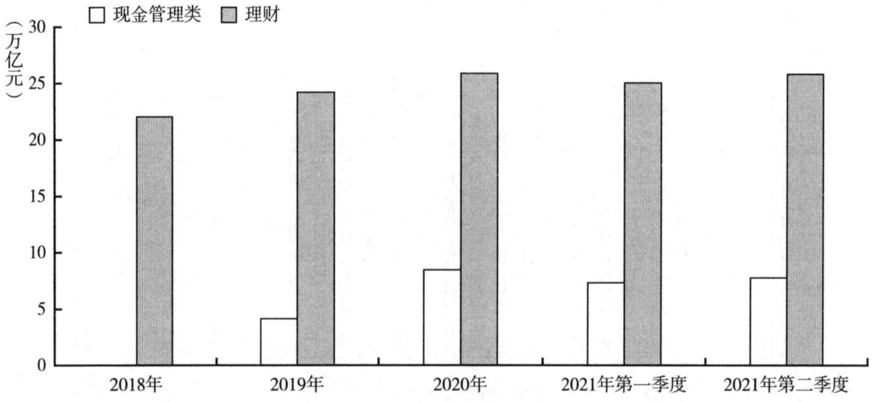

图6－41　现金管理类与理财类的比较

（二）现金管理类理财管理办法正式落地

表6－5　现金类管理办法与货币基金管理办法内容对比

.项目	现金类管理办法	货币基金管理办法
投资范围	1. 现金； 2. 期限在1年以内（含1年）的银行存款、债券回购、中央银行票据、同业存单； 3. 剩余期限在397天以内（含397天）的债券、在银行间市场和证券交易所市场发行的资产支持证券； 4. 银保监会、中国人民银行认可的其他具有良好流动性的货币市场工具	1. 现金； 2. 期限在1年以内（含1年）的银行存款、债券回购、中央银行票据、同业存单； 3. 剩余期限在397天以内（含397天）的债券、非金融企业债务融资工具、资产支持证券； 4. 中国证监会、中国人民银行认可的其他具有良好流动性的货币市场工具

续表

项目	现金类管理办法	货币基金管理办法
投资限制	1. 股票； 2. 可转换债券、可交换债券； 3. 以定期存款利率为基准利率的浮动利率债券，已进入最后一个利率调整期的除外； 4. 信用等级在 AA + 以下的债券、资产支持证券； 5. 银保监会、中国人民银行禁止投资的其他金融工具	1. 股票； 2. 可转换债券、可交换债券； 3. 以定期存款利率为基准利率的浮动利率债券，已进入最后一个利率调整期的除外； 4. 信用等级在 AA + 以下的债券与非金融企业债务融资工具； 5. 中国证监会、中国人民银行禁止投资的其他金融工具
投资集中度	1. 每只现金管理类产品投资于同一机构发行的债券及其作为原始权益人的资产支持证券的比例合计不得超过该产品资产净值的10%，投资于国债、中央银行票据、政策性金融债券的除外。 2. 每只现金管理类产品投资于所有主体信用评级低于 AAA 的机构发行的金融工具的比例合计不得超过该产品资产净值的 10%，其中单一机构发行的金融工具的比例合计不得超过该产品资产净值的 2%；本款所称金融工具包括债券、银行存款、同业存单、相关机构作为原始权益人的资产支持证券及银保监会认可的其他金融工具。 3. 每只现金管理类产品投资于有固定期限银行存款的比例合计不得超过该产品资产净值的 30%，投资于有存款期限，根据协议可提前支取的银行存款除外；每只现金管理类产品投资于主体信用评级为 AAA 的同一商业银行的银行存款、同业存单占该产品资产净值的比例合计不得超过 20% 4. 全部现金管理类产品投资于同一商业银行的存款、同业存单和债券，不得超过该商业银行最近一个季度末净资产的 10%	1. 同一机构发行的债券、非金融企业债务融资工具及其作为原始权益人的资产支持证券占基金资产净值的比例合计不得超过10%，国债、中央银行票据、政策性金融债券除外。 2. 货币市场基金投资于有固定期限银行存款的比例，不得超过基金资产净值的 30%，但投资于有存款期限，根据协议可提前支取的银行存款不受上述比例限制；货币市场基金投资于具有基金托管人资格的同一商业银行的银行存款、同业存单占基金资产净值的比例合计不得超过 20%，投资于不具有基金托管人资格的同一商业银行的银行存款、同业存单占基金资产净值的比例合计不得超过 5%
规模控制	同一商业银行采用摊余成本法进行核算的现金管理类产品的月末资产净值，合计不得超过其全部理财产品月末资产净值的 30%。同一理财公司采用摊余成本法进行核算的现金管理类产品的月末资产净值，合计不得超过其风险准备金月末余额的 200 倍	同一基金管理人所管理采用摊余成本法进行核算的货币市场基金的月末资产净值合计不得超过该基金管理人风险准备金月末余额的 200 倍。

续表

项目	现金类管理办法	货币基金管理办法
税收	债券买卖价差缴纳3%增值税；除国债及地方债利息收入外，缴纳企业所得税	公募基金买卖债券价差免收增值税；债券买卖价差和利息收入免征企业所得税

资料来源：银保监会、中国人民银行等。

新规实施后，现金管理类理财产品正式进入准货币基金时代，对市场将会产生一定影响。

1. 现金管理类产品相比公募货币基金的优势倾于收敛

受新规约束，在失去相对优势的情况下，快速扩张的产品规模将会有所收敛；相比公募货币基金而言，现金管理类产品还需要服从理财业务管理办法中对于销售渠道和销售起点的限制，意味着其无法同公募基金一样进行网络销售，并且仍然受限于“一万元”认购起点限制。从这个角度上来说，公募货币基金的便利性的优势使它又具备了吸引力（见表6－6）。

表6－6　各类型产品规则对比

项目	货币基金	现金管理类理财产品	短债基金	养老保障管理产品	现金管理类信托	券商保证金现金管理产品
赎回规则	T＋0，一万元限额；T＋1，无限额，	T＋0，一万元限额	T＋1/T＋2	灵活申赎产品；T＋1/T＋3	T＋1	T＋1
购买起点	销售起点无限制	一万元起购，理财子公司产品不设销售起点	销售起点无限制	一千元起购	较高，定位中高净值人群	销售起点无限制
销售渠道	银行、互联网平台等	银行	互联网理财平台	银行、互联网平台等	各信托公司投资平台、银行代销	各券商投资平台
风险等级	低风险	目前主要以中低风险为主	中低风险	中低风险、中风险	中低风险	中低风险
估值方法	摊余成本＋影子定价	摊余成本＋影子定价	净值法	政策无明确规定	政策无明确规定	政策无明确规定
投资范围	仅投资货币市场工具	仅投资货币市场工具	债券占比高于80%	政策无明确规定	政策无明确规定	政策无明确规定

续表

项目	货币基金	现金管理类理财产品	短债基金	养老保障管理产品	现金管理类信托	券商保证金现金管理产品
杠杆要求	≤120%	≤120%		债券正回购的资金余额不得高于投资组合资产净值		
风险准备金	月末资产净值不得超过其风险准备金余额的200倍	月末资产净值不得超过其风险准备金余额的200倍		按管理费收入10%比例计提，总额达到上年度业务总规模1%时不再计提		每月计提风险准备金比例不得低于基金管理费收入的10%

资料来源：银保监会、中国证监会、中国人民银行等。

2. 现金管理类理财收益率走低

由于之前实际操作中现金管理类产品为提高收益也进行了较多的信用下沉和拉长久期操作，而此次监管规定只能投资剩余期限在397天以内和AA+评级及以上的信用债。受新规影响，银行理财的资产端配置将会进一步优化，现金管理类理财产品将对标货币基金，增加对短久期、高流动性资产的配置。同时，存量中配置信用等级在AA+以下的债券等信用等级不达标的产品、配置剩余期限超过397天的债券、产品投资组合平均剩余期限超过120天以及平均剩余存续期限超过240天的产品将面临调整。从收益情况来看，现金管理类理财收益率（见图6-42）将走低，与货币基金的价差开始收窄。

3. 理财对中长期利率债的需求会下降，但对存单等货币市场工具的需求上升

此前，类货币基金实际上是通过信用下沉和久期错配来实现与公募货币基金的竞争，但监管指标对标公募货币基金之后，不仅对其信用债的配置需求会产生冲击，对中长期限的利率债的配置需求也会随之降温。但与公募货币基金类似，期限受到约束后，只能增加短融、同业存单、同业存款和短期利率债的配置。从这个角度来看，类货币基金监管趋严会导致对现有债券产品的久期层面的需求产生较大的变化。这意味着发行人可能也需要根据市场的格局变化来调整债券产品的发行期限。

4. 抑制银行永续债和二级资本债的投资需求

新规中仍允许现金管理类产品依法合规地投资银行资本补充债券，但需要

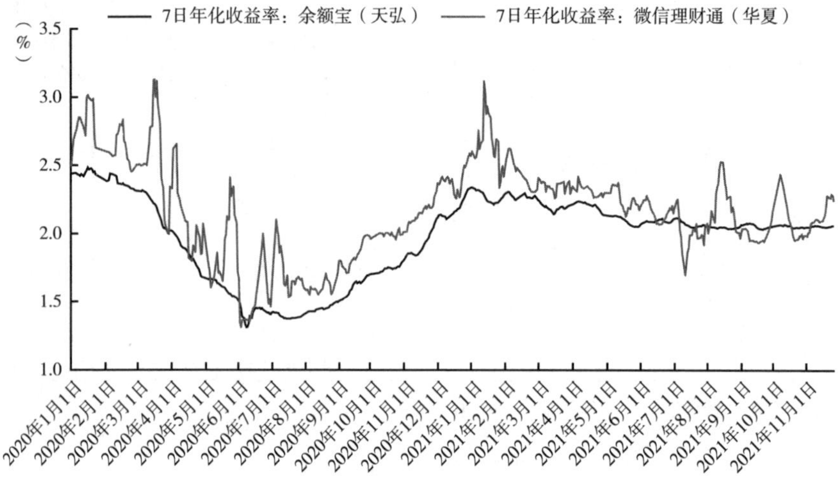

图 6－42　现金管理类理财收益率

资料来源：Wind。

进行新老划断。银保监会、中国人民银行有关部门负责人在答记者问中表示，银行及理财公司投资的存量银行永续债、二级资本债，允许持有至到期，存量债以新归发布日为准；银行及理财公司投资的新增的银行永续债、二级资本债，依据会计准则界定为债性，其剩余期限、评级需要满足新规的要求。新规对于产品投资于银行永续债和二级资本债进行新老划断，对于新增投资需求形成了一定的抑制作用。

（三）创新产品出台——同业存单指数基金

1. 同业存单指数基金产品

同业存单指数基金，是被动指数基金，主要跟踪的是中证同业存单 AAA 指数，将 80% 以上的基金资产，投资于同业存单指数的成分券及备选成分券。因为同业存单 AAA 指数包含了数千只成分券，该类基金应该主要会采取抽样复制的方式，构造与标的指数风险收益特征相似的资产组合，以实现对标的指数的有效跟踪。在 80% 以上仓位投资存单的基础上，剩下的仓位可能会通过投资高等级信用债或利率债来做增强。与普通债券指数基金类似，存单指数基金的总资产不得超过基金净资产的 140%。

目前，同业存单收益较好且信用风险相对可控，在当前信用环境下，属于投资性价比较高的固定收益工具。特别是目前产品大多数基金跟踪的是“中证同业存单 AAA 指数”，所投存单评级均为 AAA 级且交投活跃，基金运作面临的利率风险、信用风险、流动性风险总体可控。

截至 2021 年 11 月 18 日，已经有 87 家机构上报了同业存单指数基金，显示出整个行业对这类产品的重视。

2. 中证同业存单 AAA 指数收益和风险特点

该指数的各年收益率虽有大幅波动，但整体维持在一个趋势向下的区间，各年收益率平均值为 3.37%；滚动持有三个月年化收益率情况见图 6－43。

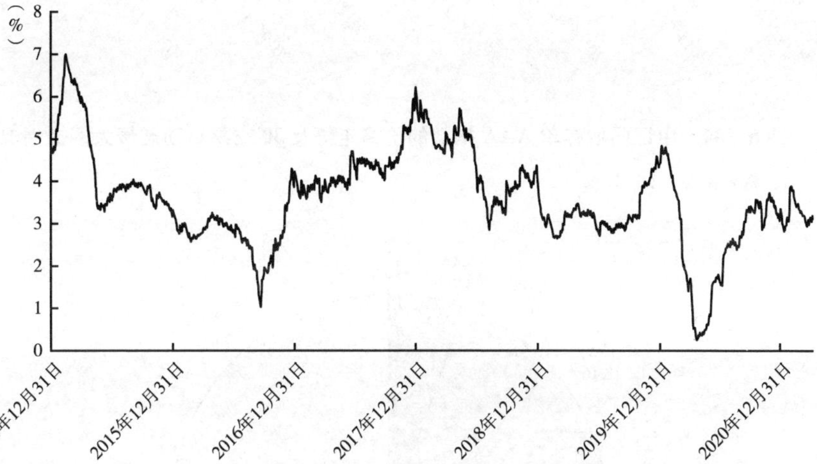

图 6－43 滚动持有三个月中证同业存单 AAA 指数年化收益率情况

资料来源：Wind。

从回撤情况来看，该指数各年最大回撤的平均值为 0.0891%，最大回撤发生在 2020 年，为 0.1714%。各年回撤情况和存单指数走势情况见图 6－44。

3. 中证同业存单 AAA 指数的信用风险

当前存单信用风险总体较低（见图 6－45），包商银行后续托管和处理结果后，存单投资人实际损失降低，且目前监管对银行和同业负债整体监管严格，后续发生类似事件的概率较小。

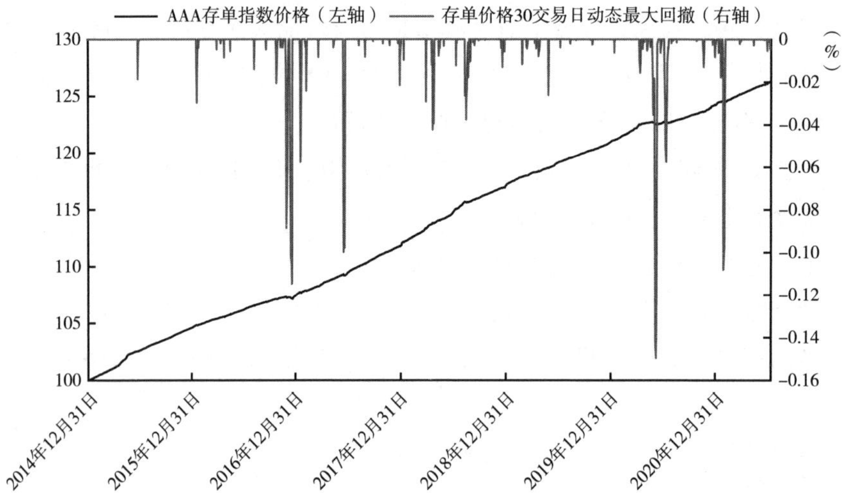

图 6-44　中证同业存单 AAA 指数的价格走势及 30 交易日动态最大回撤情况

资料来源：Wind。

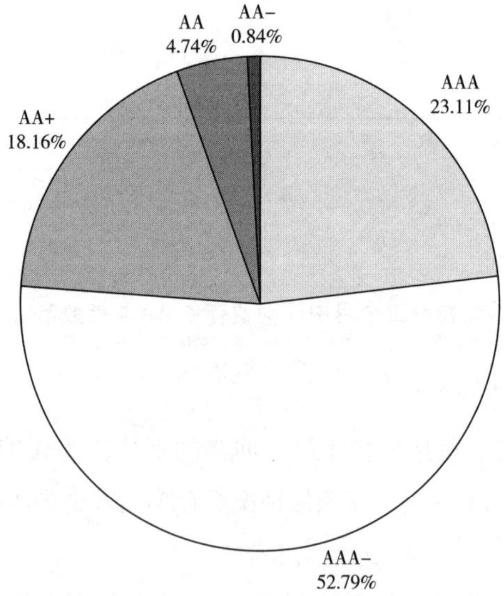

图 6-45　中证同业存单 AAA 指数成分标的中债隐含信用评级分布

资料来源：Wind。

4. 与其他类型基金比较

（1）与货币市场基金比较

选取中证货币基金指数拟合（简称货币基金）收益率和存单指数基金滚动持有三个月收益进行比较，可以看到 2015 年至今，89.06% 的时间区间存单指数基金收益率都大于货币基金收益率（见图 6－46）。

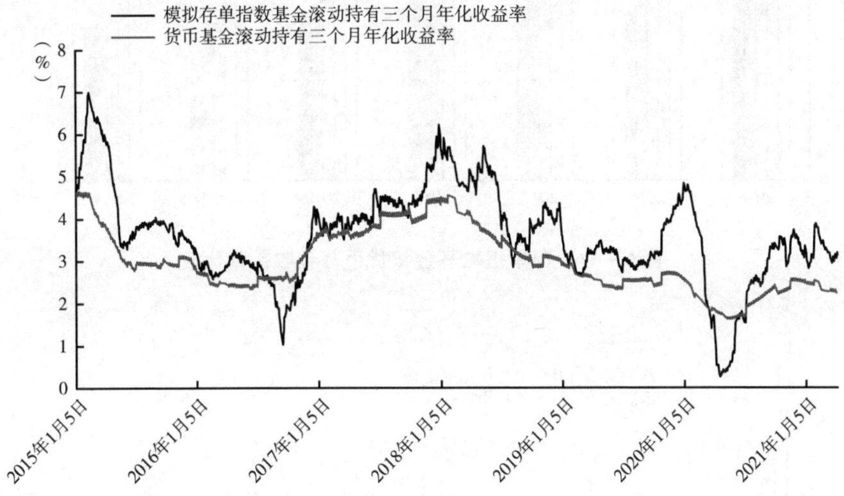

图 6－46　存单指数基金滚动持有三个月与货币基金的年度收益率比较

资料来源：Wind。

图 6－47 显示，2016 年，存单指数基金收益率均值大于货币基金指数拟合收益率的中位数；2018 年后，其连续三年大于货币基金收益率 75% 分位数，存单指数基金相对于货币基金在收益方面存在一定的优势。

但存单指数基金是市值化管理，回撤幅度会大于货币基金，这是其劣势所在，可通过与短久期、流动性较高的非货币基金比较回撤幅度，如短债基金。

（2）与短债基金比较

①存单基金与短债指数比较

将存单基金与中证短债指数（简称短债指数）进行拟合收益、回撤以及波动率的测算，比较后发现，其大于短债指数收益率的时间区间占 76.34%（见图 6－48）。

通过图 6－49 可以看到，存单基金收益率均值小于短债指数收益率最大

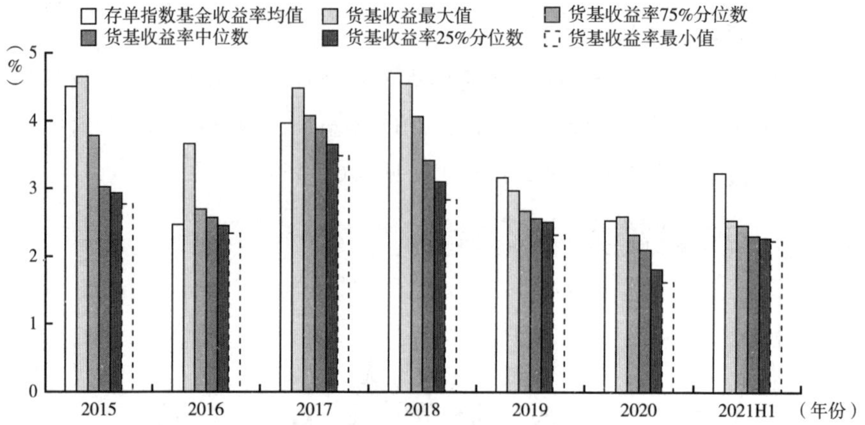

图 6-47　存单指数基金和货币基金收益率比较

资料来源：Wind。

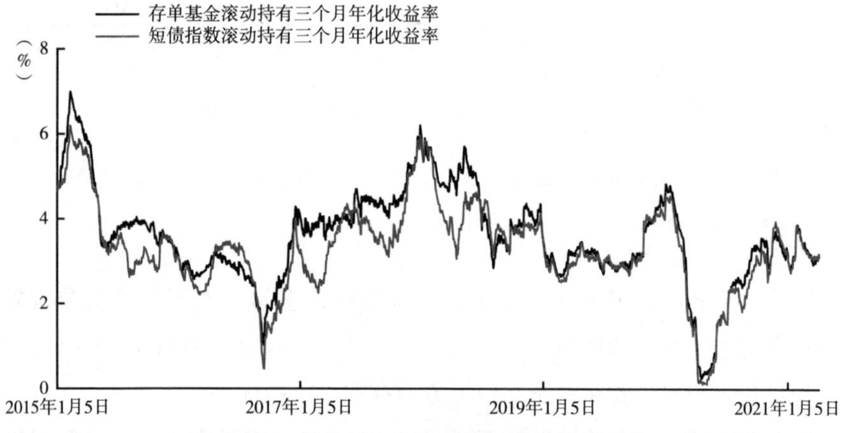

图 6-48　存单基金和短债指数的收益率比较

资料来源：Wind。

值，且除 2018 年外，均小于短债指数收益率 75% 分位数，从绝对收益来看，存单基金没有明显的收益优势。

回撤方面：存单基金与短债指数 30 交易日动态最大回撤数据比较见图 6-50，可以看到存单基金最大回撤显著小于短债指数，存单基金在回撤方面较短债指数具有一定优势。

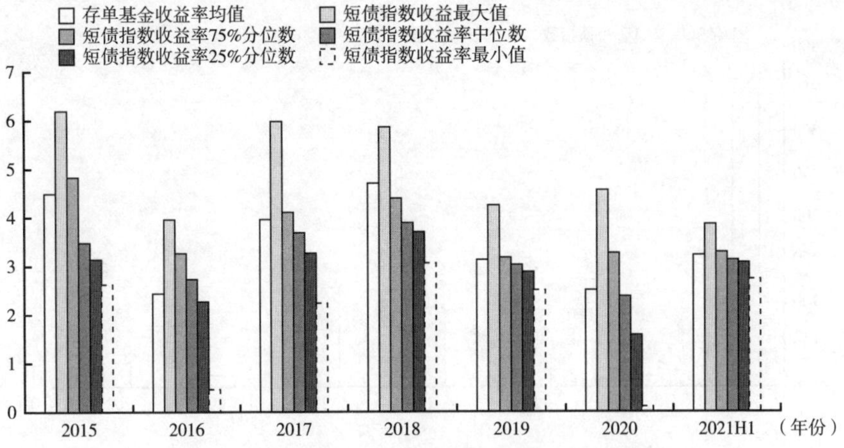

图6－49　存单基金和短债指数的收益率分项比较

资料来源：Wind。

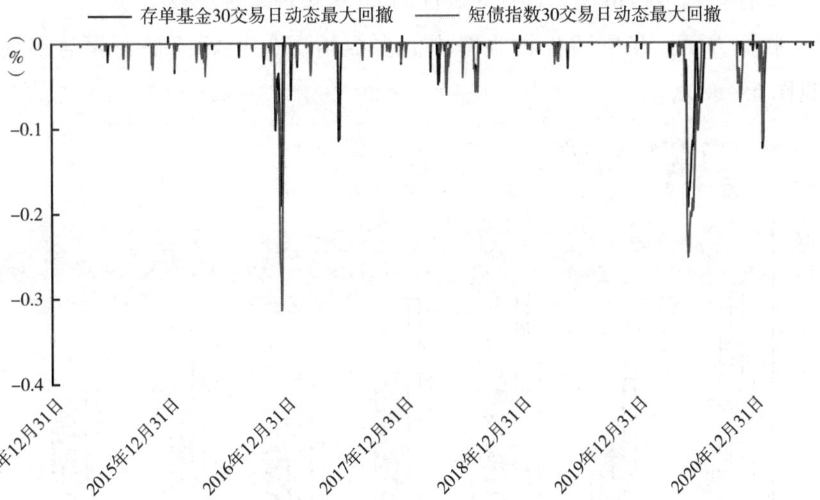

图6－50　存单基金和短债指数的回撤情况

资料来源：Wind。

风险收益比方面：通过 Calmar 值来测算基金的风险收益比，如图 6－51 所示，除 2019 年外，存单基金 Calmar 值均超过短债指数。存单基金整体的风险收益比要优于短债指数。

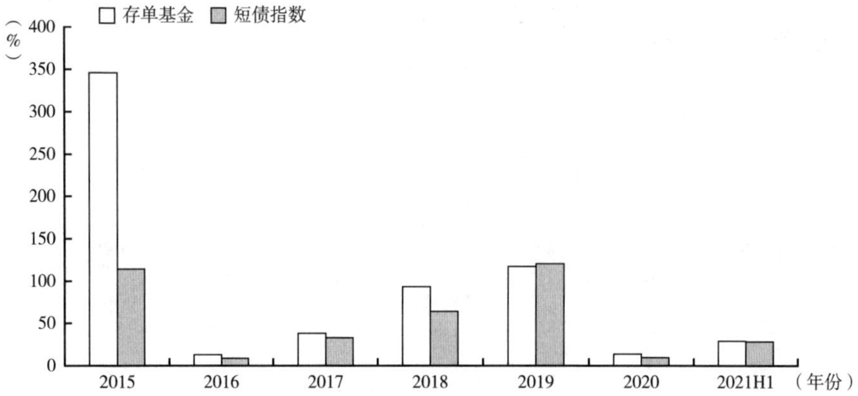

图 6－51　存单基金和短债指数的 Calmar 值

资料来源：Wind。

②存单基金与市场上具有代表性的 20 家短债基金比较

收益方面：存单基金收益率均值多数情况低于短债基金收益率最大值（见图 6－52）。

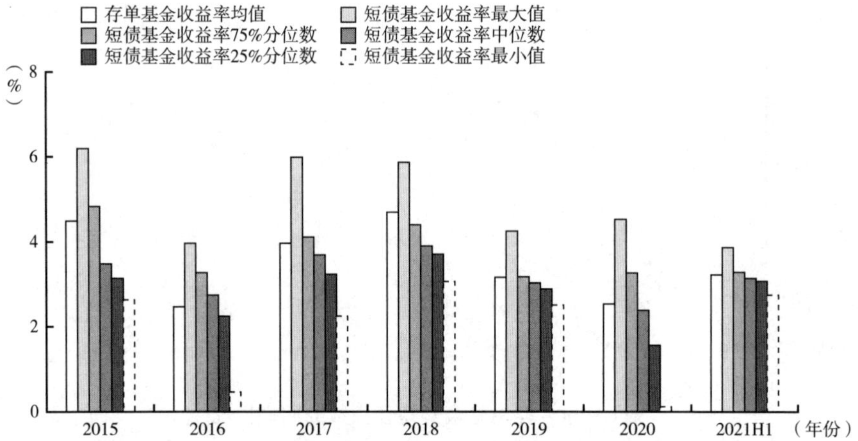

图 6－52　存单基金和短债基金的收益率比较

资料来源：Wind。

回撤方面：存单基金整体回撤幅度小于短债基金，回撤具有一定优势（见图 6－53）。

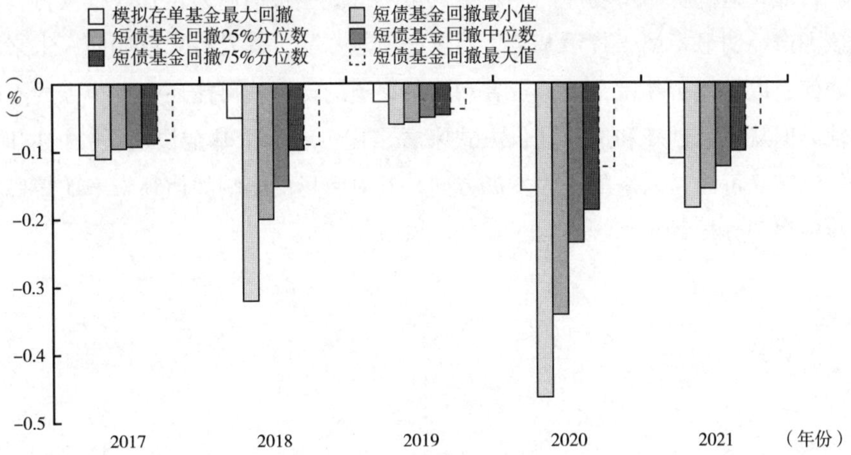

图 6－53　存单基金和短债基金的回撤比较

资料来源：Wind。

风险收益比方面：存单基金 Calmal 值在 2018 年、2019 年、2020 年和 2021 年高于短债基金，风险收益比略高于短债基金（见图 6－54）。

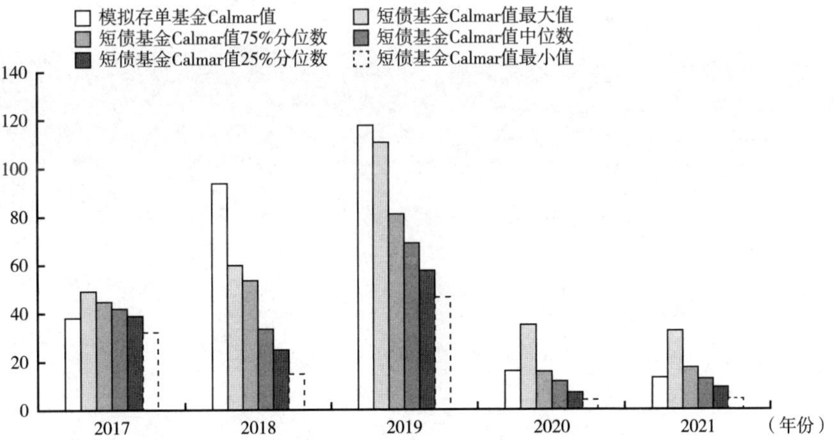

图 6－54　存单基金和短债基金的 Calmar 值比较

资料来源：Wind。

目前，这一货币市场产品创新工具虽然已经上报但尚未正式获批发行，而且该类产品明显不属于货币基金，属于净值法产品，其发行规模如何，未来收益如何，以及能否获得个人投资者和发行渠道的认可，可能还存在很大的不确定性。但从产品创新和债券计价方式来看，在传统货币基金快速增长的同时，净值法产品可能是未来的一大发展方向，其对市场的影响如何，未来还需要进一步观察和分析。

第七章
债券一级市场

李怀军*

- 2020 年，我国债券总发行量突破 50 万亿元，达到 56.9 万亿元。2021 年前三季度，债券总发行量达到 45.38 万亿元，同比增长 7.1%。而从净融资额看，2020 年也达到历史最高水平，为 17.29 万亿元，但 2021 年前三季度的净融资额仅为 5.63 万亿元，同比减少 21.9%。
- 从具体品种上看，同业存单占比最高，2021 年 1~9 月占比 35.02%，而 2020 年为 33.35%，均在 1/3 以上。除同业存单外，金融债占比最高，2021 年 1~9 月为 15.77%；其次是地方政府债和国债，2021 年 1~9 月占比分别为 12.38% 和 10.37%；2020 年，除同业存单外，占比前三位的品种是金融债、国债和地方政府债，占比也均超过 10%，分别为 15.95%、12.51% 和 11.33%。
- 从 2021 年 1~9 月的同比增速看，全市场为 7.07%。从具体品种上看，项目收益票据增速都在 200% 以上，但由于发行量很小没有太多意义；除此之外，同比增速居前的超过 30% 的品种有资产支持证券和证券公司债等，其次是增速在 20%~30% 之间的企业债和可转债等；而同比增速为负的品种包括可交换债、政策支持机构债、保险公司债、商业银行次级债券和证券公司短期融资券等，增速均在 -30% 以下；而国债、地方政府债和央票发行量同比也有微幅下降。
- 2020 年 1 月企业债、公司债、中期票据和短期融资券的发行利率分别为 5.00%、4.28%、4.01% 和 2.76%；到 2021 年 10 月，它们分别

---

* 李怀军，第一创业证券研究所首席分析师。

为 4.77%、3.74%、3.88% 和 2.81%。总体而言，非金融企业债的平均发行利率略有下滑，公司债发行利率下降得最多，下降了 54BP；其次是企业债，下降了 23BP；再次是中期票据，只下降了 13BP；最后是短期融资券，反而上升了 5BP。究其原因，与在此期间收益率曲线的平坦化下行变化有关。

一　债券一级市场的发行结构

（一）债券发行总量和净融资额

债券一级市场，又称发行市场或初级市场，是发行单位初次出售新债券的市场。债券发行市场的作用是将政府、金融机构以及企业等为筹集资金向社会发行的债券，销售到最初投资者手中。2013 年至 2019 年，随着中国债券市场的发展壮大，债券市场总发行量稳步上升。图 7－1 显示，2013 年全市场的债券总发行量为 9.05 万亿元，2014～2017 年分别突破 10 万亿元、20 万亿元、30 万亿元和 40 万亿元，随后增长速度大幅放缓，到 2020 年，债券总发行量突破 50 万亿元，为 56.9 万亿元。2021 年前三季度，债券总发行量达到 45.38 万亿元，同比增长 7.1%。而从净融资额看，2020 年也达到历史最高水平，为 17.29 万亿元，但 2021 年前三季度的净融资额仅为 5.63 万亿元，同比减少 21.9%。

究其原因，主要是受 2013 年以来同业存单发行量和净融资量的巨大变化的影响，同业存单发行量之所以在 2014 年以后出现爆发式增长，是因为除了具有主动性发行、透明性定价、高稳定性和流动性的优势以外，其在 2018 年以前不纳入同业负债的考核，不需要缴纳存款准备金，在监管上与其他负债资产相比具有很大优势，因而慢慢从中小银行用来补充自己资金来源的负债工具，变成一种主动性的负债工具。因此，从严格意义上看，同业存单并不是一种债券，而是商业银行的一种主动性负债的手段，它与同业存款在本质上是一致的。因而，同业存单的发行期限短，都在 1 年以内，随着发行量的增长，到期量也在逐步上升。从图 7－2 可以看出，从 2013 年到 2018 年，同业存单的总发行量从 340 亿元增加

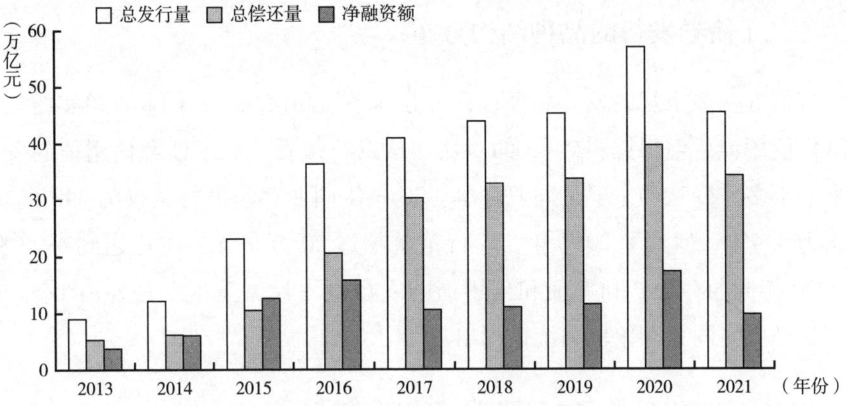

图 7－1　2013～2021 年中国债券市场发行融资情况

注：2013～2020 年以 12 月 31 日为截止日期，2021 年以 9 月 30 日为截止日期

资料来源：Wind，第一创业证券计算整理。

到 21.1 万亿元，总偿还量也由零上升至 19.2 万亿元，可见，同业存单后来大都是滚动发行的，以旧还新。因此，从净融资额看，同业存单远没有发行量所显示的那样“光鲜”，同业存单净融资额在 2016 年达到 3.28 万亿元之后开始见顶回落，至 2020 年仅为 4219 亿元，2021 年前三季度回升至 1.54 万亿元。

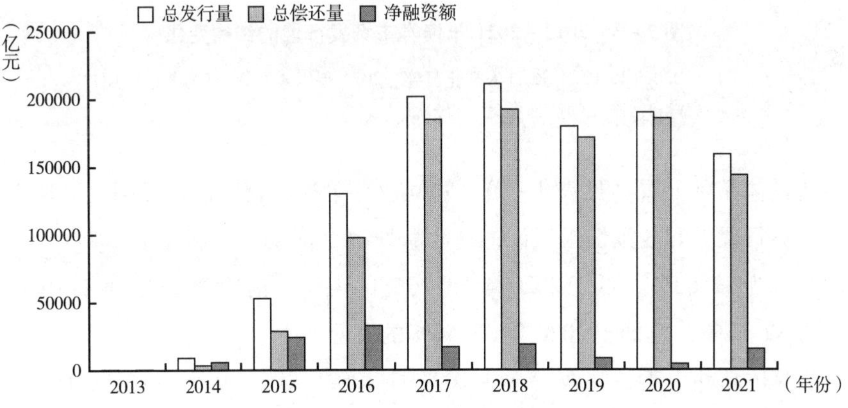

图 7－2　2013～2021 年同业存单发行融资量的结构变化

注：2013～2020 年以 12 月 31 日为截止日期，2021 年以 9 月 30 日为截止日期

资料来源：Wind，第一创业证券计算整理。

（二）债券发行的品种结构分布

从债券一级市场的发行品种看，可分利率债和信用债；同业存单实质上可以算作信用债。但根据图 7－3 的对比，从发行量看，利率债和信用债的发行规模差不多，变化的主要是同业存单。2013 年同业存单发行量仅为 340 亿元，占比为 0.4%，但到了 2017 年，发行量就超过 20 万亿元，占比达到 49.3%，而 2020 年同业存单、利率债和信用债的发行量占比，基本上是各占 1/3。因此，有必要将同业存单单独统计列出。

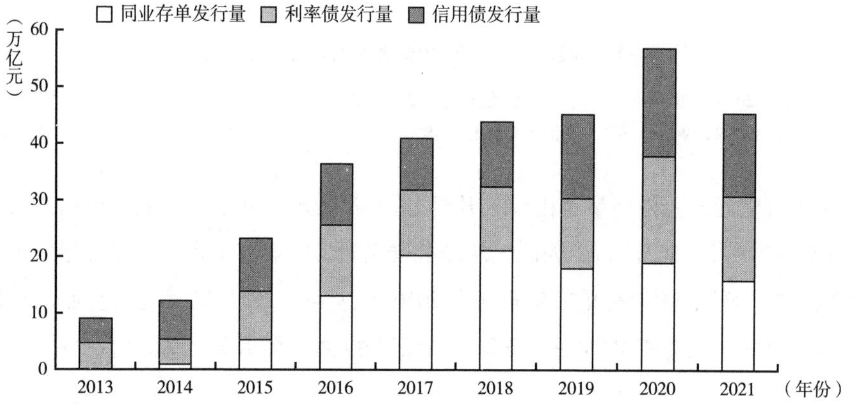

图 7－3　2013～2021 年债券市场发行量的结构变化

注：2011～2020 年以 12 月 31 日为截止日期，2021 年以 9 月 30 日为截止日期

资料来源：Wind，第一创业证券计算整理。

从具体品种上看（见表 7－1），除同业存单外，利率债包括国债、地方政府债、央行票据和政策性银行债；其他品种都是信用债。利率债 2021 年 1～9 月的占比为 32.83%，低于 2020 年 33.10% 的占比；信用债 2021 年 1～9 月的占比为 32.15%，也低于 2020 年 33.56% 的占比。

从具体品种上看，同业存单占比最高，2021 年 1～9 月占比 35.02%，而 2020 年为 33.35%，均在 1/3 以上。除同业存单外，金融债占比最高，2021 年 1～9 月为 15.77%；其次是地方政府债和国债，2021 年 1～9 月占比分别为 12.38% 和 10.37%；2020 年，除同业存单外，占比前几位的品种也是金融债、国债和地方政府债，占比也均超过 10%，分别为 15.95%、12.51% 和 11.33%。

表 7-1　2020～2021 年全市场债券发行品种分布情况

类别	2020 年		2021 年 1～9 月		
	发行额（亿元）	面额比重（%）	发行额（亿元）	面额比重（%）	同比（%）
国债	71173.25	12.51	47053.20	10.37	-1.99
地方政府债	64438.13	11.33	56154.92	12.38	-1.12
央行票据	610.00	0.11	450.00	0.10	-2.17
同业存单	189766.60	33.35	158889.60	35.02	19.63
金融债	90760.51	15.95	71543.75	15.77	-2.39
政策性银行债	52031.00	9.15	45296.90	9.98	3.68
商业银行债	6754.80	1.19	5492.55	1.21	2.10
商业银行次级债券	12636.90	2.22	6370.10	1.40	-35.18
保险公司债	780.00	0.14	373.00	0.08	-34.96
证券公司债	8752.81	1.54	8267.70	1.82	36.76
证券公司短期融资券	7983.00	1.40	4526.00	1.00	-30.41
其他金融机构债	1822.00	0.32	1217.50	0.27	-4.51
企业债	3926.39	0.69	3554.10	0.78	21.10
一般企业债	3926.39	0.69	3554.10	0.78	21.10
公司债	33697.45	5.92	25836.34	5.69	1.97
一般公司债	15243.07	2.68	12627.84	2.78	12.97
私募债	18454.37	3.24	13208.50	2.91	-6.71
中期票据	23446.92	4.12	18864.65	4.16	-0.27
一般中期票据	23446.92	4.12	18864.65	4.16	-0.27
短期融资券	49986.43	8.79	39224.19	8.64	0.49
一般短期融资券	4935.78	0.87	3595.10	0.79	-10.32
超短期融资债券	45050.65	7.92	35629.09	7.85	1.72
定向工具	7072.95	1.24	6390.19	1.41	12.59
国际机构债	110.00	0.02	125.00	0.03	13.64
政府支持机构债	1730.00	0.30	900.00	0.20	-32.33
资产支持证券	28891.56	5.08	22493.39	4.96	32.44
银保监会主管 ABS	8041.90	1.41	6194.12	1.37	66.40
交易商协会 ABN	5109.57	0.90	4189.21	0.92	31.50
证监会主管 ABS	15740.09	2.77	12110.07	2.67	20.19
可转债	2769.71	0.49	1930.30	0.43	21.39
标准化票据	61.68	0.01	0.00	0.00	—
可交换债	476.39	0.08	250.24	0.06	-42.92
项目收益票据	24.00	0.00	64.30	0.01	278.24
合计	568941.96	100.00	453724.18	100.00	7.07

资料来源：Wind，第一创业证券计算整理。

在信用债中，短期融资券（主要为期限在270天以内的超短期融资券）的占比最高，2021年1～9月为8.64%，而2020年为8.79%；其次是公司债，2021年1～9月占比为5.69%，而2020年为5.92%；再次是资产支持证券，2021年1～9月占比为4.96%，而2020年为5.08%；最后是中期票据，2021年1～9月占比为4.16%，而2020年为4.12%。

从2021年1～9月的同比增速看，全市场为7.07%。从具体品种上看，项目收益票据增速都在200%以上，但由于发行量很小没有太多意义；除此之外，同比增速居前的超过30%的品种有资产支持证券和证券公司债等，其次是增速在20%～30%之间的企业债和可转债等；同比下滑超过30%的品种包括可交换债、政府支持机构债、保险公司债、商业银行次级债券和证券公司短期融资券等；而国债、地方政府债和央行票据发行量同比有微幅下降。

（三）政策性金融债的品种结构

政策性银行债券即由国家开发银行、中国农业发展银行和中国进出口银行发行的债券。由于三家政策性银行不能吸收公众存款，它们就主要依靠发行债券的方式筹集资金。应当说，政策性银行债券是中国金融市场中较早的债券品种，自1994年三家政策性银行成立之后，它们就一直主要以发行债券进行融资，它们发行的债券比商业银行债券和其他金融机构债券都要早，且更具有持续性。当然，政策性银行债券并非势均的三足鼎立，各家政策性银行的业务范围存在较大的差异，贷款需求量迥异，这直接决定了它们的债券发行量存在明显差异（见图7－4）。

在金融债中，政策性银行债券占绝大部分。根据Wind的统计，2021年1～9月政策性银行债券占金融债券发行额的比重达到了63.3%，同比增长3.7%。其中，国家开发银行、中国进出口银行和中国农业发展银行分别发行了1.97万亿元、1.02万亿元和1.03万亿元。

总体而论，自2001年以来，国开行债始终占据政策性银行债券的主体地位，但占比有所下滑，2003年之前占比在80%以上，2004～2013年占比在60%左右，而2014年之后占比在50%左右，2019年发行量为1.8万亿元，占比为49.1%，2020年发行量为2.23万亿，占比为46.0%；而中国进出口银行

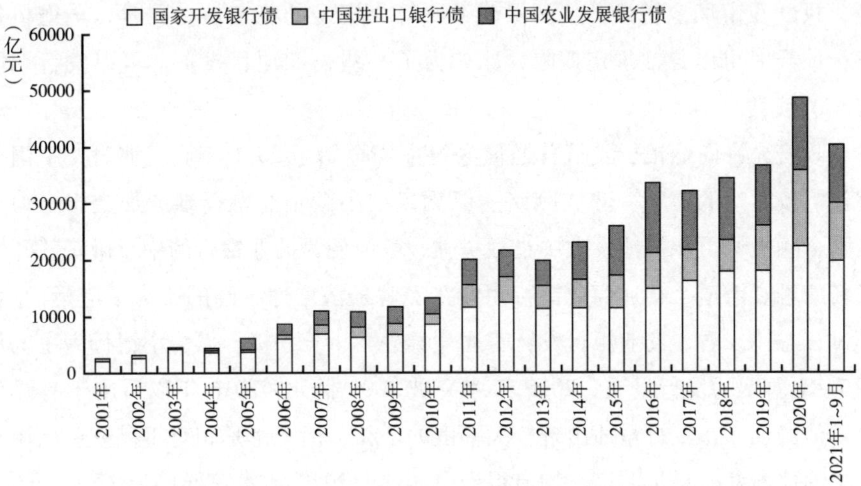

图7－4　政策性金融债发行量构成对比

资料来源：Wind，第一创业证券计算整理。

债的占比总体而言有所提高，2012 年之前均不足 20%，至 2019 年发行量为 0.8 万亿元，占比为 21.9%，2020 年发行量为 1.35 万亿元，占比为 27.7%；农发行债的占比则比较稳定，2019 年发行量为 1.06 万亿元，占比为 29%，2020 年发行量为 1.27 万亿元，占比为 26.3%。

二　信用债的发行

（一）商业银行债的发行

商业银行的资金来源有三：吸收存款、向其他机构借款和发行普通债券。吸收存款必须向央行缴纳一定比例的法定存款准备金，而人民银行对金融机构存款利率又非常低，目前法定准备金为 1.62%、超额准备金为 0.35%，而目前较高的法定存款准备金比率意味着商业银行非常高的机会成本。向其他商业银行或央行借款所得的资金主要是短期资金，而金融机构往往需要进行一些期限较长的投融资，这样就出现了资金来源和资金运用在期限上的矛盾，发行金融债券比较有效地解决了这个矛盾。债券在到期之前一般不能提前兑换，只能在市场上转让，从而保证了所筹集资金的稳定性。同时，金融机构发行债券时可以灵活规定期限，比如为了一些长期项目投资，可以发行期限较长的债券。

政府允许商业银行发行普通债券筹集资金始于2011年底，那时，中国一些经济较发达的地区一度“跑路”频繁，中小微企业融资难愈加突出。为了鼓励金融机构更积极地发放中小微贷款，政府便为商业银行的中小微贷款开辟了新的融资渠道，普通商业银行债券在宏观经济增速下降的压力下应运而生。不过，总体来看，商业银行发行普通债券并不十分积极，以中小银行为主。从图7－5所示的发行量看，2015年才突破2000亿元，2016年以后由于有绿色金融债的加入，发行量才出现较大幅度的增长，但无论是相对于存款还是相对于中国债券发行总量而言，均显得十分弱小，2020年才发行6755亿元，已达到历史新高，但只占全部债券发行量的1.19%；而2021年1～9月发行5493亿元，同比增速为2.1%，占全部债券发行量的1.21%。

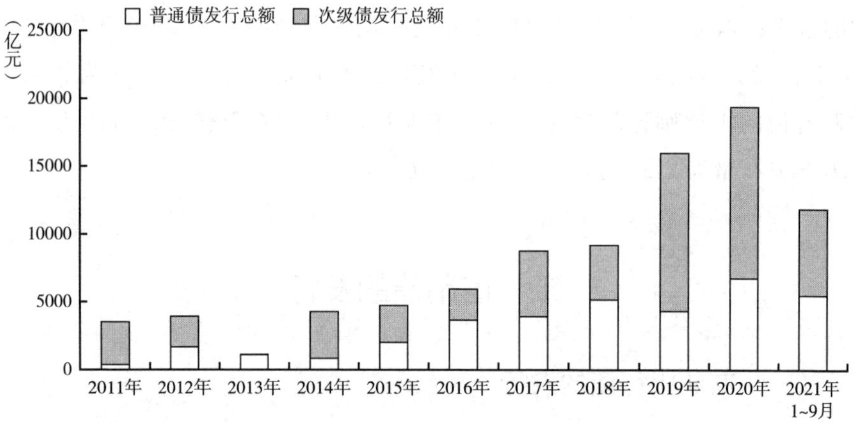

图7－5　2011年至2021年9月商业银行债券发行额

资料来源：Wind，第一创业证券计算整理。

银行次级债券是指商业银行发行的、本金和利息的清偿顺序列于商业银行其他负债之后、先于商业银行股权资本的债券，属于商业银行附属资本。近年来，商业银行为应对监管变化，普遍加强了资本工具的创新，为补充资本金而发行的债券主要有商业银行次级债券、商业银行混合资本债券和可转换债券等。当然，增发普通股和发行优先股是商业银行补充资本金的重要途径。可转债和增发（普通或优先）股票虽可以提高资本充足率，但它们会稀释原有股东的权益。而发行次级债券和混合资本债券来补充资本金，既不会造成股权的稀释，程序上也相对简单，是商业银行补充资本金和提高资本充足率的重要手段。混合资本债券比次级债券具有更强的资本属性，不仅其期限比次级债券要长得多，而且在偿还顺序的安排上，也在次级债券之后、股权资本之前，一度成为商业银行补充资本金的重要手段，但在近几年商业银行由于各种原因没有发行混合资本债券。于是，次级债券便成了近年来商业银行发行的唯一附属资本债券。

2004 年 6 月前银监会发布了《商业银行次级债券发行管理办法》，在 2013 年《商业银行资本管理办法（试行）》颁布后，“次级债”的概念被“二级资本债”取代，即所有次级债均为二级资本债。实际上，这两个文件衔接的 2013 年，银行次级债的发行还出现了中断现象。相对于发行股票补充资本的方式来说，发行次级债程序相对简单、周期短，是一种快捷、可持续的补充资本金的方式。特别是对于那些刚刚发行新股或未满足发行新股条件的商业银行而言，如果亟须扩大资本金来捕捉新的业务机会，通常会倾向于先发行次级债。如果投资者判断整个商业环境走好，企业及个人则贷款需求旺盛，银行也能够顺利发行数额可观的次级债扩大资金规模。不过，次级债的风险和利率成本一般都会高于银行发行的普通债券。

因此，这些次级债券主要是由中小股份制商业银行特别是大部分仍未上市的农村商业银行发行。究其原因，在于这些银行的资本充足率低于大型商业银行，而补充资本金的渠道又有限，难以通过发行股票或可转债的方式来筹集资金。从 2021 年的情况看（如图 7 – 6 所示），6 月底商业银行的资本充足率比上年 12 月下滑了 0.22 个百分点至 14.48%；其中，大型商业银行、股份制商业银行、城市商业银行和农村商业银行的资本充足率分别为 16.3%、13.4%、12.9% 和 12.1%。虽然所有银行的资本充足率均高于《商业银行资本管理办法（试行）》规定的 10.5% 的最低要求，但出于金融降杠杆的监管要求，银行主动压缩了同业资产和非标的投资，而相应加大了贷款的投放力度，使得贷款增速超过了资产增速。同时，受资管新规的影响，商业银行原来在表外的非标投资，要陆续转回表内，以满足监管要求。这在一定程度上推升了高风险权重的信贷资产的比例，对商业银行的资本消耗较大，商业银行资本补充的压力也进一步加大，因而商业银行次级债的融资需求，在 2021 年出现快速增长。2017 年有 4804 亿元的发行量，2018 年有 4007 亿元的发行量，2019 年则快速增加到 11651 亿元，而 2020 年达到 12637 亿元的历史最高发行量，2021 年 1 ~ 9 月的发行量为 6370 亿元。

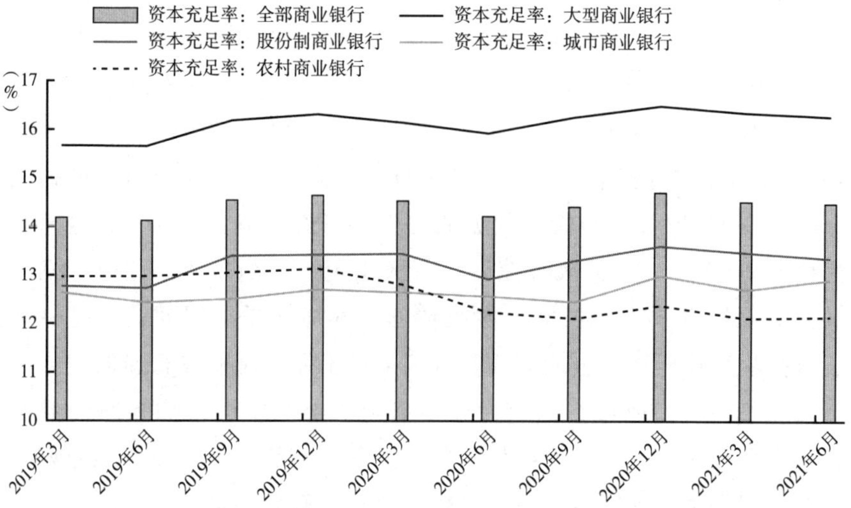

图 7 – 6　2019 年 3 月至 2021 年 6 月商业银行资本充足率对比

资料来源：Wind，第一创业证券计算整理。

（二）非金融企业债

随着中国债券市场的发展，非金融企业越来越多地依靠发行债券来融资。这里所说的非金融企业债包括短期融资券、中期票据、企业债、公司债和定向工具 PPN（见表 7 – 2）。其中，短期融资券、中期票据和定向工具，符合发行条件的具有法人资格的非金融企业，经交易商协会注册登记后，均可在银行间市场注册发行。而企业债和公司债则分别由国家发改委和证监会核准发行，公司债中的私募债券则须在证券业协会备案。

表 7-2　中票/短融/PPN/企业债/公司债要素一览

要素	中期票据(中票)	短期融资券(短融)	非公开定向债务融资工具(PPN)
审批机关	交易商协会		
审核方式	注册制		
交易场所	银行间债券市场		
发行人	具有法人资格的非金融企业		
发行规模	不超过净资产的40%	不超过净资产的40%	不受净资产的限制
发行时间	注册2个月内完成首期发行,可在2年内分多次发行	注册有效期为2年,注册有效期内可分期发行;企业应在注册后2个月内完成首期发行	注册后6个月内完成首期发行,可分期发行。注册有效期为2年
发行方式	银行间公开发行	银行间公开发行	非公开发行
募集资金投向	可用于补充营运资金、偿还债务等,实际使用较为灵活	可用于补充营运资金、偿还债务等,实际使用较为灵活	无须政府部门审批。主要用途包括生产性支出、补充企业流动资金、偿还债务、支持公司并购和资产重组等
信息披露	信息披露详尽,存续期内定期披露年报、半年报、季报	信息披露详尽,存续期内定期披露年报、半年报、季报	简化的信息披露要求,重视发债后的市场监管工作
评级要求	主体AA-以上		未作要求,一般在AA以上
要素	企业债	公司债(大、小公募)	公司债(私募)
审批机关	国家发改委	证监会	
审核方式	审批制	审批制	注册制
交易场所	银行间、交易所债券市场	交易所债券市场	
发行人	以国有企业为主	公司制法人(以上市公司为主)	
发行规模	不超过净资产(不包括少数股东权益)的40%	不超过最近一期末净资产的40%,金融类公司的累计公司债券余额按金融类公司的有关规定计算	
发行时间	核准后两个月内完成	核准后12个月内完成首期发行,其余可在2年内分多次发行	完成发行后的五个工作日内向证券业协会备案
发行方式	银行间、交易所公开发行	交易所等公开发行	交易所等非公开发行
募集资金投向	必须用于核准用途,不得用于偿还债务和非生产性支出	必须用于核准用途	必须用于约定用途
信息披露	发行有详尽要求,存续期无强制要求	中期报告和经审计的年度报告	按约定执行

续表

要素	中期票据(中票)	短期融资券(短融)	非公开定向债务融资工具(PPN)
评级要求	无强制要求,可自愿评级以便分类审核	主体 AAA 以上	未作要求

资料来源：第一创业证券整理。

2021 年 1～9 月，非金融企业债共发行大约 9.4 万亿元，比上一年度增长 2.1%。其中，一般企业债的增长最为迅猛，同比增速为 21.1%；其次为一般公司债，同比增速为 13%；最后是定向工具，同比增速为 12.6%；而中期票据和短期融资券的发行规模变化不大。不过，从非金融企业发行的品种规模上看，2021 年 1～9 月短期融资券发行额为 3.92 万亿元（其中超短期融资券为 3.56 万亿元），在非金融企业债券中发行规模最大；其次是公司债，发行额为 2.58 万亿元；再次是中期票据，发行额为 1.89 万亿元；而定向工具和企业债发行量最低，分别为 0.64 万亿元和 0.36 万亿元。

总体来说，公司债特别是私募公司债发行量的快速增长，与证监会积极发展交易所债券市场的政策有着密切的关系。2015 年发布的《公司债券发行与交易管理办法》，把公司债发行主体从上市公司扩大至符合条件的所有公司制法人；同时，简化审核流程，极大地简化了公司债券的发行程序，实行大、小公募和私募债券的分类管理；因此，公司债审核效率更高，大公募由证监会审核，小公募由交易所进行上市预审核，私募债在证券业协会备案。公开发行公司债券审核期限不超过 3 个月，实际审核中大公募基本控制在 2 个月左右，小公募一般需 1 个月左右，而私募债实行市场化的自律组织事后备案制度，发行速度更快。结果，在新规施行后的 2015 年，就有 1527 只公司债发行，发行总额超过 1 万亿元，达到 10390 亿元；而在 2016 年有 2691 只公司债发行，发行总额达到 27812 亿元，达到历史最高值。在 2007 年到 2014 年，发行量只有 8744 亿元。在 2015 年和 2016 年，私募公司债发行量同时剧增，并在 2016 年一举赶超一般公司债，私募公司债的发行量达到 1.49 万亿元，超出一般公司债 2026 亿元。之后在 2017 和 2018 年有所回落，但在 2019 年发行量又回升达到 1.46 万亿元，2020 年则达到创纪录的 1.85 万亿元，2021 年前三季度为 1.32 万亿元。

早在2005年中国就推出了短期融资券，在中国金融市场中它一经出现，便受到企业的欢迎。以短期融资券为突破口，中国非金融企业债券市场随后真正走上了发展的道路。但超短期融资券是2011年才出现的，在近年来又得到了快速发展，其发行量不断扩张，后来居上反而成为短期融资券的主要发行品种。超短期融资券通常期限不超过半年，短期融资券通常期限也不超过1年，因而这也反映出近年来债券市场发行期限的短期化趋势。2015年和2016年，是发行短期融资券的历史高峰期，分别发行了3.28万亿元和3.37万亿元，而2017年大幅减少至2.38万亿元，2018年和2019年发行量又有所回升，2020年达到创纪录的5万亿元，2009年前三季度达到3.92万亿元，同比增速达到39%。这其中，超短期融资券的发行占比达到90%以上。

中期票据是自2008年开始在银行间市场发行的中长期债券，中票的发行量一直保持在较高的水平上，2020年和2021年交易商协会的中票发行量仍达到2.34万亿元和1.89万亿元。随着近两年来交易所市场公司债发行的异军突起，规模迅速增长，体量上已经追上银行间市场。而且，定向工具即非公开定向债务融资工具（PPN），其实就是在银行间市场发行的另一种形式的私募债券。在2011年4月推出之后，同样得到了迅速发展，2014年的发行量就达到1万亿元，已成为发行规模仅次于短融的非金融企业信用债。不过，2015年定向工具发行量下滑至8845亿元，而2016年至今的发行量则保持在5000亿~6000亿元，2020年的发行量为7073亿元，2021年1~9月发行量为6390亿元。

企业债是中国最早出现的信用债品种，1994年就有企业债的发行，而后逐年发展，在2014年达到鼎盛，发行量接近7000亿元。但之后在中国债券市场大发展的大背景下，企业债券的发行量却开始萎缩，2019年发行量只有3624亿元。企业债发展受阻，发行量不稳定，至今仍旧维持不温不火的状态，这与国家发改委严格发债企业准入条件、收紧企业债发行存在一定关联；由于企业债的募集资金投向与项目投资挂钩，比照募集用途为补充流动资金及偿还银行贷款等更为灵活的公司债，具有更严苛的发行条件；在当前经济形势较差、投资意愿不强烈的背景下，企业更愿意选择低成本和发行环节较为便利的其他品种的非金融企业债，因而使企业债发展受阻。2020年企业债的发行量为3926亿元，2021年1~9月的发行量为3554亿元，同比增速达到21.1%，虽有所恢复，但规模仍有限，在非金融企业债中排名垫底。

（三）附认股权证公司债

附认股权证公司债是指公司债券附有认股权，持有人依法享有在一定期间内按约定价格（执行价格）认购公司股票的权利，也就是债券加上认股权的产品组合。国际上的附认股权证公司债券可以分为“分离型”与“非分离型”，在国内“分离型”有可分离债，“非分离型”包括可转换债和可交换债。从图7-7看，我国三种附认股权证公司债的发展历史有着较大差异：可转换债的历史最为悠久，是和中国股份制改革以及股票的发行一起发展起来的，近年来其发行规模呈现快速增长势头；而可交换债是在2014年以后发展起来的另一热门品种，可分离债只在2006~2009年出现过，属于“昙花一现”的历史品种。

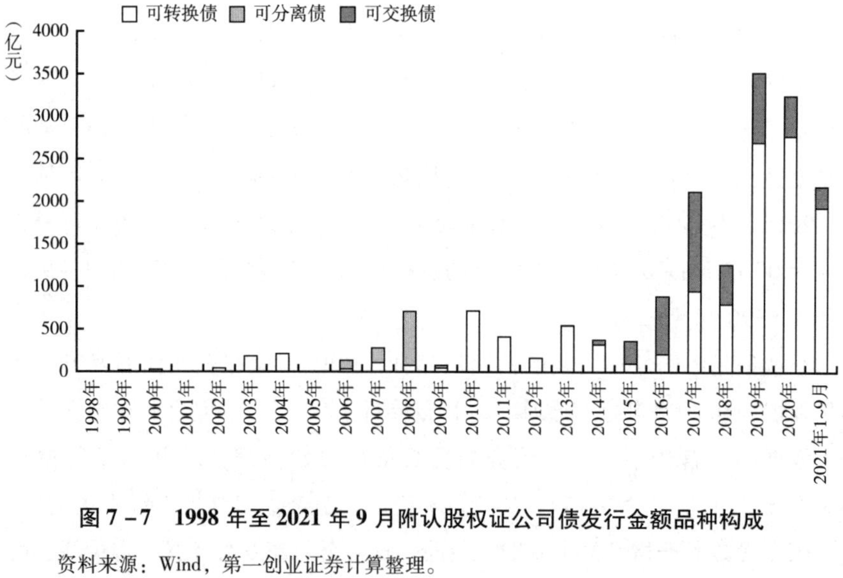

图7-7　1998年至2021年9月附认股权证公司债发行金额品种构成

资料来源：Wind，第一创业证券计算整理。

可分离债的全称是“可分离交易可转债”，是上市公司公开发行的认股权和债券分离交易的可转换公司债券。它赋予上市公司两次筹资机会：先是发行附认股权证公司债，此属于债权融资；然后是认股权证持有人在行权期或者到期行权，这属于股权融资。因此，可分离交易可转债实际上是“认股权和债券分离交易的可转换公司债券”，它是债券和股票的混合融资品种。可分离交易可转债由两大部分组成，一是可转换债券，二是股票权证。可转换债券是上市公司发行的一种特殊的债券，债券在发行的时候规定了到期转换的价格，债权人可以根据市场行情把债券转换成股票，也可以持有到期收回本金并获得利息。股票权证是指在未来规定的期限内，按照规定的协议价买卖股票的选择权证明，根据买或卖的不同权利，可分为认购权证和认沽权证。普通可转债中的认股权一般是与债券同步到期的，而可分离债则并非如此。认股权证的存续期比公司债的存续期要短，因而认股权证处于价内的机会较普通可转债的权证部分要低，时间价值占认股权证价值的比重会更大，从而更具投机性。股票权证本质上是一种期权，且实行 T+0 交易，造成投机风潮渐起，资金大量涌入，成交量连续放大，二级市场的疯狂最终会影响到一级市场，可分离债成为监管者眼中的“坏孩子”而不再被审批，其渐渐淡出了人们的视野。

可交换债和可转换债之所以在近几年获得快速发展，究其原因，在于这些年上市公司增发成风，2015~2017 年的融资额均超过 1 万亿元，远远超过一两千亿元的 IPO 融资额，而股市下跌造成再融资环境恶化，增发价纷纷被跌破终于使这种状况难以为继，监管层开始出台措施限制定增的融资。2017 年 2 月，证监会修订了《上市公司非公开发行股票实施细则》，在这一再融资新规中，从定增规模、再融资周期、再融资募资、定价方式等方面对再融资市场各方面进行规范。定增市场受影响最大，而可转换债和可交换债则成为监管层大力鼓励的再融资方式。

相对于可转换债和可分离交易债，可交换债在我国起步较晚，2013 年才开始进入中国债券市场。2013 年 10 月，武汉福星生物发行的中小企业可交换私募债券，开了中国可交换债券的先河。2014 年发行了 5 只，其中有 12 月宝钢股份发行的可交换债券“14 宝钢 EB”。之后，可交换债进入快速发展期，2015 年以前发行的主要是中小企业私募可交换债，在 2015 年 1 月证监会发布新的公司债管理办法后，可交换债的发行也分为大小公募和私募三种形式，2015 年发行了 23 只共 265 亿元可交换债，2016 年发行了 46 只 674 亿元可交换债，已经突破了 2013 年深交所《关于中小企业可交换私募债券试点业务有关事项的通知》中的相关约束。2017 年虽然只发行了 62 只，与 2016 年相差无几，但由于有几只超百亿元大型国企可交换债的发行，因此发行总额达到 1173 亿元，成为历史上发行量最高的年份，比 2016 年的 674 亿元增长 74%。2018 年，受低迷的股市环境的影响，可交换债强劲的发展势头有所衰减，发行量达到 25 只，发行额 465 亿元。与可转债一样，随着市场行情的好转，2019 年可交换债的发行量达到 40 只，发行额 824 亿元，2020 年则为 43 只 476 亿元，平均每只的发行规模大幅减少。而与可交换债相比，可转债近几年的发展速度更快。

相对于可交换债，可转债在我国的历史十分悠久，从 1992 年至今，可转债市场经历了从起步到扩张的过程，可以将其大致划分为初始发展、规范化发展和扩容三个阶段。1992～2005 年是我国可转债发展的初始阶段。我国发行可转债的历史最早可追溯到 1992 年 11 月深宝安发行的 A 股可转债，它是我国第一只由上市公司发行的转债。1993 年，我国第一只可转债（宝安转债）在深交所上市。但之后由于“宝安转债”转股失败，我国转债市场的发展陷于停滞。直到 1997 年 3 月，国务院证券委颁布了《可转换公司债券管理暂行办法》，1998 年丝绸和南化转债、1999 年茂炼转债、2000 年鞍钢和机场转债先后发行，我国转债市场才重现生机。特别是 2000 年发行的机场转债是真正成熟意义上的第一只转债，该转债奠定了后来转债的大体框架，比如面值、回售/赎回条款、转股价调整公式等。后来发行的超百只可转债，基本上都按照这个框架来设计条款。2001 年主管部门发布《上市公司发行可转换公司债券实施办法》，可转债一级市场的发行制度初步形成。2006～2016 年是可转债的规范化发展阶段，在此期间，监管部门密集出台了相关监管政策，沪深交易所也相继发布上市交易细则，进一步完善了可转债的上市条件和交易制度。2017 年至今是可转债发展的扩容阶段。自 2017 年以来，受再融资新规等政策影响，部分上市公司融资需求转向可转债，可转债市场迎来供给的快速扩容时代。

如图 7－8 所示，2002～2016 年，我国总共发行了 117 只可转债，平均每年发行的可转债不到 8 只，发行数量最多的 2003 年也只有 16 只，发行额也不过 185.5 亿元。而 2017 年可转债的发行量快速上升，达到 949.4 亿元。2017 年上市公司发行可转债提速，与证监会 5 月出台的《上市公司股东、董监高减持股份的若干规定》有密切关系。根据这一减持新规，定增从发行到退出均受到很大的限制，而发行可转债却不受此限制，从而间接地推动上市公司发行可转债的需求。这类低息融资工具受到上市公司青睐，成为定增融资的“替代品”。证监会修订后的《证券发行与承销管理办法》对可转债、可交换债发行方式进行了调整，将现行的资金申购改为信用申购。按照新的管理办法，参与网上申购的投资者申购时无须预缴申购资金，待确认获得配售后，再按实际获配金额缴款。2018 年受股市行情回落影响，可转债发行量有所下滑，但也发行了 795.7 亿元。2019 年随着市场行情的见底回升，2019 年可转债发行出现大爆发，共发行了 151 只 2695.2 亿元，接近前 6 年发行的总和，2020 年也发行了 217 只 2769.7 亿元。2020 年 12 月 31 日，证监会发布《可转换公司债券管理办法》，标志着可转债的发展进入了一个新的历史发展阶段。2021 年 1～9 月，共发行 87 只 1930.3 亿元可转债，虽然同比增速只有 2%，但每只可转债的发行规模出现了大幅度上升。

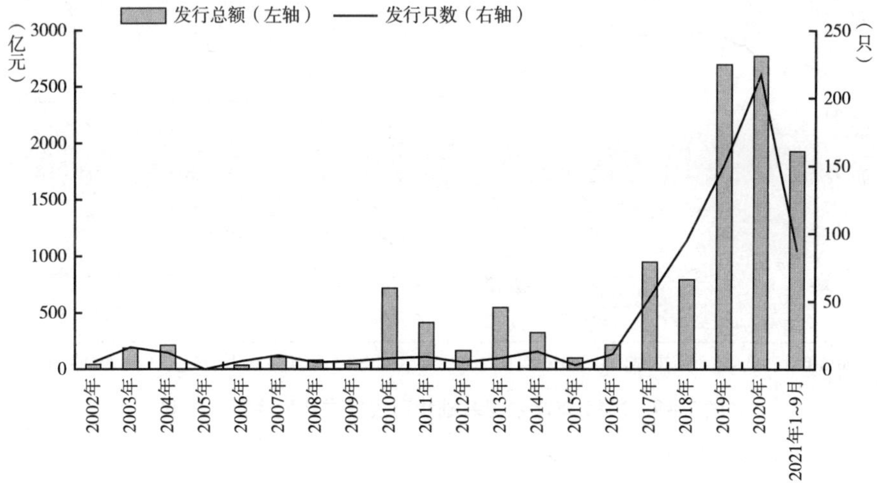

图 7-8 2002 年至 2021 年 9 月可转换债发行规模对比

资料来源：Wind，第一创业证券计算整理。

三　债券市场发行利率

（一）同业存单的发行利率

同业存单发行量的快速增长，和中国货币投放方式的变化及金融机构2014年开始的加杠杆，以及2017年的去杠杆过程，是密切相关的。图7－9显示，2014年是我国基础货币投放方式开始发生重大变化的一年，这年4月央行外汇占款在达到27.3万亿元的历史高点后见顶回落，2016年底为21.94万亿元，之后回落速度大幅放缓，至2021年6月底为21.21万亿元；央行传统的国债回购工具已不够用，因而创造出SLO（短期流动性调节工具）、SLF（常设借贷便利）、MLF（中期借贷便利）、PSL（抵押补充贷款）等新型工具；货币当局对其他存款性公司的债权在2014年4月为1.31万亿元，之后保持一定的增长速度，至2021年6月底发展到13.25万亿元。

图7－9　2014年起中国基础货币投放方式发生巨大变化

资料来源：Wind，第一创业证券计算整理。

问题的关键在于，央行这些新型货币政策工具对于银行和抵押品都有一定的要求，因而形成央行—政策性银行/商业银行—股份制银行—城商行/农商行—非银行金融机构的资金分层投放渠道，即由于中小银行吸引存款能力和接受央行流动性资质的不足，其主要通过发行同业存单的方式从大行处获得资金，而非银机构主要通过接受委外资金的方式从中小银行处获得资金。在这一过程中，资金成本越来越高，为了保证收益率，加杠杆和牺牲流动性以追求高收益成为必然选择，也成为2014年到2016年10月债券大牛市的动力之源。而由此带来的高风险以及“脱实向虚”的资金空转，使得监管层不得不出手加以治理。以MPA（宏观审慎评估体系）考核为标志，自2018年一季度开始，对同业存单与同业存款的监管统一，即两者都将作为同业负债进行MPA考核。由于MPA考核要求银行同业负债占总负债的比例不能超过三分之一，而对银行通过债券发行进行融资的比例没有限制，因此，同业存单纳入MPA考核实际上意味着银行通过同业负债（含存单）进行融资的比例将开始受到约束。随着监管的趋严，国有大行比中小银行更有指标上的优势，也开始利用同业存单来扩大同业业务的规模，而中小银行的资金来源则开始出现问题。因此，同业存单的发行利率可以灵敏地反映银行间货币市场资金的松紧程度。如图7-10所示，6个月同业存单的平均发行利率，与银行间7天质押式回购的加权平均利率高度正相关，其中国有银行和股份制银行的发行利率要略低于城市商业银行和农村商业银行的发行利率。

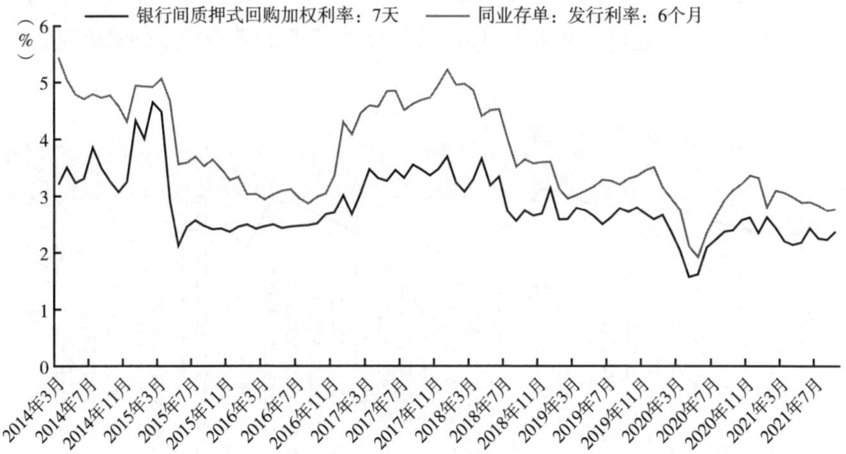

图7-10 2014年3月至2021年3月同业存单的发行利率可以灵敏地反映银行间货币市场的松紧程度

资料来源：Wind，第一创业证券计算整理。

受新冠肺炎疫情的影响，2020年初国内经济大幅度下滑，央行3次降准，加权平均存款准备金率下降约1个百分点，降准释放流动性1.75万亿元；而自

2018 年以来，人民银行已 10 次降准，加权平均存款准备金率下降约 6 个百分点，累计释放流动性 9 万亿元左右。在流动性大幅宽松的背景下，同业存单发行利率快速下行，6 个月存单的发行利率从 2018 年 1 月的 4.95%，一直下滑至 2020 年 5 月的 1.92%，然后止跌回升至 12 月的 3.32%，到 2021 年 6 月为 2.89%。造成上述现象的原因，主要是银行负债缺少“长钱”，长期限负债匮乏，而金融机构超储率从 2019 年底的 2.4% 下滑至 2021 年 6 月底 1.2% 的低位，导致银行同业存单发行利率上升；同业存单的发行利率高低不仅与金融机构超储率有关，而且与同业存单的发行量也密切相关。同业存单发行量也从 2020 年 5 月的 1.09 万亿元上升至 2021 年 3 月的 2.57 万亿元，存单的量价齐升反映了银行负债成本压力的凸显，其背后是在超储率低位运行背景下，结构性存款压降、政府债券集中发行导致的银行“缺长钱”问题。2020 年四季度结构性存款压降压力、政府债券发行规模、同业存单到期量均较大，而货币政策维持对短端资金利率的对冲操作，导致同业存单利率的高位运行。2021 年上半年，在银行负债压力较大的背景下，同业存单发行量大幅增加，据 Wind 统计，2021 年前 6 个月，同业存单累计发行超 10 万亿元，达 10.91 万亿元，同比增加 39% 左右。尤其是在 3 月和 4 月，同业存单发行量高企达 2.6 万亿元和 2.1 万亿元（见图 7－11），其中，城商行和农商行发行增幅明显。

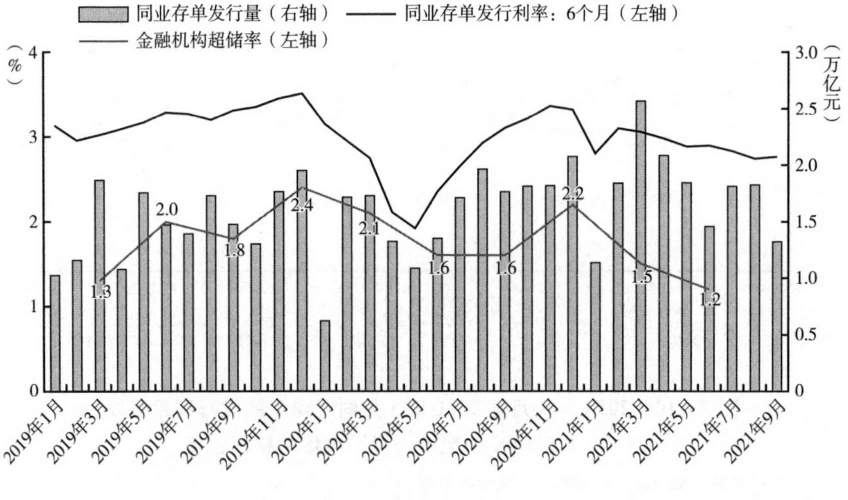

图 7－11　同业存单的发行利率高低和其发行量、金融机构超储率密切相关

资料来源：Wind，第一创业证券计算整理。

同业存单发行规模的持续增长主要与银行流动性管理压力加大有关，2021年是资管新规过渡期的最后一年，在负债竞争、非标回表和理财压降压力下，不少银行都增加了同业存单发行；另外，二级市场上，非银机构对同业存单配置力度的加大也反促了同存发行规模的提高。不过，同存发行高企的态势未能持续，步入下半年，同业存单发行就连月下降。9月发行规模仅为1.3万亿元，较上月降低23.7%左右，处于年内发行低点。同业存单发行规模的下降可能与银行补充负债的压力相对减弱有关，考虑到未来几个月同业存单到期压力不大，银行同存发行规模上或将继续下降。

（二）政策性银行债的发行利率

政策性银行在中国经济转型和高质量发展中具有不可替代的作用，不仅可以支撑国家重大发展战略，还能在一定程度上借助国家信用弥补市场不足。三家银行的资金来源主要依靠发债，且债券募集资金主要借助于国家信用，这就意味着其资金成本实际上是比较低的。同时政策性银行金融债的投资者多为银行及其他金融机构，这也意味着政策性银行的资金来源实际上由金融体系提供。也即政策性银行从金融体系中筹得债券资金，并通过贷款、投资等形式投放于国家重点支持的领域，弥补传统商业银行的不足。

2019年至2021年9月，10年期政策性金融债发行利率的走势变化如图7－12所示，国开行债、进出口行债和农发行债发行利率的走势，与10年期国债的走势基本一致。因为从理论上说，三家政策性银行在历史地位、政策定位上虽然有差别，但是在债券市场上，利率水平应该是一致的。因为政策性银行享受国家主权信用，与国债相同评级，享受零风险权重的待遇。然而事实上，政策性银行发行的债券与国债在信用上还是有差别的，国开行债与进出口行债、农发行债之间的发行利率也有所不同。

投资国开行债和国债最大的不同，是与利息相关的税收。对于利息收入，国债免收所得税，国开行债要收取25%的所得税。对于持有到期账户，国债免收增值税，国开行债要收取6%的增值税。从税收的角度看，税收差异是国开行债与国债存在利差的主要原因。实际上，国开行债与国债的利差还要受到投资者结构、交易性需求、流动性溢价等多方面因素的影响。在2019年至2021年9月期间，10年期国开行债与国债月发行平均利率之差的均值达到39BP。

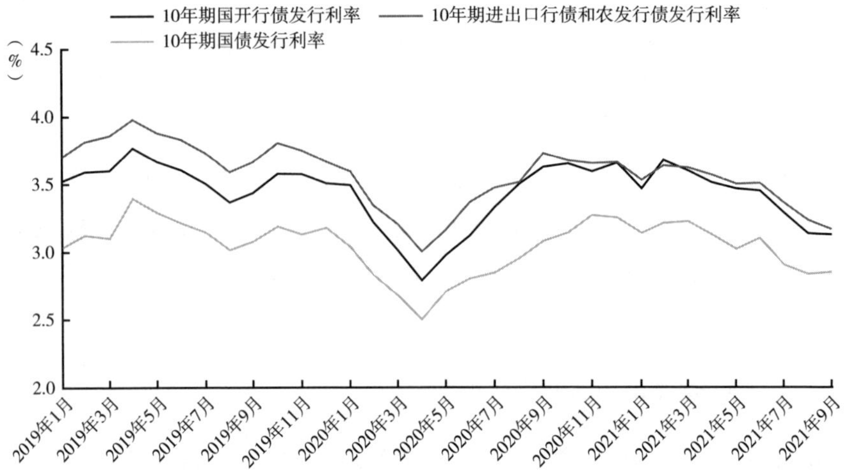

图 7－12　2019 年至 2021 年 9 月政策性金融债发行利率走势

资料来源：Wind，第一创业证券计算整理。

10 年期的国开行债与进出口行债、农发行债的一级市场发行利率之差，在 2019 年期间，月平均利差最大时达到 26BP，平均也有 21BP 的利差，原因是什么呢？很多人认为是流动性原因。众所周知，在银行间市场上，一直存在活跃券的现象。早期市场上的活跃券，包括各个主要期限上的国债和国开行债，相关的债券由于流动性极好，较同期限其他品种，收益率都会低一些；在后来的演变中，逐渐形成了以 10 年期国开行债为主的活跃券。以 10 年期国开行债为代表的活跃券，要贡献整个市场 50% 左右的成交。如此强的流动性，在换手率极低的银行间债券市场，当然应该有流动性溢价。

但随着进出口行债券和农发行债券发行量的上升以及其在政策性金融债中占比的上升，这种流动性溢价逐渐丧失。更为重要的是，国开行率先进行商业化改革，导致政策性定位发生改变，从而催生了债信问题，给国开行金融债发行蒙上了一层阴影。虽然国家对国开行的债信政策已经连续 3 年延期，使之等同于其他两家银行，但国开行债与进出口行债、农发行债之间发行利率之差是逐年缩小的，10 年期平均月发行利率之差，2020 年缩小至 12BP，2021 年1～9 月再次缩小至 4BP，甚至出现相同期限国开行债的发行利率高于进出口行债和农发行债的现象。

（三）非金融企业债的发行利率

非金融企业债券的发行利率，既受其自身所处行业特点、主体和债项评级、债券发行期限的影响，也受宏观经济大环境、货币政策操作的影响。因此，在不同时期，不同类型的债券、不同行业的非金融企业债券发行利率可能存在明显的差异。就非金融企业债券发行利率而言，虽然受期限和行业（或企业自身评级）差异的影响而有期限利差和信用利差的差异，但基本趋势主要是受宏观经济与货币政策环境的影响。企业债券的发行利率最高，其次是公司债券和中期票据，短期融资券的发行利率最低。如图 7 - 13 显示，2020 年 1 月企业债、公司债、中期票据和短期融资券的发行利率分别为 5.00%、4.28%、4.01% 和 2.76%；到 2021 年 10 月，它们分别下降到 4.77%、3.74%、3.88% 和 2.81%。总体而言，非金融企业债的平均发行利率略有下滑，公司债发行利率下降最多，下降了 54BP；其次是企业债，下降了 23BP；再次是中期票据，只下降了 13BP；最后是短期融资券，其反而上升了 5BP。究其原因，与在此期间收益率曲线的变化有关。短融发行利率略有上升，是因为其发行期限在 1 年内，2020 年至 2021 年 9 月 30 日利率债收益率曲线的运行特征便是平坦化下行，1 年内的短端收益率反而有所上行，10 年期国开行债收益率在此期间下滑 26BP；公司债和企业债的平均发行期限最长，5 年以上的占比在近几年都在 70% 以上甚至达到 90%，因而它们的发行利率下降最多。

但中票和短融的绝对发行成本要更低，这是因为：一是受发行便利程度的影响。中票和短融都是注册后 2 年内可分期发行，而公募的公司债 1 年内完成首次发行，其余可在 2 年内多次发行；而企业债发行的窗口期较短，在市场变化较快特别是信用债违约现象逐年增加的大背景下，企业债发行相对困难。二是受流动性的影响。短融和中票在银行间市场的流动性要远高于企业债，而公司债主要是在交易所市场发行，是交易所市场的主推产品，虽然流动性也远不及短融和中票，但由于银行参与交易所市场的限制被放开，因而交易所市场的流动性得到了极大的改善。三是与发行期限有关。对债券发行利率而言，一般来说，期限越短发行利率越低，而期限越长发行利率越高。

从非金融企业债券发行的期限安排（以各品种发行总额占比计算）上看，按平均发行期限从短到长排列是各具特点的（如表 7 - 3 所示）。短期融资券

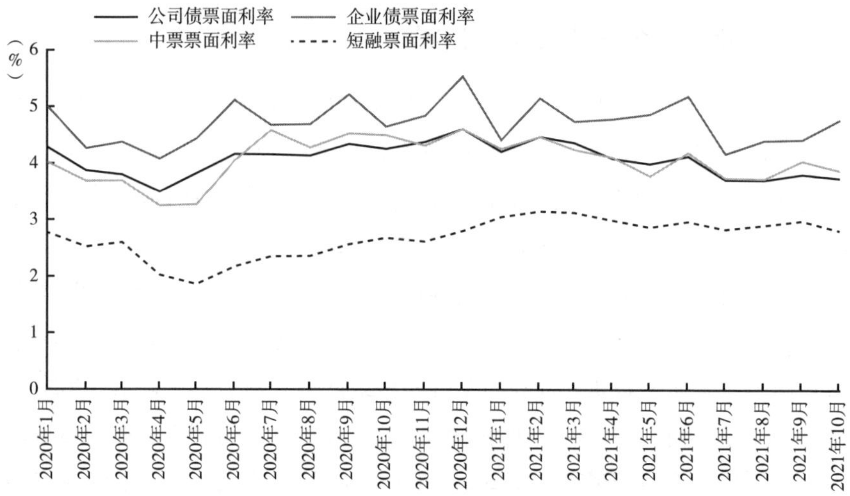

图7－13　非金融企业债发行利率对比

注：上图各品种月度发行票面利率，为该月内发行该品种全部债券票面利率的加权平均值，以实际发行总额为权重。

资料来源：Wind，第一创业证券计算整理。

均在1年以内，平均期限最短；其次是中期票据，1～3年的在60%以上，3～5年的占30%左右；然后是公司债，1～3年的占50%左右，3～5年的占40%以上；最后是企业债，5～10年的占到60%以上。可见，在我国，非金融企业发行人要根据自己的实际情况，来选择合适的发行品种。而从总体上看，目前我国非金融企业债券市场已发展得较为成熟，各个期限的债券发行构成比例较为合理，这为债券市场的期限结构曲线提供了支持。

表7－3　非金融企业债发行期限结构特征

单位：%

发行期限(年)	2020年					2021年1～9月				
	≤1	1～3	3～5	5～10	>10	≤1	1～3	3～5	5～10	>10
短期融资券	100	0	0	0	0	100	0	0	0	0
中期票据	0	64.91	33.24	1.70	0.15	0	68.35	29.73	1.85	0.07
企业债	0	10.16	23.25	62.60	3.99	0	12.88	20.65	65.27	1.20
公司债	3.90	48.76	42.71	4.16	0.47	4.62	50.19	40.76	4.14	0.29

注：以各品种发行总额占比计算。

资料来源：Wind，第一创业证券计算整理。

从企业债、公司债、中票和短融按分级统计的发行期限看（见表 7-4），企业债和中票 AAA 评级的占比较高，在 60% 以上；而公司债 AAA 级占比为 43.1%，但公司债发行量中有 36.2% 的债券无评级，这是因为私募公司债并未强制要求进行信用评级，因而企业债 AA+评级的占比就要比公司债高 10 个百分点以上。从发行期限看，AAA 评级中企业债的发行期限以 5~10 年占比最高，中票和公司债券的发行期限以 3~5 年占比最高；但在 AA+以下的中低评级中，企业债和公司债以 5~10 年占比最高，中票以 3~5 年占比最高。因而总体而言，企业债发行的信用等级平均要高于中票，中票发行的平均信用等级要高于公司债。虽然在发行环节信用评级的强制要求都被取消，但发行期限越长的企业越有动力去进行信用评级，以降低发行成本，因而发行企业债的企业中进行评级的占比最高，短融发行期限最短，因而无评级的企业占比最高，但这并不意味着发行企业债的企业质量要高于发行其他类型非金融企业债的企业质量，这一点从企业债发行利率高于其他类型非金融企业债就可以看出，企业债发行由于受发行期限、发行便利程度以及市场流动性等因素的影响，其发行的平均票面利率仍高于相同期限的公司债。

表 7-4　企业债、公司债、中票和短融发行金额对比（2020.1~2021.9）

	评级	发行总额（亿元）	金额比重（%）	1 年以下	1~3 年	3~5 年	5~10 年	10 年以上
企业债	AAA	5156.5	67.4	0.0	0.0	895.8	3534.0	726.7
	AA+	1994.1	26.0	0.0	0.0	39.6	1815.1	139.4
	AA	504.7	6.6	0.0	0.0	7.0	493.7	4.0
公司债	AAA	26465.1	43.1	12.0	2531.0	11711.1	11234.1	976.9
	AA+	9006.6	14.7	0.0	419.9	2391.5	6051.3	143.9
	AA-	4.8	0.0	0.0	0.0	0.0	4.8	0.0
	AA	3098.1	5.0	0.0	121.6	1075.1	1799.4	102.0
	A-1	618.9	1.0	164.0	454.9	0.0	0.0	0.0
	无评级	22278.1	36.2	471.5	3882.3	5248.6	12570.0	105.8
中票	AAA	27948.2	63.5	0.0	2331.7	17360.4	7779.6	476.5
	AA+	7903.3	18.0	0.0	278.3	4146.3	3474.7	4.0
	AA	2504.0	5.7	0.0	45.6	1241.1	1217.4	0.0
	无评级	5640.9	12.8	0.0	840.9	3370.5	1379.5	50.0
短融	A-1	6880.7	7.3	356.5	6524.2	0.0	0.0	0.0
	无评级	86859.7	92.7	84808.9	2050.9	0.0	0.0	0.0

资料来源：Wind，第一创业证券计算整理。

第八章
债券交易及存量特征

王增武　唐嘉伟*

- 2001 年以来中国债券二级市场，从整体规模来看，无论是债券现券成交额还是其占 GDP 的比例都延续了增长态势，受市场利率波动、政策调整等因素影响，2021 年 1～10 月的现券成交量同比有小幅减少。结构上，银行间市场在回购及现券交易上仍占据主导地位，从债券市场体系的完善方面，也能看出交易所市场近两年来债券交易占比在不断提升，随着银行间债券市场与交易所债券市场相关基础设施机构开展互联互通合作，银行间市场与交易所市场过于割裂的局面开始改善。从债券品种来看，信用债的成交量仍然远小于利率债，而其中值得关注的是 2021 年债券成交中逆势增长的定向工具以及资产支持证券流动性均相对较差，考虑到银行理财产品净值法转型中有部分机构将其作为流动性较差的产品而采用摊余成本法计量，因此这或许也是定向工具以及资产支持证券交易规模获得逆势增长的原因。
- 从托管总量上来看，全国债券市场总托管量持续增加，截至 2021 年 10 月底，债券市场托管总量达 126.34 万亿元，较 2020 年底上升 10.55%，其中占比最高的三个种类分别为金融债（23.66%）、地方政府债（23.22%）以及国债（17.45%）。
- 从债券收益率走势来看，2021 年利率债行情整体是一个震荡下行的走势。全年中对收益率影响较大的货币政策冲击是 7 月 15 日下调金融机构存款准备金率 0.5 个百分点。
- 从债券杠杆率来看，银行间市场杠杆率整体低于交易所市场，而两者

* 王增武，博士，中国社会科学院金融研究所副研究员；唐嘉伟，国家金融与发展实验室财富管理研究中心特聘研究员。

目前的杠杆率水平均处于一个窄幅震荡的趋势。

- 从存量债券加权期限来看，整体呈现短期限债券（3 年以内）以及长期限债券（7 年以上）占比提高，而中等期限债券占比减少的形势。
- 投资者结构方面，我们发现随着中国资本市场对外开放步伐加快，外资在中国债券市场中扮演着越来越重要的角色。
- 在投资者资产配置方面，商业银行主要增持地方政府债、国债、政策性银行债、信贷资产支持证券以及商业银行债。证券公司主要增持了地方政府债、国债、信贷资产支持证券，大量减持政策性银行债。

一　债券市场发展及结构分布

（一）债券交易的规模与结构

随着债券市场基础设施与制度建设的稳步推进，债券市场容量不断增大，与之相对应的是债券交易量的增长，2001 年至 2021 年，债券现券交易总量总体呈现上升趋势（见图 8－1），其相较于 GDP 的深化程度也不断增长（以现券交易量与 GDP 之比衡量）。2001 年，全市场的债券现券成交额仅为 5278 亿元，但到 2020 年，现券交易额已达到 241 万亿元，截至 2021 年 10 月底也已有 181 万亿元。随着债券交易额的增长，其与中国 GDP 之比也不断地上升。2001 年债券现券成交额与 GDP 之比仅为 4.8%，但到 2021 年 10 月，其与 GDP 之比已上升到 196.95%。当然，现券交易的数量也受市场利率波动、政策调整等因素影响，如 2013～2014 年是一个比较明显的低谷，2021 年 1～10 月份实际上的成交量同比也减少了 13.38%。

另外，我国当前的债券市场交易规模在银行间和交易所市场仍不平衡，从债券市场体系的完善方面，也能看出交易所市场近两年债券交易占比在不断提升（见图 8－2）。具体来看，2010～2019 年债券现券交易市场基本维持了一个 98%～99% 的银行间占比，而到了 2020 年已下降至 95.36%，2021 年 1～10 月进一步下降至 92.64%。银行间市场长久以来占据绝对优势的地位主要还是我国长久以来的间接融资体系和银行在金融市场领域的规模领先地位导致。1997 年，央行

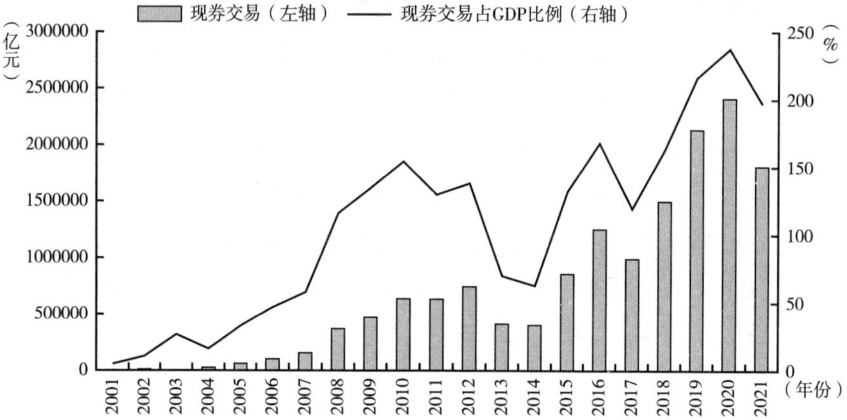

图 8－1　中国债券市场现券成交量及其占 GDP 的比例

注：2001～2020 年以 12 月 31 日为截止日期，2021 年以 10 月 31 日为截止日期，1～10 月 GDP 在三季度 GDP 数据基础上进行估算。

资料来源：Wind。

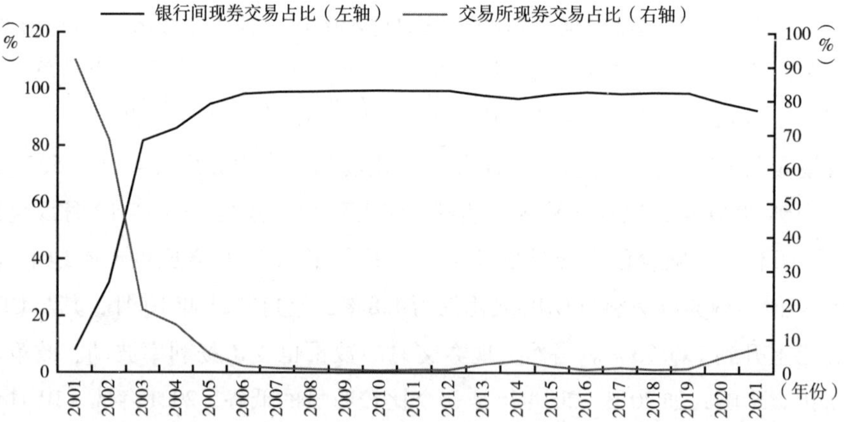

图 8－2　中国债券市场银行间及交易所现券交易占比

注：2010～2020 年以 12 月 31 日为截止日期，2021 年以 10 月 31 日为截止日期。

资料来源：Wind。

强制商业银行退出交易所市场，并成立银行间市场，到 2003 年时，银行间债券市场的现券交易占比已达到 81.55%，自此之后，银行间市场的体量一直远超交易所市场。而从 2018 年国务院金融稳定发展委员会专题会议上明确提出“建立统一管理和协调发展的债券市场”开始，银行间市场与交易所市场过于割裂的局面开始改善。2020 年 7 月 19 日，央行与证监会联合发布公告，决定同意银行间债券市场与交易所债券市场相关基础设施机构开展互联互通合作，即建立银行间债券市场与交易所债券市场的合格投资者通过两个市场相关基础设施机构连接，买卖两个市场交易流通债券的机制安排。商业银行参与交易所债券市场的壁垒不断被打破，交易所现券交易量开始逐步回升。2021 年 1 ~ 10 月，交易所现券占比达到 7.36%，达到 2015 年以来最高。相信随着交易所与银行间债券市场的不断联通，交易所市场的现券交易规模占比将不断提升。

从二级市场整体成交情况来看，我国债券市场的回购交易量远高于现券交易和同业拆借（见表 8 - 1），显示出我国债券市场的货币市场功能发达，对应的资本市场功能却相对较弱。但同时也能看到，资本市场功能不断发展，现券交易占比有所提升，2021 年 1 ~ 10 月现券交易占比达到 20.14%，高于 2020 年 1.34 个百分点。此外，交易所的回购交易占比也不断上升，已经从 2020 年的 31.7% 上升至 2021 年 1 ~ 10 月的 42.5%，这主要得益于两个方面，一方面是交易所债券市场规模的发展。另一方面是交易所市场在回购交易方面相较于银行间市场有优势，一是交易所市场质押券制度更加灵活，交易所市场实行的标准券折算制度、质押可替换机制以及到期自动续作机制，使交易所信用债的质押效率更高、流动性更强，也更便捷，十分有利于信用债质押回购，公开发行的 AAA 级以上的公司债均能质押；二是交易所市场采用中央对手机制，每日调整债券的标准券折算率，基本无交易对手风险，而银行间市场交易对手的风险更高。同业拆借市场方面，目前仅存在于银行间市场，主要用于除中央银行之外的金融机构之间进行短期资金融通。2021 年1 ~ 10 月同业拆借市场交易规模 77.26 万亿元，比上年同期减少 37.66%。

表 8 - 1　银行间和交易所现券交易、回购交易及同业拆借情况

2020 年								
交易市场	现券交易		回购交易		同业拆借		合计	
	总金额（亿元）	比重（%）	总金额（亿元）	比重（%）	总金额（亿元）	比重（%）	总金额（亿元）	比重（%）
银行间债券市场	2298102.3	95.4	6106497.3	68.3	1471318.2	100.0	9875917.9	77.0
上海证券交易所	32840.5	1.4	2554985.6	28.6	—	—	2587826.1	20.2
深圳证券交易所	79017.5	3.3	278189.3	3.1	—	—	357206.8	2.8
合计	2409960.4	100.0	8939672.3	100.0	1471318.2	100.0	12820950.8	100.0

续表

2021年1~10月								
交易市场	现券交易		回购交易		同业拆借		合计	
	总金额（亿元）	比重（%）	总金额（亿元）	比重（%）	总金额（亿元）	比重（%）	总金额（亿元）	比重（%）
银行间债券市场	1675079.7	92.6	3674105.7	57.4	772644.7	100.0	6121830.1	68.2
上海证券交易所	50082.0	2.8	2440275.6	38.1	—	—	2490357.6	27.7
深圳证券交易所	83058.8	4.6	284114.0	4.4	—	—	367172.9	4.1
合计	1808220.6	100.0	6398495.3	100.0	772644.7	100.0	8979360.6	100.0

资料来源：Wind。

（二）债券交易的品种分布

从2021年1~10月的债券市场成交数据与2020年1~10月对比来看（见表8-2），大部分债券品种交易量都有所减少，主要减少在银行间市场，其中，同业存单、金融债、国债、地方政府债下降规模最大，分别为8.94万亿元、8.69万亿元、7.14万亿元以及6.52万亿元，同业存单的下降或受资管新规下监管部门对同业市场的整顿影响，而地方政府债的下降或与2021年地方政府专项债的发行节奏放缓相关。可转债、定向工具以及资产支持证券是逆势上涨的品种，分别同比增加4.37万亿元、0.41万亿元以及0.37万亿元。其中，可转债市场近年来不断扩容，成交量也呈现逐年放大的态势，2021年1~10月总成交量已达12.01万亿元，占交易所品种成交总量的90.19%。另外值得关注的是，逆势增长的定向工具以及资产支持证券流动性均相对较差，考虑到银行理财产品净值法转型中有部分机构将其作为流动性较差的产品而采用摊余成本法计量，这或许也是定向工具以及资产支持证券交易规模获得逆势增长的原因。

从全市场角度看，2020年10月至2021年10月利率债成交量中，月度成交量基本呈现上升的趋势，2021年2月春节因素导致成交规模相对较小（见图8-3）。具体来看，2020年10月至2021年10月，金融债成交规模最大，合计905476.75亿元，占利率债成交量的64.75%；其次是国债，合计成交418084.54亿元，占利率债成交量的29.90%。最后是地方政府债，合计规模74874.85亿元，占利率债成交量的5.35%。

表 8－2 银行间和交易所市场债券成交统计

单位：亿元

类别	2021 年 1～10 月			2020 年 1～10 月		
	银行间	交易所	合计	银行间	交易所	合计
国债	322541	3863	326404	393914	1782	395695
地方政府债	63347	20	63367	128549	10	128559
央行票据	0	0	0	0	0	0
同业存单	331085	0	331085	420533	0	420533
金融债	750322	1969	752291	837262	2401	839662
企业债	9856	113	9970	10820	162	10982
公司债	0	4962	4962	0	5093	5093
中期票据	87785	0	87785	93135	0	93135
短期融资券	76353	0	76353	84855	0	84855
项目收益票据	77	0	77	68	0	68
定向工具	22087	0	22087	17982	0	17982
国际机构债	151	0	151	155	0	155
政府支持机构债	3851	4	3855	8910	2	8912
标准化票据	0	0	0	0	0	0
资产支持证券	7623	922	8545	3701	1156	4857
可转债	0	120078	120078	0	76390	76390
可交换债	0	1210	1210	0	1395	1395
可分离转债存债	0	0	0	0	0	0
总计	1675080	133141	1808221	1999884	88391	2088275

资料来源：Wind。

信用债的成交规模相较于利率债来说更小，从 2020 年 10 月至 2021 年 10 月的成交总量来看，可转债的成交规模最大，为 153905.39 万元，占信用债总成交量的 35.84%，其次为中期票据、短融融资券，分别为 114117.97 亿元，96400.17 亿元，占比 26.57% 及 22.45%。定向工具、企业债、资产支持证券、公司债、可交换债、政府支持机构债、国际机构债等品种成交量相对较小。从信用债的成交情况来看，也可见交易所中交投活跃的品种是可转债，而银行间主要为中期票据和短期融资券（见图 8－4）。

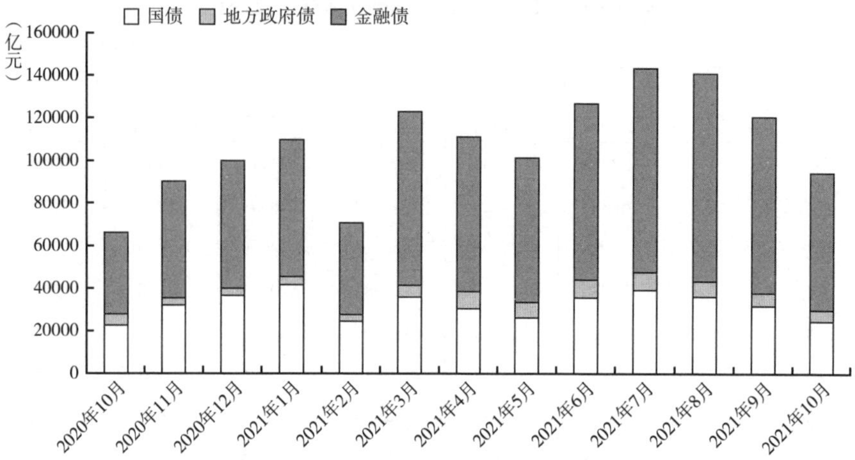

图 8－3　利率债月度成交量变化

注：金融债包括政策性银行债、商业银行债、商业银行次级债、保险公司债、证券公司债、证券公司短期融资券、其他金融机构债，其中约 90% 以上为政策性金融债，此处暂均列为利率债。

资料来源：Wind。

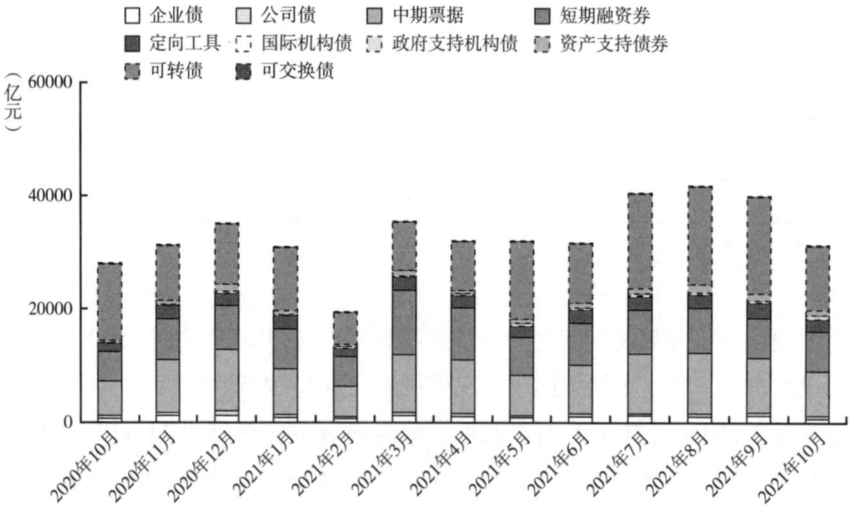

图 8－4　信用债月度成交量变化

资料来源：Wind。

（三）债券存量的规模与结构

截至2021年10月底，债券市场托管总量126.34万亿元，较2020年底上升10.55%，其中占比最高的三个种类分别为金融债（23.66%），地方政府债（23.22%）以及国债（17.45%）。从全市场角度看（如表8－3所示），2021年10月底托管量超1万亿元的债券种类有国债、地方政府债、同业存单、金融债、企业债、公司债、中期票据、短期融资券、定向工具（PPN）、政府支持机构债和资产支持证券11种。与2020年末相比，增加超过1万亿元的托管品种主要为国债（1.36万亿元）、地方政府债（3.85万亿元）、同业存单（2.00万亿元）以及金融债（2.82万亿元），企业债、可交换债托管数量则小幅减少。

表8－3　2020年及2021年1～10月全市场债券品种托管量

类别	2020年		2021年1～10月	
	债券余额(亿元)	余额比重(%)	债券余额(亿元)	余额比重(%)
国债	206858.65	18.10	220459.42	17.45
地方政府债	254864.10	22.30	293351.98	23.22
央行票据	150.00	0.01	150.00	0.01
同业存单	111168.10	9.73	131177.10	10.38
金融债	270637.94	23.68	298864.60	23.66
企业债	22693.95	1.99	22527.15	1.78
公司债	89221.02	7.81	96082.44	7.61
中期票据	74775.23	6.54	79370.47	6.28
短期融资券	20929.33	1.83	22899.18	1.81
定向工具	21250.15	1.86	23078.85	1.83
国际机构债	319.60	0.03	410.00	0.03
政府支持机构债	17225.00	1.51	18195.00	1.44
资产支持证券	45589.87	3.99	48992.90	3.88
可转债	5338.47	0.47	6274.61	0.50
可交换债	1700.09	0.15	1411.92	0.11
标准化票据	28.92	0.00		
项目收益票据	94.60	0.01	153.10	0.01
合计	1142845.03	100.00	1263398.73	100.00

资料来源：Wind。

二　债券二级市场走势及其特征

（一）2013年以来二级市场走势回顾

从2013年以来的债券市场行情来看，整体是震荡并且伴随价格中枢上移的趋势（见图8－5）。经历2013年中的“钱荒”冲击之后，中国债券市场在2014年进入了牛市行情，2015年和2016年前三季度连续上涨，大大超出市场预期。但自2016年10月21日中债新综合指数创出103.25的2003年以来的新高后，便一路下滑，进入熊市。2017年的债券市场整体表现为熊市，以中债新综合净价指数计算，从2016年12月31日的100.23下跌到2017年12月31日的96.07，下跌幅度达4.1%。进入2018年后，债券市场再次进入牛市行情，中债新综合净价指数全年明显上涨。2020年，受新冠肺炎疫情的影响，全球货币政策进入宽松状态，我国也持续投放货币支持实体经济发展，降低社会融资成本。2020年1月份，中国人民银行决定于2020年1月6日下调金融机构存款准备金率0.5个百分点；3月13日，中国人民银行决定于2020年3月16日实施普惠金融定向降准，对达到考核标准的银行定向降准0.5个～1个百分点；4月3日，中国人民银行决定对农村信用社、农村商业银行、农村合作银行、村镇银行和仅在省级行政区域内经营的城市商业银行定向下调存款准备金率1个百分点，于4月15日和5月15日分两次实施到位，每次下调0.5个百分点。连续三次降准迅速将债市行情点燃，2020年4月29日，中债新综合净价指数达到近年来最高的103.3877。之后随着疫情的消退，经济的逐步复苏，债市又开始转熊，整体来看上半年呈倒“U”形，下半年整体处于震荡状态。2021年中债新综合净价指数则是一个缓步上行的过程，最大的上行幅度还是得益于2021年7月9日央行宣布于7月15日全面降准0.5个百分点。

具体来看，2021年利率债行情整体是一个震荡下行的走势（见图8－6），10月中旬后受通胀抬升、货币政策没有进一步宽松等因素影响，收益率有翘尾抬头现象。具体如下，1月国内债市收益率先下后上，主要走势与流动性相关，月初由于资金面仍然相对宽松，延续了2020年底的下行走势，月中央行

图8－5 中债新综合净价指数走势

资料来源：Wind。

打破市场降准预期，并在税期过后开始回笼市场资金，债市收益率转下为上。1月底开始，央行连续公开市场净回笼，资金持续紧张，债市收益率延续小幅上行。2月以来资金利率整体稳定，虽然国内和海外基本面、政策都利空于债市，但是债市明显对利空因素表现钝化。3月债市收益率整体震荡下行，10年期国债收益率全月下行9.1BP，分阶段来看，上半月整体震荡，主要是因为全国“两会”召开，一方面市场认为是显示出较为保守的GDP目标，另一方面市场认为是传达了不会进一步收紧相关政策的信号，两相博弈下整体震荡，而到了下半月利率明显下行主要是因为中美、中欧等外部合作环境变化。4月债市收益率整体震荡下行，短端下降幅度大于长端，期限利差有所走阔，主要是因为月中央行表态将加大投放来平滑税期以及利率债发行压力增大可能导致的流动性紧张，短端利率下行带动长端下行，GDP等经济数据也边际回落。5月受税期银行走款、上一年度汇算清缴等因素的影响，市场流动性较前期有所收敛，资金面边际收紧，短端上行幅度较大，整月短端收益率偏震荡，长端收益率仍有所下行。6月债市收益率先上后下，交易主要围绕资金面展开。7月债市收益率明显下行，主要是央行于2021年7月15日下调金融机构存款准备金率0.5个百分点，释放长期资金约1万亿元，本次突然降准超出市场预期，推动收益率下行。8月至9月债市收益率整体震荡，主要是因为降准后收益率下行幅度已经较大，没有进一步的利好因素。9月下旬之后，随着降准后的行情逐渐消化、利率债的供给增加、货币政策宽松低于预期以及美债上行的压制等因素影响，利率债收益率开始出现上行走势，尤其是10月中旬以来，受央行表态称未来一段时间采用中期借贷便利、公开市场操作等方式来熨平流动性影响，降准预期有所落空，长期限利率上升较大。

图8-6　2021年3年期及10年期国债收益率走势

资料来源：Wind。

（二）市场杠杆率分析

债券市场中采用杠杆策略是比较常见的投资策略，投资者可以通过具有抵押资质的券种筹借资金，达到提升资本投资回报率的效果。往往当货币市场资金较为宽松、利率较低时，会产生资金套利行为。我们以中国债券信息网公布的各金融机构债券托管余额、质押式回购与买断式回购的待购回债券与待返售债券数据构建各金融机构的债券杠杆率指标，具体可以采用债券托管量/（债券托管量－待购回债券余额）来作为杠杆倍数的衡量方式。2021年2月前中债每月会公布银行间的待购回债券余额及银行间债券托管量，我们可以据此粗略地计算杠杆倍数水平，考虑到2021年2月开始中债不再披露债券托管量和待购回购债券余额情况，我们根据历史进行线性外推估算。

从银行间的情况来看，2020 年 2 月以来债券市场杠杆率基本维持在 1.06 ~ 1.09 倍的区间之内，整体市场杠杆率维持在较为稳定的水平（见图 8 – 7）。从历史角度来看，当前的杠杆率水平相较于2010 年至2018 年间较低，2018 年银行间市场主要机构为了增厚收益均集体加杠杆，导致彼时的杠杆率水平达到 113.39%。

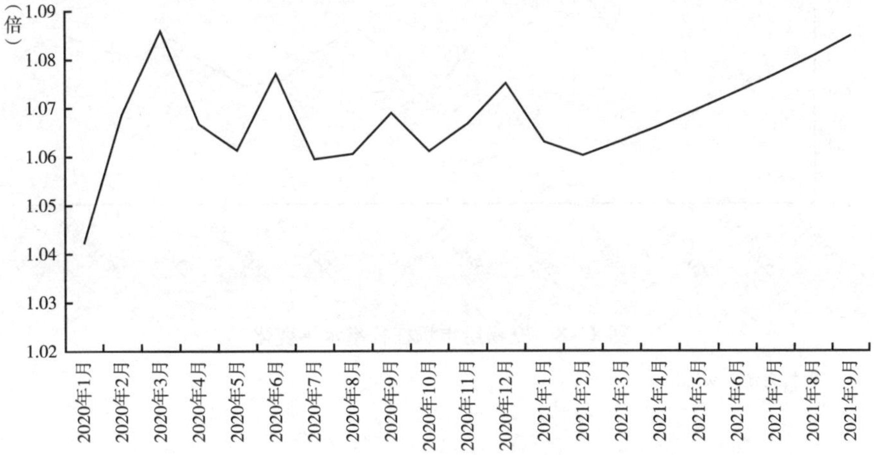

图 8 – 7　银行间市场杠杆率水平变化

资料来源：Wind。

在交易所债券市场，杠杆倍数可以用托管债券总市值/（托管债券面值 – 未到期回购融资余额）计算，其中托管债券面值可以从中证登每月公布的统计月报中获得，而交易所未到期回购融资余额则需要手工测算，如 GC001 未到期回购融资余额仅计算当天的交易额，GC007 则需要对前 5 个交易日中的交易额进行求和，以此类推，算出交易所市场所有回购品种之和。

从图 8 – 8 来看，交易所杠杆率从 2020 年以来基本保持了稳中下降的趋势，2021 年以来基本在 1.1 ~ 1.12 倍的杠杆率区间波动，但从整体杠杆率来看，还是高于银行间市场。这里的原因在于：一是交易所市场的信用债占比较高，而非银行金融机构作为委外机构，为取得较高收益率水平，在交易所信用债的投资占比要远高于利率债，导致投资杠杆率较高；二是商业银行自用资金主要投资银行间的利率债，资金成本较低，导致投资杠杆远低于非银行金融机构。从债券投资角度来看，由于非银金融机构资金成本较高，为了获取高额收益无非是采用信用下沉以及加杠杆的方式，而由于“永煤违约”等事件的冲击，信用下沉的风险更高。

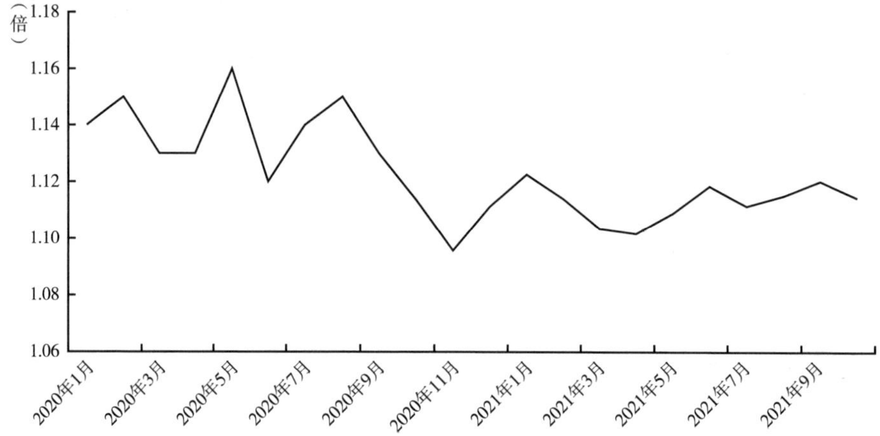

图 8-8　交易所市场杠杆率水平变化

资料来源：Wind。

（三）债券市场流动性分析

流动性是影响金融市场效率的一个重要因素。理论上，流动性越高，金融市场在资源配置、价格发现方面的功能会越强。流动性取决于市场的规模、产品结构、信用状况、市场状况等诸多因素。存量债券的期限结构是影响债市流动性的重要指标之一，不同期限的债券满足了投资者的不同需求，并且影响市场参与者对不同期限品种的投资意愿，从而影响市场流动性水平。这是因为，期限越短，风险相对越小，流动性往往越高。期限越长，风险相对越高，流动性会越低。就债券而言，剩余期限越短，则意味着债券的市场价格越接近于面值与应计利息之和，债券买卖之间的利差会越小，这也符合流动性的基本定义——将一种资产转换为现金而不遭受损失的能力。当然，剩余期限的变化也直接影响债券发行人在未来一段时间的偿债分布。剩余期限越短的债券占未清偿债券余额的比重越高，则未来面临的短期偿债压力也越大；剩余期限越长，则短期面临的偿债压力越小。为了减轻短期的偿债压力，债券发行人通常倾向于发行期限较长的债券，但这样的发行期限安排会带来两个问题。首先是发行期限越长，则债券的利率通常会越高。其次是连续地发行较长期限的债券，若干年以后，债券的剩余期会缩短，同样会导致剩余期限较短的债券余额上升。因此，发行期限的安排，并不能从根本上解决剩余期限的分布，因而也无法从根本上消除债券的偿还义务。

从存量债券来看，如图8－9、图8－10所示，截至2021年10月底，加权期限1年以内债券占比为26.05%，同比增加0.18个百分点；1～2年债券占比为13.66%，同比增加1.04个百分点；2～3年债券占比12.4%，同比减少1.6个百分比；3～5年债券占比17.44%，同比减少0.61个百分比；5～7年债券占比9.43%，同比减少0.56个百分比；7～10年债券占比11.87%，同比增加0.4个百分比；10年以上债券占比9.16%，同比增加1.16个百分比。从存量期限来看，我们以期限3年以内债券界定为短期限债券，期限7年以上债券定义为长期限，可以发现短期限以及长期限债券占比提高，而中等期限债券占比减少。这或许是资管新规后各类机构资产配置持续发生变化带来的结果，长期限品种有以保险为代表的机构配置，而非银等机构更偏好3年以内的品种。在一级市场发行期限改变的情况下，存量市场的期限凸显出这种现象符合逻辑。

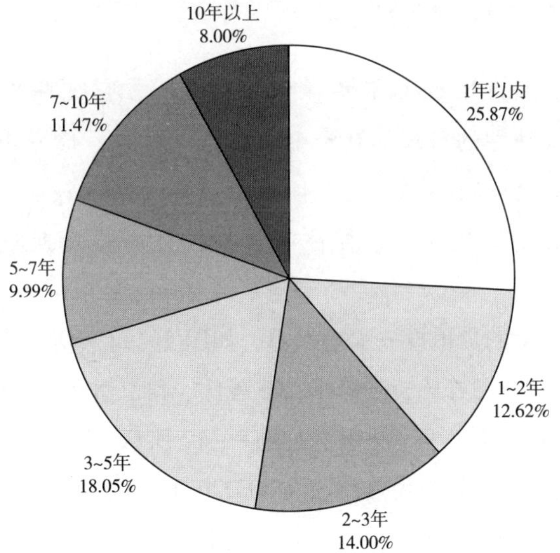

图8－9 2020年10月底存量债券期限分布

资料来源：Wind。

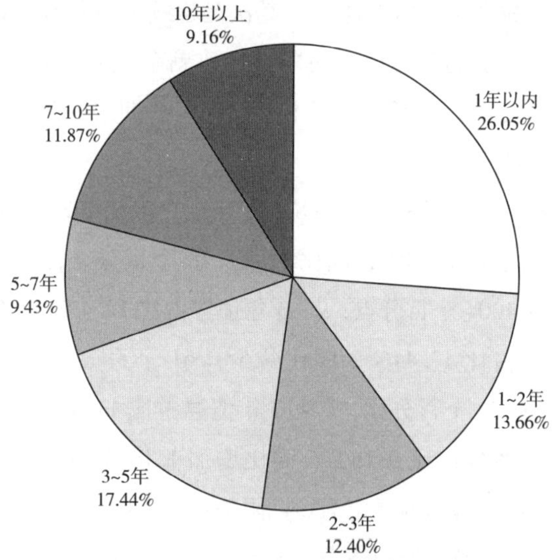

图 8－10　2021 年 10 月底存量债券期限分布

资料来源：Wind。

（四）债券市场资金面分析

资金面也是债券市场的重要影响因素之一，它往往是货币政策的反映，也是市场流动性的显现。在资金面较为宽松时，债券市场交投情绪较浓，反之，当资金面较为紧缩时，债券市场交投情绪较淡。债券市场资金面对于短端收益率影响较大，往往能较大幅度影响短期限债券的收益率水平。

从 2021 年以来的货币投放水平来看，如图 8－11 所示，其整体维持了较为稳健的水平。从 9 月开始，受跨季、节假日、利率债密集发行等影响，资金面整体开始偏宽松。而从全年来看，如图 8－12 所示，除部分时点大幅偏离之外，资金利率也整体维持低位震荡，在 2021 年 10 月利率债供给大幅增加、第三季度缴税等因素的影响下，央行增加了公开市场操作的资金投放，于 11 月 15 日续作了 1 万亿元 MLF，呵护了资金面的平稳。整体来看，央行运用各种货币政策工具保证了资金面波动在可控范围内。

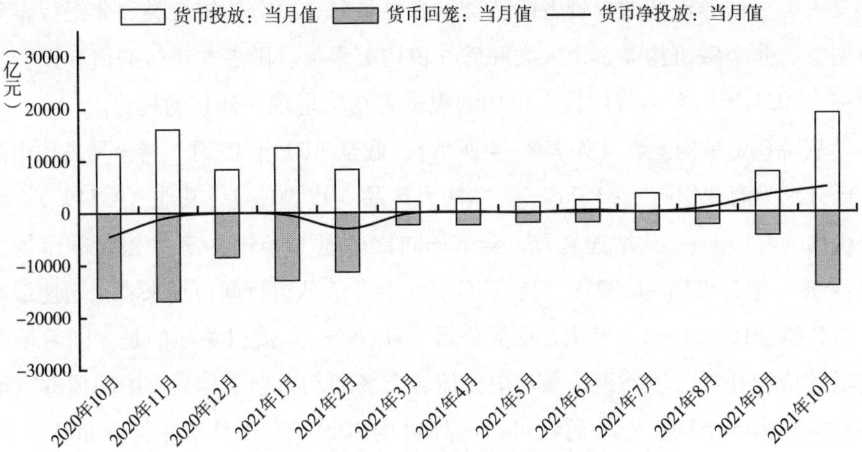

图8-11　资金投放与资金回笼情况

资料来源：Wind。

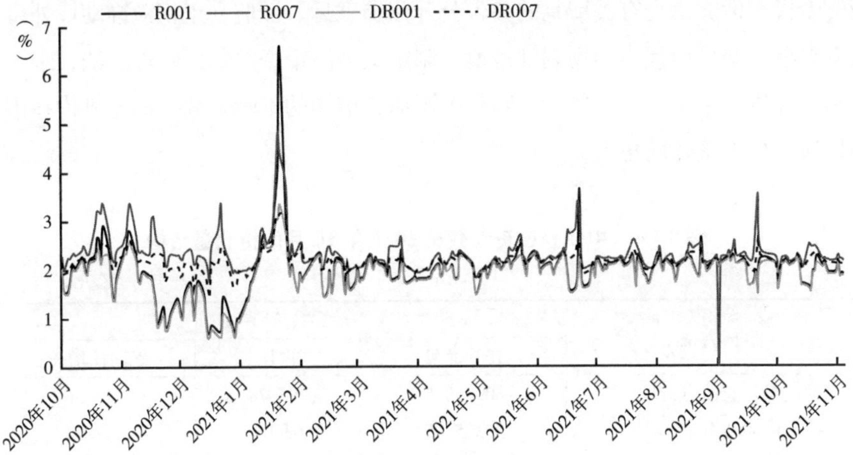

图8-12　资金利率情况

资料来源：Wind。

三　投资者数量分布和持仓结构

（一）投资者数量分布

目前，我国债券市场按投资场所分为银行间债券市场、柜台市场和其他市场三大类。债券市场的投资者除特殊结算会员外，可分为银行类、非银行金融机构类、非金融机构类、个人类和境外机构五大类。随着非银行的债券投资者增多，2021 年以来的我国债券市场的投资者结构呈现多样化的趋势。

从持仓量结构上看（如表 8 –4 所示），截至 2021 年 10 月，持仓量占比由高到低分别为商业银行（63.06%）、非法人产品（17.90%）、其他（4.54%）、境外机构（4.16%）。从增速来看，全市场同比增速 12.63%，其中银行间市场为 12.36%、柜台市场 –0.32%、其他市场 26.34%。从银行间市场来看，增速最高的为其他（107.51%），其次是证券公司（41.79%）。值得关注的是，随着债券市场的持续开放，境外机构参与中国债券市场的动力越来越强，中国债券市场逐渐得到国际市场投资者的认可，境外机构 2021 年 10 月整体持仓量为 3.52 万亿元，同比增长 31.09%。而 2021 年 10 月 25 日，证监会相关负责人在 2021 年上交所国际投资者大会上表示，证监会已会同人民银行、外汇局就境外机构投资者投资债券市场有关事宜的公告公开征求意见。证监会正积极推动境外机构投资者参与交易所债券市场制度落地，制定交易所市场熊猫债管理办法，进一步便利境外机构来华发行熊猫债。随着中国债券市场的不断开放，境外机构在市场中扮演着愈发重要的角色。

表 8 –4　中债登投资者截至 2021 年 10 月的持仓量结构

单位：亿元，%

机构类型	2021 年 10 月		
	托管面额	占比	同比增长
一、银行间债券市场	809955.5	95.78	12.36
1. 商业银行	533250.5	63.06	11.01
2. 信用社	9181.287	1.09	2.19
3. 保险机构	29007.77	3.43	30.72
4. 证券公司	13543.44	1.60	41.79
5. 非法人产品	151389.8	17.90	13.60
6. 境外机构	35167.44	4.16	31.09
7. 其他	38415.28	4.54	107.51
二、柜台市场	8029.379	0.95	–0.32
三、其他市场	27620.53	3.27	26.34
合计	845605.5	100.00	12.63

资料来源：根据中国债券信息网有关数据整理。

1. 商业银行持仓结构分析

商业银行一直以来都是债券市场的主要参与者，主要包括全国性商业银行、外资银行、城商行、农商行、农村合作银行、村镇银行及其他。

从持仓结构上看（如表8－5所示），截至2021年10月，商业银行主要增持地方政府债（30115.84亿元）、国债（8136.92亿元）、政策性银行债（4795.46亿元）、信贷资产支持证券（2679.77亿元）以及商业银行债（856.73亿元），减持了少量企业债（28.64亿元）。总体来看，2021年商业银行配置策略与2020年略有不同。与2020年相比，商业银行持有债券增值显著减少，其中商业银行债券、国债、企业债减少的比例更高。

表8－5　商业银行在中债登托管债券月增加量

单位：亿元

日期	国债	地方政府债	政策性银行债	商业银行债券	企业债券	信贷资产支持证券
2020年1月	409.18	7549.00	－714.92	－241.26	－47.84	327.09
2020年2月	－1149.64	2136.73	－1072.74	－488.35	－86.55	－528.68
2020年3月	1796.70	2369.74	342.49	440.56	14.49	－24.19
2020年4月	－117.04	3152.66	－536.34	197.20	30.27	－60.37
2020年5月	1985.61	7348.05	1644.59	576.86	45.14	140.27
2020年6月	2550.90	1363.45	2554.37	122.71	－19.29	－46.86
2020年7月	4446.84	716.38	2769.54	－407.20	75.18	－154.23
2020年8月	3008.04	7319.79	333.84	897.33	－88.22	405.37
2020年9月	1582.83	3073.17	272.35	892.48	75.14	369.75
2020年10月	1730.09	1686.95	1231.68	－82.27	－18.22	195.05
2020年11月	3242.22	－1930.34	1607.38	468.50	104.23	1041.86
2020年12月	3387.99	－861.07	－1140.31	－237.37	－3.16	1235.10
2020年合计	22873.74	33924.51	7291.94	2139.19	81.17	2900.17
2021年1月	－1037.75	4555.65	815.78	166.63	－24.64	361.87
2021年2月	693.44	331.56	－450.96	－45.12	27.70	144.23
2021年3月	1068.30	678.91	1808.52	1262.94	7.94	814.84
2021年4月	－1047.41	4566.54	－679.80	159.51	－59.58	258.50
2021年5月	1274.79	3435.65	677.77	－690.29	－34.24	335.17
2021年6月	1338.75	2244.91	906.12	102.90	－12.14	111.88

续表

日期	国债	地方政府债	政策性银行债	商业银行债券	企业债券	信贷资产支持证券
2021 年 7 月	-1474.00	2933.76	-170.20	-214.99	-3.09	16.35
2021 年 8 月	3164.84	3984.60	316.37	-124.33	-4.36	247.80
2021 年 9 月	3427.92	3457.71	893.22	355.78	94.27	363.50
2021 年 10 月	728.05	3926.54	678.65	-116.29	-20.50	25.64
2021 年 1～10 月合计	8136.92	30115.84	4795.46	856.73	-28.64	2679.77

资料来源：根据中国债券信息网有关数据整理。

商业银行在 2021 年的月度变化如图 8－13 所示（统计至 2021 年 10 月末），普遍在 8 月、9 月加大增持力度。

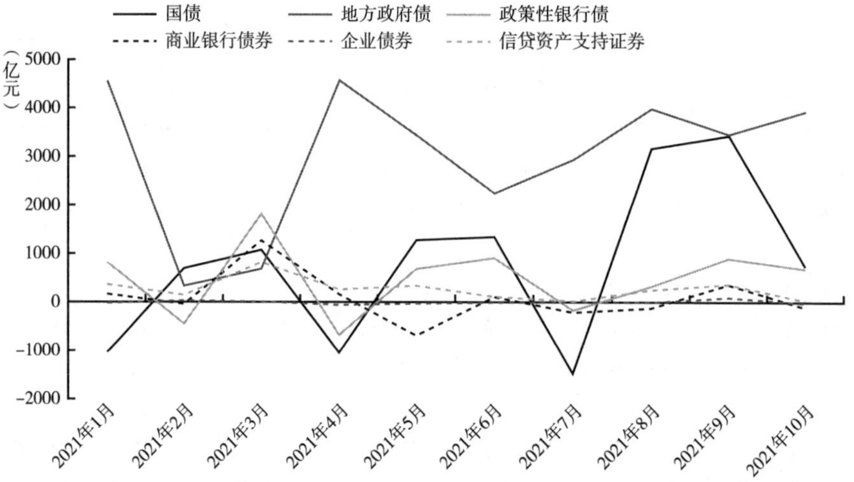

图 8－13　商业银行在中债登主要券种月度新增托管量走势

资料来源：Wind。

2. 广义基金持仓结构分析

截至 2021 年第三季度末，中国基金管理公司数量共有 137 家，公募基金资产净值接近 23.9 万亿元，其中开放式公募基金合计规模为 21.16 万亿元，占 88.54%。从投资范畴上看，开放式公募基金可分为股票型基金、混合型基金、债券型基金、货币型基金、另类投资基金等，其中货币型基金净值为 94171.35 亿元，占比高达45%，混合型基金和债券型基金净值占比分别为27%和16%（见图8-14）。各类基金均可投资一部分资金到债券上，其中债券型基金投资债券占比达80%以上。按照中国证券投资基金业协会统计口径，截至2021年10月末，公募基金的托管债券总量合计为239013.02亿元。

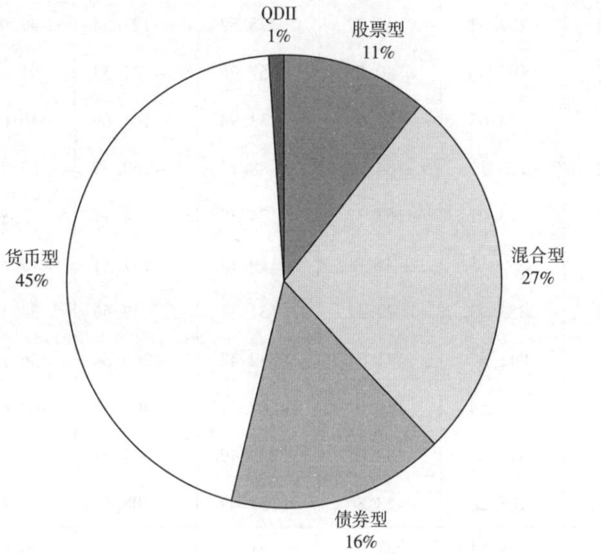

图8-14 公募基金公司净值占比（截至2021年第三季度末）

资料来源：Wind。

3. 证券公司持仓结构分析

证券公司持有债券主要以自营资金及资管项目为主，由于资金收益率要求不同因而债券持有策略较为灵活多变。证券公司为债券市场加杠杆的主要投资者之一，因而对于流动性的变动反应更加灵敏。

如表8-6所示，2021年1~10月份累计主要增持了地方政府债（1858.45亿元）、国债（961.99亿元）、信贷资产支持证券（121.41亿元），大量减持政策性银行债（1324.78亿元）。与2020年同期相比，证券公司对于地方政府债的增持幅度有明显上升，2021年前10个月证券公司多增持1489.17亿元地方政府债。从证券公司的单月增持幅度来看，如图8-15所示，除2021年3月明显减持政策性银行债外，其他月份增持力度变动幅度不大。

表 8－6　证券公司在中债登托管债券月增加量

单位：亿元

日期	国债	地方政府债	政策性银行债	商业银行债券	企业债券	信贷资产支持证券
2020 年 1 月	55.35	354.67	130.98	－232.43	－16.05	3.72
2020 年 2 月	257.31	42.27	175.52	－127.54	－47.90	－11.46
2020 年 3 月	192.36	80.85	57.76	－131.54	91.06	12.48
2020 年 4 月	－23.65	－131.61	33.93	－164.69	－16.69	2.60
2020 年 5 月	179.17	－34.00	－88.17	－169.69	－22.79	12.22
2020 年 6 月	213.01	－167.33	174.59	－174.11	8.88	21.05
2020 年 7 月	－339.15	－35.71	119.79	－167.11	－19.55	－2.17
2020 年 8 月	353.93	29.41	－131.77	－149.66	34.13	18.44
2020 年 9 月	841.42	91.71	332.42	－260.64	36.19	－2.74
2020 年 10 月	21.54	139.01	－362.39	－406.57	－62.41	19.02
2020 年 11 月	312.81	－182.08	－233.49	－327.91	－19.75	8.91
2020 年 12 月	161.20	53.80	－187.49	－308.57	5.12	35.74
2020 年合计	2225.31	241.01	21.69	－2620.43	－29.77	117.80
2021 年 1 月	－296.04	200.42	134.46	－188.69	－0.35	－28.51
2021 年 2 月	－329.27	－31.22	－63.21	－257.31	15.86	－5.18
2021 年 3 月	230.37	156.26	－1685.34	－231.61	24.75	13.16
2021 年 4 月	104.85	276.84	19.03	57.07	－16.20	7.15
2021 年 5 月	383.75	447.99	－4.46	－19.90	18.79	13.74
2021 年 6 月	207.88	－8.23	205.54	－74.70	17.50	82.54
2021 年 7 月	－24.51	443.99	－37.77	－27.04	－10.69	9.66
2021 年 8 月	751.61	323.49	71.72	6.99	44.08	16.80
2021 年 9 月	31.93	－54.48	205.19	64.04	22.23	34.97
2021 年 10 月	－98.59	103.39	－169.97	149.00	－30.79	－22.94
2021 年 1～10 月合计	961.99	1858.45	－1324.78	－522.13	85.18	121.41

资料来源：根据中国债券信息网有关数据整理。

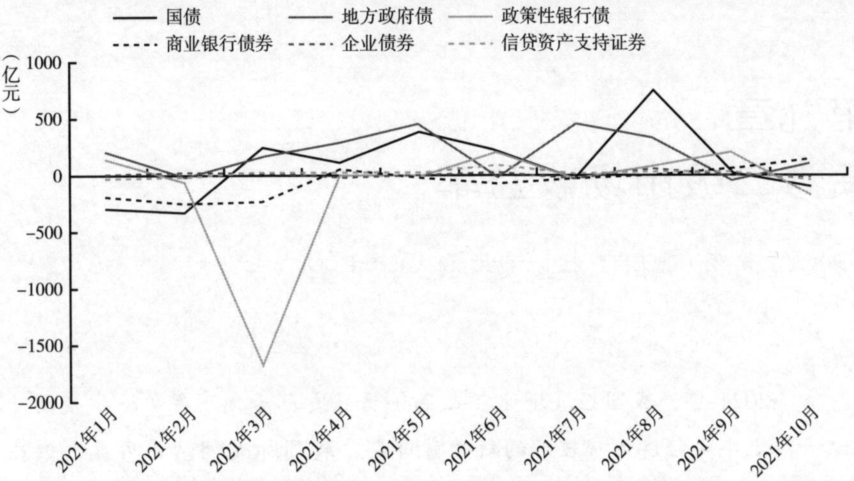

图 8－15　证券公司在中债登主要券种月度新增托管量走势

资料来源：Wind。

第九章
债券二级市场收益率

黄文涛　曾 羽　高庆勇　朱林宁　庞 谦　刘瑞丰　谢一飞*

- 2021 年，我国经济增速在上半年明显复苏后，下半年逐步走弱。在上半年经济形势较好的短暂窗口期，我国加大调结构力度，但在下半年逐步转向。伴随着地产相关风险不断深化，稳增长与稳信贷的重要性不断增强。信用周期触底回升、财政支出发力是未来政策的重心。
- 我国 10 年期国债收益率上半年在 3.10% 附近横盘震荡，下半年随着经济走弱明显回落。信用债方面，资金适度下沉，信用利差分化不断加剧，城投债由于刚兑属性被债券投资者青睐，优质地区城投债信用利差已经压缩至历史低位，而弱资质地区城投债以及部分产业主体利差则居高不下。
- 信用风险方面，随着中央加强省级政府对地方国企的风险管控责任，弱资质国企信用风险得到明显控制，违约主体快速减少。另外，地产信用风险在中央严格调控背景下有所加剧，引起广泛关注。展望未来，监管部门已逐步意识到地产风险，政策密集发声以及宽信用渐起将有助于缓解短期流动性风险。

---

* 黄文涛，中信建投证券研究发展部董事、总经理、联席行政负责人、首席经济学家、宏观固收首席；曾羽，中信建投证券研究发展部总监、债券事业首席、固定收益联席首席；高庆勇，中信建投证券研究发展部分析师；朱林宁，中信建投证券研究发展部分析师；庞谦，中信建投证券研究发展部研究助理；刘瑞丰，中信建投证券研究发展部研究助理；谢一飞，中信建投证券研究发展部研究助理。

一 债券市场收益率波动总特征

（一）收益率波动总述：经济复苏后衰退，利率震荡转回落

2021 年上半年，10 年期（10Y，后文中类似情况用这种写法表示）国债收益率在 3.0% ~3.3% 盘整。7 月 7 日，国务院常务会议提及降准超出市场预期，收益率应声而落，一度下探至 2.80% 下方。结合央行延续货币政策“稳字当头”“流动性适度充裕”“此次降准是货币政策回归常态后的常规操作”等表态，市场普遍解读此次降准的主要目的不是释放流动性，而在于引导资金成本下降，其对第三季度利率中枢下移起到关键作用。7 月利率在超预期全面降准背景下进入快速下行通道，月末中央政治局会议和下半年经济工作会议召开，判断我国当前经济形势“不稳固、不均衡”，外部环境更趋复杂严峻，下一阶段工作要注重“稳增长、促升级、调结构”，未再提及“稳增长压力较小的窗口期”这一说法，市场关注重点转移至财政后置、通胀预期、社融增速下滑、宽信用落实预期、基本面趋弱等问题。

8 月下旬，政策信息及经济数据发布较为密集，理财新规推进令债市承压，银行二级资本债及永续债品种遭抛售。财政部提出统筹做好今明两年财政政策衔接，适度加快地方政府专项债券发行速度，“推动今年底明年初形成实物工作量”。9 月，出口数据与 PPI 延续较强态势，10Y 国债收益率小幅反弹。8 月、9 月，社融数据延续缩减态势，经济基本面数据继续偏弱，在多方博弈下，国债收益率进入震荡盘整区间。“十一”期间在央行呵护流动性操作下，利率只温和反弹。10 月下旬，随着公布的 9 月金融、投资和需求等数据持续走弱，市场对滞胀忧虑显著提升，利率小幅反弹至 3.04% 上方。

综观走势，2021 年无风险利率走势可以分为三个阶段，分别是 1 月 4 日至 4 月 9 日的震荡上行阶段，4 月 10 日至 8 月 5 日的下行阶段，8 月 6 日至 10 月 29 日的小幅反弹阶段。2021 年无风险利率走势复盘见图 9 - 1。2021 年 10Y 国债到期收益率走势总览见图 9 - 2。

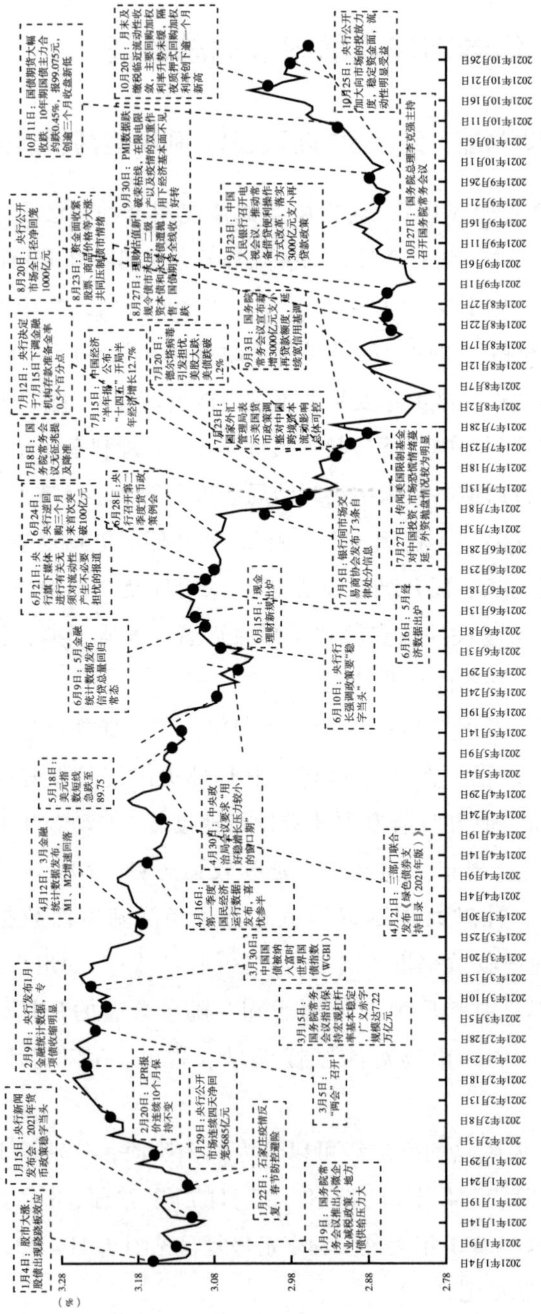

图 9－1　2021 年无风险利率走势复盘

资料来源：Wind、中信建投证券研究发展部。

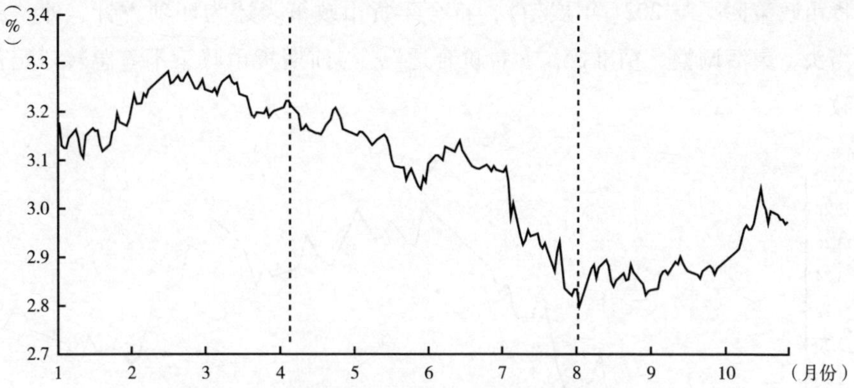

图 9－2　2021 年 10Y 国债到期收益率走势总览

资料来源：Wind、中信建投证券研究发展部。

（二）三阶段详解复盘2021年利率走势

1. 第一阶段（2021年1月4日至2021年4月9日）：经济逐步回暖，利率震荡上行

第一阶段利率走势总体可概括为震荡，具体又可以再细分为震荡上行与震荡走平两个阶段。

震荡上行阶段。主要为元旦后至春节前，10Y 国债收益率从 3.18% 震荡回升至 3.25% 左右。主要原因是疫情逐步得到管控，经济数据恢复，货币政策稳字当头，较前期边际收敛。资金利率亦较 2020 年 12 月出现低位边际回升。中国人民银行货币政策委员会 2020 年第四季度例会强调，货币政策基调不变，稳健的货币政策要灵活精准、合理适度，保持连续性、稳定性、可持续性，把握好政策时度效，保持对经济恢复的必要支持力度，坚持稳中求进工作总基调，稳字当头，不急转弯。随着经济逐步企稳，前期市场降准预期逐步消退。

震荡走平阶段。主要时间为春节后至“两会”召开期间，10Y 国债到期收益率在 3.25% ~3.27% 水平窄幅震荡（见图 9－3）。主要原因是政策不急转向，资金面保持平稳，债市交投平稳，以待“两会”确定全年工作目标。中国人民银行货币政策司司长孙国峰在《中国金融》杂志发表署名文章《2020

年货币政策回顾与2021年展望》，将全年货币政策表述为四项方针，即“稳字当头、灵活调整、精准操作、量价合适”，与前期货币政策不着急转弯定位一致。

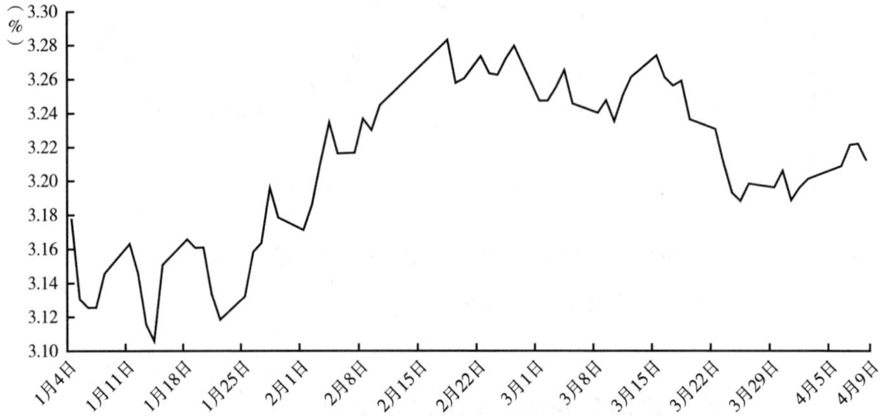

图9－3　第一阶段10Y国债到期收益率复盘

资料来源：Wind、中信建投证券研究发展部。

2. 第二阶段（2021年4月10日至2021年8月5日）：央行宣布降准，利率震荡转明显下行

第二阶段利率走势总体可概括为下降，具体又可以再细分为震荡下行、震荡反弹、明显下行三个阶段。

震荡下行阶段。主要时间为“两会”后至5月底，10Y国债收益率从3.27%逐步下行至3.08%水平，并一度下探至3.04%。主要原因是市场对前期经济、美债、通胀、供需等利空逻辑钝化，经济恢复整体稳健但结构有忧，货币政策保持稳健但流动性平稳偏宽，供给提速慢于预期且主要机构缺资产，通胀展望存在分歧，但对快速上行接近阶段尾声预期较为一致。中共中央政治局召开会议指出，要辩证看待第一季度的经济数据，当前经济恢复不均衡、基础不稳固，要用好稳增长压力较小的窗口期，推动经济稳中向好，凝神聚力深化供给侧结构性改革，打通国内大循环、国内国际双循环堵点，为“十四五”时期我国经济发展提供持续动力，要精准实施宏观政策，保持宏观政策连续性、稳定性、可持续性，不急转弯，把握好时度效，固本培元，稳定预期，保

持经济运行在合理区间，使经济在恢复中达到更高水平均衡。会议同时对人民币汇率稳定、产业优化升级、防范化解金融风险、坚持房住不炒、全国国土调查等工作进行部署。

震荡反弹阶段。主要时间为6月，10Y国债收益率从3.05%低位逐步回升至3.13%水平震荡。主要原因是经济恢复持续推进，但结构有忧、高点已过，货币政策坚持稳字当头、操作利率保持不变，供给压力有所上行但配置需求亦保持不弱，整体来看，收益率向上和向下皆有阻力，维持窄幅震荡格局。中国人民银行行长易纲在陆家嘴论坛强调，货币政策要继续坚持稳字当头，考虑到我国经济运行在合理区间内，在潜在产出水平附近，物价走势整体可控，货币政策要与新发展阶段相适应，坚持实施正常的货币政策，尤其是要注重跨周期的供求平衡，把握好政策的力度和节奏。目前，国内利率水平虽比主要发达经济体高一些，但在发展中国家和新兴经济体中仍相对较低，总体保持在适宜的水平，有利于各市场稳定健康发展。

明显下行阶段。主要时间为7月到8月初，10Y国债到期收益率从3.08%明显下行到2.80%（见图9－4）。主要原因是7月7日国务院常务会议提及降准，7月9日收盘后，央行宣布于7月15日下调金融机构存款准备金率0.5个百分点，超出市场多数投资者的前期预测。

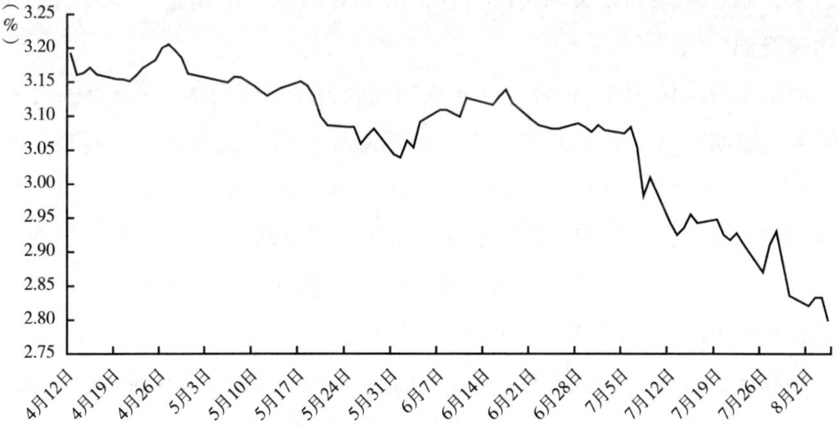

图9－4　第二阶段10Y国债到期收益率复盘

资料来源：Wind、中信建投证券研究发展部。

3. 第三阶段（2021年8月6日至2021年10月29日）：经济进入滞涨，利率小幅反弹后回落

第三阶段利率走势总体可概括为震荡后短期上行再回落，具体又可以再细分为震荡、反弹、回落三个阶段。

震荡阶段：8月下旬，政策信息及经济数据发布较为密集，理财新规推进令债市承压，银行二级资本债及永续债品种遭抛售。财政部提出统筹做好今明两年财政政策衔接，适度加快地方政府专项债券发行速度，“推动今年底明年初形成实物工作量”。9月，出口数据与PPI延续较强态势，10Y国债收益率小幅反弹。8月、9月，社融数据延续缩减态势，经济基本面数据继续偏弱，在多方博弈下，国债收益率进入震荡盘整区间。

反弹阶段：10月8日后，10年期国债收益率明显反弹，从2.87%上行至3.04%。短期反弹主要有两点原因。一是从全球形势看，海外结构性通胀担忧和美债走势成为重要外部因素。9月以来，海外市场对“滞胀”的担忧升温，由于长期以来主要发达国家经济体对经济增速较低已有充分预期，边际上的“通胀上行”构成重要扰动。二是从我国形势看，应对当前国内外复杂的经济形势，政策的协调配合“几家抬”是应有之方向，这成为重要内部因素。考虑到前期货币政策持续保持稳健偏宽、流动性平稳充裕的态势，9月以来，结合一系列政策和会议信息，市场对财政、信用进一步发力的预期在边际升温。

回落阶段：10月18日后，10年期国债收益率有所回落，从3.04%下行至2.97%。短期回落主要有两点原因。一是海外方面，英美央行最新决策整体“偏鸽”（但在预期之内），开始提振短线市场资产价格。美联储Taper落地，但规划实施节奏慢于预期，英国未宣布加息，较前期表态“偏鸽”。二是中国方面，10月，PMI数据延续回落态势，短线消息和情绪因素偏利多。国家统计局公布的10月中国PMI为49.2%，较9月下降0.4个百分点。国务院再次强调和部署支持市场主体纾困，国家发改委等多部门继续采取强力措施稳定煤价，地方债发行未显著放量，疫情走势继续打压市场风险偏好，叠加前期收益率回落走势惯性，短线市场情绪整体偏多，推动10Y国债收益率下探（见图9-5）。

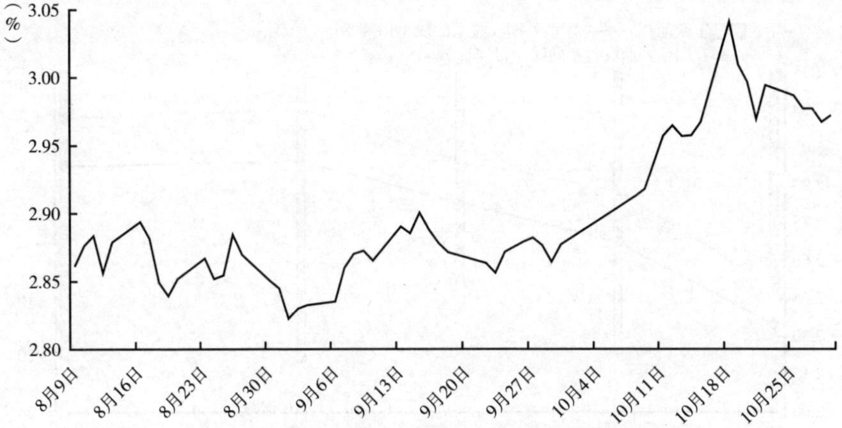

图9－5　第三阶段10Y国债到期收益率复盘

资料来源：Wind、中信建投证券研究发展部。

二　债券收益率的期限结构与风险溢价

（一）期限结构复盘：利率全面压缩，达到历史低位

从国债期限结构来看，年初以来全面下行，1Y、3Y、5Y、7Y、10Y国债收益率分别下行15.77BP、20.66BP、15.96BP、21.64BP、20.98BP，10Y与1Y国债的利差缩窄5.21BP至63.07BP（见图9－6）。从历史分位点来看，1Y、10Y国债收益率分别处于25.70%、14.20%的历史分位点（见图9－7），1Y、10Y的国开债收益率分别处于18.20%、12.20%的历史分位点，已压至很低的水平（见图9－8）。

（二）风险溢价复盘：资金适度下沉，城投优于产业

7月，央行超预期降准以来，信用债收益率在利率快速下行带动下也呈现下行趋势，后续市场对于货币政策转向的预期在央行持续偏稳的表态及公开市场操作中逐步消失，中短期票据收益率跟随利率债进入盘整区间。9月以来，在PPI上行及出口数据偏强的支撑下，中短期票据收益率跟随利率温和反弹，从6月至今呈现明显的“V”形走势（见图9－9）。

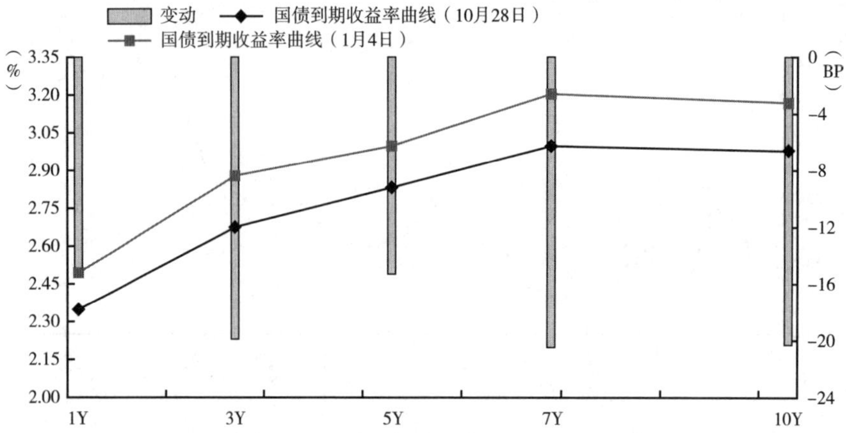

图9－6　国债收益率期限结构变动

资料来源：Wind、中信建投证券研究发展部。

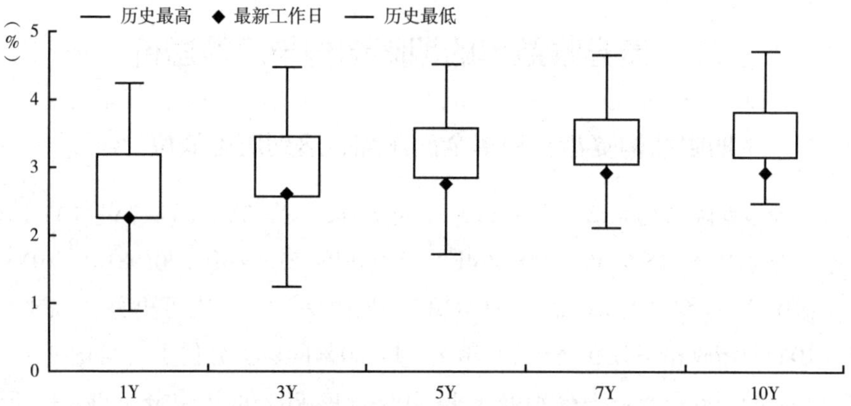

图9－7　国债历史分位点

资料来源：Wind、中信建投证券研究发展部。

2021年下半年以来，信用债市场对“宽信用”传导及落实关注度较高，近期市场上有较多地产的“偏暖”信息，比如哈尔滨公积金调整、央行对“三线四档”融资监管体系的纠偏表态等。但这些变化仍不足以动摇“房住不炒”政策导向，从融资数据来看，信用起步拐点在城投、地产持续高压的背景下迟迟难现，9月社融增长率较上月再度回落0.3个百分点至

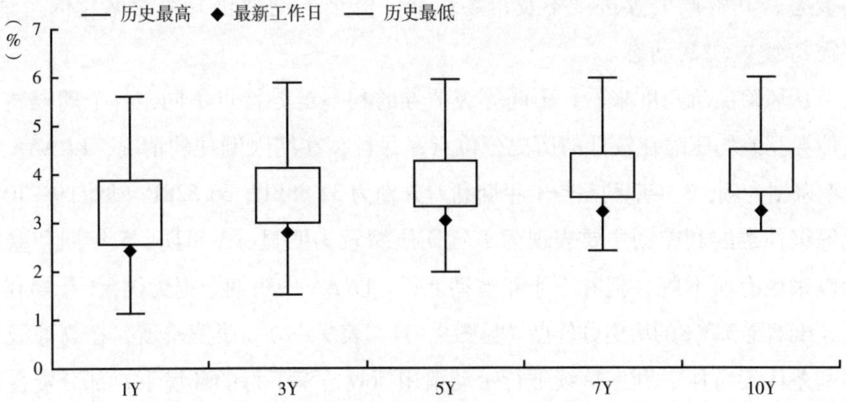

图 9-8　国开债历史分位点

资料来源：Wind、中信建投证券研究发展部。

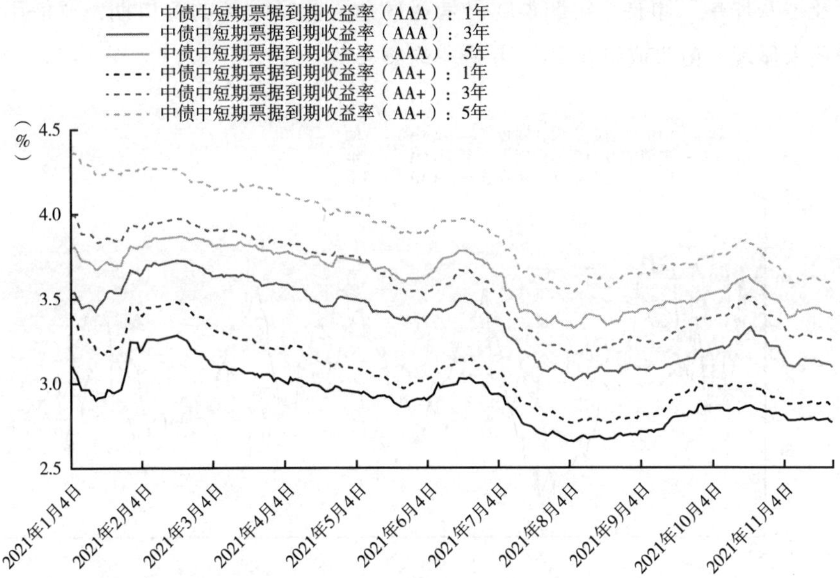

图 9-9　中短期票据收益率走势

资料来源：Wind、中信建投证券研究发展部。

10.0%。此外，风险事件方面，华融风波基本平定，以资本重组而非债务重组为最终解决方案，而恒大债务风险仍在持续演化。根据近期恒大方面的表态，其资产处置进度不及市场预期，资金流动性仍有继续恶化的可能，还需持续关注其动态。

从风险溢价角度来看，不同等级债券的利差走势特点不同，各个期限高等级债券利差均压缩在较低的历史分位点，并且存在期限倒挂的情况，以AAA中短期票据为例，3年期利差与1年期利差分别为32.88BP、36.52BP（见图9-10）。低等级债券的利差则主要表现为1年期压缩较为明显，3年期、5年期利差年初以来也有所下降，但在下半年波动上行，以AA中短期票据为例，1年期利差已经压缩至3.3%的历史分位点（见图9-11、表9-1）。第三季度，在高等级债券利差压无可压、利率持续下行带动信用债收益率下行的环境下，部分资金开始尝试通过主体下沉挖掘收益，但幅度不大，显示市场仍在观望之中。资金首先压缩高等级债券的长久期品种，导致高等级债券利差出现倒挂情况，其次开始尝试资质下沉，体现为弱资质债券利差压缩，以短久期为主。结合政策、融资及“灰犀牛”事件，第四季度仍是观察金融监管政策的窗口期，宽信用信号还未显现，苗头或将在2022年春季崭露头角。

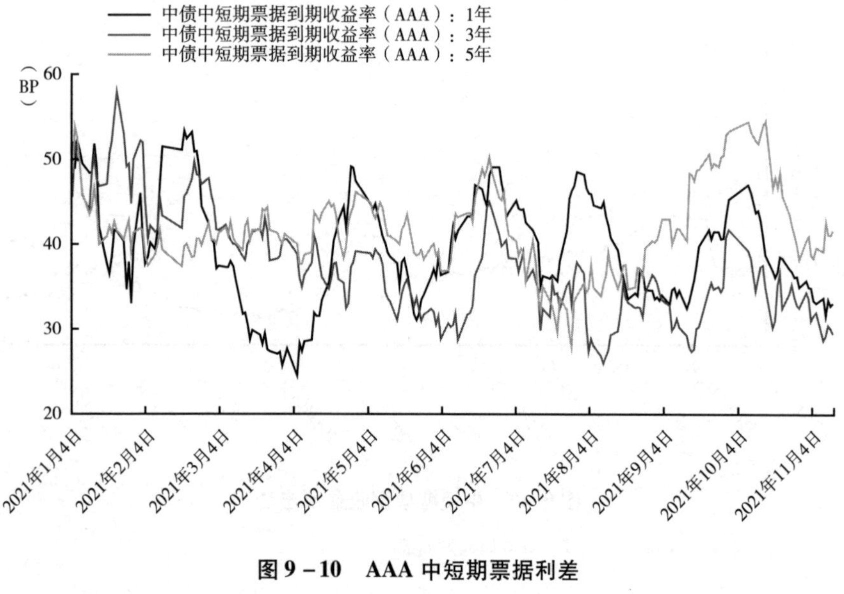

图9-10 AAA中短期票据利差

资料来源：Wind、中信建投证券研究发展部。

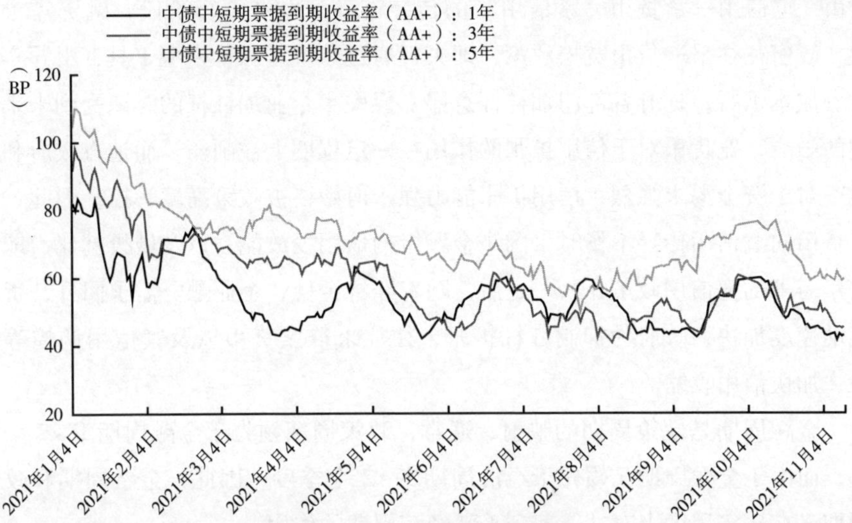

图 9－11　AA＋中短期票据利差

资料来源：Wind、中信建投证券研究发展部。

表 9－1　中短票信用利差历史分位点（以国开债为基准，2009 年 1 月 4 日至 2021 年 10 月 28 日）

	1 年			3 年			5 年		
	信用利差（10 月 28 日）	分位点（%）	年初变化（BP）	信用利差（10 月 28 日）	分位点（%）	年初变化（BP）	信用利差（10 月 28 日）	分位点（%）	年初变化（BP）
AAA	36.3	12.2	－15.8	32.9	10.3	－12.7	39.9	33.9	－8.5
AA＋	46.0	5.2	－36.0	50.8	7.2	－40.7	60.8	14.2	－43.6
AA	62.0	3.3	－62.0	103.8	30.3	－26.7	124.8	35.7	－18.6
AA－	297.0	81.8	－32.0	338.8	93.3	－1.7	359.8	94.8	－0.6

资料来源：Wind、中信建投证券研究发展部。

三　政策周期对收益率的影响

（一）我国政策周期、金融周期、经济周期轮动框架

在我国经济发展中，政府进行的逆周期调节扮演了重要角色，通常遵循“宽

货币—宽信用—紧货币—紧信用”的传导链条。经济下行阶段，融资需求低迷，政府往往采取货币宽松政策，即央行通过数量型和价格型工具，引导实体融资成本下行，提升各部门加杠杆意愿。但中小企业加杠杆的意愿受到未来预期的影响，宽货币对于信用扩张的作用在一定程度上被削弱。而地方政府和房地产对于资金渴求强烈，信用扩张能力强，但始终被政策高度管控，因此，在宽货币向宽信用传导不畅时，围绕金融机构信用投放能力以及城投基建、地产信用需求的宽信用政策介入。之后，随着经济企稳，企业融资需求回升，货币流动速度加快，政府为抑制杠杆扩张，往往采取紧货币以及紧信用调控等手段，加快信用收缩。

金融周期是政策周期的映射，通常，政策周期领先于金融周期 1 ~2 个季度，而由于金融周期又领先于经济周期 1 ~2 个季度，因此，金融周期和政策周期又在一定程度上对冲，起到平滑经济周期的作用。

根据梳理，自 2008 年以来，政策可基本划分为四轮周期（见图 9 －12、表 9 －2、表 9 －3），当前正处于第四轮周期末的“紧货币，紧信用”向第五轮周期的“宽货币，紧信用”转变阶段。

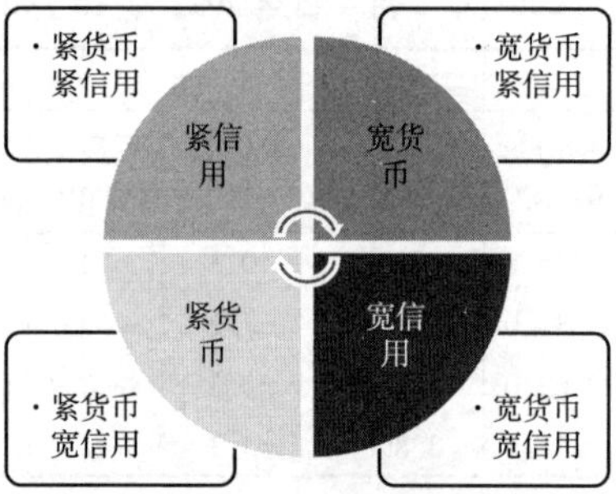

图 9 －12　政策周期变化时钟

资料来源：Wind、中信建投证券研究发展部。

回顾前四轮政策周期，我们做出总结。

（1）政策周期遵循传导链条，各环节持续时间长短或许不一，但是任意环节不会缺失和错位，每一轮宽货币的起点往往对应 GDP 增速趋势性下行的起点。

表9-2　政策周期

政策周期	政策时钟	时间段	标志性政策事件
第一轮(2008年9月至2011年10月)	宽货币，紧信用	2008年9月至2008年10月	货币政策:2008年9月开启降息、降准通道,货币政策转向
	宽货币，宽信用	2008年10月至2009年7月	房地产信用政策:2008年10月降低首套房首付比例,为20%,个人住房贷款利率下限调至贷款基准利率的70%。 城投基建信用政策:2008年11月,国务院出台进一步扩大内需政策,宽信用政策发力;2009年3月,《中国人民银行　银监会关于进一步加强信贷结构调整促进国民经济平稳较快发展的指导意见》发布,支持有条件的地方政府组建投融资平台
	紧货币，宽信用	2009年7月至2010年4月	货币政策:2009年7月,央行重启1年期央票发行,加大流动性回笼力度,2009年第四季度,随着通胀预期的增强,央行加速回笼货币;2010年1月上调存款类金融机构人民币存款准备金率0.5个百分点
	紧货币，紧信用	2010年4月至2011年10月	房地产信用政策:2010年4月,首套房首付比例提升至30%,二套房首付比例两次进行提升,至50%,二套房贷款利率不低于基准利率的1.1倍;2011年1月,二套房首付比例进一步提升至60%。 城投基建信用政策:2010年6月,《国务院关于加强地方政府融资平台公司管理有关问题的通知》发布,要求加强地方对融资平台的管理;2010年12月,《中国银监会关于加强融资平台贷款风险管理的指导意见》发布,要求审慎发放贷款;2011年6月,《关于地方政府融资平台贷款监管有关问题的说明》发布,要求银行严控平台新增贷款
第二轮(2011年10月至2014年4月)	宽货币，紧信用	2011年10月至2012年3月	货币政策:2011年10月下调央票发行利率,表现出宽松态度;2011年12月下调存款类金融机构人民币存款准备金率0.5个百分点;2012年两次降准,两次降息
	宽货币，宽信用	2012年3月至2013年6月	城投基建信用政策:2012年3月,《中国银监会关于加强2012年地方政府融资平台贷款风险监管的指导意见》发布,要求从"减存量,禁新增"放松为"缓释存量,控新增",城投平台融资放松
	紧货币，宽信用	2013年6月至2013年10月	货币政策:2013年6月,李克强主持召开国务院常务会议,明确指出"现在货币信贷增速偏高"

续表

政策周期	政策时钟	时间段	标志性政策事件
第二轮（2011年12月至2014年4月）	紧货币，紧信用	2013年10月至2014年4月	房地产信用政策:2013年10月进一步提高二套房首付比例,上海、深圳、广州二套房首付比例提升至70%。 城投基建信用政策:2013年12月,中央经济会议将“防风险”作为来年主要任务之一
	宽货币，紧信用	2014年4月至2014年9月	城投基建信用政策:2014年5月,国务院发布《国务院转批发展改革委关于2014年深化经济体制改革重点任务意见的通知》,提出开明渠,堵暗道,剥离融资平台公司政府融资职能,建立考核问责机制。 货币政策:2014年4月25日起下调县域农村商业银行人民币存款准备金率2个百分点,下调县域农村合作银行人民币存款准备金率0.5个百分点
	宽货币，宽信用	2014年9月至2016年8月	房地产信用政策:2014年9月,首套房贷付款比例降至30%,贷款利率下限为贷款基准利率的0.7倍;2015年1月,公司债开闸,非上市房企再融资渠道扩宽。 城投基建信用政策:2015年5月,《国务院办公厅转发财政部 中国人民银行 银监会关于妥善解决地方政府投融资平台公司在建项目后续融资问题的意见》发布,支持在建项目融资;2015年12月,《关于对地方政府债务实行限额管理的实施意见》发布,明确债务置换,设置3年过渡期
第三轮（2014年4月至2018年1月）	紧货币，宽信用	2016年8月至2016年10月	货币政策:2016年8月和9月,央行先后重启14天和28天逆回购,并通过拉长MLF期限锁短放长,提高了资金投放的成本
	紧货币，紧信用	2016年10月至2018年1月	房地产信用政策:2016年10月,房地产企业发债政策收紧;2016年10月之后,各地陆续出台“四限”政策,抑制房地产过快增长。 城投基建信用政策:2016年10月,《国务院办公厅关于印发地方政府性债务风险应急处置预案的通知》发布,中央开始处理地方债务风险;2017年,城投在政策打压下处于收紧状态,《关于进一步规范地方政府举债融资行为的通知》《关于坚决制止地方以政府购买服务名义违法违规融资的通知》陆续颁布;2018年,《国家发展和改革委办公厅 财政部办公厅关于进一步增强企业债券服务实体经济能力严格防范地方债务风险的通知》《关于规范金融企业对地方政府和国有企业投融资行为有关问题的通知》出台,政策组合拳连续出击。 金融监管:2017年1月之后,表外理财被正式纳入MPA监管范围;2017年11月,《关于规范金融机构资产管理业务的指导意见(征求意见稿)》出台,要求打破刚兑,规范资金池,降低期限错配风险

续表

政策周期	政策时钟	时间段	标志性政策事件
第四轮（2018年1月至2020年11月）	宽货币，紧信用	2018年1月至2018年8月	货币政策：2018年1月，普惠金融定向降准，2018年全年4次降准
	宽货币，宽信用	2018年8月至2020年5月	实际经济信用政策：2018年8月，《中国银保监会办公厅关于进一步做好信贷工作　提升实体经济质效的通知》发布，要求不盲目抽贷，加大对资本金到位、运作规范的基础设施补短板的信贷投放力度；2018年11月，央行行长易纲首次提出利用“三支箭”纾困民企，表示将推动民企债券融资计划、民企股权融资支持计划以及运用再贷款等工具支持民企小微信贷投放。 城投基建信用政策：2018年8月，《中共中央　国务院关于防范化解地方政府隐性债务风险的意见》发布，提出债务化解期限和方向性建议；2018年10月，《国务院办公厅关于保持基础设施领域补短板力度的指导意见》发布，要求聚焦基础设施领域，保持有效投资力度；2019年6月，《关于防范化解融资平台公司到期存量地方政府隐性债务风险的意见》发布，允许平台公司和金融机构协商展期，避免项目资金断裂
	紧货币，宽信用	2020年5月至2020年8月	货币政策：2020年5月开始压降结构性存款，防范金融套利，同时李克强总理答记者问时表示放水养鱼但不能大水漫灌形成泡沫
	紧货币，紧信用	2020年8月至2021年7月	房地产信用政策：2020年8月，房企“三道红线”政策推出；2020年12月，“房贷集中度”政策推出；2021年2月，“集中供地”政策推出，针对房地产的调控骤然收紧。 城投基建信用政策：2021年初，针对城投企业逐渐走向“红橙黄绿”分档监管，城投发债政策收紧；2021年5月，土地出让金新政颁布，打击城投非市场化拿地；2021年7月，“15号文”印发，收紧城投流贷
第五轮（2021年7月至今）	宽货币，紧信用	2021年7月至今	货币政策：2021年7月，央行宣布全面降准，标志着货币政策开始转向

资料来源：中华人民共和国中央人民政府网站、中信建投证券研究发展部。

（2）每一轮从“宽货币，紧信用”向“宽货币，宽信用”转变的时间拉长。第一轮周期仅相距1个月，第二轮及第三轮相距5个月，第四轮则相距7个月。我们认为，这源于我国整体杠杆率攀升对宽信用的掣肘，由此也导致金融周期对政策周期的时滞加长。

（3）紧货币并不意味着上调存款准备金率或者抬高政策利率，例如，2013年6月的“钱荒”、2016年7月的“锁短放长”以及2020年5月的压降结构性存款，主要侧重点在于金融去杠杆。

（4）紧货币向紧信用传递时间较短，基本在3~4个月，除了次贷危机之后的第一轮周期。货币政策在2009年7月转向趋紧之后，CPI仍处于负增长区间，直至2010年CPI呈现快速上行趋势，紧信用政策才适时推出。

（5）通常“宽货币，宽信用”的周期越长，则后续“紧货币，紧信用”的周期越短。但是在缺少房地产宽信用的背景下（例如，2012年），经济修复动能惯性较弱，且M2增速见顶回落领先于紧货币政策，反映出经济动能已经出现收缩迹象，因此，后续“紧货币，紧信用”的周期较短。

表9-3　2008年以来政策周期与金融周期

	政策周期				金融周期		
	宽货币	宽信用	紧货币	紧信用	起点	顶点	终点
第一轮	2008年9月	2008年10月	2009年7月	2010年4月	2008年11月	2009年11月	2012年1月
第二轮	2011年10月	2012年3月	2013年6月	2013年10月	2012年4月	2013年4月	2015年4月
第三轮	2014年4月	2014年9月	2016年8月	2016年10月	2015年1月	2016年12月	2018年12月
第四轮	2018年1月	2018年8月	2020年5月	2020年10月	2018年12月	2020年10月	2021年10月

资料来源：Wind、中信建投证券研究发展部。

（二）政策周期与债券收益率复盘

1. 对利率债的影响：货币信用周期下的“牛陡—牛平—熊平—熊陡”转换

宽货币，紧信用阶段，无风险收益率通常下行，且短端下行更为确定和明显。唯一的例外是第三轮周期“宽货币，紧信用”阶段（2014年4月至2014年9月），短端收益率反而在2014年4月降准之后上行，主要源于2014年1月之后的流动性宽裕，短端收益率下行抢跑在降准之前。

进入货币信用双宽阶段，短端收益率降至低位后容易受到预期的影响，从而出现波动性加大的情况。例如，第二轮周期"宽货币，宽信用"的 2012 年 5 月至 2012 年 11 月，市场对欧债危机的疑虑增强，央行在 2012 年 5 月 12 日宣布下调法定准备金比例 0.5 个百分点，6～7 月连续两次降息，引爆了市场的做多气氛。但是，7 月之后逆回购到期量骤增，央行上调 7 天逆回购发行利率 10BP，短端收益率又呈现快速上行趋势，演绎过山车行情。这也导致长端保持震荡，并未显著下行。

紧货币，宽信用阶段，无风险收益率通常上行，短端上行幅度大于长端。长端由于受到通胀、基本面的影响，因此在趋势上更加波动，尤其是第一轮周期"紧货币，宽信用"阶段（2009 年 7 月至 2010 年 4 月），短端在货币政策收紧后快速上行，带动长端上行，但是由于紧信用政策未见快速跟进，因此长端在通胀预期修正的影响下，于 2009 年底至 2010 年 3 月出现见顶回落的情况，呈现震荡走势。

进入货币信用双紧阶段，长短端收益率继续上行，最终的结果是收益率曲线极度平坦化（见图 9－13），在三轮周期的"紧货币，紧信用"的末端，10Y 与 1Y 国债的利差仅为 10～15BP。从上行幅度来看，三轮周期中，10Y 国债的利差从底部到顶部的上行幅度为 110～130BP。

图 9－13　2008～2021 年政策周期对无风险利率的影响

资料来源：Wind、中信建投证券研究发展部。

2. 对信用债的影响：流动性主导下信用债成“有时滞的加强版利率债”

我国 AAA 高评级信用利差过薄，近 10 年来的平均值仅为 50～60BP，远低于美国投资级企业债 120～150BP 的利差。这源于之前我国信用债存在刚兑特性，信用风险定价机制尚未完全建立，而在 2014 年打破刚兑以及 2017 年资管新规出台之后，低评级弱资质主体信用风险频发，结构性分层导致高评级信用利差始终被压制在低位。在此情况下，高评级信用债跟随利率债，但滞后于利率债，信用利差中，流动性溢价占主导地位，信用风险溢价影响有限。

从宽货币向紧货币的切换过程中，高评级信用利差往往会经历先收敛再走扩的阶段。这源于货币政策转向后，过低的无风险收益率快速上行导致高评级信用利差被动收敛，之后随着流动性趋紧，流动性溢价带动信用利差走扩，利差中枢上升台阶。后续的“紧货币，紧信用”阶段，经济基本面处于景气度高点，信用风险溢价收敛在一定程度上对冲流动性溢价带来的走扩，利差震荡主要源于与无风险利率的错配，因此，利差中枢维持。唯一的例外是 2011 年下半年欧债危机发酵推高企业信用风险溢价，带动信用利差大幅走扩。

随着经济基本面触顶回落，“紧货币，紧信用”开始向“宽货币，紧信用”转变，此时，高评级信用利差往往先走扩再收敛，本质上，这也是滞后于利率的反应，利差中枢逐渐下移。之后的货币和信用双宽阶段，信用利差仍呈现先走扩再收敛的过山车行情，但利差中枢往往与期初持平（见图 9－14）。

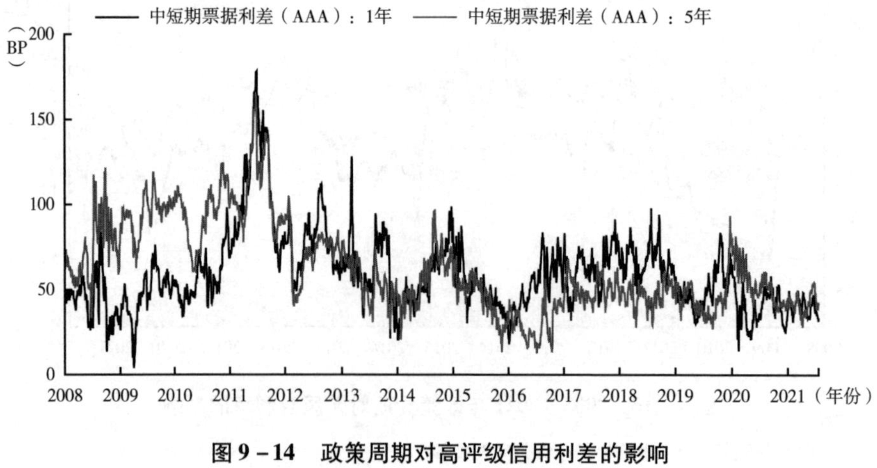

图 9－14 政策周期对高评级信用利差的影响

资料来源：Wind、中信建投证券研究发展部。

在前两轮政策周期中，低评级信用利差与高评级信用利差的走势较为一致，而在2014年之后的第三轮周期中，信用政策变化对于低评级信用利差走势的影响在增加。例如，2016年10月至2018年7月的紧信用阶段，低评级信用利差一路走高，而高评级信用利差呈现震荡趋势（见图9－15）。我们认为，影响低评级信用利差的主导因素正在从流动性向违约风险演进，且不同于高评级信用利差的风险溢价与基本面正相关，低评级信用利差中的违约风险溢价与再融资政策和债市本身情绪相关，因此负反馈效应更强。

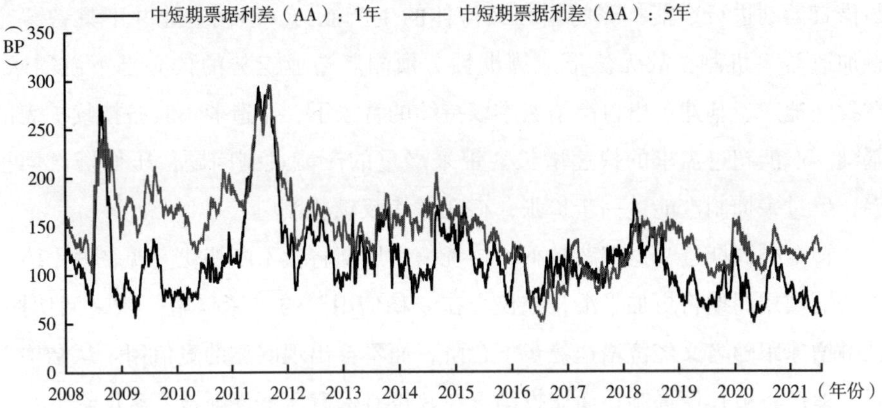

图9－15　政策周期对低评级信用利差的影响

资料来源：Wind、中信建投证券研究发展部。

（三）本轮宽信用周期特点与债市展望

1. 货币政策幅度缩小，金融监管力度加大

近年来，我国的货币信用周期有淡化的特点，政策逐渐离开之前大开大合的形式，取而代之的是金融监管政策的不断强化，这也是我国应对金融周期下行阶段的必然选择。

本轮信用周期中，中央调控地产态度坚决，即使在新冠肺炎疫情时期，房地产政策依旧没有松动，部分城市颁布的楼市放松政策均在中央指导下撤回。在我国疫情初步得到控制后，针对房地产行业融资的监管迅速加码，“三条红线”“集中供地”“房贷集中度”等政策陆续颁布，标志着我国房地产调控长效机制逐步建立。我们认为，地产作为宽信用的抓手既不符合中央一以贯之的

政策导向，也不符合金融周期下行阶段的经济规律。未来地产融资仅会在边际缓解与继续下滑中切换，宽信用的抓手不会是地产。

在地产城投被遏制后，宽信用靠什么拉动呢？一个想法是制造业，这也符合近年来中央扶持中小企业、建设“制造强国”的导向。从数据上看，2020年后，我国新增制造业贷款明显增加，这一方面归功于政策支持制造业贷款，另一方面也与疫情背景下出口产业链景气相关。但是对制造业融资增长的可持续性不宜过度乐观，中长期将以稳为主。制造业属于经济体的生产部门，其参与借贷活动进行产能扩张将增强经济体的生产能力。但制造业并不具备“金融加速器”机制，故无法形成周期性。预测制造业走势的核心是下游需求，在我国地产、基建、出口高增速难以持续的背景下，制造业不具备持续扩表的基础。产能超过需求的快速增长会带来严重的产能过剩问题，压低资产回报率，反过来抑制产能进一步扩张，存在“负反馈机制”。

在金融周期逐步退潮背景下，传统信用周期将被不断淡化（见图 9－16）。未来的信用周期将更加平滑，或仅会在“稳信用”与“紧信用”中来回切换，社融增速跟随名义经济增速稳步下台阶，而不会出现明显的宽信用。从结构上看，地产将被长期遏制，而城投则会在政策有保有压下逐渐被要素压降。

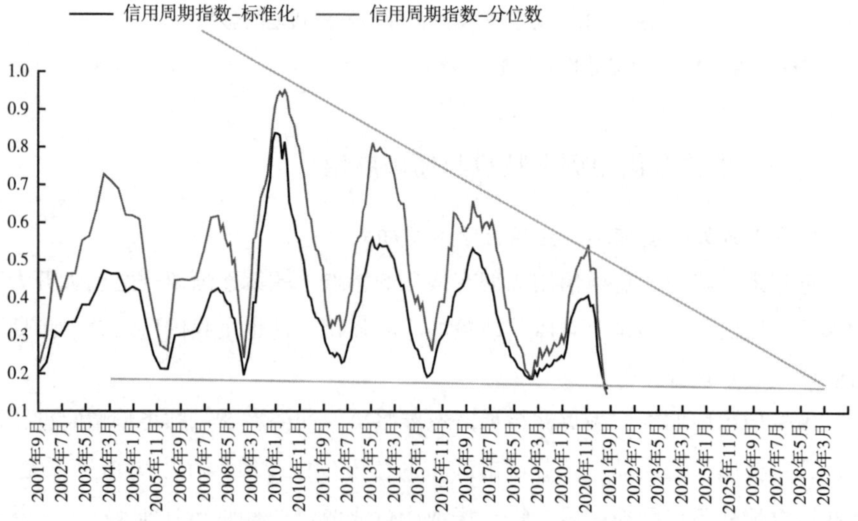

图 9－16　信用周期指数的变化趋势

注：信用周期趋势性回落表明金融周期由盛转衰。

资料来源：Wind、中信建投证券研究发展部。

2. 利率债展望：债券进入牛市后期，利率下行幅度有限

回顾第二季度以来的行情，债市从第二季度的利空钝化到第三季度的利多敏感，再到10月的利空敏感。展望未来，第四季度经济与上年相比、与前年相比及环比走势产生分歧，债市可能对基本面相对钝化，但对政策更加敏感，后续应紧密跟踪政策变动。

从货币信用政策框架看，在当前从“紧货币，紧信用”到“宽货币，紧信用”时期及历史上的“宽货币，宽信用”时期，利率下行概率远大于上行概率，预计债市表现或类似近两轮，进入牛市后期，利率下行且信用利差具有收窄空间，但幅度可能远小于前两轮。

3. 信用债展望：金融周期缓慢下行，把握杠杆腾挪机会

我国本轮金融周期自2016年筑顶以来，缓慢地下行至今，尚未完成筑底。出清趋缓主要源于对防范系统性风险的考量，政策选择一直倾向于“气球放气”而非“泡沫刺破”。具体来讲，中央施政的重心有两点。一是稳房价。稳房价是不发生金融风险的根本保障，是避免资产负债表衰退的基础。二是保兑付。市场中的部分观点认为城投刚兑是一种“金融扭曲”，打破刚兑有助于实体经济融资环境改善，促进资源有效配置，笔者并不认可这种说法。城投刚兑虽然表现为“金融扭曲”，但背后是“财政扭曲”，如果没有彻底进行城投公司治理、剥离城投承担的各种政策性负担，那么直接打破刚兑只会破坏信用生态，起到适得其反的作用，“永煤事件”便是前车之鉴。从数据上看，河南的信用债净融资额连续6个月为负值，全国的信用债净融资额连续2个月为负值（相关情况参见图9－17、图9－18）。

在此政策选择下，被动的金融抑制在所难免，利率本能下探的空间被压缩的信用风险消磨，而信用潜在的票息收益亦得不到足够的风险补偿。或许在这样的阶段，信用债接受低票息低资本利得的韬光养晦也是一种从容的投资策略。

从投资策略来看，针对短期的杠杆调控政策，有窗口一定要把握；没有窗口，就只能是有针对性地降杠杆，“此消”必然对应“彼长”。前者利用资产负债修复带来的资本利得机会是普遍的；而后者所创造的债券投资机会出现在“此消”部门的上半程的票息与下半程的资本利得里，以及“彼长”部门的上半程的资本利得与下半程的票息里。比如，政府隐性债务杠杆的压降会先创造出票息机会，再以杠杆腾挪方式创造出资本利得机会，当然其前提都是宏观总杠杆尚可控且存在调剂空间。

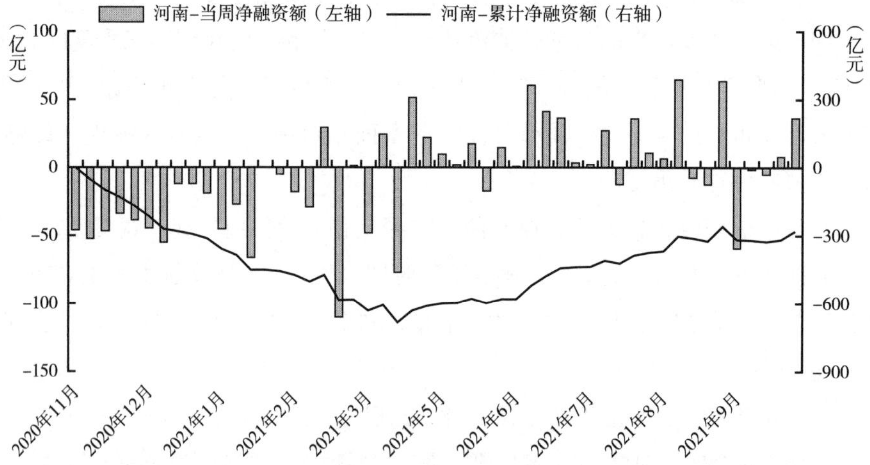

图9-17　河南省当周信用债净融资与累计融资规模

资料来源：Wind、中信建投证券研究发展部。

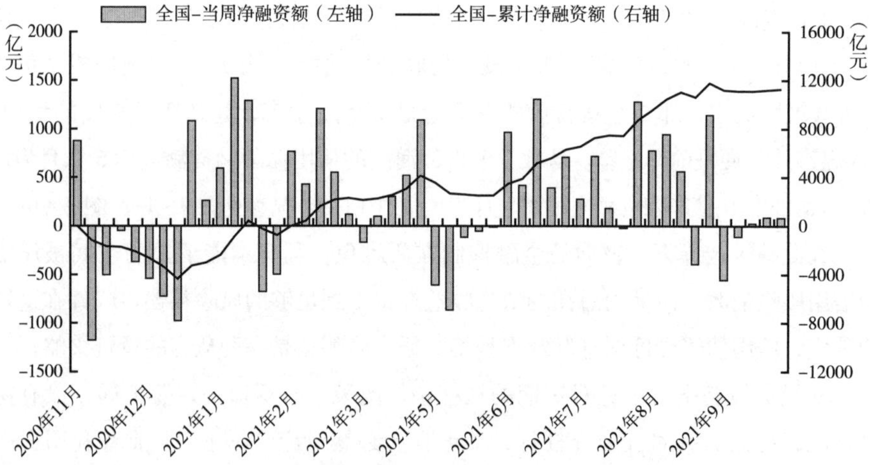

图9-18　全国当周信用债净融资与累计融资规模

资料来源：Wind、中信建投证券研究发展部。

四　信用风险展望

（一）地方国企违约情况明显减少，地产信用风险不断深化

2018年以来，我国信用债违约规模快速扩大：从一开始的民企风险暴露，再到地方国有企业、中央国有企业乃至各行业的融资表现呈现分歧走势（见图9－19、图9－20、图9－21、图9－22）。2018年，产业、城投两大板块的

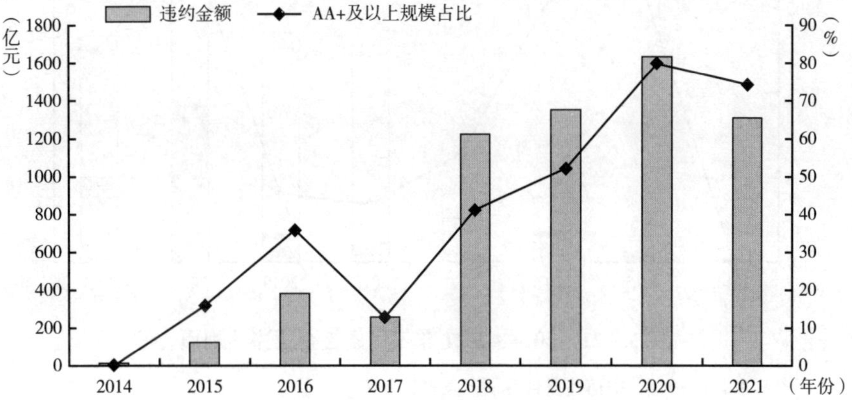

图9－19　2014～2021年违约债券金额

资料来源：Wind、中信建投证券研究发展部。

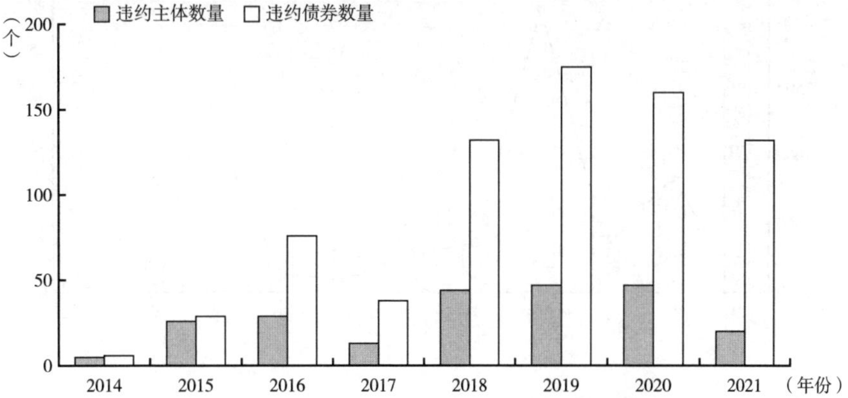

图9－20　2014～2021年违约主体及违约债券数量

资料来源：Wind、中信建投证券研究发展部。

债券净融资边际量有所缩减，但仍保持资金净融入，城投融资缩量比产业更明显。本轮融资分歧走势与2018年不同，2020年下半年，地方及中央产业主体接连违约，信用风险蔓延至高级别国企，产业债融资在2020年第三季度由正转负，至2021年第二季度持续净偿还资金，城投融资规模亦有波动，但在市场“欠配”、弱资质国有产业主体遭抛售的背景下，仍持续净融资，信仰较强。

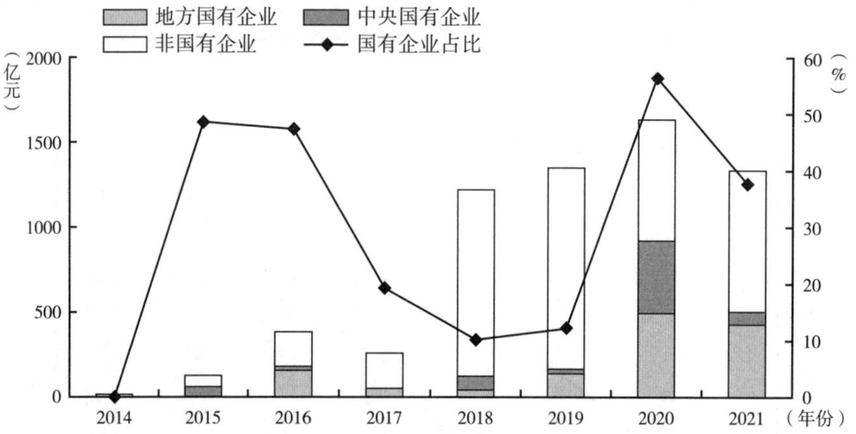

图9-21　2014~2021年不同属性企业违约规模

资料来源：Wind、中信建投证券研究发展部。

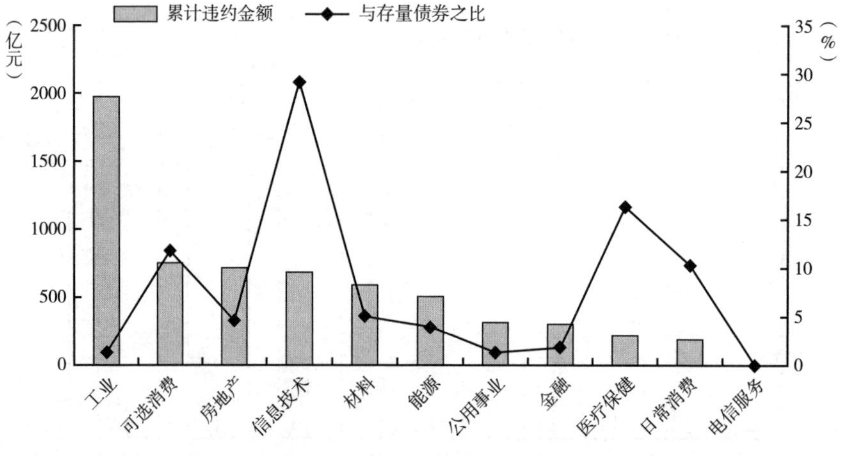

图9-22　各行业违约规模情况

资料来源：Wind、中信建投证券研究发展部。

从各板块内的结构性趋势来看，煤炭、钢铁、汽车制造及石油、天然气等因关联主体违约冲击造成的存量债券压缩势头已经有所缓解。城投方面的融资压力稍缓，主要压缩的是债务率偏高的天津，接着是云南、辽宁、内蒙古、吉林等弱资质区域，以及受央企违约风波影响的北京，其余区域的融资压力尚可。江苏、浙江、山东三省 2021 年以来持续净融资，且融资规模排在前列。目前，产业、城投的融资格局已经有“结构性地转移”，即融资并非全体压缩，而是“有涨有跌、有收有放”。

展望未来，产业融资在第三季度出现好转，但规模不大，煤炭、石油、天然气及钢铁的边际修复主要系强基本面支撑。城投融资结构化行情在“有保有压”的隐债化解框架下料将持续，资金仍将在经济强势区域聚集。第三季度以来，债券存量压缩规模较大的天津形势有所缓和，贵州、内蒙古、黑龙江等弱资质区域的压缩规模较前两个季度已经明显缩窄，“防尾部风险”的逻辑仍是弱资质区域隐债化解的牢固底线。从企业属性来看，除 2020 年外，民营企业违约债券余额占比一直较高，2020 年主要系方正及紫光等中央国有企业，以及永煤、华晨等地方国企违约规模较大，2021 年以来，国企违约趋势相对缓和。

地产信用风险在 2021 年下半年不断深化。8 月，地产的销售、投资增速均走弱，9 月，单月房地产投资自 2015 年以来首次转负，同比下降 3.5%。在销售不畅和再融资不畅的背景下，房企拿地趋于谨慎，土地市场呈现快速趋冷趋势，在一、二线城市的二次集中土拍中，多数城市的流拍率大幅提升。目前，监管部门已经注意到房地产行业风险，政策密集发声，支持合理信贷需求，同时，国家发改委和国家外汇管理局已经开始摸排房企海外债务风险情况。

（二）信用紧缩已经接近尾声，违约风险或将逐步缓解

2022 年春季，随着宽信用逐渐从预期走向现实，信用风险可能出现部分缓释，新的投资机会可能出现。就目前情况而言，信用周期筑底仍需进一步确认，信用资质下沉策略并非最优选择，在投资上，笔者建议优先选择优质主体，拉长久期，待 2022 年信用周期回暖后再适当进行资质下沉。

（1）产业债：2021 年煤炭价格大幅上行有一个重要的因素，即价格扭曲机制使煤价的上行存在自我强化。虽然政策进行打压，但是煤价持续高于 570

元/吨绿色运行区间的上限仍为大概率。煤炭行业持续高景气，有利于煤炭企业在更长时间内保持高利润和经营现金流。从中长期看，碳达峰、碳中和作为40年的长期策略，未来将从能源、产业和区域结构等多个方面对中国经济社会产生深远影响，当然对于过剩产能行业的影响更为直接。作为过剩产能行业的代表，煤炭的短期能源地位不会动摇，但长期影响偏空；对于钢铁行业来说，碳中和为钢铁行业带来产业升级新机遇。

（2）地产债：随着人口拐点的到来和土地财政增长模式的换挡，房地产行业突飞猛进的扩张时代告一段落。当前，房地产要素压降更多的是主动为之，短期是为了“气球放气”以控风险，中长期是为了进行产业引导；细处着手于房地产，但全局放眼于经济结构转型。2021年下半年，房地产行业信用风险不断深化。虽然近期已经有政策的边际放松，不过，当前政策对冲仅是需求端的维稳，远水解不了近渴，仍需关注境内外偿债压力较大的主体的实质走向以及其对行业的进一步潜在冲击。此外，行业基本面的下行具有一定惯性，高周转低负债房企短期之内的违约风险可控，但是估值风险仍将发酵。

（3）城投债：目前，城投债过度抱团现象明显，优质地区平台信用利差已经压缩到历史低位。随着宽信用渐行渐近，届时，城投“过度抱团”可能出现部分瓦解。在资质下沉方面，应重点关注政府公开表态支持的地区。在中央“不发生系统性风险”与“地方党政主要领导负责财政金融风险处置”的背景下，一些地方政府召开“债券市场恳谈会”，为当地国有企业站台，这有利于缓解区域流动性风险。从长期来看，央地财政体制或再迎重大改革，厘清城投与地方政府的关系亦是应有之义。市场化业务属性更强、拥有较强自身造血能力的城投将率先成为真正意义上的产业类国企，届时，城投刚兑支持的总盘子或会明显收缩。

第十章 债券衍生品市场

秦 龙*

- 2021 年，新冠肺炎疫情继续冲击全球经济和影响社会的发展，全球金融市场波动剧烈。下半年随着疫情的缓解和通胀的加剧，海外各国宽松的宏观政策相继退出。国内疫情得到有效控制，经济稳步恢复，货币政策保持稳健中性。在此大环境下，国内债券市场收益率有所下行，同时，利率和各种利差波动均处于历史较低水平。债券衍生品市场继续平稳发展，各类衍生品交易量维持稳定，参与者进一步丰富，新品种不断推出。
- 2021 年，利率互换成交笔数较上年同期略有减少，成交量略有增加，截至 2021 年 9 月末，利率互换市场达成交易 20.35 万笔，同比减少 5.8%，名义本金总额为 16.5 万亿元，同比增长 6.9%。债券市场对外开放进一步推进，利率衍生品市场对境外商业机构开放有序推进落地。银行间市场利率期权新增挂钩 FDR 利率的品种，利率期权市场稳步发展。
- 2021 年，国债期货成交量基本保持稳定，持仓量大幅增加，前三季度，国债期货总成交量达到 1813 万手，较 2020 年同期减少 1.5%；国债期货日均持仓量为 23.36 万手，较 2020 年同期增长 53.4%。国债期货做市机制运行日趋完善，市场流动性进一步改善。
- 2021 年，信用衍生品发展速度有所加快。在产品创新方面，银行间市场推出 CDS 指数产品；在交易规则方面，受信用保护凭证保护的

* 秦龙，中泰证券固定收益部总经理。中泰证券固定收益部陈鹏、黄盛豪、陈浩、蔡亚冬对本章亦有贡献。

信用债券可以作为标准券进入中证登质押品库；参与者方面仍然以银行、增信机构、券商为主要参与者，部分资管产品和私募基金开始介入。发行规模显著增长，前三季度，银行间市场信用风险缓释凭证合计发行 109 只，创设规模为 192.38 亿元，同比分别增长 32.93%、126.06%。

2021 年，国内疫情得到有效控制，国民经济稳步恢复，债券市场利率经历了春节前的快速上行，在春节后开始逐步下行。在利率低波动的市场环境下，债券衍生品市场保持平稳发展，参与者进一步丰富，新品种不断推出，利率衍生品交易量维持稳定。衍生品与现货市场的关联度进一步提升，衍生品继续发挥价格发现和风险管理的功能。

2021 年，利率互换成交笔数较上年同期略有减少，成交量略有增加，截至 2021 年 9 月末，利率互换市场达成交易 20.35 万笔，同比减少 5.8%；交易名义本金总额为 16.5 万亿元，同比增长 6.9%。随着我国金融业对外开放进程加快，海外金融机构开始直接进入境内利率互换市场参与交易。2021 年 3 月 29 日，FDR 利率期权业务平稳推出，稳步发展。

2021 年前三季度，国债期货总成交量为 1813 万手，较 2020 年同期下滑 1.5%，日均持仓量为 23.36 万手，较 2020 年同期增长 53.4%。自 2019 年 5 月中金所在国债期货市场引入做市交易机制以来，做市商积极履行报价义务，切实改善国债期货市场流动性，保障了国债期货市场的平稳运行，提升了国债期货市场的流动性。6 月 11 日，中国金融期货交易所再度招募国债期货主做市商、一般做市商，国债期货做市商数量有望扩充，国债期货做市制度日趋完善和成熟。

2021 年前三季度，信用风险衍生产品的发行规模显著上升，高于 2018 ~ 2020 年同期水平。前三季度，银行间市场信用风险缓释凭证合计发行 109 只，创设规模为 192.38 亿元，较 2020 年前三季度的发行数量合计 82 只、创设规模为 85.10 亿元分别增长 32.93%、126.06%。银行间市场信用违约互换指数正式诞生，这是信用衍生品方面的又一创新工具。

一　利率互换市场

（一）利率互换市场运行情况

2021 年，利率互换市场保持稳步发展，利率互换成交笔数较上年同期略有减少，成交量略有增加。截至 2021 年 9 月末，利率互换市场达成交易 20. 35 万笔，同比减少 5. 8%；名义本金总额为 16. 5 万亿元，同比增长 6. 9%（见图 10 －1）。从期限结构来看，1 年期及 1 年期以下交易较为活跃，名义本金总额达 11. 10 万亿元，占总额的 67. 35%。从参考利率来看，利率互换交易的浮动端参考利率主要包括 7 天回购定盘利率和 3 个月期 Shibor 利率，与之挂钩的利率互换名义本金占比分别为 85. 79% 和 13. 43%。LPR 形成机制改革后，以 LPR 为标的的利率互换成交较为活跃，2021 年前三季度，以 LPR 为标的的利率互换成交 261 笔，名义本金总额为 650. 66 亿元。利率互换交易活跃，丰富了利率风险管理工具，在一定程度上提高了货币政策向存款利率的传导效率，积极促进进行利率市场化改革。

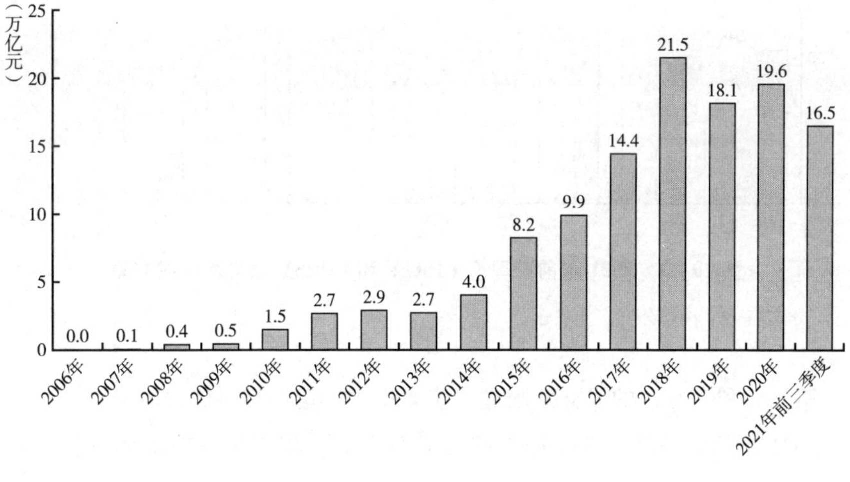

图 10 －1　2006 年至 2021 年前三季度中国利率互换名义本金总额

资料来源：中国外汇交易中心。

在保持稳步发展的同时，2021 年，利率互换市场还呈现如下三个特点。

第一，挂钩 LPR 的利率互换成交活跃度较 2020 年有所下降，期限种类上仍限于短期品种。

自 2019 年 8 月开始的贷款市场报价利率（LPR）改革打破了原有的贷款利率隐性下限，即启动了贷款利率市场“最后一公里”改革，随着 LPR 改革深入推进，贷款利率市场化程度明显提高，波动性加大，市场风险管理需求开始增加，挂钩 LPR 的利率互换成交日趋活跃。由于 1 年期 LPR（LPR1Y）和 5 年期 LPR（LPR5Y）自 2020 年 4 月 20 日起分别维持在 3.85% 和 4.65% 水平不变，市场对于 LPR 利率互换的交易需求有所下降，截至 2021 年第三季度末，LPR 利率互换交易量为 650.66 亿元，较上年同期 2204.98 亿元的水平有较大程度的下降。2021 年前三季度 LPR1Y 和 LPR5Y 名义本金成交量见图 10－2。

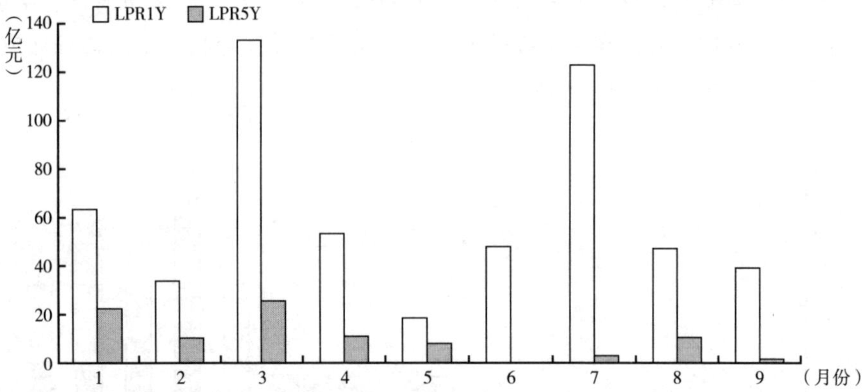

图 10－2　2021 年前三季度 LPR1Y 和 LPR5Y 名义本金成交量

资料来源：中国外汇交易中心。

第二，利率互换的成交期限进一步集中，结构仍有待优化。

2021 年前三季度，各品种在期限分布上与上年相比表现出如下特点：中短期限活跃度、集中度进一步提升，长期限活跃度依旧不高。1 年及以内期限品种成交占比较上年略有提升，为 67.3%，其中，1 年期最为活跃，名义本金高达 62649 亿元，占比为 38.0%，较上年下降 8.5 个百分点。1 年期以上的成交主要体现在5年期品种上，5年期品种累计成交34230亿元，占比较上年下降10.37个百分点，为20.78%（见图10－3）。

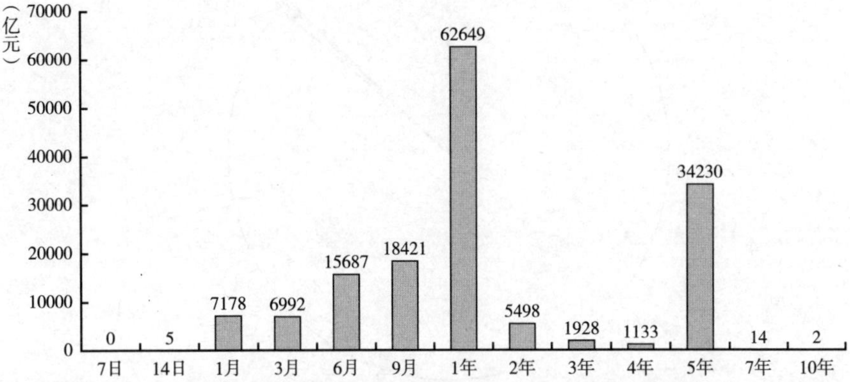

图10－3　2021年前三季度利率互换交易量期限分布

资料来源：中国外汇交易中心。

5年期以上的品种成交依旧不活跃，截至9月底累计成交16亿元，较上年同期大幅减少122亿元。从实际交易和报价情况来看，5年期以内品种买卖价差贴近，基本在0.5BP以内，而7～10年期品种的买卖价差往往在5BP左右。相较于10年期国债期货0.005元的最小变动价位和现券0.25BP的买卖价差，利率互换的买卖价差过大，交易成本过高，报价宽度进一步影响市场交投活跃度。而且商业银行开始试点参与国债期货，现券卖空方式也相对灵活，这种长久期品种做空工具的替代性较高。机构投资者更青睐成本低、流动性好的品种。

第三，利率互换标的结构较为集中，FR007和Shibor 3M标的占比进一步增加。

2021年前三季度，以FR007和Shibor 3M为参考利率的利率互换继续维持市场领先地位，合计占比为99%（见图10－4），比2020年上升1.90个百分点，其他标的品种占比小幅下降。2021年前三季度人民币利率互换业务名义本金成交规模见表10－1。

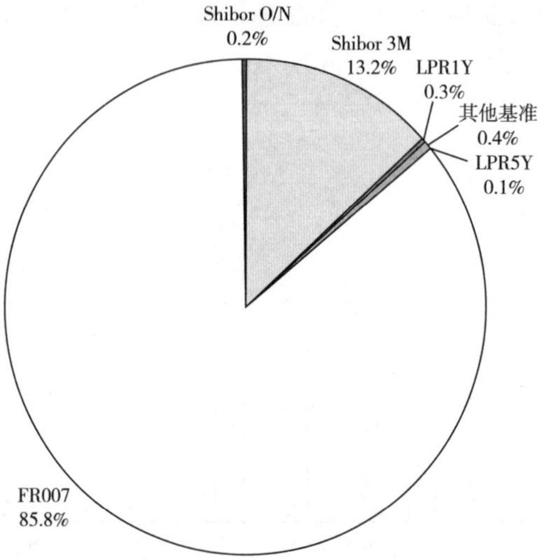

图 10－4　2021 年前三季度中国利率互换参考利率分布

资料来源：中国外汇交易中心。

表 10－1　2021 年前三季度人民币利率互换业务名义本金成交规模

单位：亿元

期限	FR007	FDR001	FDR007	Shibor 3M	Shibor O/N	LPR1Y	LPR5Y	GB10	CDB10	其他基准	合计
7 日	0	0	0	0	0	0	0	0	0	0	0
14 日	5	0	0	0	0	0	0	0	0	0	5
1 月	7040.8	2	0	0	126.5	0	0	3.5	5.5	0	7178.3
3 月	6946.2	0	22.7	0	14.5	0	0	4.5	4	0.5	6992.4
6 月	12152.35	0	0	3221	19	80.6	2.5	65	66.5	65	15671.95
9 月	14714.63	0	0	3326.12	7	58.62	14.3	100	100	100	18420.67
1 年	50932.55	0	1	11104.3	205.5	260.12	25	45	40.5	40	62653.97
2 年	4285.35	0	1	1163.5	0	24.25	23.92	0	0	0	5498.02
3 年	1498	0	0	363.92	0	55.5	11	0	0	0	1928.42
4 年	1014.36	0	0	117.25	0	0	1	0	0	0	1132.61
5 年	32795.75	0	0	1433.8	0	0	0	0	0	0	34229.55
7 年	13.6	0	0	0	0	0	0	0	0	0	13.6
10 年	2.4	0	0	0	0	0	0	0	0	0	2.4
合计	131400.99	2	24.7	20729.89	372.5	479.09	77.72	218	216.5	205.5	153726.89

资料来源：根据全国银行间同业拆借中心数据计算得到。

（二）利率互换利率走势及与其他利率相关性分析

从走势来看，2021 年前三季度，利率互换呈现先上行后下行两个阶段。上行阶段（年初至 2 月中旬），年初受春节跨节资金偏紧，国内股市、全球大宗商品价格和美债同时上涨的影响，市场开始担心货币政策出现转向，Repo1Y 从年初 2.48% 上行 27BP 到春节后的 2.75%，Repo5Y 从 2.83% 上行 32BP 至 3.15%。下行阶段（2 月下旬至今），春节过后，虽然美债和大宗商品价格继续上行，但机构欠配压力较大，由于货币政策重申不急转弯、银行间流动性充裕、社融增速见顶回落、债券供给放缓等原因，市场对流动性的担忧逐步化解，同时，基本面不断向好的预期也得到修正，收益率开始缓慢下行。7 月，超预期的全面降准进一步点燃了市场的做多热情，虽然 5～6 月收益率出现一定回调，但整体来看收益率呈现逐步下行的走势。截至 9 月底，Repo1Y 从高点回落 39BP 至 2.34%，Repo5Y 回落 40BP 至 2.71%。2021 年前三季度利率互换走势见图10－5。

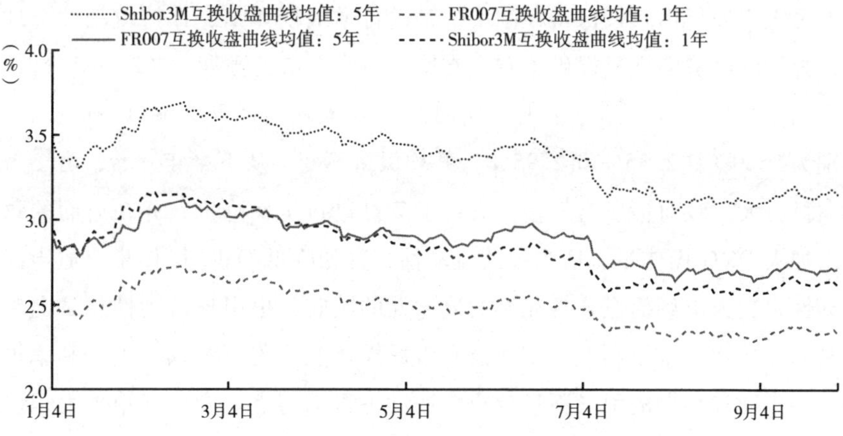

图 10－5　2021 年前三季度利率互换走势

资料来源：全国银行间同业拆借中心。

2020 年前三季度，货币市场利率与利率互换利率的整体相关性有所分化。从绝对利率来看，Shibor 3M IRS 与 Shibor 3M 相关性较高，均在 0.85 以上，R007 与 FR007 IRS 短端相关性较强（1 月），其他期限相关性较弱；从利率日变化率来看，货币市场利率与利率互换利率的相关性都不高，R007 日变化与 FR007 IRS 日变化的相关性相对较好点（见表 10－2）。

表 10－2　2021 年前三季度货币市场利率与利率互换利率的相关系数

	1 月	3 月	6 月	9 月	1 年	2 年	3 年	4 年	5 年
R007 与 FR007 IRS	0. 82	0. 42	0. 19	0. 09	0. 04	0. 01	－0. 01	－0. 02	－0. 02
Shibor 3M 与 Shibor 3M IRS	—	—	0. 98	0. 96	0. 95	0. 93	0. 92	0. 90	0. 89
R007 日变化与 FR007 IRS 日变化	0. 44	0. 51	0. 48	0. 46	0. 45	0. 41	0. 38	0. 37	0. 37
Shibor 3M 日变化与 Shibor 3M IRS 日变化	—	—	0. 39	0. 25	0. 21	0. 18	0. 15	0. 12	0. 11

资料来源：根据全国银行间同业拆借中心数据计算得到。

2021 年以来，根据疫情防控、海外市场扰动和国内经济恢复的特点，中国人民银行的货币政策保持稳健中性，进行逆周期调节，保持流动性合理充裕，为国内经济的恢复提供了有力支持。为稳定市场预期，2021 年以来，中国人民银行公开市场操作 7 天期逆回购、14 天期逆回购和 MLF 的中标利率分别为 2. 20%、2. 35% 和 2. 95%，并均保持不变。从下半年开始，由于 MLF 到期量巨大，政府债发行较多，央行于 7 月进行全面降准，并在后面的每个月末加大 OMO 操作量，适当投放流动性，月初降低 OMO 操作量，适当回笼流动性，在为市场提供合理充裕的流动性的同时，也引导流动性总量向常态水平回归。货币市场利率一直在公开市场操作利率附近波动，市场利率也在经济基本面和预期的引导下呈现小幅波动下行的特点。利率互换更表现出预期性，尽管海外市场利率一度大幅走高，波动剧烈，但境内的利率互换没有简单地跟随海外市场走势而大幅波动，体现了对远期利率较好的价格的发现功能。

2021 年前三季度，利率互换与国开债收益率的相关系数保持较高水平，具体而言，5 年期利率互换与各期限国开债收益率的相关系数多数维持在 0. 9 以上，各期限相关系数的平均值为 0. 96，较上年同期进一步提升。对于利率互换日变化与国开债收益率日变化的相关系数，1年期维持在0.5附近，1年期以上维持在0.8附近，长端相关系数更高。这种相关性的提高，使利率互换和国开债之间的各种策略组合更为有效，尤其是利率风险管理方面的有效性极大提高（见表10－3）。

表10－3　2021年前三季度利率互换与国开债收益率相关系数

期限	1年	3年	5年	7年	10年
5年FR007 IRS与国开债	0.91	0.98	0.98	0.96	0.97
5年Shibor 3M IRS与国开债	0.93	0.98	0.99	0.96	0.97
5年FR007 IRS日变化与国开债日变化	0.49	0.78	0.86	0.77	0.85
5年Shibor 3M IRS日变化与国开债日变化	0.52	0.78	0.82	0.75	0.81

资料来源：根据全国银行间同业拆借中心与中央结算公司数据计算得到。

二　国债期货市场

（一）国债期货市场运行及交割情况

2021年前三季度，国债期货的成交量和2020年基本持平，持仓量相对2020年大幅增加（见图10－6、图10－7、图10－8）。2021年前三季度，受国内货币政策、海外疫情加剧因素影响，国内债券收益率先上行后下行，利率窄幅波动且波动水平低。2021年前三季度，国债期货总成交量为1813万手，较2020年同期小幅下行1.5%；其中，10年期合约总成交量为1203万手，较2020年同期下降1.3%，5年期合约总成交量为439万手，较2020年同期增长0.9%，2年期合约总成交量为171万手，较2020年同期下降8.4%。持仓量方面，2020年前三季度，国债期货日均持仓量为23.36万手，较2020年同期增长53.4%，其中，10年期合约日均持仓量为14.06万手，较2020年同期增长35.6%，5年期合约日均持仓量为6.50万手，较2020年同期增长51.9%，2年期合约日均持仓量为2.80万手，较2020年同期增长47.5%。成交持仓比方面，2021年前三季度，国债期货总体成交持仓比为0.43，较2020年同期下降0.23。

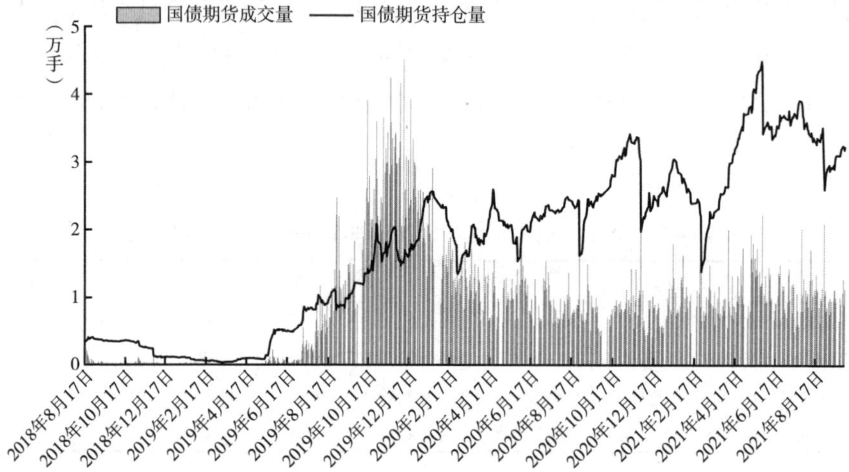

图 10－6　2 年期国债期货成交量及持仓量

资料来源：中国金融期货交易所。

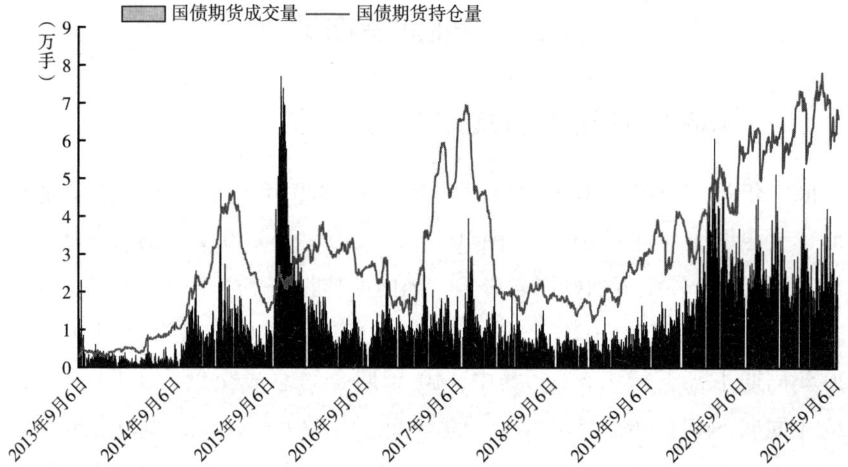

图 10－7　5 年期国债期货成交量及持仓量

资料来源：中国金融期货交易所。

国债期货市场的平稳运行得益于国债期货做市制度的健全完善。自 2019 年 5 月中国金融期货交易所在国债期货市场引入做市交易机制以来，做市商积极履行报价义务，切实改善国债期货市场流动性，提升了市场运行质量，促进了市场平稳运行和功能发挥。2021 年 6 月 11 日，为进一步促进国债期货市场高质量发展，中国金融期货交易所发布《关于开展国债期货做市商招募工作的通知》，招募国债期货主做市商、一般做市商，国债期货做市商数量有望扩充，国债期货做市制度日趋完善和成熟。

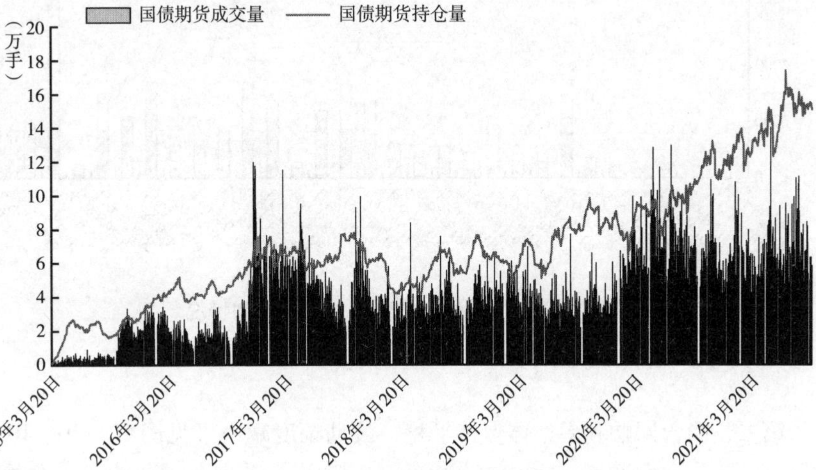

图 10－8　10 年期国债期货成交量及持仓量

资料来源：中国金融期货交易所。

2021 年前三季度，国债期货共进行 3 次交割，累计交割 11031 手，较上年同期增加 5309 手，同比增长 92.8%（见图 10－9）。其中，2 年期国债期货合约累计交割 4305 手，较 2020 年同期上升 416.8%；5 年期国债期货合约累计交割 3936 手，较 2020 年同期增长 8.7%；10 年期国债期货合约累计交割 2790 手，较 2020 年同期上升 120.0%。

2021 年前三季度，国债期货市场运行主要呈现以下两个主要特点。

第一，国债期货合约持仓量创历史最高水平，显著高于往年峰值，成交量相比上年略有下降。2021 年前三季度，国债期货日均持仓量为 23.36 万手，较最高的历史年份（2020 年）增长 53.4%，日均交易量为 9.96 万手，相比 2020 年下降 1.4%。持仓量大幅增加表明国债期货市场套期保值需求相对旺盛，2021 年前三季度，债券收益率波动处于历史极低水平，市场环境不利于投机交易，投机需求下滑抑制了国债期货交易量水平。

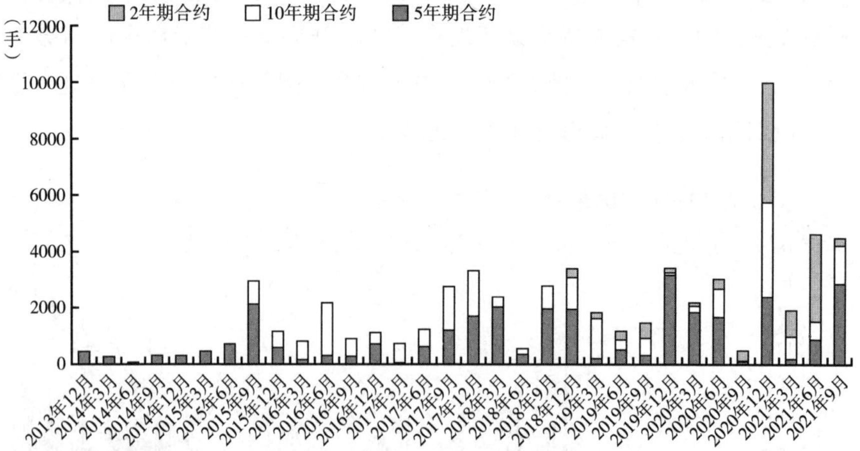

图 10－9　国债期货上市以来的交割情况

资料来源：中国金融期货交易所。

第二，隐含回购利率整体保持平稳，波动幅度减小（见图 10－10、10－11、图 10－12）。2021 年前三季度，2 年期、5 年期、10 年期国债期货合约最便宜可交割券的隐含回购利率平均值分别为 2.14%、1.79%、1.74%，较 2020 年

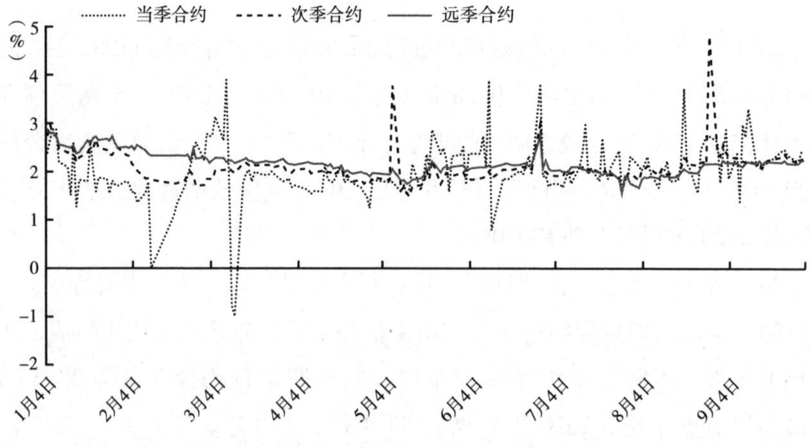

图 10－10　2021 年前三季度 2 年期国债期货合约隐含回购利率走势

资料来源：Wind。

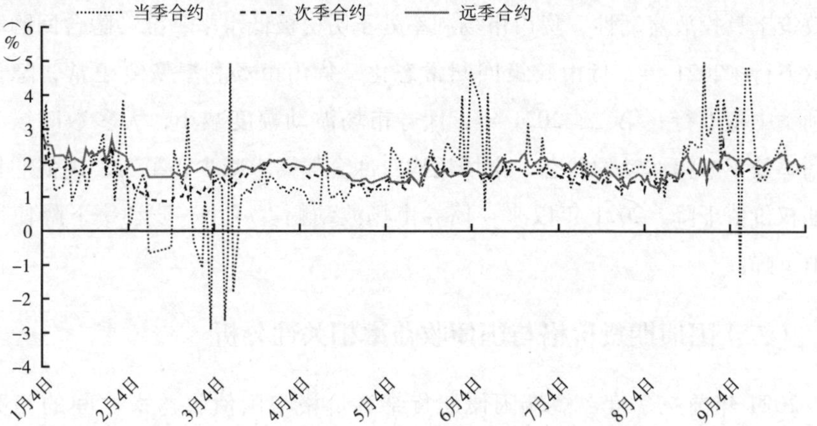

图 10-11 2021 年前三季度 5 年期国债期货合约隐含回购利率走势

资料来源：Wind。

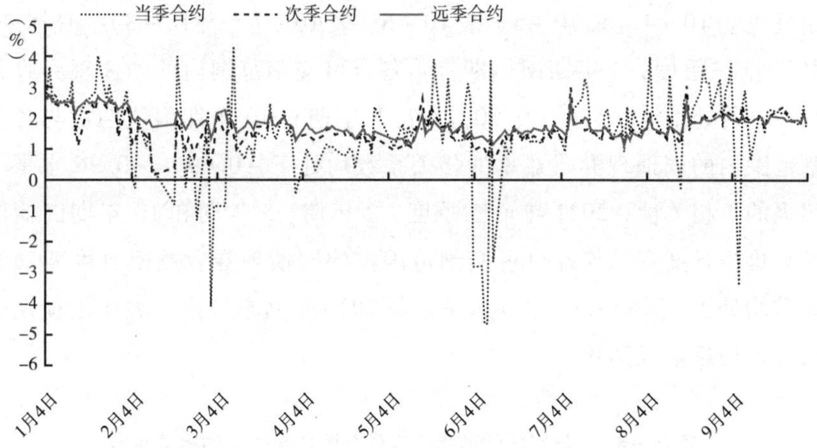

图 10-12 2021 年前三季度 10 年期国债期货合约隐含回购利率走势

资料来源：Wind。

有所上升，与此同时，国债期货隐含回购利率的波动水平大幅下降，这主要是受国债期货做市机制熨平国债期货市场波动的影响。国债期货隐含回购利率相比上年有所回升，主要缘于以下几个方面因素：第一，2020 年，货币市场利率在新冠肺炎疫情冲击期间显著下降，中国人民银行为应对冲击而采取多种货币政策工具投放流动性，货币市场利率处于历史极低水平，推动隐含回购利率中枢下行，2021 年，货币政策回归常态化，货币市场利率恢复正常，隐含回购利率中枢上行；第二，2021 年，债券市场波动幅度减小，大多数时候，债券利率处于窄幅波动的状态，市场机构对冲套保需求减少；第三，国债期货交割期权价值下降，2021 年以来，债券市场波动幅度减小，波动率下降使期权价值下降。

（二）国债期货价格与国债收益率相关性分析

2021 年前三季度，短端国债期货结算价格与国债收益率之间的相关性略低于 2020 年，中长端国债期货结算价格与国债收益率之间的相关性与 2020 年基本持平，中长端国债期货结算价格和国债收益率相关系数的绝对值都在 0.96 以上，短端国债期货结算价格和国债收益率相关系数的绝对值也在 0.9 以上，表明国债期货合约对国债现货具有良好的价格发现和对冲作用（见表 10－4、表 10－5、表 10－6、表 10－7、表 10－8）。具体来看，2021 年前三季度，2 年期国债期货与各自可交割范围内的国债现券收益率的相关系数处于 －0.94 ~ －0.90 水平，5 年期和 10 年期国债期货与各自可交割范围内的国债现券收益率的相关系数均处于 －0.99 ~ －0.96 水平，具有很强的负相关性；2021 年前三季度，2 年期、5 年期和 10 年期国债期货的结算价格日度变动与各自可交割范围内的国债现券收益率日度变动的相关系数均处于 －0.85 ~ －0.70 水平，与 2020 年基本持平，表明国债期货套保对冲市场逐渐成熟化。

表 10－4　2 年期国债期货结算价与国债收益率的相关系数

	2 年期国债收益率	2 年期国债收益率变动
当季合约结算价	－0.94	－0.71
次季合约结算价	－0.94	－0.72
隔季合约结算价	－0.90	－0.71

资料来源：根据中国金融期货交易所及中央结算公司数据计算得到。

表 10-5　5 年期国债期货结算价与国债收益率的相关系数

	5 年期国债收益率	5 年期国债收益率变动
当季合约结算价	-0.98	-0.98
次季合约结算价	-0.97	-0.97
隔季合约结算价	-0.96	-0.96

资料来源：根据中国金融期货交易所及中央结算公司数据计算得到。

表 10-6　5 年期国债期货结算价变动与国债收益率变动的相关系数

	4 年期国债收益率变动	5 年期国债收益率变动
当季合约结算价变动	-0.79	-0.82
次季合约结算价变动	-0.80	-0.82
隔季合约结算价变动	-0.77	-0.79

资料来源：根据中国金融期货交易所及中央结算公司数据计算得到。

表 10-7　7~10 年期国债期货结算价与国债收益率的相关系数

	7 年期	8 年期	9 年期	10 年期
当季合约结算价	-0.99	-0.99	-0.99	-0.99
次季合约结算价	-0.98	-0.99	-0.99	-0.99
隔季合约结算价	-0.97	-0.98	-0.98	-0.98

资料来源：根据中国金融期货交易所及中央结算公司数据计算得到。

表 10-8　7~10 年期国债期货结算价变动与国债收益率变动的相关系数

	7 年期	8 年期	9 年期	10 年期
当季合约结算价变动	-0.79	-0.81	-0.81	-0.81
次季合约结算价变动	-0.81	-0.83	-0.84	-0.84
隔季合约结算价变动	-0.80	-0.82	-0.82	-0.83

资料来源：根据中国金融期货交易所及中央结算公司数据计算得到。

三　其他利率类衍生产品

2021 年前三季度，除利率互换和国债期货以外的其他利率类衍生产品交易主要涉及标准债券远期和利率期权。

标准债券远期方面，2021 年前三季度累计成交面值为 2079.1 亿元（见图 10 - 13），较 2020 年同期减少 1065.7 亿元。从标准债券远期各期限合约成交情况来看，5 年期品种成交占比最高，达到 54.1%。2021 年前三季度，3 年期合约成交笔数和成交金额占同期总量的比例分别为 22.7% 和 25.5%，5 年期合约成交笔数和成交金额占同期总量的比例分别为 39.5% 和 54.1%，10 年期合约成交笔数和成交金额占同期总量的比例分别为 37.8% 和 20.3%（见图 10 - 14）。

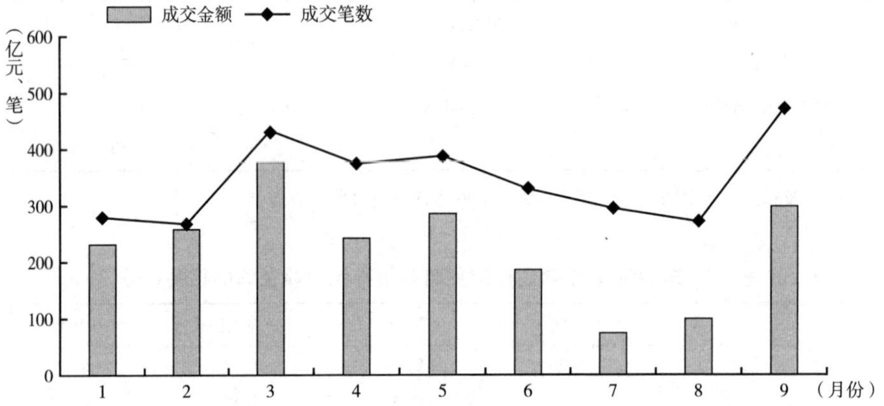

图 10 - 13　2021 年前三季度标准债券远期成交金额及成交笔数情况

资料来源：中国外汇交易中心。

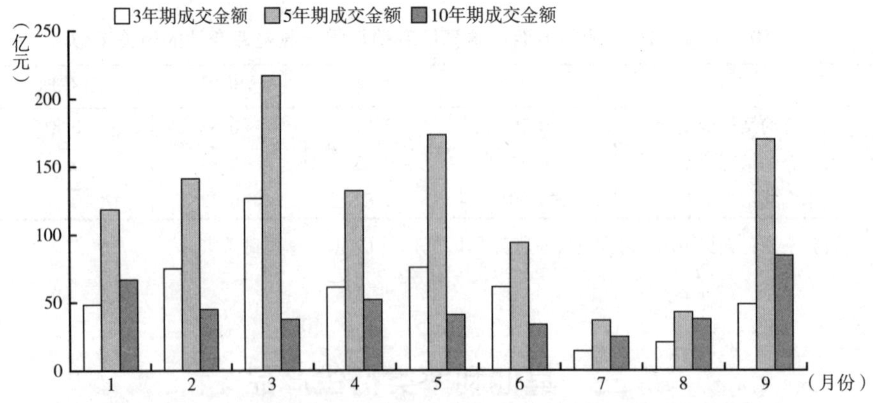

图 10 - 14　2021 年前三季度标准债券 3、5、10 年期成交金额情况

资料来源：中国外汇交易中心。

利率期权方面，继2020年3月23日银行间市场正式推出挂钩LPR1Y/LPR5Y的利率互换期权、利率上/下限期权后，2021年3月29日，中国外汇交易中心新增挂钩FDR001、FDR007的利率互换期权，利率上/下限期权上线首日，FDR利率期权共成交70笔、61.8亿元；27家金融机构参与FDR利率期权的报价与交易。

2021年上半年，银行间市场共成交利率期权266笔，名义本金为466.6亿元；其中，利率互换期权成交29笔，名义本金为15.2亿元，利率上/下限期权成交237笔，名义本金为451.4亿元；LPR期权成交199笔，名义本金为426.1亿元；FDR期权成交67笔，名义本金为40.5亿元（见图10－13、图10－14）。

四　信用衍生产品

（一）银行间市场信用风险缓释工具发展情况

2021年前三季度，银行间市场信用风险缓释凭证（CRMW）合计发行109只，创设规模为192.38亿元，较2020年前三季度的发行数量82只、创设规模85.10亿元分别增长32.93%、126.06%，并且超过了2018年、2019年同期水平。

2021年前三季度，共有26家民营企业发债主体搭配信用风险缓释工具在银行间市场发行新债券，合计发行了54只信用风险缓释凭证，占49.54%，较2020年同期的68.86%、2019年同期的81.95%均有所下降。挂钩国有企业债券的信用风险缓释工具的发行比例则逐渐提高。这与2020年第四季度以来国有企业信用风险有所抬头的市场状态是相互印证的，例如，2019年12月的北大方正、呼经开事件，2020年10月的华晨集团事件，2020年11月的永煤事件。违约主体主要为大型国有企业，在当地社会、经济活动中占有重要地位。此类主体爆发信用事件，尤其是永煤的超预期信用违约，沉重打击了市场信心，引发了市场对于周期性行业国企、地方融资平台的广泛关注。2021年上半年，部分该类企业和平台也出现债券折价成交、融资困难等问题，面临债券被动去杠杆的风险。在这种情况下，金融机构通过运用信用风险缓释凭证，相机为部分有区域重要性、社会重要性但遇到阶段性流动性紧张的国有企业提供信用支持，帮助企业疏通融资渠道、降低融资成本、恢复市场信心。

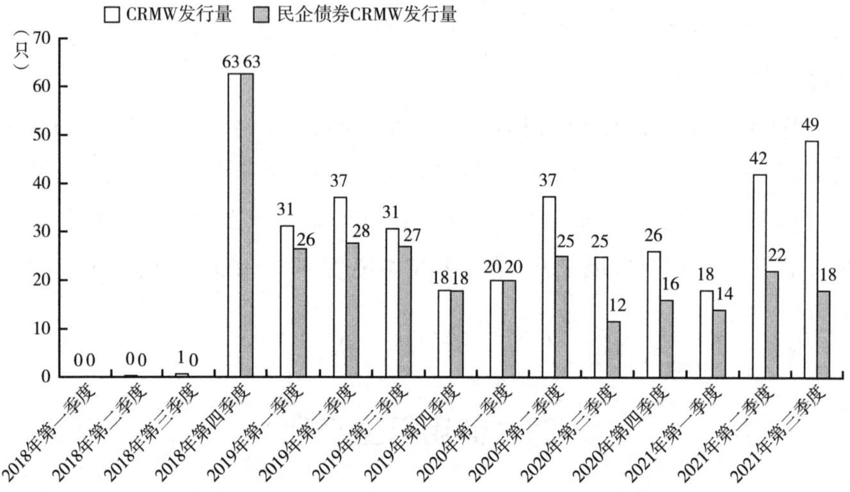

图 10－15　2018 年至 2021 年前三季度银行间市场信用风险缓释凭证发行量

资料来源：银行间市场交易商协会。

2021 年前三季度，累计发行 55 只挂钩国有企业债券的信用风险缓释凭证，创设规模达到 96.5 亿元，撬动了 319.44 亿元债券成功发行。搭配信用风险缓释凭证发行债券的国有企业涉及城投、国资平台、钢铁、煤炭等行业（见图 10－16）。CRMW 的发行帮助企业缓解了流动性压力，避免由于债务集中兑付带来的资金链断裂风险，增强了市场信心。另外，由于国有企业牵涉面广、社会影响力大，通过信用衍生工具等市场化方法进行信用增强、风险缓释，可以有效避免国有企业信用事件所引发的区域、行业的连锁效应，维持金融市场稳定。

在产品创新方面，2021 年 4 月 8 日，银行间市场交易商协会发布了《关于银行间市场信用违约互换指数编制及交易有关事项的通知（试行）》（以下简称“CDS 指数通知”），公布了信用违约互换指数（以下简称“银行间 CDS 指数”）的编制及管理规则，标志着 CDS 指数工具正式诞生，这是信用衍生品方面的又一创新工具。

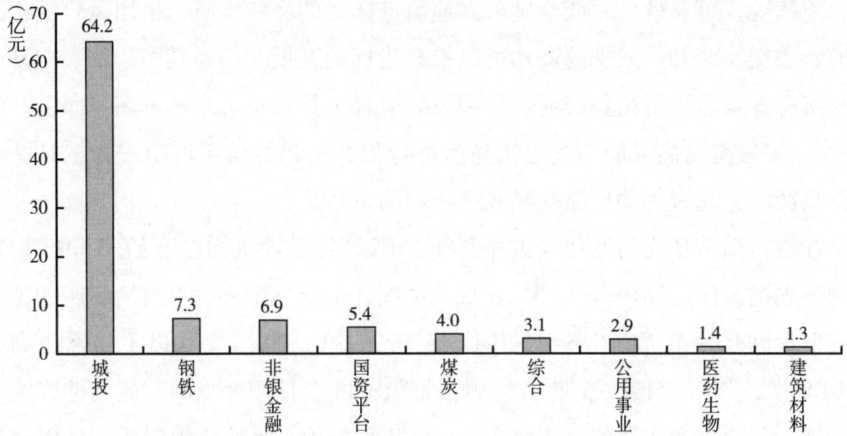

图 10－16 挂钩国企债券 CRMW 发行额分布情况（按行业）

资料来源：银行间市场交易商协会。

CDS 指数是按照标准化固定权重的一揽子单名 CDS 合约（Single-name CDS）的组合。在 2008 年金融危机爆发前，雷曼兄弟曾编制了一组全球投资级的 CDS 指数，包括美国 250 信用指数、欧洲 150 信用指数和日本 40 信用指数。从 2002 年起，CDS 组合产品快速发展，代表性产品包括美国道琼斯 CDS 产品和欧洲 DJ iTraxx 产品。[①] 这些产品的标准化程度高，拥有极佳的流动性，是国际上主流的信用衍生品交易品种，交易量占全部 CDS 交易量的 50% 以上。因此，CDS 指数及参考 CDS 指数的 CDS 组合产品也被视为市场信用风险的基准。买方可以用于对冲组合的信用风险，卖方则承受相较于单名 CDS 更低的信用风险。

银行间市场交易商协会在 CDS 指数通知中，对银行间 CDS 指数的含义、编制机构责任、操作原则、管控条件、指数要件、参与机构等方面进行了规定。根据 CDS 指数通知，银行间 CDS 指数是指由指数编制管理机构根据一揽子参考实体相关信息编制的单名信用违约互换等产品的集合，属于信用风险缓释工具。指数编制管理机构负责编制、公开发布、运营指数和为指数提供信用曲线等参考信息，应遵循独立、客观、透明、可操作性原则，保障指数的完整

① 〔美〕弗兰克·J. 法博齐编著《固定收益证券手册（第七版）》，周尧等译，中国人民大学出版社，2014。

性、连续性、可靠性，并能准确可靠地衡量标的的经济实质。信用风险缓释工具的核心交易商和一般交易商均可以指数为标的开展交易，其中，核心交易商可与所有参与者进行指数交易，信用风险缓释工具卖出总余额不超过净资产的500%；一般交易商只能与核心交易商进行指数交易，信用风险缓释工具净卖出总余额不得超过相关产品规模或净资产的100%。

在银行间市场交易商协会的指导下，国泰君安等机构已开始了CDS指数编制等先期工作。2019年12月16日，中国外汇交易中心、上海清算所和国泰君安证券联合发布“CFETS-SHCH-GTJA高等级CDS指数”（以下简称“高等级CDS指数”）。该指数按照一定规则筛选出40个信用评级高、流动性好的参考实体，每个参考实体的权重为2.5%，根据参考实体的信用资质、信用债价格、CDS价格等要素编制CDS指数。该指数设置每年3月20日和9月20日为成分滚动日，对成分标的进行更新。机构针对该指数，可以针对0.25年、0.5年、1年、2年、3年、4年、5年等7个期限进行报价，即按利差进行报价（见表10－9）。2021年4月上旬，国泰君安证券与招商银行、上海银行、中金公司、东方证券、晋商信用增进等机构，以及银叶投资和明毅投资管理的产品完成中国市场首批CDS指数交易，标的指数为高等级CDS指数。上述交易在中国外汇交易中心前台达成，并通过上海清算所进行逐笔清算。

表10－9　2021年10月29日CFETS-SHCH-GTJA高等级CDS指数报价情况

单位：BP

期限	参考报价	期限	参考报价
0.25年	30.48	3年	45.40
0.5年	33.53	4年	48.21
1年	37.23	5年	50.50
2年	40.80		

资料来源：中国外汇交易中心、上海清算所、国泰君安证券。

2021年4月26日，全国银行间同业拆借中心（以下简称“交易中心”）和上海清算所担任指数管理人共同发布了“CFETS-SHCH民企CDS指数”（以下简称“民企CDS指数”），由管理人在主体评级AA以上的非金融民营企业中根据一定标准选取25家参考实体，以等权重方式构建CDS指数。2021年9

月 30 日，中国外汇交易中心、上海清算所、中债资信评估有限公司共同发布了“CFETS-SHCH-CBR 长三角区域 CDS 指数”（以下简称“长三角 CDS 指数”），同样按照一定规则筛选 25 家参考实体，以等权重方式构建 CDS 指数。

截至目前，银行间 CDS 指数产品已有 3 只，分别从信用评级、企业性质、所述区域三个维度构建了 CDS 指数产品，为 CDS 指数工具的丰富奠定了基础。根据银行间市场交易商协会公布的数据，自 CDS 指数上线交易以来，商业银行、证券公司、私募基金和信用增进公司等 14 家机构累计达成交易 28 笔，名义本金合计 3.75 亿元，占同期全部 CDS 交易金额的 24%。

相较于单名 CDS，CDS 指数产品更加标准化，有助于信用风险缓释工具的进一步推广和发展，有利于国内信用衍生品的进一步丰富和多元化。虽然目前 CDS 指数产品的报价、交易仍然不够活跃，参与机构偏少，使 CDS 指数的走势与相应板块信用利差走势的相关性仍然不够强，难以充分发挥对冲工具的作用，但随着参与机构的增多、报价的连续性增强、定价准确性提高，CDS 指数产品的流动性将逐渐提高，其在未来可能成为良好的信用风险管理与对冲工具。

（二）交易所市场信用风险保护工具的发展

在证券监督管理部门的推动下，交易所市场信用风险保护工具也在稳步发展。根据中国证券业协会的统计，2021 年 1～9 月，18 家核心交易券商中，共有 6 家创设了信用保护工具，创设规模合计 18.03 亿元，较上年同期增加 12.83 亿元。与银行间市场 CRMW 创设情况类似，2021 年 1～9 月没有挂钩民营企业债券的信用风险保护工具被创设。2021 年前三季度证券公司创设信用风险保护工具规模见表 10－10。

表 10－10　2021 年前三季度证券公司创设信用风险保护工具规模

单位：万元

序号	机构名称	创设规模	序号	机构名称	创设规模
1	国泰君安	77800	4	东吴证券	7200
2	中信证券	70000	5	华泰证券	4300
3	海通证券	20000	6	招商证券	1000

资料来源：中国证券业协会。

在信用保护合约标的债券的交易规则方面，2021 年有新政策出台。2021 年 4 月 2 日，中国证券登记结算有限责任公司（以下简称“中证登”）发布了《中国证券登记结算有限责任公司受信用保护债券质押式回购管理暂行办法》（以下简称“回购暂行办法”），规定了受信用保护凭证保护的信用债券，在满足相关条件时可以作为标准质押品进入质押库。需要满足的条件包括：

（1）满足中证登多边净额结算标准；

（2）主体评级在 AA + 及以上，不含符合《质押式回购资格准入标准及标准券折扣系数取值业务指引》规定的作为回购质押品资格条件的信用债券；

（3）由中证登认可的合格创设机构创设的信用保护凭证提供信用保护，信用保护凭证约定的信用事件应包括但不限于支付违约，剩余信用保护期限不短于 2 个月，且凭证创设机构与债券发行人不存在直接或间接的主体信用风险关联。

其中，券商作为符合中证登要求的创设机构，应满足券商分类评价为 A 类、主体评级为 AAA、净资本超过 200 亿元等条件；信用增进机构作为符合中证登要求的创设机构，应符合净资产超过 30 亿元、主体评级为 AAA、在全国范围内开展信用增进类业务等条件。

针对进入质押库的信用债券，中证登要求“相关信用债券及对应的为其提供信用风险保护的信用保护凭证应一并按本公司相关业务规则规定提交至质押品保管库”，“信用保护凭证不足额的，超出部分的信用债券不计算折合标准券”，“信用保护凭证不单独计算折合标准券”，也即信用保护凭证及其等额部分的信用债券一并组合后方可成为标准券进入质押库，单独的信用债券或信用保护凭证部分均无法作为质押标准券。

受信用保护凭证保护的债券可以作为质押标准券进入质押库，使相关标的债券除了信用资质得到更多保护外，在融资便利性方面也与同评级未受保护的其他信用债券区分开来，进一步增强信用保护凭证的积极作用。一方面，融资便利性增强可以提高债券流动性，投资者对于信用债券的收益率要求可以适当下降，有助于进一步降低实体企业的融资成本；另一方面，信用保护凭证的正面作用进一步彰显，更易受到发行企业与投资机构的认可，有助于信用保护工具的进一步推广。

当前，债券市场信用风险逐步常态化，投资者对于信用风险对冲的衍生工具需求在不断增加。但由于投资者保护机制的不健全，违约后处置成本较高，违约回收率较低，创设机构承担的风险较大，因此，在开展业务时，应尽可能选择自身熟悉、风险易于把控的主体，特别是国有企业。对于市场来说，针对对冲风险偏高的主体，应以回避为主。因此，信用衍生工具的进一步发展不仅需要继续进行产品创新、完善投资者结构、加强基础设施建设，还需要在信用债的债权人保护、信息披露、违约处置等方面进行改进，促进市场整体信用环境改善。

第十一章
政府债券市场

曹　婧*

- 随着积极的财政政策持续发力，我国国债、地方政府债券规模不断扩张，政府债务占GDP比重持续上升，IMF预测，2021年，中国政府负债率升至68.9%。但从全球范围来看，这一比例仍显著低于美日欧等发达国家，也低于巴西和印度等新兴经济体，财政政策仍有充足空间。
- 由于2021年财政发力后置，上半年，国债和地方债整体发行进度偏慢，下半年，政府债券供给放量，迎来发行高峰。国债净融资节奏明显晚于往年，1~10月，新增国债1.47万亿元，仅完成发行目标的53.28%，国债发行或不达目标。受地方债新增限额下达时间延后、项目储备不足和审批趋严等影响，新增地方债发行进度明显滞后。截至10月末，新增债券完成地方政府债务限额的81.93%，其中，新增一般债完成92.10%，新增专项债仅完成79.65%，成为主要拖累项。目前，我国地方政府债务风险整体可控，地方政府负债率和债务率距警戒线仍有一定距离，但部分省份①债务负担较重。随着专项债发行提速和市场扩容，项目质量和配套融资、土地出让收入波动对专项债券信用风险具有重要影响。
- 永煤违约风波以来，市场对信用风险的担忧上升，城投债作为相对安全的资产受到投资者青睐。随着市场情绪修复和再融资需求规模扩大，叠加监管政策逐步收紧，城投债融资区域分化加剧，借新还旧成为融资平台发债主要用途。江浙地区城投债发行较为活跃，弱资质区域净融资出现明显缩减，中低评级主体逐步退出市场。抱团区域城投

* 曹婧，博士，中国社会科学院金融研究所助理研究员。

① 本章用省份指代省区市。

债发行成本相对稳定，弱区域、弱资质、低行政级别平台融资成本居高不下。城投债风险关键在于融资平台资产质量和盈利能力恶化、监管政策变动和融资平台市场化转型面临挑战。

一　政府债券总览

政府债券是我国债券市场的主要交易品种。2020 年，为应对新冠肺炎疫情冲击，积极的财政政策持续发力，增加财政赤字规模、发行 1 万亿元抗疫特别国债、提高新增专项债限额“三管齐下”，使政府债券发行规模创近年新高，占债券市场发行总量的 23.83%。2021 年 1～9 月，国债发行额为 4.71 万亿元，地方政府债券发行额为 5.62 万亿元，政府债券发行总额为 10.32 万亿元，较上年同期下降 1.52%（见图 11－1）。就政府债务存量而言，2015 年以来，我国政府债券余额快速上涨（见图 11－2）。截至 2020 年底，国债余额为 20.89 万亿元，地方政府债务余额为 25.66 万亿元，政府债务存量规模达到 46.55 万亿元，较上年同期增长 22.14%。

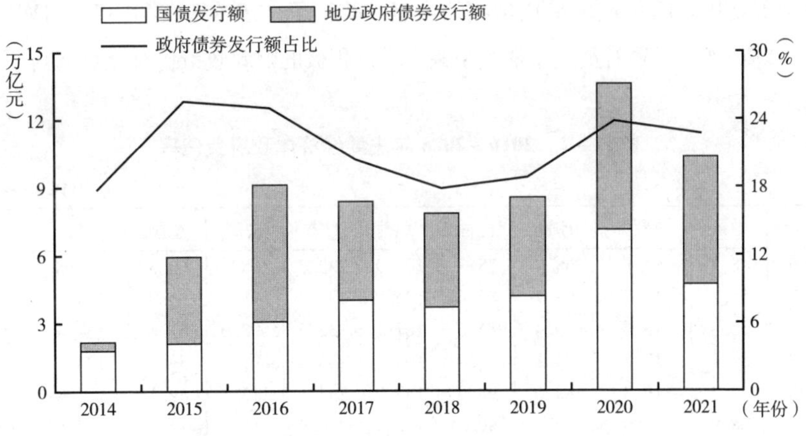

图 11－1　2014～2021 年政府债券发行情况

注：图中 2021 年指 2021 年 1～9 月。
资料来源：Wind。

从全球范围来看，中国政府负债率（即一般政府债务占 GDP 比重）处于中等水平，远低于美日欧等发达经济体。根据国际货币基金组织（IMF）公布的主要经

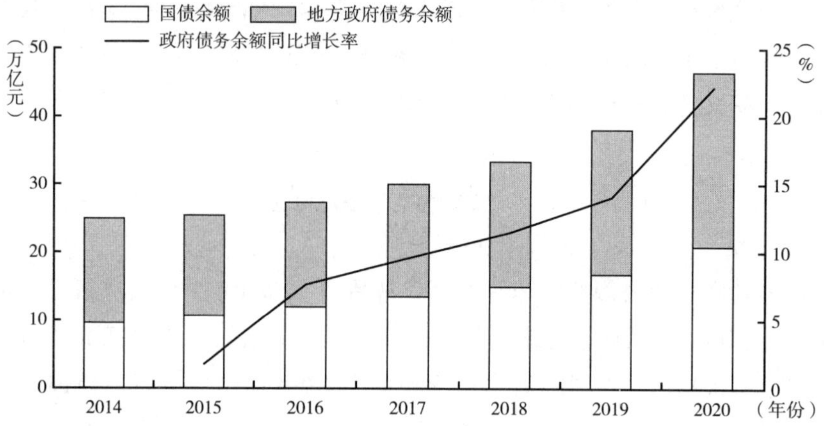

图 11－2　2014～2020 年政府债务存量情况

资料来源：Wind。

济体 2016～2026 年政府负债率，2020 年，全球主要经济体实施了规模空前的财政和货币刺激政策，导致政府负债率大幅抬升，美国、日本、英国、法国、意大利等发达经济体政府负债率平均增幅约为 20.42 个百分点，中国、俄罗斯、印度、巴西等新兴经济体政府负债率平均增幅约为 10.38 个百分点（见表 11－1）。IMF 预计 2021～2026 年中国政府负债率继续小幅上升，积极的财政政策仍有充足空间。

表 11－1　2016～2026 年主要经济体政府负债率

单位：%

年份	中国	俄罗斯	印度	巴西	美国	日本	法国	德国	意大利	英国
2016	48.2	14.8	68.9	78.3	106.9	232.5	98.0	69.3	134.8	86.8
2017	51.7	14.3	69.7	83.6	106.0	231.4	98.3	65.0	134.1	86.3
2018	53.8	13.6	70.4	85.6	107.1	232.5	98.0	61.6	134.4	85.8
2019	57.1	13.8	74.1	87.7	108.5	235.4	97.6	59.2	134.6	85.2
2020	66.3	19.3	89.6	98.9	133.9	254.1	115.1	69.1	155.8	104.5
2021	68.9	17.9	90.6	90.6	133.3	256.9	115.8	72.5	154.8	108.5
2022	72.1	17.9	88.8	90.2	130.7	252.3	113.5	69.8	150.4	107.1
2023	74.5	17.7	88.1	91.7	131.1	250.8	114.6	68.0	149.4	109.4
2024	76.6	17.8	87.3	92.4	131.7	251.0	115.4	65.9	148.6	110.5
2025	78.5	17.5	86.3	92.6	132.5	251.3	116.2	63.4	147.5	111.2
2026	80.1	17.5	85.2	92.4	133.5	251.9	116.9	60.9	146.5	111.6

注：2021～2026 年负债率为预测值。

资料来源：《财政监测报告（2021 年 10 月）》，IMF。

二　国债市场

（一）国债一级市场

2021 年，随着财政政策逐步回归常态化，国债净融资进度有所放缓。2021 年 1～10 月，我国国债累计发行 5.33 万亿元，较上年同期下降 4.51%，但国债净融资规模为 1.47 万亿元，仅为上年同期水平的一半（见图 11－3）。根据往年情况（除 2020 年发行抗疫特别国债不计入财政赤字外），国债净融资额一般略低于中央财政赤字规模（见图 11－4）。2021 年中央财政赤字预算为 2.75 万亿元，前 10 个月国债净融资额仅完成发行限额的 53.28%，国债全年净融资规模大概率低于中央财政赤字目标。

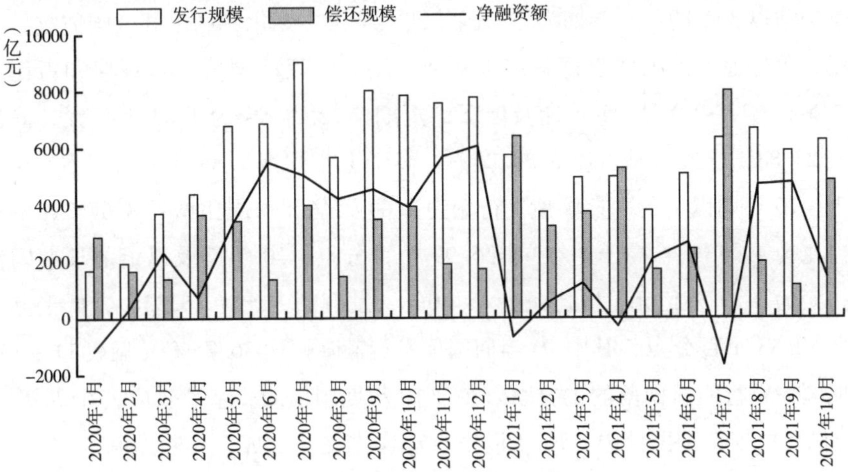

图 11－3　2020 年至 2021 年 10 月国债发行情况

资料来源：Wind。

2021 年以来，中短期国债品种发行规模扩大，国债发行期限结构趋于短期化。目前，我国国债种类包括可上市流通的记账式国债与不可上市流通的储蓄国债，2021 年前 10 个月发行记账式国债 5.04 万亿元，占比为 94.56%。记账式国债涵盖 1 年、2 年、3 年、5 年、7 年、10 年等关键期限和 3 月、6 月、

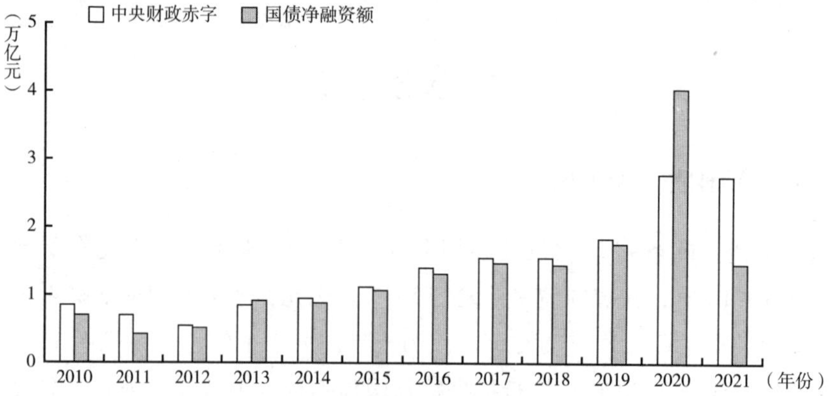

图 11-4　2010～2021 年中央财政赤字和国债净融资额

资料来源：Wind。

30 年、50 年等其他期限，形成短、中、长、超长期兼备的丰富期限结构，而储蓄国债以 3 年期和 5 年期为主。国债期限结构多元化有利于健全国债收益率曲线，更好地发挥国债收益率定价基准作用。中短期国债发行规模和占比双升，2021 年 1～10 月，1 年期及以下的短期国债发行额为 1.83 万亿元，同比增长 23.83%，发行额占比为 34.23%，高于上年同期 7.84 个百分点；1 年期以上、10 年期以下的中期国债发行额为 2.64 万亿元，同比增长 8.67%，发行额占比为 49.43%，高于上年同期 5.99 个百分点；10 年期及以上的长期国债发行额为 0.87 万亿元，同比减少 48.30%，发行额占比为 16.33%，低于上年同期 13.83 个百分点，其中 10 年期国债发行额降幅达 56.25%（见表 11-2）。长期国债发行明显回落的主要原因在于 10 年期国债的高基数效应，在 2020 年 1 万亿元抗疫特别国债中，10 年期发行规模占比达七成，扣除高基数因素后，10 年期国债发行规模与上年同期基本持平。

表 11-2　2021 年 1～10 月国债发行期限结构

发行期限	发行只数(只)	发行额(亿元)	发行额占比(%)
3 月	39	8629.20	16.18
6 月	13	4308.10	8.08
1 年	10	5318.20	9.97
2 年	10	5807.40	10.89

续表

发行期限	发行只数(只)	发行额(亿元)	发行额占比(%)
3 年	18	7421.20	13.92
5 年	18	7211.00	13.52
7 年	10	5919.00	11.10
10 年	10	5216.10	9.78
30 年	9	2580.00	4.84
50 年	3	910.00	1.71

资料来源：Wind。

（二）国债二级市场

国债一级市场净融资量减少带动二级市场交易量下降（见表 11－3）。现券交易方面，2021 年 1～10 月，国债市场现券成交 32.64 万亿元，同比减少 17.51%，但高于疫情前水平约 32.98 个百分点。其中，银行间债券市场现券成交 32.25 万亿元，同比减少 18.12%；交易所债券市场现券成交 0.39 万亿元，同比增加 116.80%。分月来看，除 2 月、5 月、10 月外，国债现券月交易量均超过 3 万亿元，成交量峰值出现在 1 月（见图 11－5）。2021 年 3 月以来，国债现券月交易量出现同比和环比双下滑，7 月，央行全面降准推动现券成交量短暂回调，但整体而言，国债市场现券交易活跃度好于疫情前水平。

表 11－3　2021 年 1～10 月国债二级市场交易量

单位：亿元

交易市场	现券交易	回购交易	合计
银行间债券市场	322540.84	3674105.65	3996646.49
上海证券交易所	3859.97	2440275.59	2444135.56
深圳证券交易所	2.92	284114.02	284116.94
合计	326403.73	6398495.27	6724898.99

资料来源：Wind。

回购交易方面，2021 年 1～10 月，国债市场回购成交量为 639.85 万亿元，同比减少 16.67%。其中，银行间债券市场回购成交 367.41 万亿元，同比减少

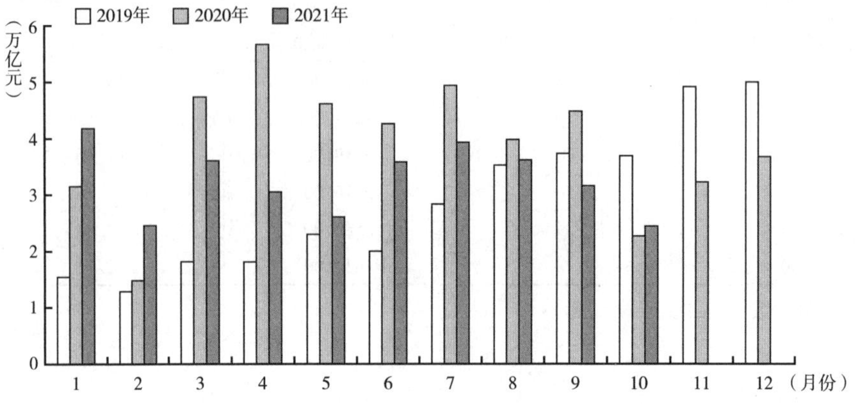

图 11－5　2019～2021 年国债市场现券交易量

资料来源：Wind。

32.28%；交易所债券市场回购成交 272.44 万亿元，同比增加 20.92%。2021 年上半年，国债回购月交易量出现同比和环比双下滑，自 6 月起，国债回购成交量企稳回升，同比增长 8.23%，主要原因是资金面宽松导致债券收益率下行，金融机构加杠杆套利行为增加推高国债回购成交量。整体而言，国债市场回购交易活跃度低于疫情前水平（见图 11－6）。

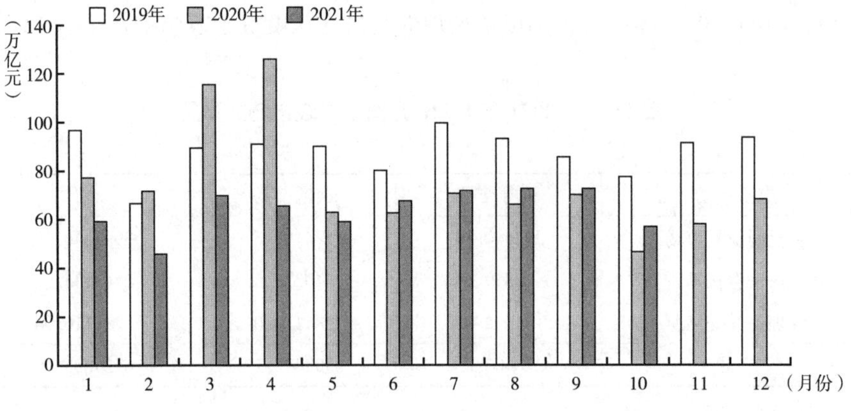

图 11－6　2019～2021 年国债市场回购交易量

资料来源：Wind。

2021年，我国10年期国债收益率呈现先升后降再升的态势，基本运行于3.0%～3.3%（见图11－7）。1～3月，受国内疫情局部反弹、美国通胀预期升温、美国10年期国债收益率走高等因素影响，我国债券市场情绪较为谨慎，国债收益率随之上行。4月以来，我国经济处于弱复苏通道，货币政策和资金面整体稳中趋松，加上通胀预期降温，10年期国债收益率从3.2%持续下行至2.8%。7月15日央行实施全面降准后，国债收益率在13个交易日内大幅下滑近20BP，险些跌破2.8%关口。央行在7月30日下半年工作会议和8月9日发布的《2021年第二季度中国货币政策执行报告》中反复强调，稳健的货币政策要灵活精准、合理适度、稳字当头，坚决不搞“大水漫灌”，打消市场宽松预期。8～9月，国债收益率暂时止跌，在2.8%～2.9%维持低位震荡。自10月起，在结构性通胀压力升温、全球货币政策边际收紧、美债收益率回升的背景下，国债收益率小幅反弹。

图11－7　2021年1～10月中国10年期国债收益率

资料来源：Wind。

（三）国债期货市场

我国国债期货市场自2013年9月重启以来不断发展壮大，产品种类逐渐丰富，交易机制不断完善。从成交量来看，2021年1～10月，国债期货市场共成交1975.43万手，日均成交9.98万手，成交金额达21.49万亿元，日均成交金额为1085.13亿元，与上年同期基本持平，国债期货活跃度较疫情前大幅提升。10年期国债期货依然是主要交易品种，2019～2021年成交金额占比维持在60%左右，2年期和5年期成交金额占比分别为17.78%和22.28%（见图11－8）。从持仓量来看，三种期限合计持仓量稳步增加，截至2021年10月末，国债期货总持仓量为27.32万手，同比增长33.79%（见图11－9）。

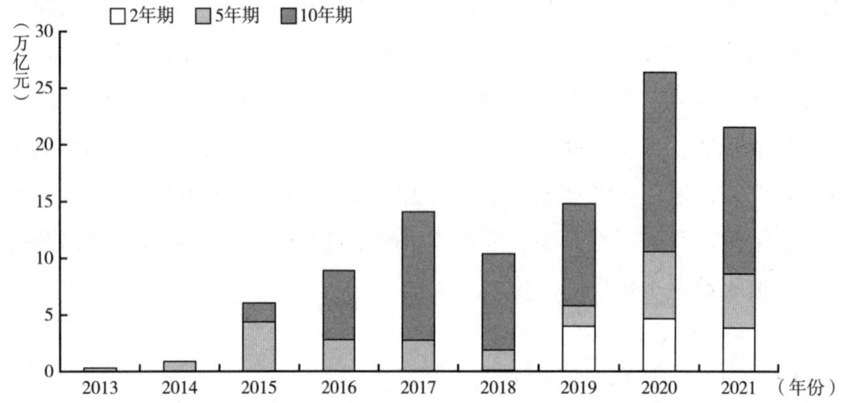

图11－8　2013～2021年2、5、10年期国债期货成交金额

资料来源：Wind。

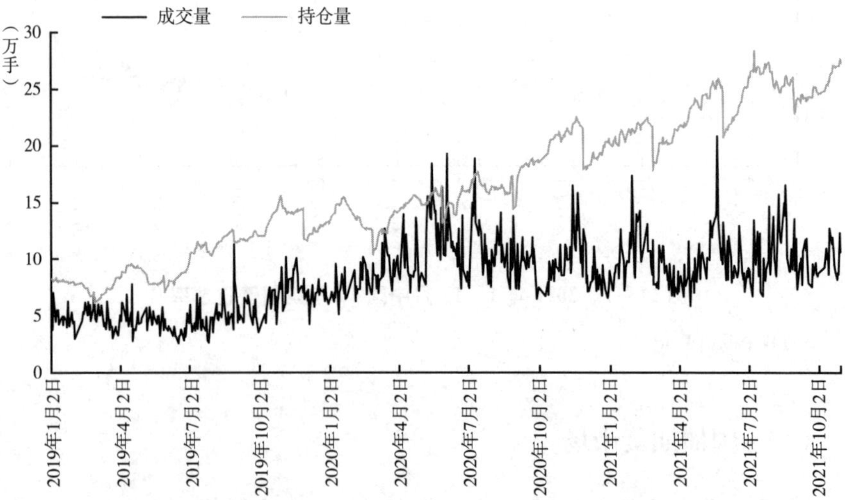

图11－9　2019年至2021年10月国债期货日均成交量和持仓量

资料来源：Wind。

2020年以来，国债期货成交量和持仓量明显增加，原因有二。一是疫情期间，包括中国在内的主要经济体均采取宽松的货币政策维持市场流动性宽裕，国债收益率下行，期货市场交易逐渐活跃。随着全球疫情得到有效控制，2021年，多国货币政策逐渐回归正常化，国债收益率大幅反弹后维持震荡走势，机构利率风险管理需求相应增加。二是自2020年2月起，商业银行和保险机构获准参与国债期货交易，投资者结构不断丰富有助于提升市场流动性，促进期现套利、跨期套利等交易模式开展。

从成交持仓比（即成交量/持仓量）来看，国债期货成交持仓比于上年年中达到峰值，此后保持在0.5附近，与主要成熟市场的水平相当。2021年前10个月，国债期货日均成交持仓比为0.42，较2020年减少0.19，市场交易情绪趋于稳定（见图11-10）。

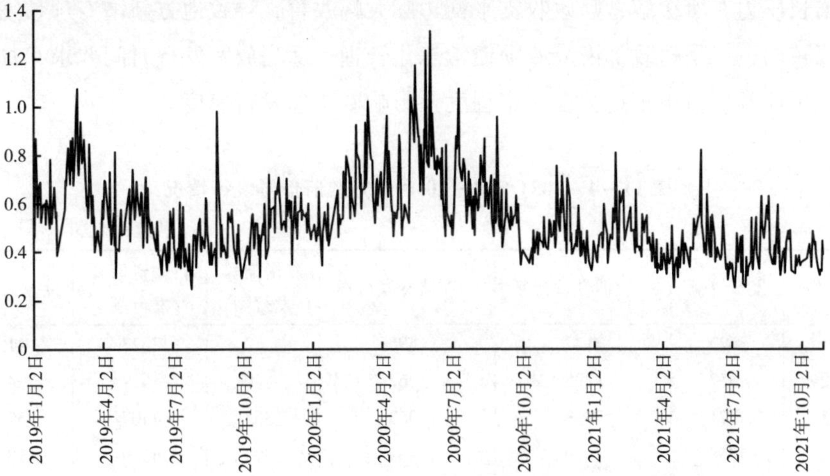

图11-10 2019年至2021年10月国债期货日均成交持仓比

资料来源：Wind。

三 地方政府债券

（一）地方政府债券发行情况

1. 发行概况

经全国人大批准，2021年预算安排新增地方政府债务限额为44700亿元，其中，一般债务限额为8200亿元，专项债务限额为36500亿元。经国务院批准，财政部已下达2021年新增地方政府债务限额为42676亿元，其中，一般债务限额为8000亿元，专项债务限额为34676亿元。2021年1～10月，全国共发行地方政府债券1620只，金额合计64915亿元。按债券类型分，发行一般债券24704亿元；发行专项债券40211亿元。按债券性质分，发行新增债券36624亿元，其中，新增一般债券7552亿元，新增专项债券29072亿元；发行再融资债券28291亿元，其中，再融资一般债券为17152亿元，再融资专项债券为11139亿元。

从发行进度来看，2021年1～10月，新增债券完成地方政府债务限额的81.93%，其中，一般债券完成92.10%，专项债券完成79.65%。地方债发行节奏呈现先慢后快的特点（见表11－4），原因有三：一是2021年地方债新增限额下达时间较晚，1～2月无新增地方债发行；二是2021年上半年地方政府稳增长压力有所缓解，财政收支平衡边际大幅改善，导致地方新增专项债发行意愿减弱；三是财政部恢复专项债常态化管理，适当放宽发行时间要求，加强对专项债券项目申报把关在一定程度上影响专项债发行速度。

表11－4　2021年1～10月地方政府债券发行情况

单位：亿元，只

月份	发行总额	一般债券发行额	专项债券发行额	新增债券发行额	再融资债券发行额	发行只数
1	3623	2127	1496	0	3623	41
2	557	295	262	0	557	4
3	4771	2788	1983	364	4407	59
4	7758	4319	3439	3399	4359	118
5	8753	4229	4524	5701	3052	221
6	7949	2344	5605	5335	2614	212
7	6568	2480	4088	4033	2535	209
8	8797	2437	6360	5930	2867	241
9	7378	1365	6013	5716	1662	276
10	8760	2319	6441	6144	2616	239

资料来源：根据财政部网站和Wind整理得到。

从还本方式来看，近八成偿债资金来自发行再融资债券。2021年前三季度，地方政府债券到期偿还本金为23182亿元，其中，发行再融资债券偿还本金为

19308 亿元，安排财政资金等偿还本金为 3874 亿元，地方政府债券支付利息为 7497 亿元。辽宁、贵州等地偿债压力较大，再融资债券发行额占比超过 70%。

从地域分布来看，地方政府债券发行规模呈现“东多西少”的格局（见图 11－11）。2021 年以来，中央多次强调支持用好地方政府专项债等资金，推进重大工程、基本民生项目等重点建设，带动扩大有效投资。融资需求较高的东部地区积极组织发行地方债，山东、广东和江苏地方债券发行规模位居前三，其中，山东和广东的发行额均超过 4000 亿元。西藏、宁夏、青海、海南、山西为发行额较少的 5 个省份，发行额均低于 1000 亿元。就地方债净融资额而言，山东和广东净融资规模依然位居前二，分别为 2249 亿元和 2114 亿元，宁夏是唯一净融资额为负的省级地区。

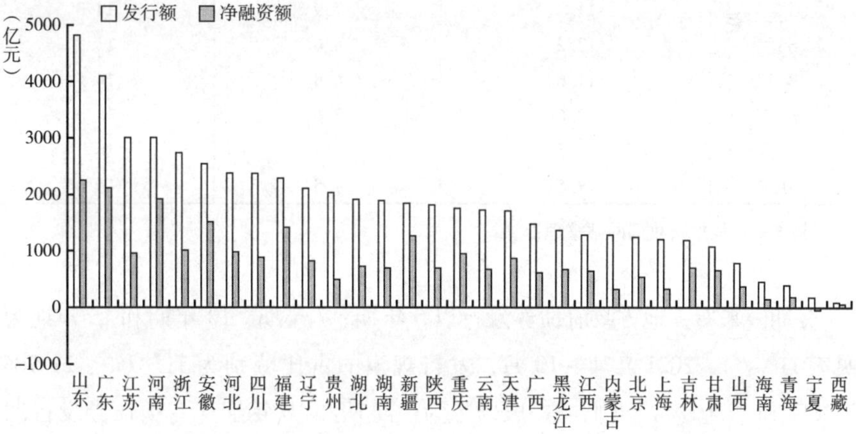

图 11－11　2021 年前三季度地方政府债券发行额和净融资额

资料来源：根据财政部网站整理得到。

从投向领域来看，2021 年前三季度，全国地方发行的新增专项债券约五成投向交通基础设施、市政和产业园区领域重大项目；约三成投向保障性安居工程以及卫生健康、教育、养老、文化旅游等社会事业领域重大项目；约两成投向农林水利、能源、城乡冷链物流等领域重大项目，对带动扩大有效投资、保持经济平稳运行发挥重要作用。

2. 发行期限

2021 年 1～10 月，地方政府债券平均发行期限为 11.6 年，比 2020 年同期缩短3.3年。其中，一般债券为7.8年，同比减少近一半；专项债券为13.9年，与上年同期基本持平。分月来看，一般债券平均发行期限保持相对稳定，而专项债券平均发行期限自4月起明显拉长，专项债券期限与项目建设和运营期限更加匹配（见表11－5）。

表11－5　2021年1~10月地方政府债券平均发行期限

单位：年

月份	地方政府债券	一般债券	专项债券
1	8.0	7.6	8.6
2	8.9	9.0	8.8
3	7.7	7.0	8.7
4	10.6	8.4	13.3
5	11.2	7.9	14.3
6	12.2	8.6	13.7
7	11.6	6.8	14.5
8	12.6	7.6	14.5
9	13.5	7.8	14.7
10	13.5	7.5	15.6

资料来源：根据财政部网站整理得到。

分期限来看，地方政府债券发行以5年期、7年期、10年期和15年期为主（见表11－6），2021年1~10月，发行规模的占比分别为11.87%、21.70%、31.38%和12.03%。近七成一般债券为7年期和10年期，专项债券发行期限集中于10年期及以上，发行规模占比合计75.29%。2020年以来，10年期及以上债券发行规模占比均超过60%，较疫情前明显增加（见图11－12），表明地方政府投资趋于长期化。

表11－6　2021年1~10月地方政府债券发行期限结构

单位：亿元

	1年	2年	3年	5年	7年	10年	15年	20年	30年
发行额	90	182	2971	7697	14071	20346	7803	6609	5073
一般债券	28	30	2189	4191	8645	8768	570	53	196
专项债券	62	152	782	3506	5426	11578	7233	6556	4877

资料来源：根据财政部网站整理得到。

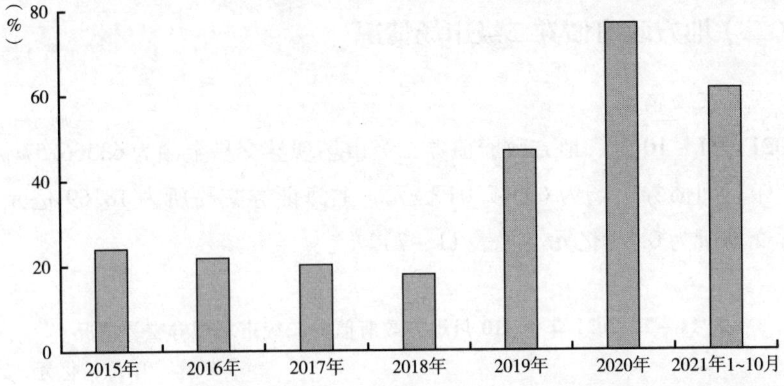

图 11－12　2015 年至 2021 年 10 月 10 年期及以上地方政府债券发行规模占比

资料来源：Wind。

3. 发行利率

2021 年 1～10 月，地方政府债券平均发行利率为 3.37%，较上年同期下降 3BP。其中，一般债券平均发行利率为 3.27%，专项债券平均发行利率为 3.42%。2021 年上半年，我国货币政策坚持稳字当头，货币市场利率走势较为平稳，地方政府债券平均发行利率在 3.37%～3.48% 小幅波动。7 月央行全面降准后，平均发行利率显著下降，8 月达到年内最低点 3.21%，与 6 月相比下降 25BP。9 月以来，专项债发行明显提速，平均发行利率有所回升（见图 11－13）。

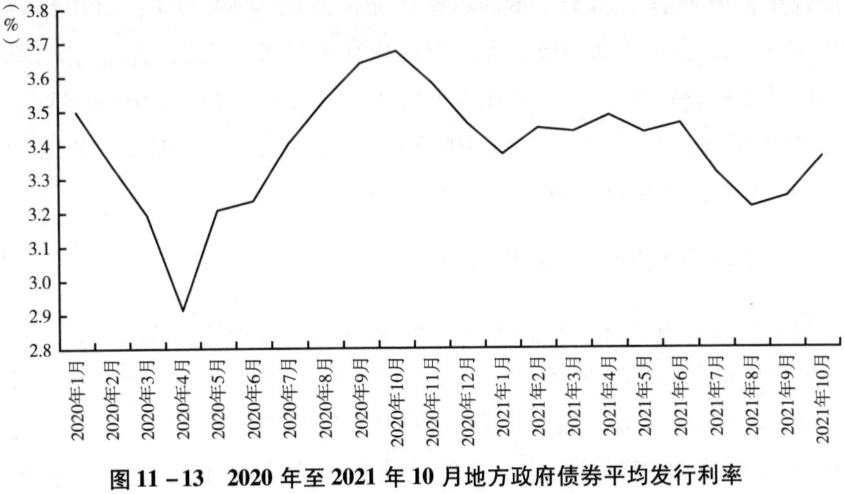

图 11－13　2020 年至 2021 年 10 月地方政府债券平均发行利率

资料来源：Wind。

（二）地方政府债券二级市场情况

1. 现券交易情况

2021 年 1 ~ 10 月，地方政府债券二级市场现券交易金额为 63366.57 亿元。其中，银行间债券市场为 63347.04 亿元，上海证券交易所为 18.69 亿元，深圳证券交易所为 0.84 亿元（见表 11 - 7）。

表 11 - 7 2021 年 1 ~ 10 月地方政府债券二级市场现券交易情况

单位：亿元，%

交易市场	总金额	比重
银行间债券市场	63347.04	99.97
上海证券交易所	18.69	0.03
深圳证券交易所	0.84	0.00
合计	63366.57	100.00

资料来源：Wind。

2. 投资者结构

截至 2021 年 10 月末，银行间债券市场投资者持有地方政府债券 283618.82 亿元，占比为 97.02%；柜台市场投资者持有 95.05 亿元，占比为 0.03%；其他市场投资者持有 8610.15 亿元，占比为 2.95%。银行间债券市场投资者中，商业银行持有 246036.66 亿元，占比为 84.17%；信用社持有 1501.16 亿元，占比为 0.51%；保险机构持有 9630.96 亿元，占比为 3.29%；证券公司持有 2945.94 亿元，占比为 1.01%；非法人产品持有 10000.85 亿元，占比为 3.42%；境外机构持有 109.80 亿元，占比为 0.04%；其他持有 13393.45 亿元，占比为 4.58%（见表 11 - 8）。

（三）地方政府债券余额情况

截至 2021 年 9 月末，全国地方政府债券余额为 287837.16 亿元，其中，一般债券余额为 134724.86 亿元，专项债券余额为 153112.30 亿元。全国地方政府债券余额加上非政府债券形式存量政府债务为 1746.65 亿元，全国地方政府债务余额为 289583.81 亿元，控制在全国人大批准的债务余额限额 332774.30 亿元之内。地方政府债券剩余平均年限为 7.5 年，比 2020 年末延长0.6年，其中，一般债券为6.4年，专项债券为8.5年。地方政府债券平均利率为3.51%，其中，一般债券为3.51%，专项债券为3.51%。

表11-8　2021年10月末地方政府债券投资者持有结构情况

单位：亿元,%

投资者		地方政府债券	占比
银行间债券市场	商业银行	246036.66	84.17
	信用社	1501.16	0.51
	保险机构	9630.96	3.29
	证券公司	2945.94	1.01
	非法人产品	10000.85	3.42
	境外机构	109.80	0.04
	其他	13393.45	4.58
柜台市场		95.05	0.03
其他市场		8610.15	2.95
合计		292324.03	100

资料来源：Wind。

负债率（即债务余额/GDP）、债务率（即债务余额/综合财力）和偿债率（即债务还本付息额/综合财力）是衡量政府债务负担的重要指标①。以地方政府负债率衡量债务风险为例，截至2020年末，地方政府债务余额为25.66万亿元，地方政府负债率为25.26%；加上纳入预算管理的中央政府债务余额20.89万亿元，全国政府债务余额为46.55万亿元，政府负债率为45.82%，低于国际通行的60%预警线，我国债务风险总体可控。就区域债务风险而言，东部省份地方政府负债率普遍低于中西部省份（见表11-9）。2020年末，除青海和贵州外，其余省份的负债率均处于预警线之下，债务规模与经济总量基本匹配，内蒙古、宁夏、海南、天津等地负债率已接近50%。截至2021年9月末，地方政府债务余额为28.96万亿元，按照国家统计局公布的2021年前三季度GDP初步核算数据82.31万亿元计算，地方政府负债率为35.18%，较2020年末增长9.92个百分点。

债务率是衡量政府偿债能力的关键指标，2020年末，我国地方政府债务率为93.90%，逼近100%预警线，较2019年末增长11.00个百分点，整体债务风险

① 综合财力=一般公共预算收入+政府性基金收入+中央财政税收返还和补助收入。

表 11－9　2020 年末全国 31 个省份债务负担

单位：%

省份	负债率	债务率	偿债率
天　津	45.22	184.69	16.88
贵　州	61.65	157.02	22.42
内蒙古	47.63	151.34	19.35
辽　宁	36.86	133.79	21.49
青　海	81.65	127.38	12.61
云　南	39.29	122.83	13.09
宁　夏	47.43	119.99	11.68
吉　林	42.41	114.45	14.60
海　南	47.41	113.14	10.70
湖　南	28.28	112.80	12.32
新　疆	44.76	111.63	11.13
广　西	34.37	108.22	11.31
福　建	18.99	104.44	11.60
黑龙江	41.50	103.93	10.93
陕　西	28.39	102.77	12.39
重　庆	27.19	102.50	10.90
河　北	30.43	100.83	9.70
山　东	22.69	98.37	9.07
安　徽	24.82	96.02	9.71
湖　北	23.20	95.77	11.33
甘　肃	43.62	88.25	9.40
四　川	26.22	86.49	12.14
江　西	27.83	83.37	8.21
山　西	26.13	81.23	7.75
江　苏	16.77	77.52	10.53
河　南	17.88	75.79	8.67
浙　江	22.66	75.19	7.61
北　京	16.80	68.47	8.69
广　东	13.83	65.89	5.14
上　海	17.81	62.36	6.96
西　藏	19.71	16.39	1.22

资料来源：根据财政部网站整理得到。

需引起重视。分区域来看，部分地区债务风险较高，2020 年末有 17 个省份的债务率超过 100% 预警线，其中，天津、贵州、内蒙古债务率甚至高于 IMF 提出的 150% 风险上限。除 2019 年债务率已经超过预警线的 12 个省份外，2020 年新增新疆、广西、陕西、重庆、河北 5 个省份（债务率超过 100% 预警线）。我国地方政府债务风险评估指标体系以债务率为主，财政部按照债务率进行“红橙黄绿”风险评级分类①，2020 年末，天津、贵州、内蒙古、辽宁、青海、云南等的债务率超过 120%，进入黄档区间，其余 25 个省份的债务风险均位于绿档区间。

以偿债率反映政府偿债压力，2020 年，地方政府偿债率为 10.65%，低于 20% 的预警线，较 2019 年增长 3.95 个百分点，整体风险不高但上升较快。分区域来看，除贵州和辽宁外，其余省份的偿债率均低于 20% 预警线，内蒙古的偿债率逼近 20% 预警线。地方政府债券允许借新还旧，2020 年，地方政府债券到期偿还本金为 20757 亿元，其中，仅 2649 亿元由财政资金偿还，剩余 18108 亿元通过发行再融资债券滚续，到期接续比高达 87.24%。

四　城投债

（一）城投债发行情况

1. 发行概况

从发行总量来看，2021 年前 10 个月，城投债发行只数和规模高于上年同期，由于城投债迎来到期和行权高峰，净融资规模同比有所回落。以 Wind 城投债口径为基础，2021 年 1～10 月，城投债累计发行 6475 只，比上年同期增长 27.94%，发行总额为 47069.18 亿元，同比增长 17.97%，净融资额为 15954.14 亿元，同比减少 12.45%。整体而言，继永煤债券违约事件引发 2020 年第四季度信用债市场显著遇冷后，2021 年以来，城投债市场有所回暖，市场对城投债的配置意愿明显回升。

---

① 财政部根据债务率数据，将债务风险分为红（债务率≥300%）、橙（200%≤债务率<300%）、黄（120%≤债务率<200%）、绿（债务率<120%）4 个等级，风险依次由高到低。参见《财政部关于印发〈地方政府法定债务风险评估和预警办法〉的通知》（财预〔2020〕118 号）。

分月来看，受城投债集中到期和监管政策趋严等因素影响，2021 年，城投债发行规模和净融资额月度波动较大（见图 11－14、表 11－10）。从到期节奏来看，2021 年城投债到期和行权集中分布于 1 月、3 月、4 月和 8 月，偿还规模分别为 2835.96 亿元、4951.33 亿元、4215.74 亿元、3593.45 亿元，市场再融资需求规模相应扩大，当月城投债规模明显扩大。受春节因素影响，2 月，城投债发行规模环比锐减 57.46%。沪深交易所对公司债发行审核趋严后，5 月，城投债发行规模大幅回落至 1887.85 亿元，净融资额由正转负。自 7 月起地方政府隐性债务监管升级，9～10 月，城投债发行规模和净融资额环比均小幅下滑。

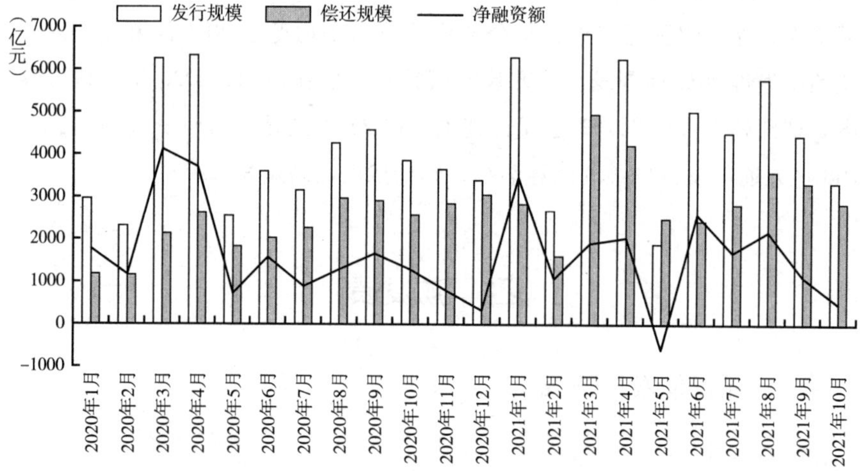

图 11－14　2020 年至 2021 年 10 月城投债发行情况

资料来源：Wind。

城投债发行区域分化加剧，资金愈发集中于江苏、浙江等经济发达地区以及湖南、江西、湖北等中部省份，弱资质区域则明显缩量（见图 11－15）。2021 年 1～10 月，江苏和浙江城投债发行规模分别以 12286.16 亿元和 6031.39 亿元位居前二，远高于其余省份。山东、四川、湖南和江西发行规模排在其后，均在 2000 亿元以上。宁夏、青海、内蒙古、海南、黑龙江、辽宁、西藏等经济和财政实力相对较弱的区域的城投债发行规模均在 100 亿元以下。

江苏和浙江是城投债净融资流入规模较大的省份，1～10 月累计净融资额分别为 5129.05 亿元和 4113.87 亿元。山东、四川、湖南、江西的净融资额排在其后，

表 11-10　2021 年城投债监管政策汇总

时间	政策/会议/演讲	主要内容
4 月 13 日	《国务院关于进一步深化预算管理制度改革的意见》	坚决遏制隐性债务增量,妥善处置和化解隐性债务存量,严禁地方政府以企业债务形式增加隐性债务。清理、规范地方融资平台公司,剥离其政府融资职能,对失去清偿能力的要依法实施破产重整或清算
4 月 22 日	《上海证券交易所公司债券发行上市审核规则适用指引第 3 号——审核重点关注事项》《深圳证券交易所公司债券发行上市审核业务指引第 1 号——公司债券审核重点关注事项》	城投公司发债不得新增地方政府债务,募集资金偿还存量债务不涉及地方政府隐性债务。总资产规模小于 100 亿元或主体信用评级低于 AA(含)的城投公司,应结合自身经营和偿债能力,审慎调整债券申报规模和募集资金用途
5 月 4 日	《江苏省政府办公厅关于规范融资平台公司投融资行为的指导意见》	加强融资平台公司融资总量控制,做好融资平台公司融资分类管控。不断提高银行贷款类和标准化融资产品比重,稳步压降非标类融资产品规模
7 月 12 日	《银行保险机构进一步做好地方政府隐性债务风险防范化解工作的指导意见》	不得违法违规提供实际依靠财政资金偿还或者提供担保、回购等信用支持的融资,不得提供以预期土地出让收入作为企业偿债资金来源的融资。进一步规范各类业务管理,不得通过理财、信托、保险、融资租赁等方式违规向融资平台公司提供融资或绕道置换不符合条件的隐性债务。不得承销变相增加或虚假化解隐性债务的平台公司债券
10 月 9 日	广东省人民政府常务会议	广东省启动全域无地方政府隐性债务试点
10 月 20 日	易会满主席在 2021 金融街论坛年会上的主题演讲	坚决从源头上遏制过度发债融资,防止“高杠杆”过度融资。稳妥处置债券市场违约风险。区分增量与存量,区分一般公司债与城投债,区分短期流动性困难与持续经营能力丧失,分类采取措施、精准拆弹,突出重点、抓早抓实,切实维护债券市场平稳运行
10 月 25 日	上海市人民政府常务会议	上海市启动全域无地方政府隐性债务试点

资料来源：根据中华人民共和国中央人民政府网站，沪深证券交易所网站，以及江苏、广东、上海等地方人民政府网站整理得到。

均在 1000 亿元以上。天津、辽宁、内蒙古、黑龙江、云南、甘肃、宁夏的净融资额为负，其中，由于经济和财政实力走弱，天津 1 ~ 10 月净融资额持续为负，累计净流出 1092.20 亿元，较上年同期缩减 1099.78 亿元。在城投非标违约事件增多和区域信用风险事件的冲击下，贵州、河南和河北的净融资额明显下滑，分别同比减少 33.28%、37.61% 和 54.82%。

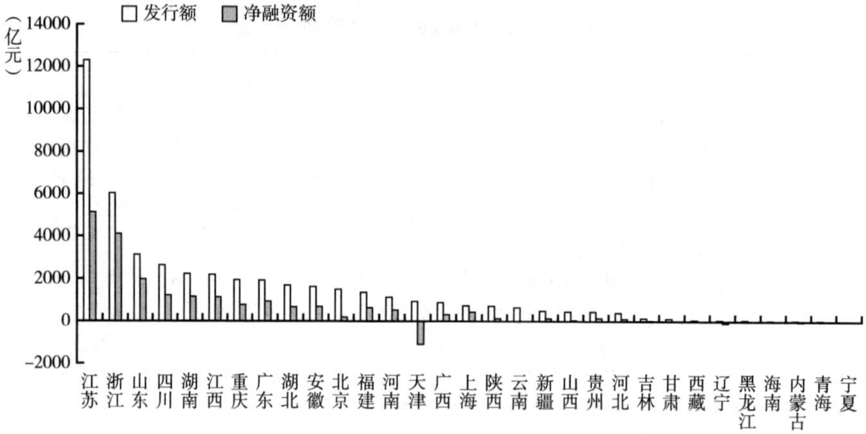

图 11-15 2021 年 1~10 月全国 31 个省份城投债发行额和净融资额

资料来源：Wind。

从发行品种来看，2021 年 1~10 月发行的城投债以公司债（含私募债）、短期融资券和中期票据为主，发行规模分别为 16186.59 亿元、12337.37 亿元和 9388.80 亿元（见图 11-16），占比分别为 34.29%、26.14% 和 19.89%。就发行方式而言，公募债发行规模为 28800.90 亿元，占城投债发行总额的 61.07%。由于城投私募债券（包括定向工具和私募公司债）发行便利、额度限制较少，资质越弱的平台趋于发行私募债，在主体评级 AA 的城投债中，私募债占比为 60.32%，而主体评级 AAA 中仅有 10.90% 为私募债。

从发行期限来看，2021 年 1~10 月发行的城投债以中短期为主，集中分布于 4~5 年期、2~3 年期以及 1 年期以内的短期限品种，发行规模分别为 15016.41 亿元、12747.99 亿元和 14128.17 亿元（见图 11-17），占比分别为 31.90%、27.08% 和 30.02%。城投债发行结构趋于短期化的原因可能是，一方面，上半年，城投融资环境整体较为宽松，部分资质较好的融资平台主动进行债券期限管理，发行成本较低的短期债券置换成本较高的长期债券；另一方面，随着市场风险偏好下降，部分资质较弱的融资平台难以发行期限较长的债券。

2. 主体评级

中高等级城投债发行规模明显增加，监管趋紧导致城投债融资遇冷。就债项评级而言，2021 年 1~10 月，AAA 级和 AA+ 级城投债发行规模分别为

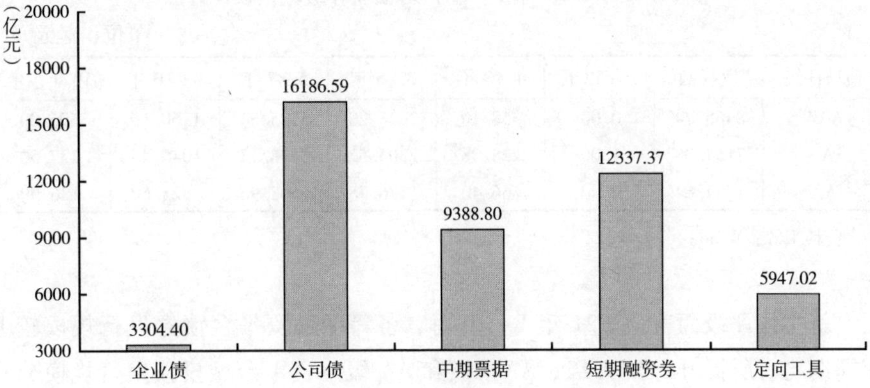

图 11－16　2021 年 1～10 月不同类型城投债发行额

资料来源：Wind。

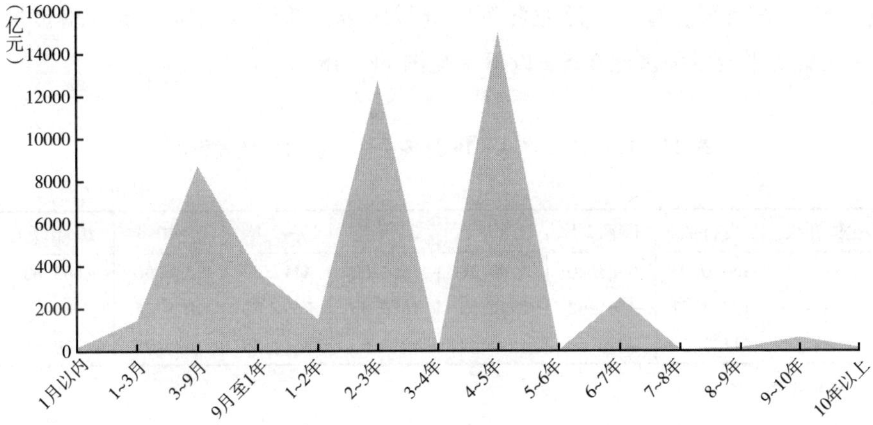

图 11－17　2021 年 1～10 月不同期限城投债发行额

资料来源：Wind。

8465.74 亿元和 7154.98 亿元，较上年同期分别增长 5.08% 和 16.85%；AA 级城投债发行规模为 1754.64 亿元，同比下降 37.25%，其中5～7 年期发行规模明显回落，同比降幅达 57.83%（见表 11－11）。

表 11-11 2021 年 1~10 月各债项评级城投债发行额

单位：亿元

债项评级	发行额	1 年以下	1~3 年	3~5 年	5~7 年	7~10 年	10 年以上
AAA	8465.74	0.00	358.10	2826.20	3525.34	1160.10	596.00
AA+	7154.98	1.00	228.38	2303.52	3438.13	1046.45	137.50
AA	1754.64	0.00	66.40	776.78	648.96	225.60	36.90

资料来源：Wind。

就主体评级而言，2021 年 1~10 月，各等级融资平台债券发行规模较上年同期均有所提升，AAA 级、AA+级和 AA 级融资平台城投债发行规模分别为 16010.03 亿元、19215.71 亿元和 11122.10 亿元（见表 11-12），同比分别增长 17.65%、33.77% 和 0.89%。分区域看，北京、吉林、广东、天津等 AAA 级融资平台发债占比较高，均超过 70%，中低评级融资平台向黑龙江、内蒙古、西藏、青海、河北集中，AA+级和 AA 级融资平台发债占比合计超过 90%。在西藏、青海、黑龙江等弱资质区域，低评级主体逐步退出市场，AA 级融资平台发债占比在 5% 以下（见图 11-18）。

表 11-12 2021 年 1~10 月各主体评级城投债发行额

单位：亿元

主体评级	发行额	1 年以下	1~3 年	3~5 年	5~7 年	7~10 年	10 年以上
AAA	16010.03	6088.20	1149.70	3554.50	4117.73	536.90	563.00
AA+	19215.71	3161.62	2412.59	4880.55	7696.70	928.75	135.50
AA	11122.10	1096.67	1592.47	4214.66	3041.25	1097.20	79.85

资料来源：Wind。

3. 发行利率

从发行利率来看，2021 年以来，城投融资环境边际收紧，1~10 月，城投债加权平均发行利率为 4.41%①，高于上年同期 12.17BP。区分主体评级来看，AAA 级、AA+级、AA 级主体城投债加权平均发行利率分别为 3.58%、4.43%、5.48%（见图 11-19），中高等级城投债发行成本整体震荡下行。

① 按发行金额为权重对票面利率进行加权平均而得。

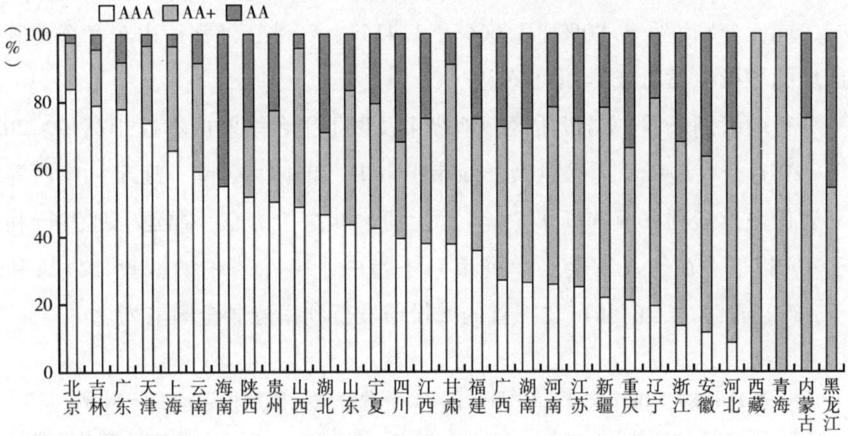

图 11－18　2021 年 1～10 月全国 31 个省份不同主体评级城投债发行额占比

资料来源：Wind。

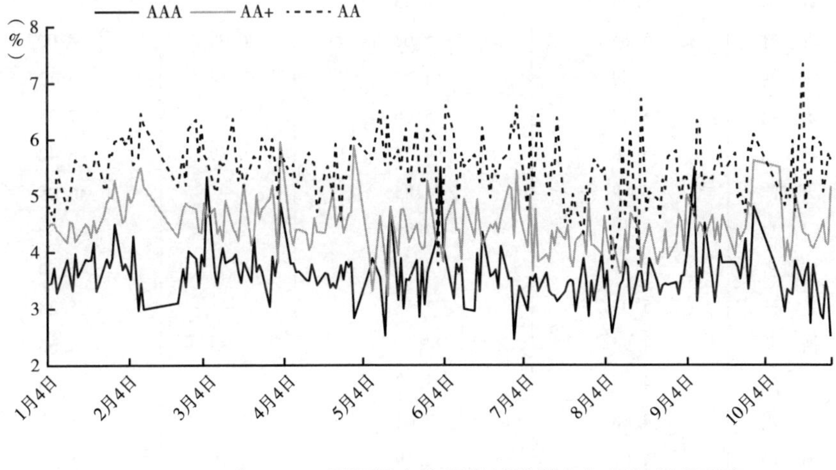

图 11－19　2021 年 1～10 月不同主体评级城投债加权平均发行利率

资料来源：Wind。

在严监管背景下，城投债发行利率呈现明显的区域分化现象，东北三省和西部地区城投融资成本较高（见表 11－13）。2021 年 1～10 月，黑龙江、辽宁、青海等弱资质省份城投债加权平均发行利率均超过 6%，而上海、北京、广东的均低于 3.5%。从发行成本的变动趋势来看，25 个省份的城投债发行成本较上年同期有所增加，其中，青海、内蒙古、宁夏等的城投债发行利率明显上行，同比分别增长1.80%、1.66%、1.41%，江苏、浙江、山东和福建等抱团区域的城投债发行成本相对稳定。

分行政级别来看，弱资质区域地级市及以下平台融资成本处于高位。2021年1~10月，在地级市、区县及县级市平台中，吉林、云南、辽宁、广西等弱资质省份城投债利率成本高于7%，而上海、北京、广东、福建等地发行利率位于4%以下。在省及省会（单列市）平台中，14个省份的城投债发行利率低于4%，青海、云南和东北三省的城投债发行利率位居全国前列。

表11-13　2021年1~10月全国31个省份城投债加权平均发行利率

单位：%

省份	平均发行利率	省及省会(单列市)	地级市	区县及县级市
黑龙江	6.67	5.71	6.93	—
辽　宁	6.31	5.22	7.20	7.06
青　海	6.25	6.25	—	—
吉　林	5.88	5.68	6.98	8.00
广　西	5.59	4.03	7.17	5.71
云　南	5.32	5.06	7.09	7.33
贵　州	5.20	4.24	6.59	6.42
天　津	5.19	4.85	—	6.05
宁　夏	5.18	4.95	—	6.50
内蒙古	5.11	4.23	5.50	6.50
重　庆	5.03	4.53	—	5.28
河　北	4.94	4.12	4.83	5.63
四　川	4.74	3.73	5.81	5.36
湖　南	4.68	3.44	5.05	5.37
河　南	4.67	4.19	4.70	5.73
甘　肃	4.62	4.28	—	5.44
安　徽	4.53	3.41	4.47	5.58
陕　西	4.50	4.22	5.34	5.65
新　疆	4.49	4.10	4.49	6.09
山　东	4.46	3.60	4.84	5.09
江　西	4.41	3.29	4.76	6.16
江　苏	4.36	3.14	4.47	4.57

续表

省份	平均发行利率	省及省会(单列市)	地级市	区县及县级市
海　南	4.31	3.76	5.00	4.97
山　西	4.30	3.99	5.86	4.85
浙　江	4.17	3.24	4.04	4.30
湖　北	4.16	3.61	4.50	4.99
西　藏	4.00	4.00	—	—
福　建	3.87	3.51	3.99	4.28
广　东	3.48	3.16	3.93	4.10
北　京	3.45	3.25	—	3.76
上　海	3.30	3.24	—	3.34

资料来源：Wind。

4. 资金用途

从资金用途来看，近八成城投债用于借新还旧。2021 年 1 ~ 10 月，用于偿还或置换存量到期债务的城投债规模为 38470.84 亿元，用于项目建设的城投债规模为 4324.03 亿元，用于补充流动性或营运资金的城投债规模为 3677.11 亿元，占比分别为 82.78%、9.30% 和 7.91%。由于 2021 年城投债迎来偿还高峰，叠加监管部门对融资平台发债用途有所限制，借新还旧成为城投融资的主要用途。

从全国 31 个省份发行城投债资金用途来看，部分弱资质区域借新还旧占比居高不下（见图 11 - 20）。2021 年 1 ~ 10 月，黑龙江、天津、青海用于借新还旧的城投债占比均超过 95%，宁夏、四川、湖北、广东、河北、江西、浙江等发债用于项目建设或补充流动性的规模占比相对较高，均超过 20%。

（二）城投债存续情况

截至 2021 年 10 月末，全国有存续城投债的融资平台共 2868 家，较年初增加 206 家；存续债券共 16475 只，较年初增加 3399 只；债券余额为 12.60 万亿元，较年初增加 1.54 万亿元。从地区分布来看，江苏城投债余额为 26271.77 亿元，占全国城投债余额的 20.85%，居于首位；浙江、山东、四川和湖南分列第 2 ~ 5 名，占比分别为 12.00%、6.71%、6.50% 和 5.74%（见表 11 - 14）。贵州和东北三省城投存量债务付息成本较高，除吉林外，平均票面利率均超过 6%，加剧了融资平台的偿债和再融资压力。

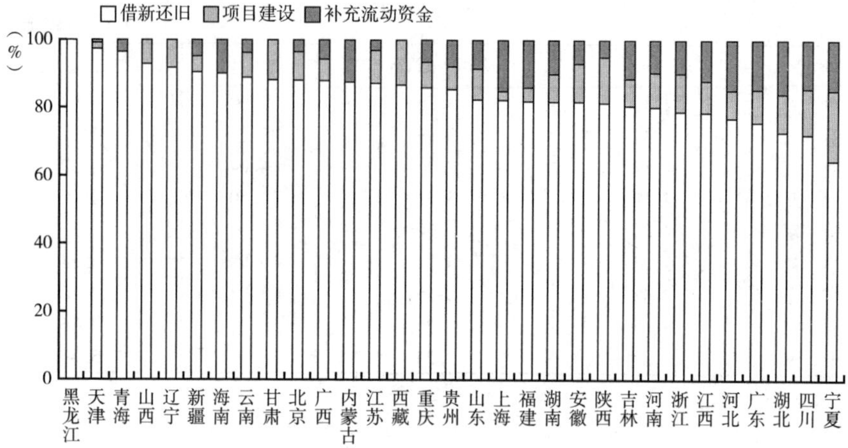

图 11－20　2021 年 1～10 月全国 31 个省份城投债资金用途金额占比

资料来源：Wind。

表 11－14　2021 年 10 月末全国 31 个省份城投债存续情况

省份	债券余额（亿元）	存债数量（只）	存量平均票面利率（%）
江　苏	26271.77	4343	4.89
浙　江	15127.10	1956	4.68
山　东	8459.61	1053	4.95
四　川	8190.29	1083	5.29
湖　南	7231.27	1045	5.40
湖　北	5779.08	710	4.91
重　庆	5682.20	755	5.55
江　西	5125.53	654	5.01
北　京	4822.82	336	4.03
广　东	4717.83	444	4.05
安　徽	4502.93	637	5.07
河　南	3749.56	536	5.02
天　津	3578.57	392	5.04
福　建	3573.82	515	4.45
贵　州	2675.77	344	6.40
陕　西	2591.63	289	5.29
广　西	2428.22	362	5.92
云　南	2179.47	258	5.57

续表

省份	债券余额(亿元)	存债数量(只)	存量平均票面利率(%)
上　海	2072.93	216	3.83
新　疆	1320.89	223	5.11
河　北	1259.40	177	5.17
吉　林	1229.00	134	5.98
山　西	1175.33	137	4.84
甘　肃	738.86	95	5.19
辽　宁	388.08	97	6.11
黑龙江	341.80	71	6.63
内蒙古	208.15	40	5.80
宁　夏	179.30	31	4.99
西　藏	170.06	13	4.15
青　海	131.53	21	5.77
海　南	125.90	13	4.06

资料来源：Wind。

从存续品种来看，截至2021年10月末，全国存续城投债品种以公司债（含私募债）、中期票据和定向工具为主，存续规模分别为47682.81亿元、33860.50亿元和18669.69亿元（见图11－21），占比分别为37.78%、26.83%和14.79%。

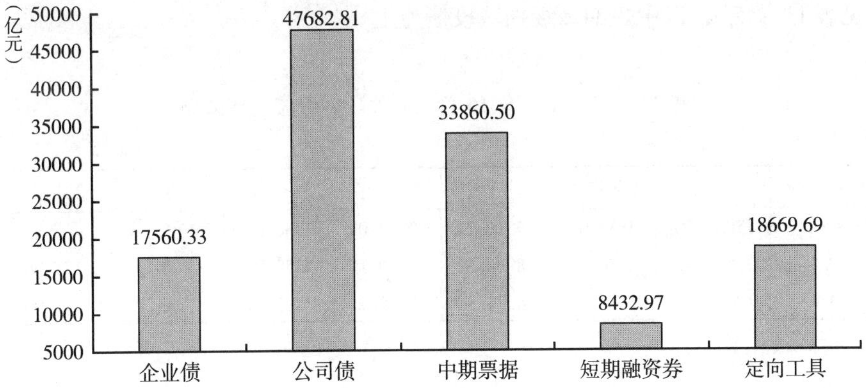

图11－21　2021年10月末不同类型城投债余额

资料来源：Wind。

从存续期限来看，截至2021年10月末，近九成全国存续城投债为5年期及以内的中短期品种，集中分布于2～3年期和1年期以内，存续规模分别为28668.21亿元和25892.00亿元（见图11-22），占比分别为22.70%和20.50%。

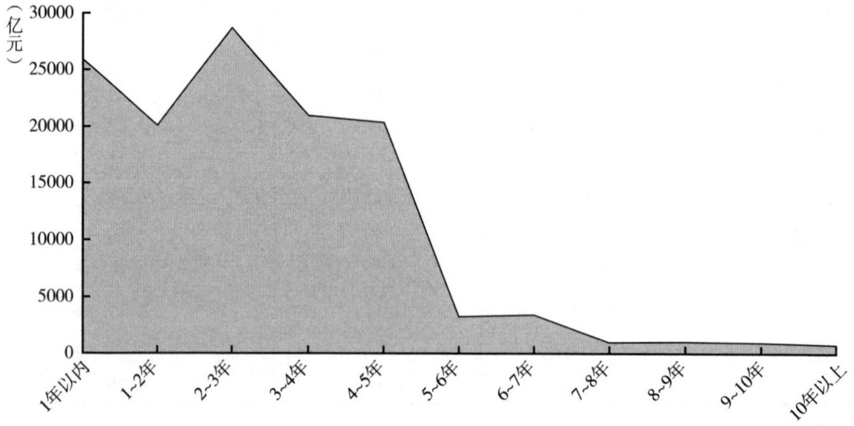

图11-22　2021年10月末不同期限城投债余额

资料来源：Wind。

从债项评级来看，截至2021年10月末，全国存续城投债中，AAA级、AA+级和AA级余额分别为37034.73亿元、23876.32亿元和10677.96亿元（见表11-15），以中短期高级别城投债为主。

表11-15　2021年10月末各债项评级城投债余额

单位：亿元

债项评级	余额	1年以下	1～3年	3～5年	5～7年	7～10年	10年以上
AAA	37034.73	5333.01	15316.14	10792.07	2958.57	2139.47	495.48
AA+	23876.32	2526.35	8918.64	9560.19	2352.74	347.41	171.00
AA	10677.96	1334.71	4571.30	3795.17	790.17	138.71	47.90

资料来源：Wind。

从主体评级变动来看，融资平台评级变动以调低为主。2021年1～10月，主体评级调高的融资平台共4家，其中，主体级别自AA-上调至AA的融资平台有1家，AA上调至AA+的融资平台有3家；调升的区域主要集中于江苏、浙江和河北。主体评级调低的融资平台共10家，其中，主体评级自AAA下调至BBB的融资平台有1家，自AA+下调至BB、BB-和Ba1的融资平台分别为2家、4家和1家，自AA下调至BB和BB-的融资平台各1家。调降的区域主要集中于江苏、广西、湖北、甘肃、陕西、四川和云南。评级展望由稳定调整为负面的融资平台有5家，北京、山东、重庆、甘肃、贵州各1家。

五 地方政府债务潜在风险与化解策略

（一）专项债潜在风险分析

随着积极的财政政策持续发力，专项债发行提速提额明显加快，成为支持重点领域和补短板项目建设的重要融资工具。专项债的"前门"越开越大，不可避免地带来一定的风险隐患，值得关注和予以防范。

第一，在专项债项目申报环节，部分项目的可行性研究报告通过夸大现金流和做高收益的方式包装发债项目，导致专项债还款来源缺少保障。在政府性基金收入较为薄弱的地区，地方政府只能用一般公共预算收入代偿，专项债和一般债偿还风险相互交织。

第二，在专项债资金使用过程中，部分项目由于前期规划不合理、开工条件不充分，专项债资金到位后被闲置和挪用，降低了专项债资金使用效率，从而导致稳投资的效果大打折扣。此外，放大专项债的杠杆作用或引致新的风险。从2019年起，中央允许专项债作为符合条件的重大项目资本金，且偿还专项债券本息后仍有剩余专项收入的重大项目可向金融机构进行市场化融资，即"专项债+市场化融资"模式。目前，我国专项债项目管理机制并不健全，专项债加杠杆的组合融资模式可能增加新的隐性债务风险。

第三，在专项债偿还环节，专项债由省级政府兜底的偿还机制导致市县政府"重申报、轻管理"，一些金融机构也相应放松风险管控，导致风险约束机制失效。专项债本金可通过发行再融资债券来借新还旧，而利息偿还对土地出让收入的依赖度较高。受房地产调控趋严影响，土地市场降温明显，部分地区土地出让收入大幅下降且波动较大，项目收益偏低的专项债偿还风险增加。

（二）城投债潜在风险分析

2020年10月以来，城投监管政策进入收紧周期，强调隐性债务“控新增、化存量”，加强融资平台与政府信用切割，城投债信用风险主要受融资平台自身经营能力、城投融资监管政策松紧和融资平台市场化转型难度影响。

第一，融资平台资产盈利能力较弱，自身偿债能力不足。尽管《关于进一步规范地方政府举债融资行为的通知》明确地方政府不得将纯公益性资产和储备土地注入融资平台，但仍有部分融资平台尚未完全剥离不合规资产并利用公益性资产违规举债。这导致融资平台优质经营性资产不足，资产盈利能力较弱且呈现持续恶化趋势，融资平台总资产净利率的中位数由2011年的2.23%下降至2020年的0.63%。融资平台可变现资产较少，加之盈利能力持续走弱，使其难以依靠自身经营性收益偿还债务。2020年，近半数融资平台自身产生的现金流难以覆盖利息支出，城投债违约风险增加。城投债风险呈现明显的区域性分化态势，政府债务负担低、资源禀赋优势明显、债券发行市场认可度高的地区，平台公司融资顺畅，短期偿债压力和信用风险低；政府债务率高的内蒙古、青海、云南等地，经济增长乏力的东北三省、天津市，以及受区域风险事件影响的河南、贵州的融资平台面临较大的再融资压力，尤其是低层级弱资质融资平台的信用风险相对偏高。

第二，土地出让金征管新规或引发流动性风险。鉴于融资平台的盈利能力和经营现金流质量普遍较差，平台债务偿还对政府土地回款的依赖性很强，2021年6月，土地出让金划转税务部门征收的新政出台或将冲击部分融资平台资产规模和现金流。一方面，融资平台被剥离土储职能后，可通过委托代建模式参与土地一级开发，但实操过程中不少融资平台仍通过“获取生地资产—债务融资—土地熟化—获取政府土地金返还（成本加上一定利润）”的传统模式开展土地整理开发业务，地方政府往往提高利润加成率以协助融资平台做大收入规模。另一方面，融资平台可通过招拍挂方式获得土地使用权并进行后续的经营性开发，但实操过程中存在地方政府出让土地后向融资平台返还土地出让金以及融资平台少缴、延期缴纳土地出让金等不规范行为。土地出让金征管新规将提升地方政府土地出让收支透明度，有助于纠正土地整理开发和出让业务中的违规乱象，抑制地方政府向融资平台进行违规“输血”以粉饰收入和现金流的冲动。预计土地出让金征管划转对融资平台参与土地市场的影响将随着新政的全面推行而逐步显现，短期来看，河北、内蒙古、云南等征管划转试点地区内以土地整理开发为主营业务的融资平台会受到较大冲击，需警惕因土地金返还受阻、资金链断裂而导致的违约风险。

第三，融资平台市场化转型过程蕴含风险。目前较为成功的城投转型模式包括合肥模式（创投）、苏州工业园模式（园区开发）、上海城投模式（公用事业），借鉴上述模式，应根据城投主业、经济区位、资源禀赋等因地制宜地推广，“拿来主义”蕴含一定风险：一是创投转型可能存在投资失利，给地方政府相关主体造成巨大损失；二是园区开发转型可能由于区域优势不明显、定位不清晰，难以实现招商引资和产业落地，园区城投前期的土地开发、基建投入反而加重债务负担；三是在国资运营类转型中，部分城投控股的国有企业的禀赋条件一般，可能发生亏损，影响城投经营、融资甚至偿债。

（三）地方政府债务风险的化解策略

第一，加强对专项债信用风险的管理，防患于未然。一是严格评估专项债项目未来产生的收益和面临的风险，剔除未来现金流入不确定性较高的项目，确保未来收益能顺利实现并还本付息。二是将专项债配套的市场化融资纳入地方政府债务限额管理范围，明确禁止市场化融资加杠杆和嵌套金融产品，对资金来源进行穿透监管。三是引入专项债外部增信机制，避免专项债信用风险过度集中于省级财政。四是考虑到未来土地出让收入波动较大，可适当减少土地储备专项债券和棚户区改造专项债券的发行。

第二，坚决遏制隐性债务增量，拓宽政府融资渠道。杜绝融资平台以政府信用筹资，加快培育替代政府隐性担保的市场化增信体系，例如，地方政府通过资本金注入、资产整合等方式，设立或参股担保机构，提升融资平台的市场化融资能力。积极尝试创新金融工具，拓宽项目建设融资渠道，例如，探索实施“PPP + 产业投资基金”和“PPP + 专项债”等组合筹资模式，充分发挥 PPP 的运营效率优势以及产业投资基金和专项债的融资成本优势。依托多层次资本市场体系，加强地方政府、金融机构、企业之间的投融资合作，推动发展投贷联动、投保联动、投债联动等新，鼓励信贷、证券、保险和基金等机构通过认购基金份额参与项目建设。

第三，妥善化解存量隐性债务，减缓城投债集中偿付压力。短期内可采取债务平滑策略（包括债务展期和债务置换），以时间换空间，化解债务到期高峰。长期来看，应以经营城市的理念和市场化运营的方式，规范有序盘活存量资产。对于现金流稳定的优质存量资产，可通过“转让—运营—移交”（TOT）、“改建—运营—移交”（ROT）、“转让—拥有—运营”（TOO）、委托运营、股权合作等多种方式，提升资产运营效率，回收资产价值偿还存量债务。对于具有一定现金流但暂时不能进行市场化运作的存量资产，积极探索城市建设运营领域不动产投资信托基金（REITs）模式，盘活部分现金流以缓解偿债压力。对于无法产生稳定现金流和固定预期收益的存量资产，稳妥开展市场化债转股，设立或授权地方资产管理公司对融资平台不良资产进行市场化处置、交易和流通。

第四，分类推进融资平台市场化转型。一是市场转型一批。对于按市场化方式承担一定政府融资职能的“市场类”融资平台，应转型为“自主经营、自负盈亏、自担风险、自我发展”的现代化地方国有企业，鼓励其继续为地方经济社会建设发挥积极作用。二是整合重组一批。对于兼具政府融资和公益性项目建设运营职能的“复合类”融资平台，通过并购重组、整合归并同类业务等方式，转型为公益类国有企业，参与地方社会公共事业和公益性项目建设。对转型存在一定困难的融资平台，地方政府和金融机构应给予适当救助，不得盲目抽贷、压贷或停贷，适当允许融资平台采取债务置换、贷款展期、债务重组等方式维持资金周转，防范存量隐性债务资金链断裂风险。三是清理注销一批。对于只承担公益性项目融资职能且主要依靠财政性资金偿还债务的“空壳类”平台公司，应在妥善处置存量债务、资产和人员等基础上，依法实施破产重整或清算，尤其是针对失去清偿能力和生存发展前景的融资平台，适当允许城投债出现实质性违约，健全市场化、法治化的债务违约处置机制。

第十二章 资产支持证券市场

秦　龙*

2021年，我国资产支持证券市场继续稳步发展，发行规模保持较快增长，品种创新持续推进，投资者结构继续完善。房地产调控进一步趋严，地产类ABS信用事件增多，反映出基础资产、交易结构、信息披露等相关机制建设有待完善。

- 前三季度，资产支持证券发行总规模为2.25万亿元，同比增长33%。其中信贷ABS同比增长66.52%，RMBS占信贷ABS新增规模的60%，企业ABS发行增速为26%，ABN发行增速为31%。
- 国家发改委发布《关于进一步做好基础设施领域不动产投资信托基金（REITs）试点工作的通知》，推动基础设施公募REITs产品正式起航。
- 中国银保监会、中国人民银行联合发布《关于规范现金管理类理财产品管理有关事项的通知》，对现金管理类理财产品投资资产支持证券的范围、集中度等要素提出新的要求。
- 随着房地产行业调控进一步趋严，房地产开发企业信用风险加快暴露，相关债券及ABS净融资大幅流出，房地产类ABS信用事件显著增加。房地产类ABS存在资产收益偏低、部分产品交易结构有缺陷、现金流未能有效隔离等问题。未来应在基础资产估值、信息披露、现金流预测、产品设计、结构设计等方面进一步完善，减少对主体信用的依赖，更多发挥资产信用的作用。

---

* 秦龙，中泰证券固定收益部总经理。中泰证券固定收益部蔡亚冬对本章亦有贡献。

一　资产支持证券市场运行情况

2021 年，资产支持证券发行规模继续保持较快增长，二级市场交易活跃度整体继续上升。主要 ABS 品种的发行量均保持在 20% 以上的增长速度。个人住房按揭贷款资产支持证券、汽车抵押贷款资产支持证券等细分品种高速增长。专项用于碳中和类的资产证券化产品蓬勃发展。基于基础设施资产的公募 REITs 产品正式起航。同时，以房地产行业为主的供应链应收账款类 ABS 的一级发行量与二级交易量均有所下降，消费金融类 ABS 发行量也随着对这类公司的监管更趋完善而有所下降。整体来看，资产证券化产品继续在支持企业拓宽融资渠道、服务产业结构专项、助力经济高质量发展中发挥积极作用。

（一）资产支持证券一级市场

2020 年前三季度，新发行资产支持证券共计 4394 只（见图 12－1），前三季度的发行数量接近 2019 年全年新发数量的 80% 水平。发行总规模达 2. 25 万亿元，较 2020 年同期增长 33%，为 2019 年全年发行规模的 78%。单只证券平均发行规模为 5. 13 亿元，较上年单只证券平均发行规模减小 3%。

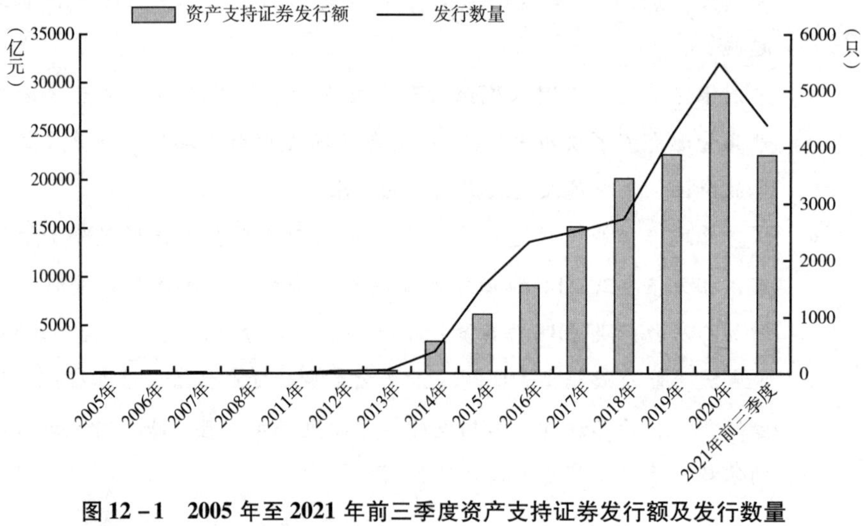

图 12－1　2005 年至 2021 年前三季度资产支持证券发行额及发行数量

资料来源：Wind。

分品种看，截至2020年第三季度末，信贷ABS发行总规模为5.10万亿元，共计发行3381只，存量总规模为1.66万亿元，存量数量为1230只；企业ABS发行总规模为6.52万亿元，发行数量为17176只，存量规模为2.45亿元，存量数量为6777只；ABN发行总规模为1.44万亿元，发行数量为3238只，存量总规模为8386亿元，存量数量为1899只。资产支持证券发行规模分布见图12－2。资产支持证券存量规模分布见图12－3。

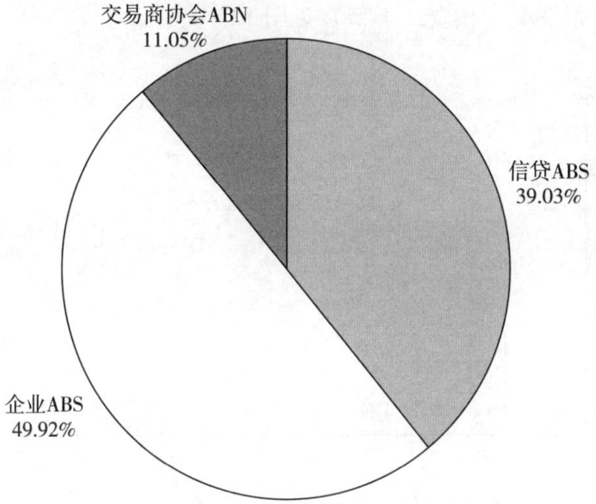

图12－2　资产支持证券发行规模分布

资料来源：Wind。

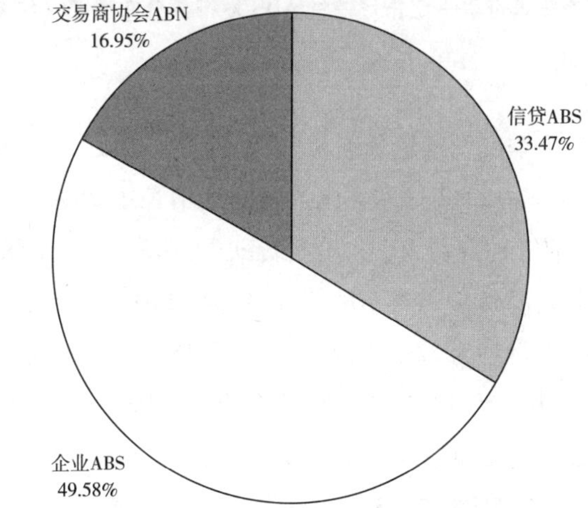

图12－3　资产支持证券存量规模分布

资料来源：Wind。

信贷ABS前三个季度发行量分别为2210亿元、2048亿元以及1941亿元，前三季度总发行量为6199亿元，较上年同期大幅增长66.52%，主要由于上年受疫情影响基数偏小。从结构上来看，个人住房抵押贷款（RMBS）仍为信贷ABS发行量最大的底层资产品种，发行量较上年同期增长129%，占比增长16个~60个百分点。企业贷款（CLO）占比下滑至1.46%，汽车贷款ABS发行量占比也从上年同期的39%降至本期的29%。资产支持证券一级市场信贷ABS发行额分布情况（按资产类型）见图12-4。

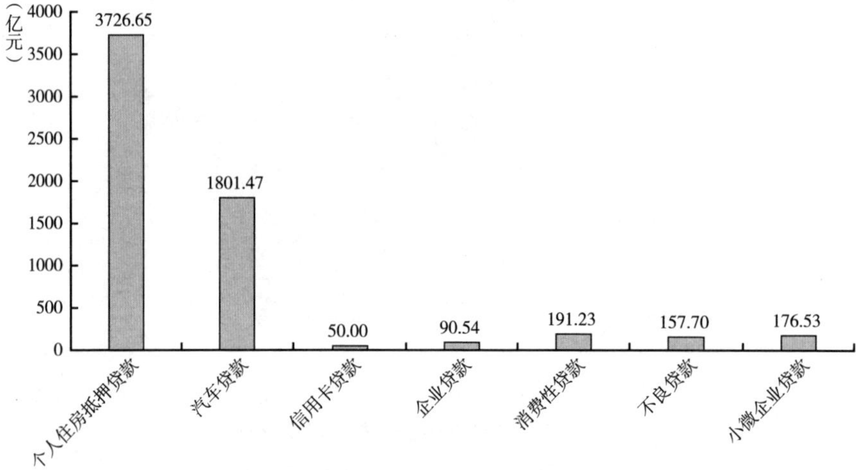

图12-4 资产支持证券一级市场信贷ABS发行额分布情况（按资产类型）

资料来源：Wind。

企业ABS前三个季度发行量分别为3272亿元、4069亿元以及4911亿元，前三季度的总发行量为12252亿元，比上年同期增长了26%。从结构上来看，发行量占比较高的前三种分别为个人消费贷款类ABS、供应链账款类ABS、应收款项类ABS。个人消费贷款类ABS发行量为2610亿元，占比为21.50%。供应链账款类ABS发行量为2291亿元，占比为18.87%。应收账款类ABS发行量为1617亿元，占比为13.32%。租赁资产类ABS、基础设施收益类ABS等类型的企业ABS发行量也较大。资产支持证券一级市场企业ABS发行额分布情况（按资产类型）见图12-5。

ABN前三个季度发行量分别为1001亿元、1561亿元以及1629亿元，前

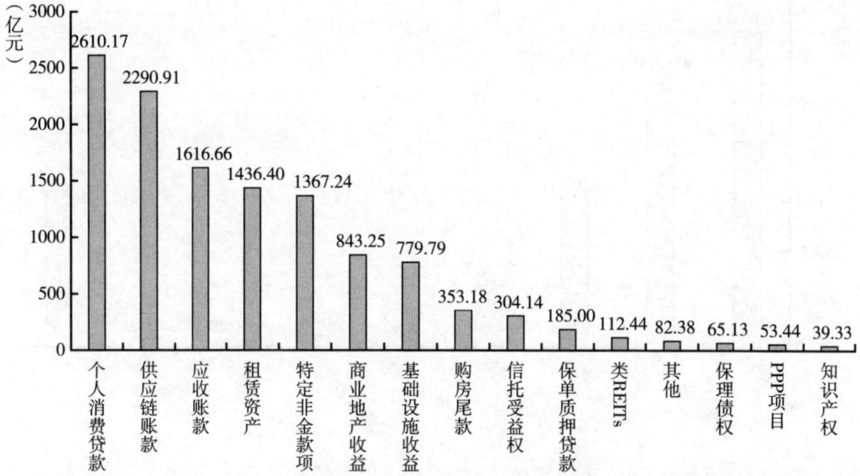

图 12－5 资产支持证券一级市场企业 ABS 发行额分布情况（按资产类型）

资料来源：Wind。

三季度总发行量为 4191 亿元，较上年同期增长 31%。从结构上来看，发行量占比较高的前三种分别为租赁债权类 ABN、保理合同债权类 ABN、应收款项债权类 ABN。租赁债权类 ABN 发行量为 1304 亿元，占比为 31.12%。保理合同债权类 ABN 发行量为 1125 亿元，占比为 26.86%。应收账款债权类 ABN 发行量为 620 亿元，占比为 14.81%。供应链债权类 ABN、基础设施收益债权类 ABN、消费性贷款类 ABN 等类型的 ABN 品种发行量较上年也有所增加。资产支持证券一级市场 ABN 发行额分布情况（按资产类型）见图 12－6。

（二）资产支持证券二级市场

2020 年前三季度，我国 ABS 二级市场总成交额为 7652 亿元，较上年同期增长 71%。其中，银行间债券市场信贷 ABS 与 ABN 的总成交金额约为 6821 亿元（同比增长 3382 亿元，增长率约为 98.34%）。交易所市场企业 ABS 总成交金额约为 831 亿元（同比减少 204 亿元，增长率约为－19.66%）。交易所品种中地产相关的供应链类 ABS、尾款类 ABS、商业地产抵押借款类 ABS 等占比较高，在地产信用风险频发的背景下，信用风险偏好下降，交易量有所减少。

如图 12－7 所示，2020 年交易量排在前三的资产类型分别为住房抵押贷

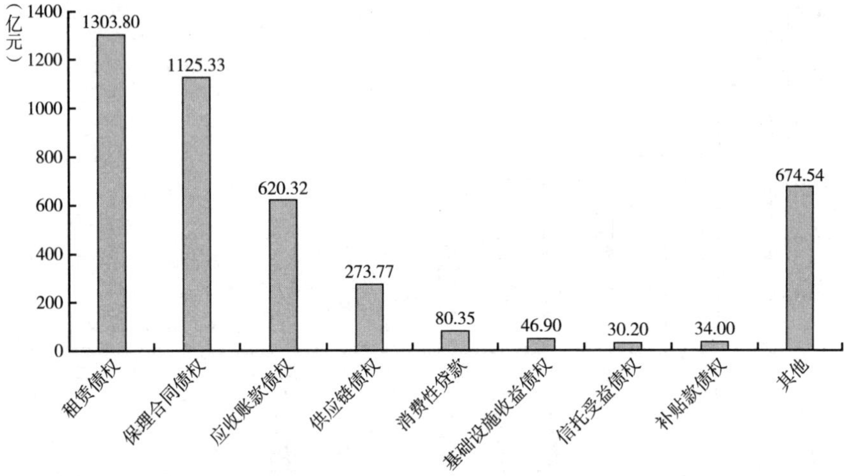

图 12-6　资产支持证券一级市场 ABN 发行额分布情况（按资产类型）

资料来源：Wind。

款，交易量为 3885 亿元，占比为 79. 32%；个人汽车贷款，交易量为 572 亿元，占比为 11. 69%；个人消费贷款，交易量为 104 亿元，占比为 2. 12%。

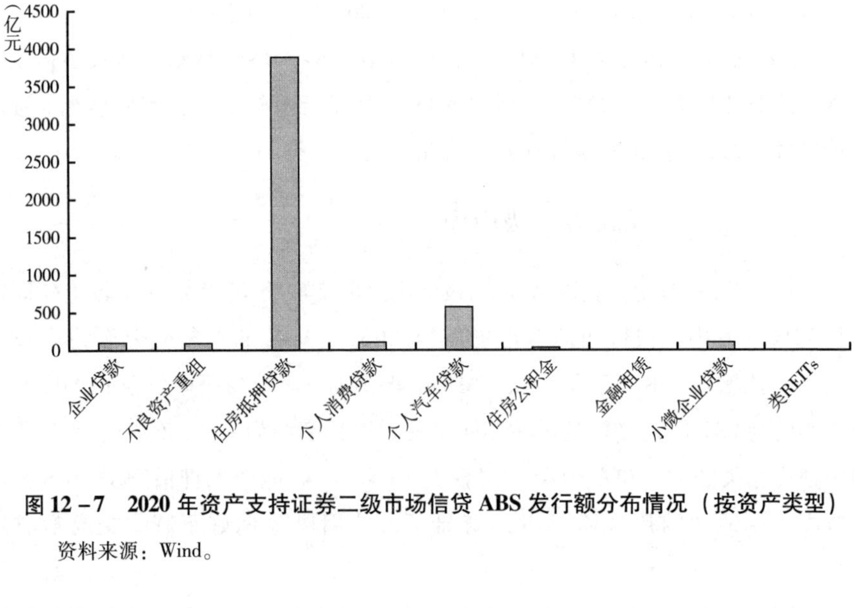

图 12-7　2020 年资产支持证券二级市场信贷 ABS 发行额分布情况（按资产类型）

资料来源：Wind。

如图 12－8 所示，2021 年前三季度交易量排在前三的资产类型分别为供应链债权类 ABS，交易量为 427 亿元，占比为 51.66%；类 REITs 类 ABS，交易量为 86 亿元，占比为 10.37%；小额贷款类 ABS，交易量为 82 亿元，占比为 9.98%。

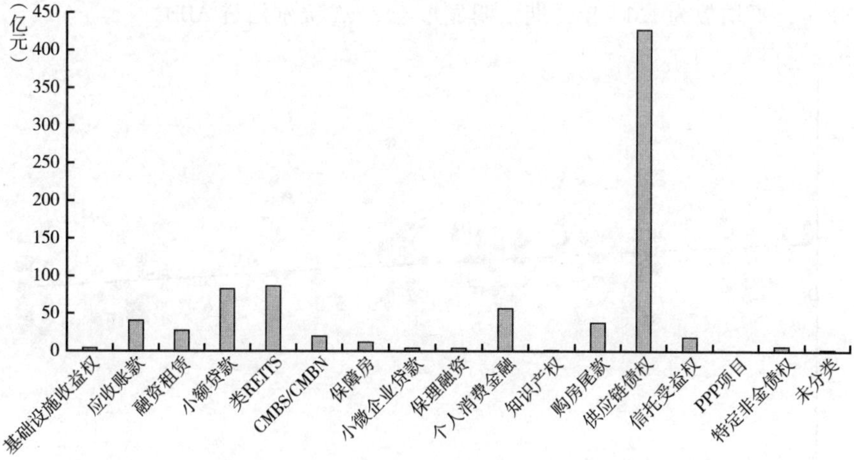

图 12－8 2021 年前三季度资产支持证券二级市场企业 ABS 发行额分布情况（按资产类型）

资料来源：Wind。

（三）资产支持证券发行利率和期限情况

2021 年前三季度，ABS 发行期限整体平稳小幅增长，而发行利率跟随债券市场利率变动呈现整体下行走势。

AAA 级别信贷 ABS 发行利率集中于 2.95% ~3.85%（见图 12－9），整体较上年同期上行 15BP 左右。发行利率中位数为 3.30%，平均利率为 3.39%，期限加权平均利率为 3.61%。AA＋级别信贷 ABS 发行利率集中在 3.15% ~3.99%（见图 12－10），较上年同期下降 80BP 左右。发行利率中位数为 3.53%，平均利率为 3.73%，期限加权平均利率为 3.77%，与 AAA 级别信贷 ABS 利差约为 34BP，较上年同期 51BP 收窄 17BP。

发行期限方面，AAA 级别信贷 ABS 发行数量中 80% 以上发行期限在 8 年以内，50% 发行期限在 2 年以内（见图 12－11），AAA 级别信贷 ABS 发行金额加权平均期限为 5.32 年。加权期限较长主要由于 RMBS 类产品占比高，单笔发行量大，同时期限普遍较长。AAA 级别信贷 ABS 发行期限中位数为 2.06 年，平均期限为 4.14 年，相比上年同期增加 0.8 年左右。AA + 级别信贷 ABS 发行数量中 95% 的发行期限在 2 年以内（见图 12 - 12），AA + 级别信贷 ABS 发行金额加权平均期限为 1.36 年。AA + 级别信贷 ABS 发行期限中位数为 1.20 年，平均数为 1.14 年，期限明显短于 AAA 级别信贷 ABS。

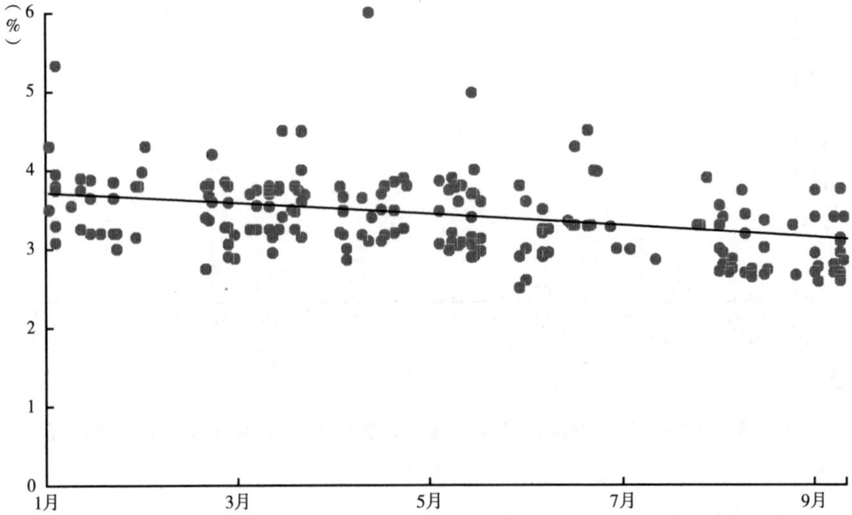

图 12 - 9　2021 年前三季度 AAA 评级信贷 ABS 发行利率

资料来源：Wind。

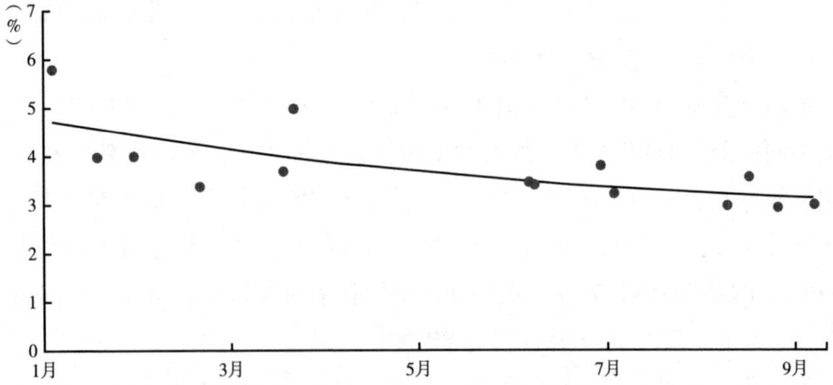

图 12 - 10　2021 年前三季度 AA + 评级信贷 ABS 发行利率

资料来源：Wind。

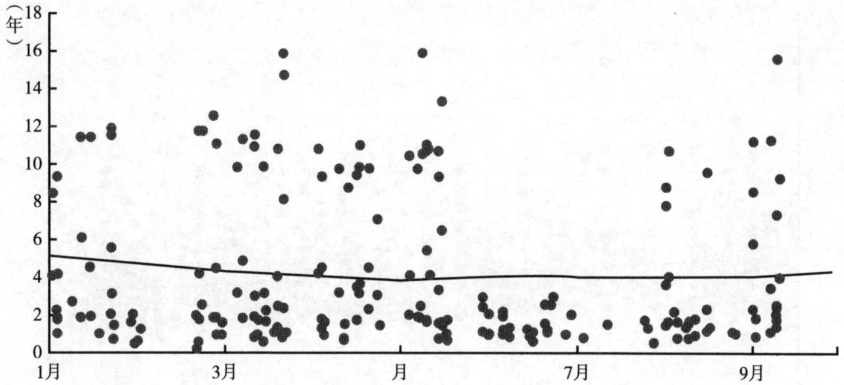

图 12－11　2021 年前三季度 AAA 评级信贷 ABS 发行期限

资料来源：Wind。

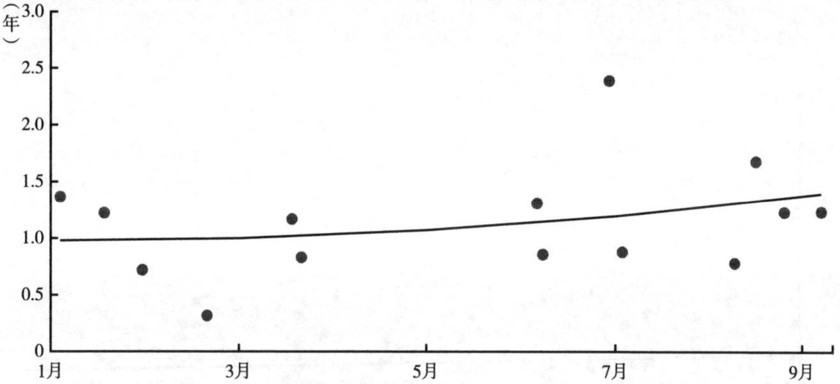

图 12－12　2021 年前三季度 AA＋评级信贷 ABS 发行期限

资料来源：Wind。

AAA 级别企业 ABS 发行利率集中于 3.43%～4.70%（见图 12－13），发行利率区间幅度明显宽于信贷 ABS，发行利率中位数为 3.90%，平均利率为 4.10%，期限加权平均利率为 4.19%，相比上年同期下降约 10BP，与 AAA 级别信贷 ABS 中位数、平均数、期限加权平均利率相比，分别高出 60BP、71BP 和 59BP，较上年同期有 5～15BP 的收窄。AA＋级别企业 ABS 发行利率大部分集中于 4.00%～6.10%（见图 12－14），发行利率中位数为 4.90%，平均数为 5.18%，期限加权平均利率为 5.27%，利率水平高于 AAA 级别 108BP。

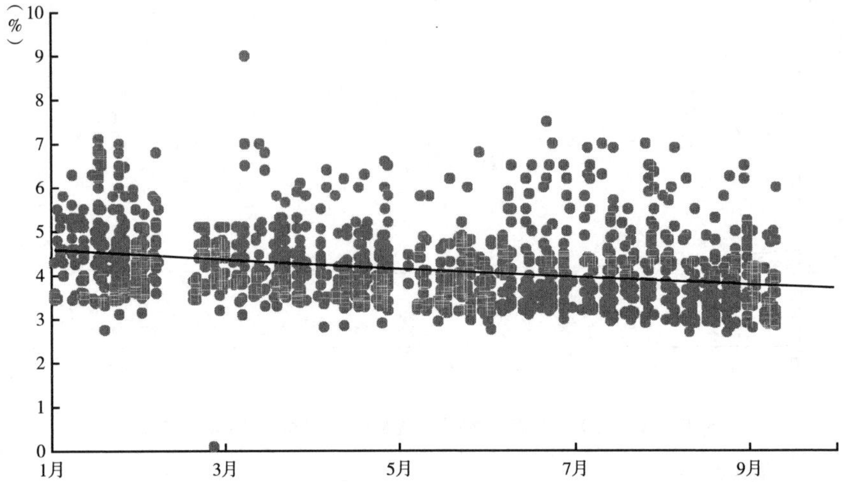

图 12－13　2021 年前三季度 AAA 评级企业 ABS 发行利率

资料来源：Wind。

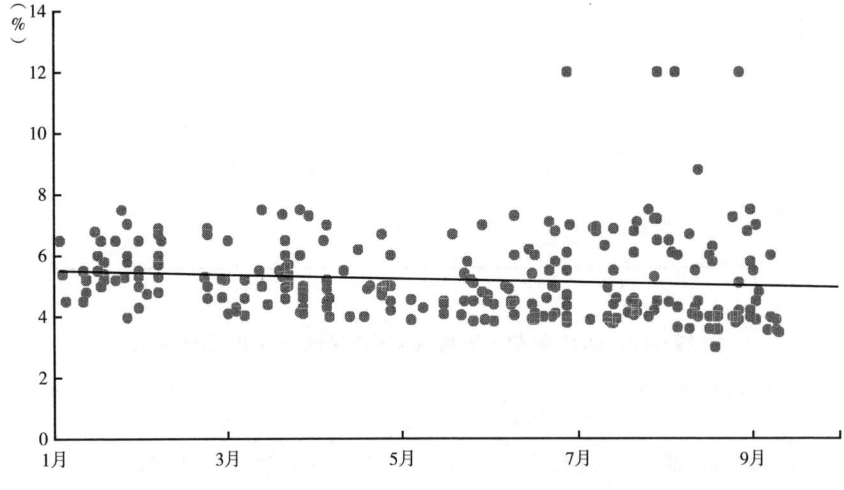

图 12－14　2021 年前三季度 AA＋评级企业 ABS 发行利率

资料来源：Wind。

发行期限方面，AAA 级别与 AA＋级别企业 ABS 发行期限主要集中在 1～3 年（见图 12－15、图 12－16）。AAA 级别企业 ABS 中 65% 期限在 2 年以内，90% 期限在 3 年以内，发行期限中位数为 1.37 年，平均期限为 1.91 年。AA＋

级别企业 ABS 中 65% 期限在 2 年以内，90% 期限在 3 年以内，发行期限中位数为 1. 52 年，平均期限为 2. 60 年。

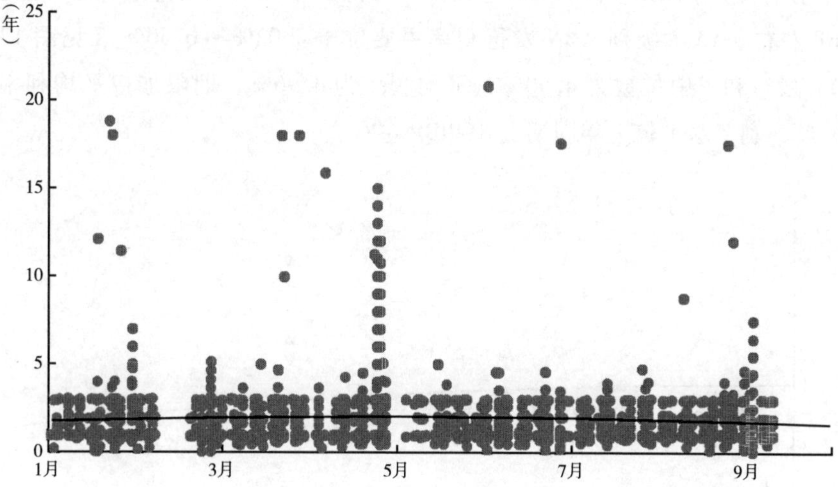

图 12－15　2021 年前三季度 AAA 评级企业 ABS 发行期限

资料来源：Wind。

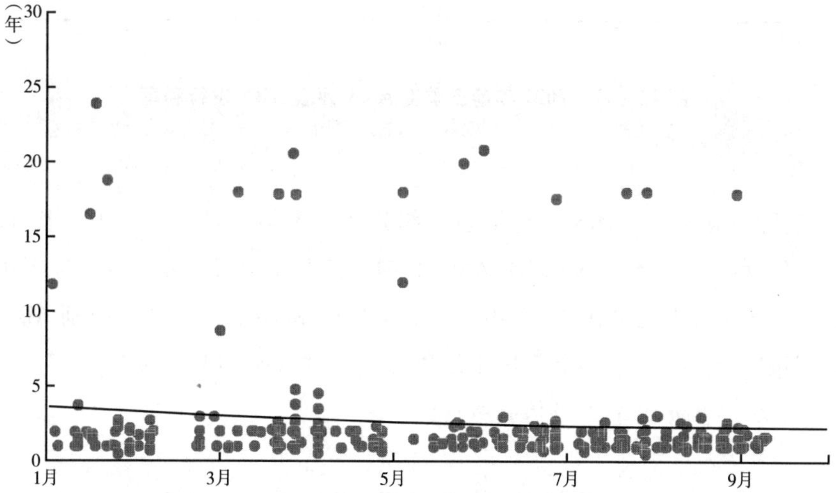

图 12－16　2021 年前三季度 AA＋评级企业 ABS 发行期限

资料来源：Wind。

AAA 级别 ABN 发行利率集中于 3.11% ~4.30%（见图 12－17），发行利率中位数为 3.60%，平均利率为 3.75%，期限加权平均利率为 4.06%，整体利率水平较上年同期下降 10BP 左右，平均利率与 AAA 级别企业 ABS 相比低 30BP 左右。AA+级别 ABN 发行利率主要位于 4.02% ~6.50%（见图 12－18），发行利率中位数为 4.50%，平均利率为 4.96%，期限加权平均利率为 4.84%，利率水平较上年同期上升 40BP 左右。

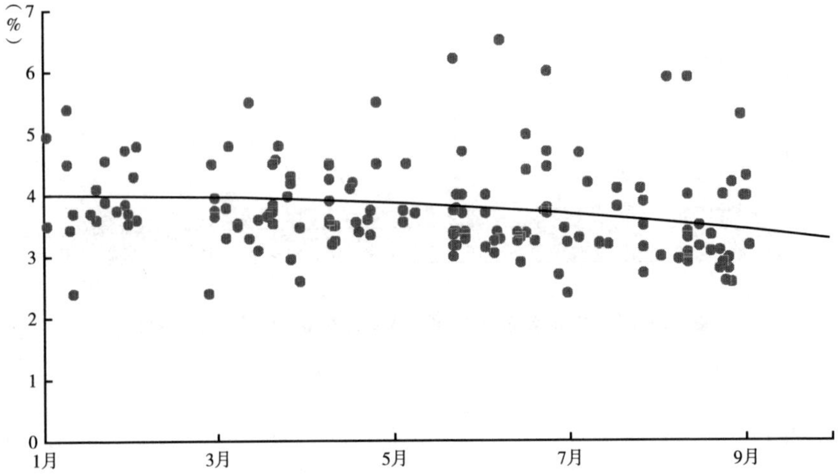

图 12－17　2021 年前三季度 AAA 评级 ABN 发行利率

资料来源：Wind。

发行期限方面，ABN 发行期限大部分低于 3 年（见图 12－19、图 12－20）。从发行只数看，AAA 级别 ABN 中 84% 期限不超过 2 年，发行期限中位数为 1.00 年，平均期限 1.32 年，与上年同期基本持平。AA+级别 ABN 中 85% 期限不超过 2 年，发行期限中位数为 1.41 年，平均期限为 1.58 年，发行期限相比 AAA 级别 ABN 整体有所延长。

二　监管政策和市场规则发展情况

资产支持证券市场经过数年的快速发展后，逐步进入稳健发展阶段，产品形态相对稳定。2021 年，基础设施领域不动产投资信托基金的监管政策进一

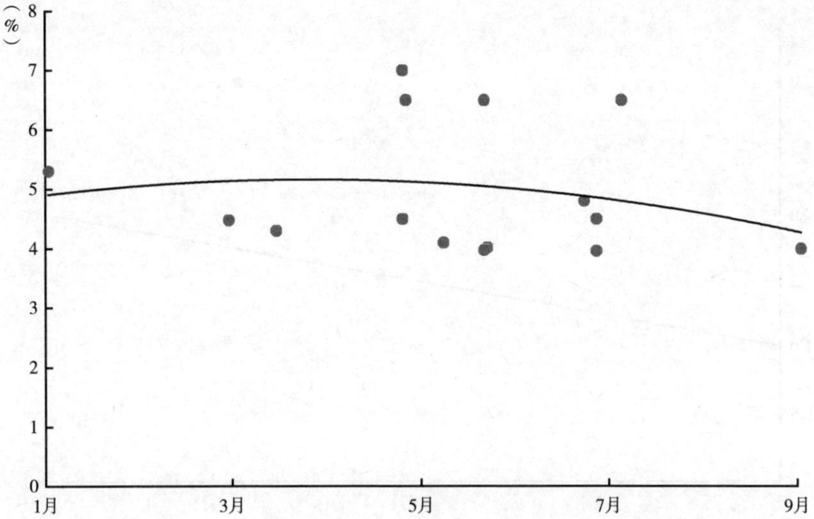

图 12-18　2021 年前三季度 AA+评级 ABN 发行利率

资料来源：Wind。

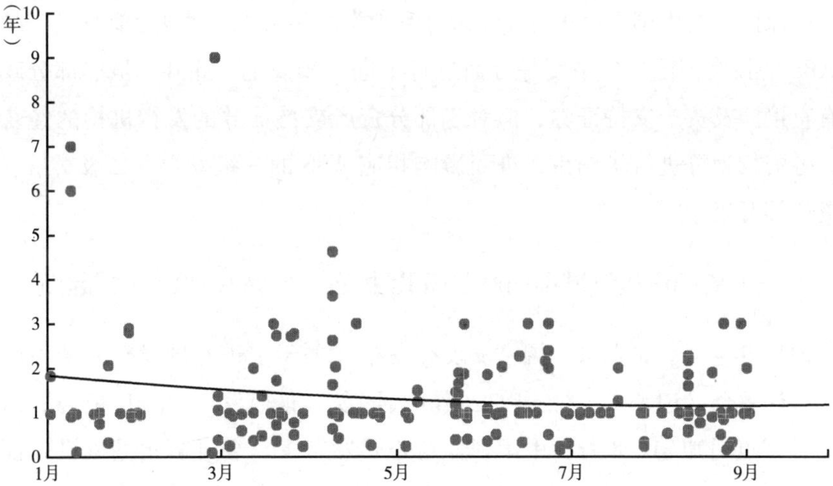

图 12-19　2021 年前三季度 AAA 评级 ABN 发行期限

资料来源：Wind。

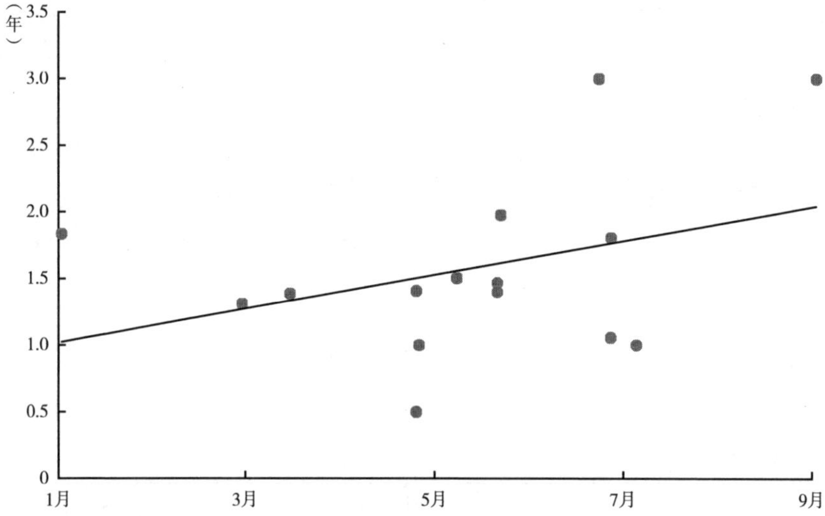

图 12－20　2021 年前三季度 AA＋评级 ABN 发行期限

资料来源：Wind。

步完善，公募 REITs 正式发售，市场反响踊跃。ABS 投资规范方面，2021 年 6 月，银保监会与中国人民银行发布现金管理类产品新规，对现金管理类产品投资 ABS 的投资范围、集中度等方面进行了进一步规范。此外，虽然部分政策没有直接涉及资产支持证券，但对于部分资产支持证券的发行机构的经营模式、融资行为等进行了约束，进而影响相应 ABS 的一级发行、二级交易、基础资产等要素。

（一）基础设施领域不动产 REITs 扩容，公募 REITs 正式起航

2020 年 4 月，证监会、国家发改委发布《关于推进基础设施领域不动产投资信托基金（REITs）试点相关工作的通知》（证监发〔2020〕40 号，以下简称《试点通知》），8 月，中国证监会正式发布了《公开募集基础设施证券投资基金指引（试行）》（以下简称《指引》）以及《〈公开募集基础设施证券投资基金指引（试行）〉（征求意见稿）起草说明》，并于 2020 年 8 月 7 日正式发布试行文件终稿，就基础设施 REITs 的募投管退以及对应基础设施及基础设施资产支持专项计划的相关内容做出了更为细化的规定。2021 年 6 月，国

家发改委发布《关于进一步做好基础设施领域不动产投资信托基金（REITs）试点工作的通知》（发改投资〔2021〕958号，以下简称“958号文”），并发布了《基础设施领域不动产投资信托基金（REITs）试点项目申报要求》。958号文对可用于基础设施不动产REITs的基础设施项目的范围、行业、项目运营条件等方面做出了进一步规范。

在试点区域方面，进一步放开试点区域，强调“全国各地区符合条件的项目均可申报”，重点支持京津冀、长江经济带、粤港澳大湾区、长三角一体化等重大战略区域。试点行业由原来的6类扩大至9类，新增能源基础设施行业（包括风电、光伏发电、水力发电、天然气发电、生物质发电、核电等清洁能源项目，特高压输电项目，增量配电网、微电网、充电基础设施项目，分布式冷热电项目等）、保障性租赁住房行业（包括各直辖市及人口净流入大城市的保障性租赁住房项目等）及其他基础设施领域（包括供水发电功能的水利设施、自然文化遗产及国家5A级旅游景区等旅游基础设施）。试点行业中进一步强调“酒店、商场、写字楼等商业地产项目不属于试点范围”，并要求土地用途“应为非商业、非住宅用地”。

在项目资质与条件方面，958号文也进行了明确。整体要求基础设施项目已经成熟稳定，并满足以下条件。

（1）基础设施项目权属清晰、资产范围明确。要求发起人应当依法依规享有项目所有权、特许经营权或经营收益权。

（2）土地使用依法合规。项目公司所拥有的土地使用权，应当依法依规进行处理。项目公司拥有土地使用权的非PPP类项目，以划拨或协议出让形式获得的土地，所在地主管单位或土地出让合同签署机构应对发行基础设施REITs无异议；如项目以招拍挂出让或二级市场交易方式取得土地使用权，则应说明取得土地使用权的具体方式、出让（转让）方、取得时间及相关前置审批事项。项目公司拥有土地使用权的PPP类项目，发起人和基金管理人应承诺：项目估值中不含项目使用土地的土地使用权市场价值，基金存续期间不转移项目涉及土地的使用权，基金清算时或特许经营权等相关权利到期时将按照特许经营权等协议约定以及政府相关部门的要求处理相关土地使用权。项目公司不拥有土地使用权的项目，应说明土地使用权人与项目公司之间的关系以及项目公司使用土地的具体方式、使用成本、使用期限和剩余使用年限，并提供相关证明材料。对于土地使用的规范应避免利用 REITs 产品进行土地转移等行为。

（3）基础设施项目具有可转让性。发起人、项目公司相关股东已履行内部决策程序并协商一致同意转让。若项目公司名下的土地使用权、项目公司股权、特许经营权等相关资产处置存在任何限定条件、特殊规定约定的，则相关有权部门或协议签署机构应对项目以 100% 股权转让方式发行基础设施 REITs 无异议，确保项目转让符合相关要求或相关限定具备解除条件。对于 PPP 类项目，PPP 协议签署机构、行业主管部门应对项目以 100% 股权转让方式发行基础设施 REITs 无异议。

（4）基础设施项目成熟稳定。项目运营时间不低于 3 年，具有良好的现金流投资回报，近 3 年内整体保持盈利或经营性净现金流为正；项目收益持续稳定且来源分散合理；预计未来 3 年净现金流分派率不低于 4%。

（5）资产规模符合要求。首次发行基础设施 REITs 的项目当期不动产评估净值不低于 10 亿元。发起人具有较强扩募能力，以控股或相对控股方式持有、可发行基础设施 REITs 的各类资产规模不低于首次发行基础设施 REITs 资产规模的 2 倍。

（6）发行人等参与方符合要求。优先支持龙头企业项目，并要求参与各方近 3 年在投资建设、生产运营等方面无重大违法违规记录，项目运营期间未出现安全、质量、环保等方面的重大问题或重大合同纠纷。

在项目申报方面，985 号文除了就项目申报材料的形式、项目申报程序等方面进行规范外，也进一步明确了项目审查内容的方向。

（1）符合宏观管理政策要求，包括符合国家重大战略、国家宏观调控政策有关要求，符合国民经济和社会发展总体规划、有关专项规划和区域规划要求等。

（2）依法依规取得固定资产投资管理相关手续，主要包括项目审批、核准及备案手续，规划、用地、环评、施工许可手续等。

（3）PPP 类项目需满足特定条件。

（4）鼓励将回收资金用于基础设施补短板项目建设，包括回收资金具有明确具体用途，90%（含）以上的净回收资金应当用于在建项目或前期工作成熟的新项目，并鼓励以资本金注入方式将回收资金用于项目建设。

（5）基础设施运营管理机构具备丰富的项目运营管理经验，配备充足的运营管理人员，公司治理与财务状况良好，具有持续经营能力；基金管理人与运营管理机构之间建立合理的激励和约束机制，明确奖惩标准；明确界定运营管理权责利关系，并约定解聘、更换运营管理机构的条件和程序。

985 号文在《试点通知》的基础上，针对基础设施不动产 REITs 的试点区域、试点行业进行了扩容，对项目资质与申报条件进行了进一步细化，明确了项目申报的流程和审查重点，为基础设施公募 REITs 的正式发行提供了更为清晰、更具操作性的规则指引。同时，985 号文也从多个角度针对项目相关的土地问题进行规范，防止部分机构借助基础设施 REITs 工具进行土地转移，并明确规定商业房地产不属于试点范围，牢牢坚持"房子是用来住的，不是用来炒的"定位。

（二）现金管理类产品新规对资产证券化产品投资做出进一步规定

2021 年 6 月，中国银保监会、中国人民银行联合发布《关于规范现金管理类理财产品管理有关事项的通知》（银保监发〔2021〕20 号，以下简称"现金理财新规"），对于现金理财产品（银行现金管理类理财产品、货币基金等）投资资产证券化产品提出了新的要求。

（1）投资范围。其一，对于现金理财产品投资资产支持证券的期限进行了限制，要求投资剩余期限在 397 天（含）以内的资产支持证券；其二，对信用等级进行限制，不得投资信用等级在 AA + 以下的资产支持证券；其三，对资产支持证券的交易场所进行限制，须为在银行间市场和证券交易所市场发行的资产支持证券。

（2）集中度要求。现金理财产品投资同一机构发行的债券及其作为原始权益人的资产支持证券合计不得超过该产品资产净值的 10%。投资所有主体信用评级低于 AAA 的机构发行的金融工具（包含相关机构作为原始权益人所发行的资产支持证券）合计不得超过该产品资产净值的 10%，其中，投资单一机构发行的金融工具合计不得超过该产品资产净值的 2%。

现金理财新规对于现金理财类产品投资资产支持证券提供了更细化的要求。短久期、AAA 评级的资产支持证券将成为现金理财产品的主要投资品种，对于该类产品的市场表现、融资情况有积极作用。但对于长久期、低评级的资产支持证券的投资需求则有所限制，增加了发行该类产品的原始权益人的融资难度。

（三）针对互联网消费金融行业及消费金融类ABS监管更趋完善

自2020年以来，消费金融及互联网平台等相关监管政策密集出台。业务层面，针对互联网贷款，银保监会于2020年7月发布《商业银行互联网贷款管理暂行办法》，2021年2月发布《关于进一步规范商业银行互联网贷款业务的通知》，两项政策从联合贷款出资比例、合作机构集中度、互联网贷款限额管理、属地经营、风险控制等方面对商业银行开展互联网贷款业务进行了规范限制；针对征信业务，央行于2021年1月发布《征信业务管理办法（征求意见稿）》，明确征信业务范围和适用机构，助贷等大数据服务机构均涵盖其中，若政策落地，非持牌机构或无法为银行等金融机构提供相关服务。主体层面，针对小额贷款公司，2020年11月发布的《网络小额贷款业务管理暂行办法（征求意见稿）》，从经营许可、注册资本、展业区域限制、融资杠杆等方面对小额贷款公司开展网络小贷业务进行规范；针对蚂蚁集团，金融管理部门自2020年12月首次约谈蚂蚁集团后，2021年4月，银保监会对其再次约谈，对此，蚂蚁集团回应相关整改方案。具体整改方向：将整体申设金融控股公司，实现金融业务全部纳入监管；申设个人征信公司，依法合规经营个人征信业务；将"借呗""花呗"全部纳入消费金融公司以开展相关业务等。

持续出台针对互联网消费金融行业的监管政策，一方面，有利于控制互联网消费金融企业的无须扩张，督促其夯实资本实力，在可控的范围与规模内开展业务，控制杠杆倍数，有利于消费金融公司信贷资产质量的长期向好，有助于降低个人消费贷款类ABS底层资产的信用风险；另一方面，原蚂蚁集团下的花呗、借呗等业务的开展主体均需进入整改期，以花呗、借呗为基础资产的ABS产品发行量显著减少，市场活跃度有所降低。

三　调控政策趋严背景下房地产类资产支持证券信用风险专题

2021年以来，在房地产企业"三线四档"监管、涉房信贷余额管控、信托余额压降等多种政策作用下，房地产企业获取金融资源的难度逐渐提高。2021 年上半年，部分城市房价有所抬头，进一步引发货币当局对于按揭贷款的收紧措施，按揭贷款的发放周期明显加长。2021 年下半年以来，随着蓝光、恒大等地产企业的信用风险逐渐暴露，已售未结的期房面临停工，交房难问题涉及民生，或将引发社会性问题。在此背景下，多地政府规范、加强了房地产预售资金监管，房地产企业取用房屋预售资金的难度明显增加。2021 年 9 月，随着花样年、新力地产、当代置业等企业境外美元债券出现违约风险，恐慌情绪进一步蔓延，境内外房地产股票、债券出现大幅下跌。在这种背景下，房地产类 ABS 发行难度提升，部分房地产类 ABS 出现信用风险，整体估值压力明显增加。

（一）房地产类 ABS 概况

截至 2021 年 9 月 30 日，房地产类 ABS 存量合计 6288 亿元，在所有存量 ABS 中的占比为 13%。按照基础资产收益来源不同，可大致将房地产类 ABS 划分为供应链/应收款债权、地产经营收益、购房尾款三大类型。其中，供应链/应收款债权类 ABS 存量规模为 3104 亿元，占比为 49%；地产经营收益类 ABS 存量规模为 2622 亿元，占比为 42%；购房尾款类 ABS 存量规模为 563 亿元，占比为 9%（见图 12－21）。

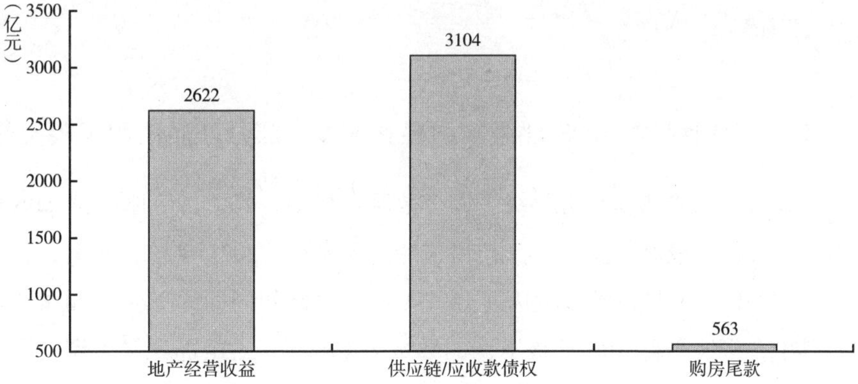

图 12－21　房地产类 ABS 存量分布情况

资料来源：Wind。

2021 年以来，房地产类债券及 ABS 的市场认可度下降，发行难度提升，且出现集中到期情况，净融资持续净流出。2021 年前 9 月，房地产类债券净融资为 -1146 亿元，而 2020 年同期则为 1618 亿元；房地产类 ABS 净融资为 -311 亿元，而上年同期为 234 亿元，其中，民营房地产企业作为发行人（原始权益人）的房地产类 ABS 净融资为 -566 亿元，上年同期则为 17 亿元（见图 12-22、图 12-23）。债券融资持续净流出，叠加按揭放款周期延长、预售资金监管趋严等因素，房地产企业资金链面临更大的压力。

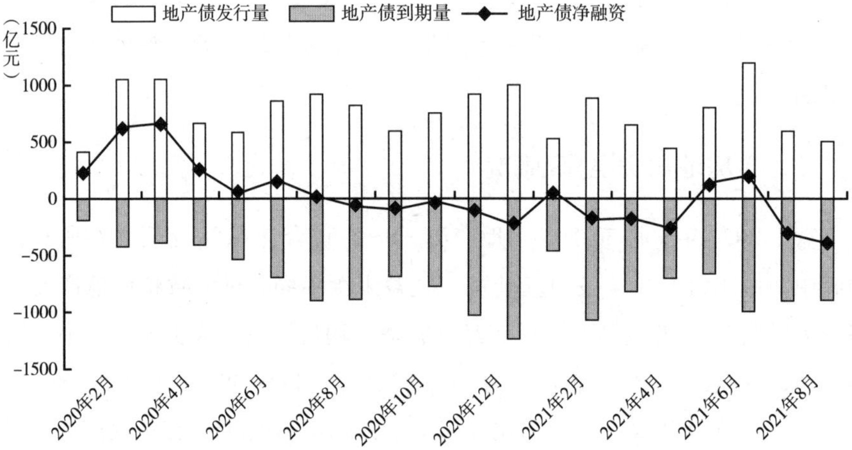

图 12-22　2020 年至 2021 年 8 月房地产债券净融资情况

资料来源：Wind。

（二）房地产类 ABS 评级下调显著增多，部分产品信用风险暴露

2021 年，资产支持证券评级下调个数明显变动，其中，房地产类 ABS 评级调降个数占比较高，部分产品信用风险有所暴露。2021 年前 9 个月，评级遭到下调的资产支持证券数量达到 169 只，较 2020 年同期的 21 只大幅增长 7 倍。其中，房地产类 ABS 评级下调的数量为 108 只，占全部评级下调的资产支持证券数量的 64%，较 2020 年全年的 6 只增加近 20 倍。

随着华夏幸福、蓝光地产、恒大地产、花样年、新力地产等房地产企业陆续出现债务违约等信用风险，相关地产类 ABS 也有风险暴露情况发生。据不

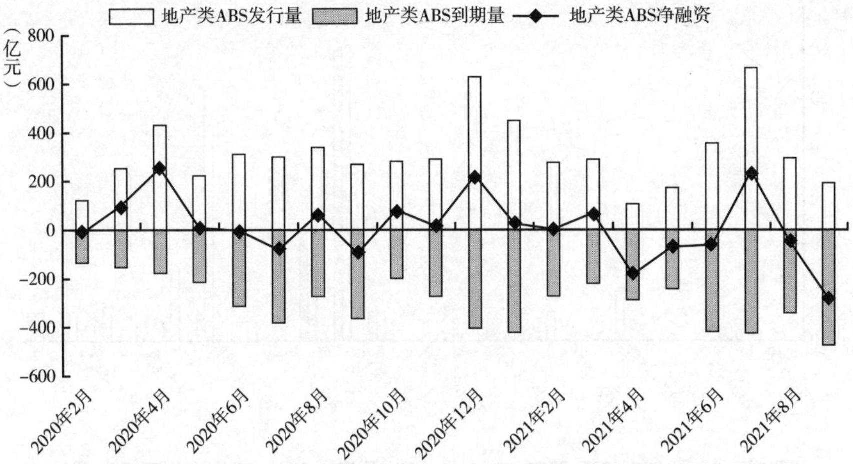

图 12－23　2020 年至 2021 年 8 月房地产类 ABS 净融资情况

资料来源：Wind。

完全统计，对于已经出现债券违约的福晟、华夏幸福、泰禾地产、泛海控股、蓝光地产、恒大地产、花样年地产、新力地产、当代置业等发行人，在作为原始权益人发行的资产支持证券中，已经到期的证券合计 14 只，未偿付金额为 70 亿元；仍在存续期但未正常付息的证券合计 18 只，涉及金额为 70 亿元；仍在存续期、原始权益人已出现信用风险的证券合计 21 只，涉及金额为 102 亿元（见图 12－24）。据此计算，2021 年，房地产类 ABS 实际违约率约为 4%。

（三）房地产类 ABS 信用风险分析

从 2021 年的市场运行情况来看，房地产类 ABS 的信用资质与原始权益人的主体信用高度相关。若原始权益人出现信用风险，则房地产类 ABS 很难“独善其身”（见表 12－1）。相反，用于“支持”证券的底层资产的信用，与 ABS 的信用情况关联不够明显。这与资产支持证券的产品初衷与理想效果有一定的出入。究其原因，当前的地产类 ABS 在资产收益、交易结构、现金流隔离等方面存在一定瑕疵，难以发挥资产信用的作用。

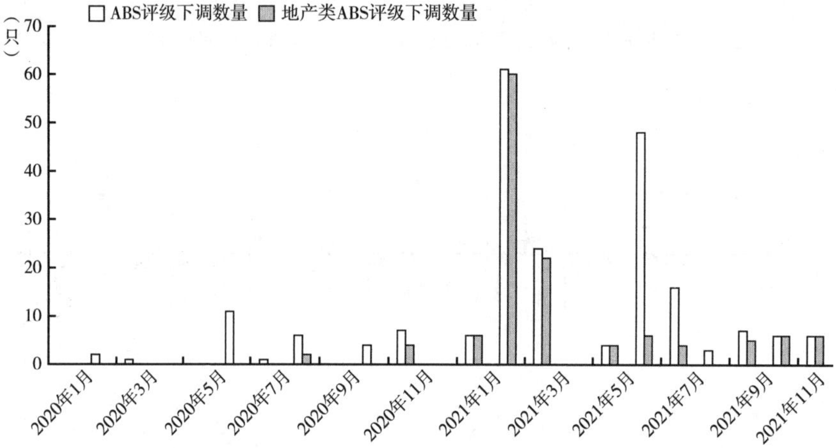

图 12－24　2020 年至 2021 年 11 月 ABS 及房地产类 ABS 评级下调数量

资料来源：Wind。

表 12－1　已出现信用违约风险的房地产类 ABS 情况

单位：亿元

债券代码	债券简称	原始权益人	到期日	债券余额	状态
149771. SH	18 泛海 1B	泛海	2021 年 11 月 10 日	9. 35	本金到期未支付
149770. SH	PR18 泛 1A	泛海	2021 年 11 月 10 日	16. 80	本金到期未支付
138982. SZ	H 融联 1 优	华夏幸福	2021 年 7 月 30 日	1. 92	本金到期未支付
168655. SH	诚正 1A	华夏幸福	2021 年 5 月 20 日	0. 74	本金到期未支付
146872. SH	17 华夏 A4	华夏幸福	2021 年 6 月 30 日	5. 00	本金到期未支付
168040. SH	PR 德清 A1	华夏幸福	2021 年 3 月 19 日	2. 41	本金到期未支付
159352. SH	19 问津 A2	华夏幸福	2021 年 6 月 25 日	2. 74	本金到期未支付
142799. SH	PR 九通 A4	华夏幸福	2021 年 4 月 23 日	1. 07	本金到期未支付
138594. SZ	H 迅捷 2 优	华夏幸福	2021 年 4 月 12 日	8. 40	本金到期未支付
169217. SH	诚正 2A	华夏幸福	2021 年 9 月 6 日	3. 16	本金到期未支付
137045. SZ	H 融联 2 优	华夏幸福	2021 年 8 月 25 日	7. 48	本金到期未支付
138730. SZ	H 迅捷 3 优	华夏幸福	2021 年 5 月 20 日	2. 81	本金到期未支付
156739. SH	福晟 1 优 B	福晟	2021 年 2 月 10 日	1. 60	本金到期未支付
156738. SH	福晟 1 优 A	福晟	2021 年 2 月 10 日	6. 10	本金到期未支付
169482. SH	20 新力 1A	新力地产	2022 年 10 月 21 日	5. 00	利息到期未支付
169483. SH	20 新力 1B	新力地产	2022 年 10 月 21 日	1. 90	利息到期未支付
156992. SH	19 泛海 1B	泛海	2037 年 5 月 7 日	8. 40	利息到期未支付
156991. SH	PR19 泛 1A	泛海	2037 年 5 月 7 日	12. 80	利息到期未支付
119453. SZ	18 慕盛 B	泰禾	2036 年 5 月 31 日	4. 80	利息到期未支付

续表

债券代码	债券简称	原始权益人	到期日	债券余额	状态
168044. SH	PR 德清 A5	华夏幸福	2025 年 3 月 19 日	3. 04	利息到期未支付
142800. SH	PR 九通 A5	华夏幸福	2022 年 4 月 22 日	1. 20	利息到期未支付
146873. SH	17 华夏 A5	华夏幸福	2022 年 6 月 30 日	5. 00	利息到期未支付
159356. SH	PR 问津 A6	华夏幸福	2025 年 6 月 25 日	2. 74	利息到期未支付
168043. SH	PR 德清 A4	华夏幸福	2024 年 3 月 19 日	3. 04	利息到期未支付
142801. SH	PR 九通 A6	华夏幸福	2023 年 4 月 24 日	1. 33	利息到期未支付
159355. SH	PR 问津 A5	华夏幸福	2024 年 6 月 25 日	2. 74	利息到期未支付
159354. SH	PR 问津 A4	华夏幸福	2023 年 6 月 25 日	2. 74	利息到期未支付
168041. SH	PR 德清 A2	华夏幸福	2022 年 3 月 21 日	3. 13	利息到期未支付
159353. SH	PR 问津 A3	华夏幸福	2022 年 6 月 25 日	2. 74	利息到期未支付
168042. SH	PR 德清 A3	华夏幸福	2023 年 3 月 20 日	3. 04	利息到期未支付
146874. SH	17 华夏 A6	华夏幸福	2023 年 6 月 30 日	5. 00	利息到期未支付
119452. SZ	18 慕盛 A	泰禾	2036 年 5 月 31 日	1. 65	利息到期未支付

资料来源：Wind。

1. 资产收益率偏低，难以独立支持资产支持证券的偿付

以商业物业的租金、物业费等经营性收入作为还款来源的 CMBS、类 REITs 等资产支持证券的基础资产是实物资产，且由于资产支持证券持有人享有物业资产的抵押债权或所有权，在原始权益人出现信用风险时，资产支持证券持有人可以通过处置物业资产来收回本息。但在实际情况中，物业经营收益存在波动，尤其在 2020 年受到疫情冲击并有反复的情况下，实际物业经营收入低于评估值，难以完全覆盖资产支持证券的利息支付（表 12 -2 列示了典型的商业地产类 ABS 经营收入情况，表 12 -3 进行了典型商业地产类 ABS 运营收入与 ABS 利息支出的比较）。为保证资产支持证券的发行，原始权益人往往会通过差额补足、流动性支持等形式对资产支持证券的付息进行担保，这将该类资产支持证券与主体信用绑定起来。此外，由于 CMBS 等产品回款周期很长，投资者对于超长期限信用类品种接受度偏低，故很多产品设计成 3 年开放型产品，存续期中间设置了投资者本金回售权。回售期内物业资产经营收入无法覆盖回售资金，通过原始权益人获得优先收购权等方式偿付回售资金，这又依赖原始权益人的信用。即使需要处置资产，金融机构缺乏商业地产处置的专业知识、手段和渠道，处置难度也较大，原始权益人出现风险后也往往陷入困境。

表 12－2　原始权益人已发生债券展期/信用违约的房地产类 ABS 情况

单位：亿元

债券代码	债券简称	原始权益人	到期日	债券余额
168953. SH	当代 03 优	当代置业	2022 年 8 月 5 日	1. 00
168952. SH	当代 02 优	当代置业	2022 年 8 月 5 日	1. 50
136088. SZ	21 阳城优	阳光城	2022 年 6 月 5 日	5. 00
137542. SZ	阳欣 03 优	阳光城	2021 年 12 月 30 日	1. 49
082001070. IB	20 华济建筑 ABN001 优先	阳光城	2021 年 11 月 18 日	4. 99
137364. SZ	20 阳光优	阳光城	2022 年 11 月 18 日	12. 70
179865. SH	花样年 1A	花样年	2023 年 3 月 17 日	1. 83
179866. SH	花样年 1B	花样年	2023 年 3 月 17 日	0. 72
156624. SH	PR 中渝 1	恒大	2036 年 12 月 17 日	2. 93
156606. SH	恒大 R1 优	恒大	2036 年 12 月 29 日	10. 62
156625. SH	中渝优 2	恒大	2036 年 12 月 17 日	8. 80
168752. SH	20 蓝光 C	蓝光	2039 年 1 月 27 日	2. 15
168750. SH	PR 蓝光 A	蓝光	2039 年 1 月 27 日	3. 14
168751. SH	20 蓝光 B	蓝光	2039 年 1 月 27 日	3. 70
146896. SH	泛海 1B	泛海	2035 年 11 月 24 日	7. 30
146895. SH	PR1A	泛海	2035 年 11 月 24 日	15. 80
137878. SZ	21 佳 01 优	佳兆业	2022 年 3 月 30 日	5. 10
082000443. IB	20 阳光城 ABN001 优先 A	阳光城	2023 年 4 月 27 日	3. 10
082000444. IB	20 阳光城 ABN001 优先 B	阳光城	2023 年 4 月 27 日	2. 54
082000610. IB	20 阳光城 ABN002 优先 B	阳光城	2023 年 7 月 8 日	1. 44
082000609. IB	20 阳光城 ABN002 优先 A	阳光城	2023 年 7 月 8 日	6. 56

资料来源：Wind。

表 12－3　典型商业地产类 ABS 运营收入与 ABS 利息支出的比较

单位：亿元

年份	恒泰浩睿－彩云之南酒店资产支持专项计划			北京首都开发股份有限公司 2020 年度第一期资产支持票据		
	实际运营收入	预计运营收入	利息支出	实际运营收入	预计运营收入	利息支出
2019	7567	8562	38968	—	—	—
2020	9697	2835	38951	10049	15440	13190

资料来源：Wind。

2. 交易结构设计存在缺陷，部分资产并不适合作为基础资产

供应链/应收款债权类 ABS 是房地产类 ABS 中存量最大、发行量最大的一类 ABS。该类产品的基础资产是房地产企业与上下游企业基于供应链业务而形成的债权资产，而非实物资产。这类资产的价值依附于债务人的偿债意愿与偿债能力，单纯凭借债权资产自身是无法产生收益与价值的。在这样的基础资产性质下，资产支持证券的现金流来源是债权资产债务人，在主流的产品结构设计下实质上来自原始权益人，这自然无法与原始权益人的主体信用相分割。甚至于当原始权益人出现债务问题时，该类资产支持证券往往被划分为普通金融债权，而无法通过把基础资产作为经营性债务而被认定为优先债权（原始经营性债务已经结清，转化为专项计划对原始权益人的债权）。这样的基础资产与结构设计，虽然对于房地产上下游企业回款有积极作用，是帮助中小企业改善资金流、加快资金回流的有效工具之一，但从某种意义上讲也成为房地产企业拉长账期、融通资金的渠道之一，实质上更接近于房地产企业的信用借款或信用债券。针对该类资产开发形成的资产支持证券，既无实际可观察、可分割、可独立的“资产”，也无法对证券形成有效的支持，在交易结构的基础逻辑上是存在缺陷的。

3. 产品结构未能实现基础资产现金流有效隔离

对于购房尾款类 ABS，其基础资产为购房者应付但未付的购房尾款，真实性较强，且具有较高的确定性。但在专项计划的现金流归集方面，基础资产产生的现金流会先进入原始权益人（也即售房公司）的收款账户进行归集，再由地产公司收款账户向专项计划账户进行划转，存在资金混同风险。当原始权益人出现资金周转问题时，购房资金极有可能在收款账户中被直接划走而不向专项计划账户划转，使资产支持证券难以得到有效保障，资产信用与主体信用难以分割。

（四）房地产类 ABS 展望

房地产类资产支持证券作为房地产产业链相关企业的重要融资工具，对于房地产行业上下游企业回款、提高物业资产流动性、合理对物业资产进行定价等方面有重要意义。房地产类 ABS 存在资产收益率偏低、交易结构设计方面具有缺陷、现金流未能有效隔离等问题，未能将资产信用与主体信用进行有效

切割，导致房地产开发企业信用风险向房地产类 ABS 蔓延。如何进一步发挥资产信用的作用，将主体信用与资产支持证券更好地隔离，发挥资产支持证券应有之义，应当是未来房地产类资产支持证券能否持续监控发展的关键。

从资产收益来看，一方面应进一步加强对中介机构的管理，改进信息披露机制，在资产估值、现金流预测方面更加贴近市场实际，针对不利市场情形应有压力测试与情景分析，并且应及时、详细地对外进行披露，提高存续期评估、披露的频率。另一方面应加强对投资者的教育，切实从资产现金流的角度进行审慎估值，避免盲目相信并依赖原始权益人的主体信用。此外，也可考虑通过 REITs 等工具，探索发展股权型产品，使证券价值可以更直接地反映资产价值。

从交易结构来看，应加强对供应链/应收款债权类 ABS 的发行监管，控制该类产品的增量并逐步减少存量，将其逐步转化为普通的房地产企业信用借款或信用债券。应完善该类 ABS 的信息，避免以保理公司、SPV 公司的名义对证券进行包装，混淆其作为房地产企业融资工具的本质。对于房地产企业，该类产品的债务性质应得到更为明确的界定，将其作为金融债务在财务报表中列支，并纳入净负债率等监管指标的计算口径中。

从现金流隔离的角度来看，在产品层面应完善结构设计，在账户设置上通过三方资金共管、托管行代付资金等方法，尝试规避账户资金混同等问题。培育发展专业的第三方物业管理机构，由其进行资产收购、运营管理，避免地产开发企业直接作为资产支持证券的服务机构，从根源上探索现金流隔离的渠道。

第十三章 绿色债券

刘 康　杨成元*

- 随着全球绿色债券标准界定的不断优化，2021 年以来，我国针对绿色债券的顶层设计持续完善，绿色标准制度不断细化并逐渐与国际主流标准接轨，绿色债券规范类文件持续出台，地方政府支持绿色债券发展的一系列配套政策也相继落地，进一步促进我国绿色债券市场发展。
- 从一级市场发行情况来看，2021 年以来，我国绿色债券发展逐步加快，发行场所覆盖境内外，发行品种逐步丰富，结构趋向合理。绿色债券发行速度加快，1～9 月的发行总额已超上年发行总额；从发行结构来看，发行评级以 AAA 级为主，发行期限基本稳定；发行人主要为地方国有企业和中央国有企业，民营企业占比仍较小；发行行业主要集中在工业和公用事业，金融业占比有所下降；北京及东部沿海地区仍为主要发行区域但总体占比有所下降，区域结构逐步合理。从二级市场投资交易情况来看，绿色债券交易占比上升，成交活跃度较高，绿色债券收益率低于市场整体收益率。
- 未来，可继续完善市场规则，进一步推进国内外绿色债券定义及标准接轨。推进绿色金融标准的国际合作和互认，积极参与国际标准和评定规则的制定，规范第三方评估机构的认证流程和认证标准，进一步加强绿色债券相关市场机制建设。吸取国际经验，加强我国绿色发展的制度框架建设和交易框架设计，持续加强绿色债券信息披露，健全绿色债券的风险分担机制。进一步加大对发行端的政策支持力度，创新产品及优化

* 刘康，经济学博士，中国工商银行金融市场部副研究员，国家金融与发展实验室特聘高级研究员；杨成元，经济学博士，华夏银行总行计划财务部。

发行结构。创新增加绿色债券产品供给，解决绿色债券期限错配问题，加大对绿色债券发行的支持力度，引入更多国际机构发行绿色熊猫债。进一步加大对投资端的支持力度，持续优化投资者结构。提升商业银行等重要机构投资者的积极性，积极吸引个人投资者进入绿色投资者行列，加大对境外投资者的优惠便利度，扩大绿色债券指数的国际市场影响力。

一 2021年绿色债券发展的政策背景

随着绿色债券市场快速发展，全球范围的绿色债券标准界定也在持续优化。目前，国际绿色金融分类标准主要有三类。一是国际组织制定的绿色债券发行原则，如国际资本市场协会（ICMA）推出的绿色债券原则（GBP）等由市场主导且市场接受度较高的绿色标准。二是国家或区域标准，统筹考虑经济发展阶段、资源禀赋、能源结构等特征并结合当地情况制定。目前，中国和欧盟均明确了绿色分类标准，但因双方在标准制定原则、经济发展阶段以及资源禀赋上的不同，在绿色项目界定上依然存在差异。三是市场机构自行制定的绿色标准，如 Vigeo 评级等国际外部评级机构针对绿色债券制定的认证标准。

2021 年以来，我国针对绿色债券标准界定的顶层设计持续完善，绿色标准制定不断细化，逐渐与国际主流标准接轨。7 月 1 日，我国正式实施由中国人民银行、国家发改委、证监会联合发布的《绿色债券支持项目目录（2021 年版）》，规定绿色债券支持的项目类型包含 6 个领域：节能环保产业、清洁生产产业、清洁能源产业、生态环境产业、基础设施绿色升级、绿色服务。文件采纳国际通行的“无重大损害”原则，对绿色债券界定标准问题进行了进一步明确和细化，如煤炭等化石能源清洁利用等项目不再纳入支持范围，并增加了绿色农业、绿色建筑、可持续建筑、水资源节约和非常规水资源利用等新时期国家重点发展的绿色产业领域类别，更加符合当前国家产业政策及转型导向。文件明确了绿色债券的定义①，进一步明确了详细的支持目录，为我国绿色债券市场

① 绿色债券是指将募集资金专门用于支持符合规定条件的绿色产业、绿色项目或绿色经济活动，依照法定程序发行并按约定还本付息的有价证券，包括但不限于绿色金融债券、绿色企业债券、绿色公司债券、绿色债务融资工具和绿色资产支持证券。

发展提供了稳定的框架和灵活的空间，也实现了与欧盟标准更进一步的协同。

绿色债券规范类文件持续出台。5 月 24 日，经中央全面深化改革委员会第十七次会议审议，生态环境部印发《环境信息依法披露制度改革方案》，明确 2025 年基本形成强制性环境信息披露制度的目标，建议将强制性环境披露要求纳入绿色产品和绿色制造评估体系，并鼓励大型企业编制绿色和低碳发展报告。7 月，上海证券交易所发布《上海证券交易所公司债券发行上市审核规则适用指引第 2 号——特定品种公司债券（2021 年修订）》，新增碳中和绿色债券、蓝色债券和乡村振兴公司债券相关制度规定。9 月，为进一步规范绿色债券产品发展、提高绿色债券评估认证质量并提升绿色债券评估认证行业自律性，绿色债券标准委员会发布《绿色债券评估认证机构市场化评议操作细则（试行）》、《绿色债券评估认证机构市场化评议标准》和《绿色债券评估认证机构市场化评议材料清单》等配套文件。文件明确了评估认证机构开展绿色债券评估认证业务需满足的条件，界定了市场化评议申请步骤、市场化评议内容及评议结果运用等内容。

2021 年以来，地方政府也出台了一系列支持绿色债券发展的配套政策。例如宁夏回族自治区在 4 月 19 日发布了《自治区支持九大重点产业加快发展若干财政措施（暂行）》，对重点产业绿色信贷支持成效显著的金融机构按照新增绿色贷款额度的 0.3‰给予奖励，并在财政国库现金存放方面予以倾斜；支持重点产业绿色企业发债融资，按发债规模的 2% 给予企业一次性补贴。河北省人民政府发布了《河北省人民政府关于建立健全绿色低碳循环发展经济体系的实施意见》，提出大力发展绿色金融，鼓励符合条件的企业或机构发行绿色债券，支持符合条件的绿色产业上市公司通过增发公司债、银行间市场债务融资工具等方式再融资。

二　绿色债券市场发展现状

（一）绿色债券一级市场发行情况

我国自 2016 年以来开始发行绿色债券，起步较晚但发展较快，发行场所覆盖境内外、发行量稳步上升，我国已成为全球第二大绿色债券发行国。2020

年受新冠肺炎疫情影响，绿色债券发行规模和速度均有所放缓，2021 年以来，绿色债券发行提速。从发行结构来看，绿色债券发行品种基本覆盖主流债券品种，以固定利率为主，发行评级以 AAA 级为主，发行期限结构基本保持稳定；发行人主要是地方国有企业和中央国有企业，民营企业占比仍较小；发行行业主要集中在工业和公用事业，金融业占比有所下降；北京及东部沿海地区仍为主要的发行区域，但总体占比有所下降，区域结构逐步合理。具体特征如下。

1. 绿色债券发行场所覆盖境内外

绿色债券发行币种方面，以人民币发行的绿色债券占绝大部分比重，以外币发行的绿色债券占比仍然较小。2020 年 9 月，本外币绿色债券发行 495 只（其中，人民币债券为 474 只，外币债券为 21 只），较上年同期增加 257 只，同比上升 107.98%。具体来看，发行人民币债券 4709.28 亿元，较 2020 年同期增加 2781.54 亿元，同比上升 144.29%；外币绿色债券共发行 55.20 亿美元债、8 亿欧元债，其中，在前期发行中占比较高的以港币计值的绿色债券已连续两年未发行（见表 13－1、图 13－1）。

表 13－1　2017 年至 2021 年 9 月我国境内外绿色债券发行情况

时间	人民币债券（亿元）	港币债券（亿港元）	美元债券（亿美元）	欧元债券（亿欧元）	加拿大债券（亿加拿大元）	新加坡债券（亿新加坡元）	发行数量（只）
2017 年	2676.59	—	—	—	—	5.00	165
2018 年	2314.35	26.00	6.00	—	6.00	—	215
2019 年	3602.47	80.00	51.50	—	—	—	355
2020 年	2520.42	—	35.50	5.00	—	—	320
2021 年 1～9 月	4709.28	—	55.20	8.00	—	—	495

资料来源：Wind。

绿色债券发行场所覆盖境内外，以银行间债券市场、上海证券交易所及深圳证券交易所为主，发行金额分别为 3433.09 亿元、1082.91 亿元和 193.28 亿元，发行数量分别为 263 只、183 只和 28 只。按照发行量占比排序，银行间债券市场为绿色债券主要的发行场所，发行量占比超过一半，各发行市场发行量排序依次为：银行间债券市场（占比约为 53.17%）、上海证券交易所（占比约为 36.97%）、深圳证券交易所（占比约为 5.66%）、香港联合交易所（占比约为 4.04%）和新加坡证券交易所（占比约为 0.2%）（见表 13－2）。

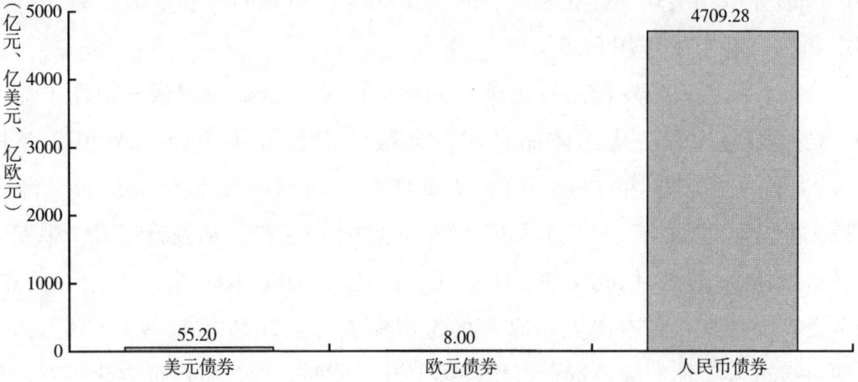

图 13-1　2021 年 1~9 月我国绿色债券总量及币种结构情况

资料来源：Wind。

表 13-2　2021 年 9 月我国绿色债券在境内外发行场所总量情况

境内外发行场所	总量
上海证券交易所	1082.91 亿元
银行间债券市场	3433.09 亿元
深圳证券交易所	193.28 亿元
香港联合交易所	52.6 亿美元 + 8 亿欧元
新加坡证券交易所	2.60 亿美元

资料来源：Wind。

2. 绿色债券发行品种及结构逐步均衡

2021 年以来，绿色债券发行主题品种不断丰富。比如，2 月，银行间市场交易商协会创新推出国内首个绿色债券子品种碳中和债，在绿色债券政策框架下，将募集资金专项用于清洁能源、清洁交通、可持续建筑等具有碳减排效益的绿色项目。截至 9 月末，碳中和债发行总额为 1773 亿元，占比达到 2021 年 1~9 月发行的人民币绿色债券总额的 38%，发行主要集中在地方和中央国有企业，行业以工业、公用事业、金融业为主，债项评级均为 AA + 及以上。与一般绿色债券相比，碳中和债的资金用途更加聚焦，项目遴选更加精准，信息披露更加透明，环境效益评估更加定量。碳中和债的推出有利于国内债券市场实现国际化发展，对于扩展绿色债券品种和助力“碳达峰和碳中和”有着重要作用和意义。

当前，绿色债券发行品种逐渐多元化，已基本涵盖我国债券市场主流品种，结构更为均衡。从具体品种看，金融债占比逐步下降，从 2017 年的 61.05% 下降至 2021 年 1 ~9 月的 24.60%；公司债占比上升，从 2017 年的 9.33% 上升至 2021 年 1 ~9 月的 17.67%（见图 13 -2）。从发行量看，中期票据发行量持续增加，已达 1259.97 亿元，占比较 2017 年提高 23.8 个百分点；绿色资产支持发行量占比从 2017 年的 3.61% 上升至 2021 年 1 ~9 月的 8.13%，表明直接进入实体的绿色资金占比持续上升。同时，通过资产证券化等方式盘活绿色项目的资金占比也有所上升，绿色债券发行结构逐步趋于均衡。

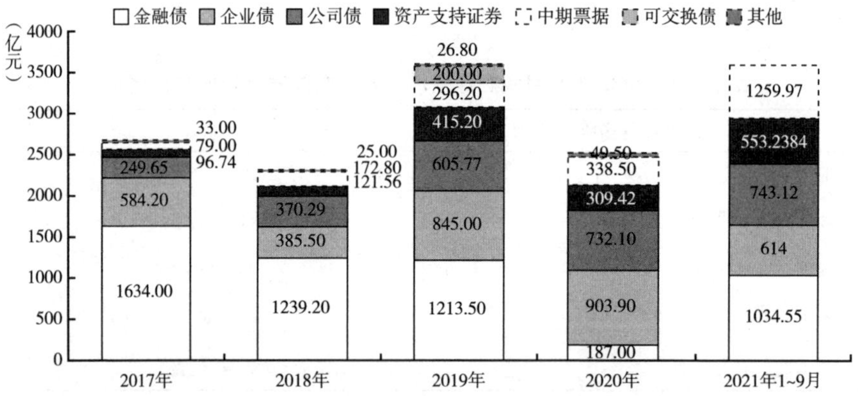

图 13 -2　2017 年至 2021 年 9 月人民币绿色债券发行品种结构情况

资料来源：Wind。

3. 绿色债券发行期限结构总体稳定

从发行期限看，随着疫情常态化防控阶段货币政策逐步正常化，短期绿色债券占比显著上升，3 ~5 年期、5 ~10 年期以及 10 年期以上中长期绿色债券品种出现不同程度的下降，绿色债券发行品种呈现短期化特征。具体来看，1 年期以内、1 ~3 年期品种发行量占比分别为 12.66% 和 44.51%，分别较上年提升 7.69 个和 11.40 个百分点，3 ~5 年期、5 ~10 年期和 10 年期以上品种发行量占比为 18.78%、20.46% 和 3.59%，分别较上年下降 6.39 个、12.32 个和 0.39 个百分点，绿色债券发行期限结构总体保持稳定（见表 13 -3）。

表 13－3 2017 年至 2021 年 9 月人民币绿色债券发行期限结构情况

期限结构	2021 年 1～9 月			2020 年		2019 年		2018 年		2017 年	
	规模（亿元）	数量（只）	数量占比（%）	数量（只）	数量占比（%）	数量（只）	数量占比（%）	数量（只）	数量占比（%）	数量（只）	数量占比（%）
1 年期以内	734.45	60	12.66	15	4.97	0	0.00	1	0.48	0	0.00
1～3 年期	2800.96	211	44.51	100	33.11	115	33.53	87	41.43	56	35.22
3～5 年期	595.92	89	18.78	76	25.17	119	34.69	63	30.00	43	27.04
5～10 年期	533.21	97	20.46	99	32.78	83	24.20	46	21.90	53	33.33
10 年期以上	44.74	17	3.59	12	3.97	26	7.58	13	6.19	7	4.40
合计	4709.28	474	100.00	302	100.00	343	100.00	210	100.00	159	100.00

资料来源：Wind。

4. 绿色债券发行主体集中在东部沿海区域，以地方国有企业为主，发行行业集中在工业和公用事业领域

2021 年，北京绿色债券发行量为 2174.14 亿元，发行量位居第一，接近总发行量的一半。整体来看，北京及东部沿海区域仍为绿色债券主要的发行区域，合计占比为 76.5%，同比上升约 16.71 个百分点。中西部省份绿色债券发行占比有所下降，其中，湖南、四川、陕西、贵州占比分别由上年的 6.43%、5.39%、2.96% 和 2.39% 下降至 0.16%、2.33%、0.91% 和 0.53%。整体来看，绿色债券的发行区域集中度有所上升。其中，绿色金融债主要集中在北京、江苏、广东、上海、浙江、湖北、山东等地，占比合计为 78.03%（见图 13－3）。

从发行主体性质来看，中央国有企业和地方国有企业发行占比较高，发行量分别为 2647.72 亿元和 1791.42 亿元，发行占比分别为 56.22% 和 38.04%；民营企业发行量依然较小，发行金额仅为 54.41 亿元，发行占比为 1.16%（见图 13－4）。

从发行行业来看，前三大行业合计占比为 91.39%，依次为公用事业、工业和金融业，发行金额占比分别为 31.66%、30.40% 和 29.33%（见图 13－5），其中，公用事业较上年同期上升 13.23 个百分点，金融业较上年同期上升 17.21 个百分点，工业较上年同期下降 31.06 个百分点。

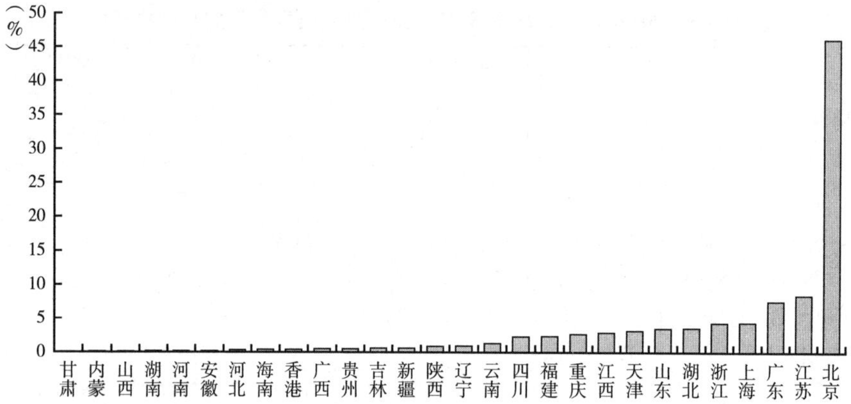

图 13－3　2021 年 1～9 月人民币绿色债券发行区域占比情况

资料来源：Wind.

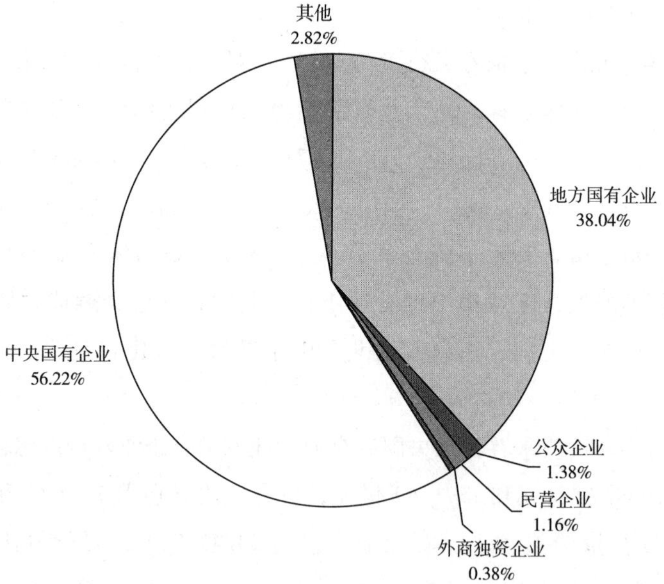

图 13－4　2021 年 1～9 月人民币绿色债券发行主体性质分布情况

资料来源：Wind。

5. 绿色债券发行评级有所下沉

在债项评级方面，2017 年以来，绿色债券的发行以 AAA 级债券为主，但

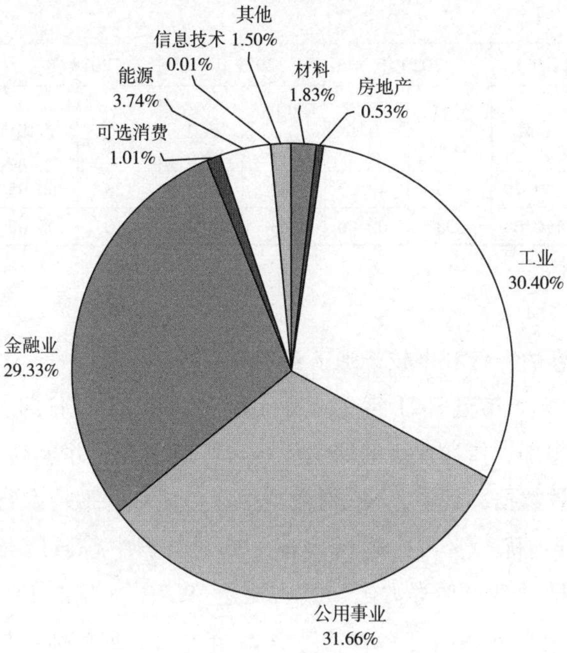

图 13-5　2021 年 1~9 月人民币绿色债券发行行业分布情况

资料来源：Wind。

占比有所下降（见表 13-4）。2021 年 1~9 月，AAA 级债券共发行 236 只，占比为 49.79%，较 2017 年下降 10.61 个百分点，绿色债券发行信用评级有所下沉。

表 13-4　2017 年至 2021 年 9 月人民币绿色债券发行债项评级情况

单位：只，%

债项评级	2021 年 1~9 月		2020 年		2019 年		2018 年		2017 年	
	发行数量	占比	发行数量	占比	发行数量	占比	发行数量	占比	发行数量	占比
无评级	167	35.23	83	26.95	67	19.53	31	14.76	26	15.90
A+	0	0.00	0	0.00	2	0.58	2	0.95	1	0.60
AA	10	2.11	24	7.79	25	7.29	10	4.76	18	11.00
AA-	1	0.21	1	0.32	1	0.29	4	1.90	1	0.60
AA+	60	12.66	65	21.10	66	19.24	35	16.67	19	11.60

续表

债项评级	2021 年 1 ~9 月		2020 年		2019 年		2018 年		2017 年	
	发行数量	占比	发行数量	占比	发行数量	占比	发行数量	占比	发行数量	占比
AAA	236	49. 79	135	43. 83	182	53. 06	128	60. 95	99	60. 40
总计	474	100. 00	308	100. 00	343	100. 00	210	100. 00	164	100. 00

资料来源：Wind。

6. 绿色债券的发行利率较普通债券不具有明显优势

通过筛选 2016 年至 2021 年 9 月发行的具有相同发行日期、发行期限、企业性质、债券类别、债券评级的绿色债券与普通债券，并求其平均发行利率，得到 242 对有效数据，其中，146 对数据中绿色债券的平均发行利率相对较低（即“绿色债券占优”），占比达 60. 3%，96 对数据中普通债券的平均发行利率相对较低（即“普通债券占优”），占比达 39. 7%（见图 13 –6）。2016 年、2017 年、2018 年、2019 年、2020 年、2021 年 9 月，绿色债券与普通债券的平均利差分别为 15BP、9BP、30BP、30BP、23BP、23BP，年平均发行利率较同期普通债券低了 24BP。但若加上绿色债券发行过程中的审查、评估认证等费用，那么我国绿色债券的发行利率并没有明显优势。

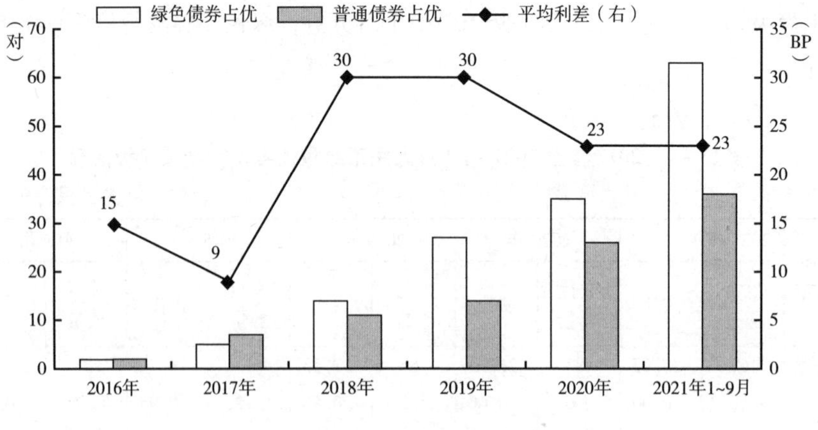

图 13 –6　绿色债券、普通债券发行利率对比

资料来源：Wind。

7. 境内外发行绿色债券免税情况

2021 年 1 ~9 月，共有 21 只绿色债券在境外发行，其中，20 只在香港联合交易所，1 只在新加坡证券交易所，均为免税债券（见表 13 －5）。目前尚无在境内发行的免税人民币绿色债券，我国对于境内发行绿色债券的免税政策支持力度亟须加大。

表 13 －5　2017 年至 2021 年 9 月我国境内外、本外币绿色债券免税情况

单位：只

免税情况	2021 年 9 月	2020 年	2019 年	2018 年	2017 年
否	474	308	263	210	164
是	21	12	10	5	1
合计	495	320	273	215	165

资料来源：Wind。

（二）绿色债券二级市场交易投资情况

1. 绿色债券交易占比上升，成交活跃度较高

从 2021 年第三季度成交量来看，二级市场绿色债券的现券交易金额达 2566 亿元，同比增长 49%，绿色金融债、绿色中期票据已成为绿色债券在二级市场交易的主要类型。具体来看，绿色金融债占比为 36%，绿色中期票据占比为 33%，绿色企业债和公司债合计占比为 18%，绿色非公开定向债务融资工具（PPN）、绿色短期融资券、绿色超短期融资券合计占比为 14%。从绿色债券成交量占比来看，截至 2021 年第三季度末，绿色现券交易量占全市场流通绿色债券总量的 65%，同比提升 19 个百分点。从月度成交情况来看，2021 年以来，绿色债券成交活跃度较高并保持稳定，月度绿色现券交易量占已发行绿色债券总量的比重（绿色债券月度交易数占比）已上升至近 30%（见图 13 －7）。其中，2021 年 9 月，绿色债券月度交易量占比为 28.9%，同比上升约 2 个百分点，总体交易活跃度较好。

2. 绿色债券收益率低于市场整体收益率

以中债指数为基础进行修正，将绿色债券发行期初的（2016 年）各指数

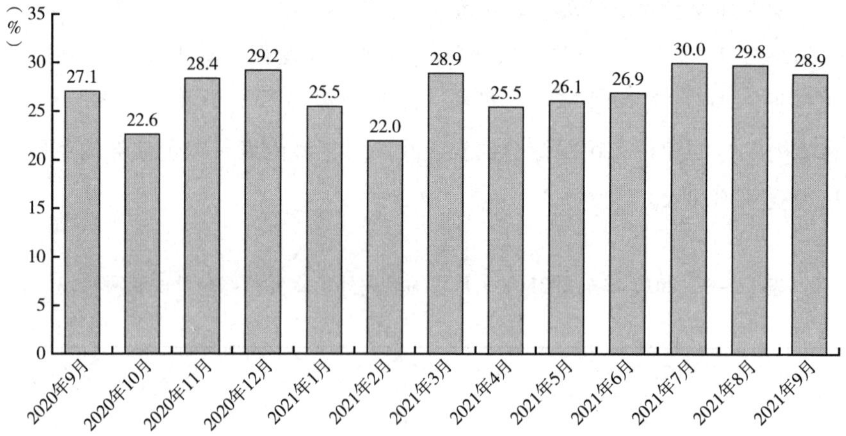

图 13－7　2020 年 9 月至 2021 年 9 月绿色债券月度交易量占比走势

资料来源：Wind。

基数确定为 100，得到相同基数的中国绿色债券指数、金融债券总指数、企业债总指数以及高信用等级债券指数（见图 13－8）。从指数走势分析来看，截至 2021 年 9 月，中国绿色债券指数、金融债券总指数、企业债总指数和高信用等级债券指数累计涨幅分别为 25.68%、24.19%、30.62% 和 27.17%，平均收益率①分别为 4.47%、4.21%、5.32% 和 4.72%。绿色债券收益率较低，风险溢价低于企业债和高信用等级债券，收益率略高于金融债。

（三）绿色债券市场发展面临的问题

第一，国内外绿色标准差异仍有待缩小。一是国内绿色标准在多头监管下仍未实现完全统一。尽管 2021 年中国人民银行、国家发改委与证监会已联合印发《绿色债券支持项目目录（2021 年版）》，对绿色项目范围及标准进行了统一界定，但各部委文件在具体发行流程、资金使用规定等方面仍然存在诸多差异，不同部门给予绿色债券的优惠政策也不尽相同。二是由于各国国情及政策重点的不同，中外绿色标准及相关政策仍有许多差异，如对于募集资金投向项目等国内外标准的差异，部分国内发行的绿色债券无法被纳入国际绿色债券

① 平均收益率计算方法：对 2016 年至 2021 年 9 月上涨总收益率进行算术平均。

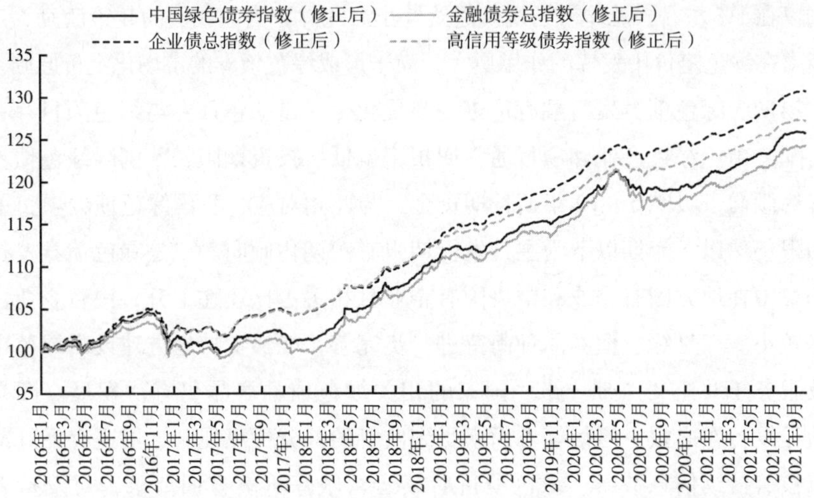

图 13-8　2016~2021 年 9 月经修正后中国绿色债券指数与金融债券总指数、企业债总指数及高信用等级债券指数对比

资料来源：Wind。

数据库，不仅阻碍了绿色资本在相关领域的跨境流动，还增加了绿色投资和跨境发行的交易成本。

第二，绿色债券市场存在部分漂绿现象。当前，国内外普遍存在“漂绿”现象，即以绿色项目为名义募集资金，或通过将原本不符合绿色标准的项目提升为符合标准的项目来募集资金，但最终募集的资金被用作他途而未真正流向绿色项目。究其原因是国家提供了一定的债券贴息、财政补贴等奖励措施，加之在发行、交易环节的监管环境相对宽松和便利，部分企业尝试通过信息不对称进行监管套利，这在一定程度上扰乱了绿色债券发展的市场秩序。短期来看，套利虽可带来筹集资金便利，但长期来看，这会损害绿色债券发行企业的声誉，破坏其树立的绿色环保形象，增加绿色债券投资者的筛选甄别成本，或将导致部分境外投资者因无法辨别是否存在“漂绿”现象，选择“用脚投票”而退出全部绿色债券投资。

第三，绿色债券总体规模仍然较小，市场化程度仍有待提升。2016 年以来，绿色债券市场发展迅速，除发行总额在 2020 年受疫情影响有所减少外，其余时期发行量、市场规模及绿色产品种类均在快速扩张，但我国绿色债券占债券市场比例仅在1%左右，总体市场规模仍然较小。此外，当前我国的政策激励、声誉等因素在绿色定价中发挥的作用更大，尚未形成绿色债券的市场化定价原则。

第四，绿色债券发行端有待进一步优化。一是绿色债券与绿色项目存在期限错配。由于绿色产业和项目通常回报率偏低、投资期限长，国际绿色债券项目普遍倾向于吸纳5～10年期长期资金，与此相对应，我国绿色债券项目的发行期限仍然以5年期以下为主且发行期限有短期化倾向。二是绿色债券发行主体仍集中在地方国有企业和中央国有企业且相关占比还在上升，民营企业占比仍然较小。三是绿色债券品种尚待进一步完善，能够支持地方建设的绿色市政债及服务于共建“一带一路”国家的相关绿色债券产品仍有待发展。四是绿色债券发行在申报、增信等方面享受到监管的部分优惠便利，但还存在外部认证审核、持续信息披露、绿色项目后续运营跟踪等多方面要求，对发行者来说，发行绿色债券的综合成本较普通债券发行成本优势并不明显，发行绿色债券的积极性仍有待提升。

第五，绿色债券投资的政策支持力度有待进一步加大。一是投资方面的政策优惠措施力度仍有较大发展空间。比如，相较于中国人民银行将绿色信贷纳入宏观审慎评估体系（MPA）考核机制，绿色债券虽已被纳入中国人民银行合格质押品范畴，但对于商业银行来说，其并无特殊优势，与普通债券差异不大。二是绿色债券投资端的市场需求还未得到释放。一方面，境内投资者对ESG和绿色投资的了解仍较为有限，参与绿色债券市场的热情并不高；另一方面，随着我国债券市场对外开放程度不断提高，境外投资者持有我国的债券余额已超过2.4万亿元，约占全市场余额的2%，但主要集中于国债、政策性银行债，绿色债券的投资规模仍然较小。

三　绿色债券市场发展建议

（一）持续推进国内外绿色债券定义及标准接轨

推进绿色金融标准的国际合作和互认，通过双边对话和协商，提升我国在全球绿色政策制定领域的话语权与影响力，积极推动国内外标准接轨。一是积极参与国际标准和评定规则的制定，比如，推动符合我国现阶段绿色行业发展特征的新能源汽车等行业进入国际绿色债券支持名录，持续提升我国绿色金融市场与全球融合的广度和深度。二是继续规范第三方评估机构的认证流程和认证标准，增强认证机构的公信力。推动形成一致、透明的认证标准及认证流程，培养一批有国际视野的本土认证机构，推动国内外标准兼容，提升评估结果的权威性。

（二）进一步加强绿色债券相关市场机制建设

一是吸取国际经验，加强我国绿色发展的制度框架建设和交易框架设计。在微观层面，推动基于绿色、社会责任和治理的承诺机制形成，加速我国绿色资产的交易、更新与管理；在中观层面，推动商业银行等金融机构从实践层面实现绿色金融发展与产业发展协调配合、资金供给端与需求端高效对接，并尝试推动管制、标准、激励方面形成更多政策框架支持。

二是持续加强对募集资金使用等绿色债券信息披露要求，建立统一的信息披露标准机制，充分发挥市场化约束作用，制约“漂绿”项目发展。

三是健全绿色债券的风险分担机制。尝试开展健全绿色债券的风险分担补偿机制探索，完善投资周期长、投资风险高绿色项目的风险补偿机制；可通过尝试增加外部增信如绿色担保、绿色保险等提升民营企业绿色资产价值，吸引更多投资者。

（三）进一步加大发行端的政策支持力度，创新产品及优化发行结构

一是增加绿色债券产品供给。首先，继续加大对碳中和债的支持力度，加快推进乡村振兴债、可持续发展挂钩债券（SLB）等各种主题产品，推动广义的绿色、社会、可持续范畴的债券发行继续增长。其次，借鉴德国、法国等发达国家发行主权绿色债券的经验，尝试发行绿色国债，推动国内绿色债券市场基准价格建立。第三，大力发展与绿色债券相关的各类指数产品。国际市场上，以彭博巴克莱 MSCI 全球绿色债券指数、标普绿色债券指数为代表的绿色债券指数及挂钩指数的基金，越来越受到投资者认可。目前，国内市场仅有跟踪标的为中债－绿色债券指数等的个别 ETF 产品在台湾证券交易所挂牌上市，其他指数尚未推出挂钩产品，后续可积极发展绿色债券指数和挂钩产品，如鼓励市场机构以绿色指数为依托开发公募、私募基金等绿色产品，推动公众更多

参与绿色债券市场。

二是解决好绿色债券期限错配问题。目前，绿色债券发行期限较短，多集中在1～5年期，但绿色项目期限普遍较长，应鼓励发行主体多发行长期限绿色债券，以满足绿色项目实际建设需求。

三是加大政策对绿色债券发行的支持力度。比如，对于民营企业等机构发行的绿色产品在财政贴息、担保等方面给予更多的优惠政策，将绿色债券与信用增进产品、环境责任险相挂钩，拓展对绿色债券的担保和增信等支持手段，进一步便利发行环节审批流程。

四是引入更多国际机构发行绿色熊猫债。向国际发行人提供实务操作指南及配套信息服务，降低其发行首单绿色债券的成本与难度，设置弹性规则及激励机制，鼓励更多国际机构进入我国市场发行绿色债券。

（四）进一步加大投资端支持力度，持续优化投资者结构

加强绿色投资者网络建设，培养投资者的绿色投资理念，推动建立社会责任投资者制度，持续优化投资者结构。

一是提升商业银行等市场主要机构投资者的投资积极性。比如，可通过适当降低商业银行持有绿色债券风险权重、提高绿色债券质押率方式，以及将绿色债券投资情况纳入中国人民银行对商业银行MPA考核等方式，进一步增强绿色债券的吸引力，吸引养老金基金等机构投资者进入国内绿色投资领域。

二是积极吸引个人投资者进入绿色投资者行列。比如，完善外汇衍生产品以满足发行人和投资者对冲外汇风险的需求，吸引个人投资者关注绿色债券指数和交易所基金。

三是加大对境外投资者的优惠便利政策力度。进一步完善绿色债券开放制度规则及加强市场参与者对冲债券风险等金融基础设施安排，为境外投资者投资中国绿色债券提供更加友好、便利的投资环境，提高全球市场对我国绿色债券的关注度及认可度，吸引保险公司、证券公司及境外机构投资者进入绿色投资领域，进一步丰富绿色债券投资者类型。

四是增强绿色债券指数的国际市场影响力。可与MSCI、IFC等国际机构合作优化并推动国内绿色债券指数纳入国际主流指数范畴，扩大同国际交易所的合作与信息共享范围，提升我国绿色债券在国际市场的可见度。

第十四章 中国债券市场对外开放

王静斐*

- 《中华人民共和国国民经济和社会发展第十四个五年规划和2035年远景目标纲要》明确指出要稳妥推进金融领域开放，深化境内外资本市场互联互通，健全合格境外投资者制度，稳慎推进人民币国际化。2021年是"十四五"规划与"第二个百年"新征程的开局之年，我国债市开放深度和广度持续提升，配套制度和基础设施日趋完善，在实现人民币国际化目标的道路上不断取得新的突破。
- 从境外资金"引进来"情况来看，2021年以来，中国国债如期纳入富时罗素指数，我国利率债品种的对外开放程度达到新高度，这有助于推动境外机构进一步参与中国债券市场；熊猫债发行定价的市场化程度不断提高，发行节奏加快，发行主体结构多元化，以非金融主体为主；境外机构开户数量大幅增加，机构投资者投资境内债券市场规模不断提升，但从结构上看仍以利率债为主。从境内资金"走出去"情况来看，2021年，随着"南向通"正式上线，我国债券市场对外开放形成了完整的闭环，有利于稳定汇率，助推人民币国际化，也有利于境内实体拓宽海外融资渠道，并降低海外融资成本。
- 未来，我国将进一步健全境外发行人在境内发债的制度基础及配套政策：一是统筹同步推进银行间与交易所债券市场对外开放；二是完善熊猫债相关制度；三是推动信用评级行业进一步对内对外开放。进一步加大债券市场对外开放力度：一是稳步实现跨境联通和双向开放，

* 王静斐，工银理财研究部高级经理。

优先引进境外中长期投资者；二是不断丰富境外机构可参与的交易品种；三是在合理控制风险的前提下，有序放开我国外汇衍生品等其他子市场。进一步放开资金“南下”管制，加速与国际资本市场接轨。参考借鉴海外债券市场成熟发展理念：一是提升高收益债投资市场空间；二是促进绿色投资及绿色债券发展。

《中华人民共和国国民经济和社会发展第十四个五年规划和2035年远景目标纲要》明确指出要稳妥推进金融领域开放，深化境内外资本市场互联互通，健全合格境外投资者制度，稳慎推进人民币国际化。2021年是“十四五”规划与“第二个百年”新征程的开局之年，我国债市开放深度和广度持续提升，配套制度和基础设施日趋完善，在实现人民币国际化目标的道路上不断取得新的突破。

一　2021年中国债券市场对外开放的重要政策分析

2021年，相关部门不断完善对外开放政策保障，在制度框架以及基础设施方面为我国债券市场开放奠定重要基础。

1月31日，中共中央办公厅、国务院办公厅印发了《建设高标准市场体系行动方案》，有序扩大金融服务业市场开放。方案支持社会资本依法进入银行、证券、资产管理、债券市场等金融服务业；允许在境内设立外资控股的合资银行、证券公司及外商独资或合资的资产管理公司；统筹规划银行间与交易所债券市场对外开放，优化准入标准、发行管理，明确中国债券市场对外开放的整体性制度框架，研究制定交易所债券市场境外机构债券发行管理办法。

3月19日，中国人民银行办公厅发布《关于进一步优化银行间债券市场基础设施对外开放服务加强事中事后管理的通知》，一是要求依法开展业务；二是要求优化服务功能；三是明确代理总账户使用要求，对境外机构投资者建立严格的看穿机制。通知的发布有利于进一步优化银行间债券市场基础设施对外开放服务，在依法合规便利境外机构投资者入市的同时，切实加强事中事后管理。

2021年8月17日，中国人民银行、国家发展改革委、财政部、银保监会、证监会和国家外汇管理局联合发布《关于推动公司信用类债券市场改革开放高质量发展的指导意见》，分别从完善法制、推动发行交易管理分类趋同、提升信息披露有效性、强化信用评级机构监管、加强投资者适当性管理、健全定价机制、加强监管和统一执法、统筹宏观管理、推进多层次市场建设、拓展高水平开放等 10 个方面展开，对此前中国债券市场发展中出现的一些痛点进行规范，可谓信用债市场未来高质量发展和对外开放的纲领性文件，具有重要的里程碑意义。

在制度保障的基础之上，加快自贸区金融开放试点建设。2021 年 4 月，中共中央、国务院印发《关于支持浦东新区高水平改革开放打造社会主义现代化建设引领区的意见》，意见提出，推进在沪债券市场基础设施互联互通。加快推进包括银行间与交易所债券市场在内的中国债券市场统一对外开放，进一步便利合格境外机构投资者参与中国债券市场。上海自贸试验区以鼓励金融制度创新、对外开放、拓宽境外投资者参与境内金融市场的渠道及提升金融市场配置境内外资源为发展方向。2016 年 12 月，中央结算公司发布自贸区债券业务指引，支持上海市人民政府成功发行首单自贸区地方政府债券；2019 年 11 月，搭建境外债券账户体系，运用国际通行的 S 规则，成功支持南京东南国资集团面向上海自贸区和境外投资者发行 10 亿元企业外债，并于 2020 年在 MOX 成功挂牌上市，实现自由贸易账户下的资金回流；2021 年 2 月，成功为普洛斯中国发行的离岸美元债券办理登记托管，这是境内金融基础设施首次为自贸区离岸外币债券发行提供登记托管结算服务。

二　中国债券市场对外开放——境外资金“引进来”

（一）中国国债如期纳入富时罗素指数

2021 年 3 月 30 日，富时罗素公司确认将中国国债纳入其债券指数，自 2021 年 10 月 29 日开始生效，并将在 36 个月内分阶段纳入，完成后，中国国债占富时世界国债指数的权重达 5.25%。至此，中国政府债券完成了全球三大债券指数的全部纳入——彭博巴克莱资本债券综合指数（BBG Agg Index）、摩根大通国债－新兴市场指数（JPM GBI-EM）以及富时全球政府债券指数（WGBI）。中国债券市场纳入国际指数的情况和进度见表 14－1。

表 14－1　中国债券市场纳入国际指数的情况和进度

项　　目	彭博巴克莱资本债券综合指数	摩根大通国债－新兴市场指数	富时全球政府债券指数
纳入债券类别	以人民币计价的中国国债和政策性银行债券	以人民币计价的政府债券	以人民币计价的政府债券
正式纳入时间	2019 年 4 月 1 日	2020 年 2 月 28 日	2021 年 10 月 29 日
纳入过程用时	20 个月	10 个月	36 个月
权重	完全纳入后，中国在该指数中的占比约为 6%	中国在该指数中的权重将在 10 个月里每个月增加 1%，直至达到 10% 权重	完成后中国国债占比将达到 5.25%，且这一比例会动态调整
预计纳入后带来的资金流入规模	1500 亿～2000 亿美元	200 亿美元	1500 亿～2600 亿美元
进度	已完成	已完成	开始纳入，预计将在 2024 年 10 月完成

纳入富时罗素指数有助于推动境外机构进一步参与中国债券市场，并带来更多境外资金，即实现“引进来”。一方面，富时罗素指数是全球跟踪资金规模体量最大的债券指数之一，目前，跟踪该指数的资金体量为 3 万～4 万亿美元，因此，在中国政府债券被纳入后，将有持续且可观的被动债券配置资金流入，预计规模在 1500 亿～2600 亿美元。另一方面，除被动资金外，由于人民币债券主权债务风险低而票息较高，境外主动配置型和交易型基金也会积极参与中国的债券市场。以往的经验表明，债券指数成分的变动往往会对新纳入债券市场的资金流入有非常明显的影响。例如，俄罗斯卢布债券在 2014 年 3 月纳入彭博巴克莱全球指数后，4 个月内债市资金净流入量明显增加，达到了 16 亿美元。此外，在中国政府债券于 2019 年 4 月与 2020 年 2 月分别被纳入彭博巴克莱资本债券综合指数和摩根大通国债－新兴市场指数后，境外资金流入量在纳入当月和次月均有较为明显的增加。

在中国国债被纳入富时罗素指数后，我国利率债品种的对外开放程度达到新的高度，未来，随着国际评级机构等债券市场基础设施的引入，境外机构的投资范围有可能会扩宽至信用债、可转债、ABS 甚至债券基金等领域。

（二）境外机构发行熊猫债情况

1. 发行定价的市场化程度不断提高

2005 年以来，随着中国债券市场对外开放力度的加大，境外机构的境内债券融资渠道不断拓宽，主体类型日益丰富，熊猫债的发行制度也不断完善。根据 Bloomberg 的统计，2005 年 10 月至今共发行 347 只熊猫债，通过比较金砖国家新开发银行熊猫债的发行利率与相近时期、相近期限国开债和农发债的发行利率，从中可以看出，一方面，金砖国家新开发银行熊猫债发行利率与相近时期、相近期限国开债发行利率走势高度一致；另一方面，在多数情况下，金砖国家新开发银行熊猫债的发行利率与国开债和农发债的平均利差绝对水平在 10BP 以内，因此，整体来看，熊猫债的发行定价相对比较市场化（见图 14－1）。

2. 发行节奏加快

熊猫债规模在 2016 年出现较快增长，此后明显回落，2021 年重新回升（见图 14－2）。2021 年初至 2021 年 10 月 27 日共发行 62 只熊猫债，较 2020 年的 43 只大幅提升。2021 年发行的 62 只熊猫债中未到期的为 54 只，发行规模

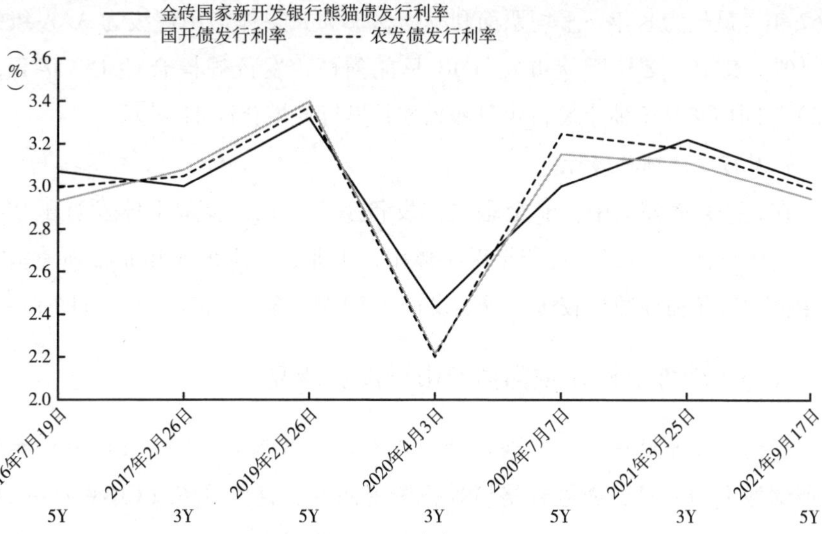

（a）

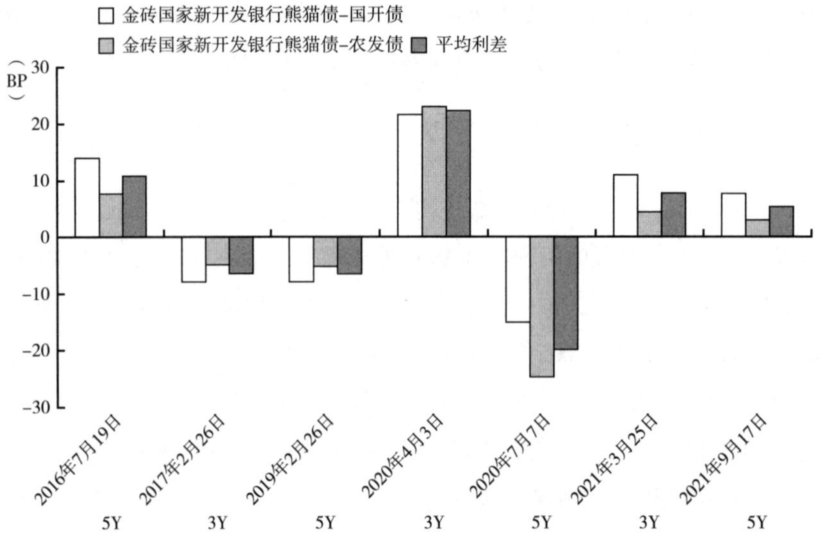

（b）

图 14-1　金砖国家新开发银行熊猫债发行利率及与同期国开债、农发债发行利率对比

注：图中 5Y、3Y 指 5 年期和 3 年期。
资料来源：Bloomberg、Wind、中金研究。

合计 923.66 亿元，较 2020 年的 586.5 亿元上涨 57.49%。平均发行年限为 2.67 年，最长为 8 年，平均票面利率为 3.35%，主体信用评级为 AAA 级的占 87.1%。其中，交易所债市发行 13 只熊猫债，发行规模合计 153 亿元，而 2020 年同期交易所债市发行 4 只熊猫债，发行规模合计 41 亿元。

3. 发行主体结构多元

在 347 只熊猫债中，非金融主体发行了 226 只，金融主体发行了 96 只，政府主体发行了 25 只。在非金融主体中，工业、公用事业和非必须消费行业的主体发行熊猫债数量较多，分别发行了 59 只、58 只和 49 只（见图 14-3）。

（三）境外机构在中国债券市场投资情况

目前，境外投资者主要通过合格境外投资者制度（QFII/RQFII）参与交易所债券市场交易，通过合格境外投资者制度、直接投资（CIBM Direct）和债券通（Bond connect）三种渠道参与银行间市场交易。

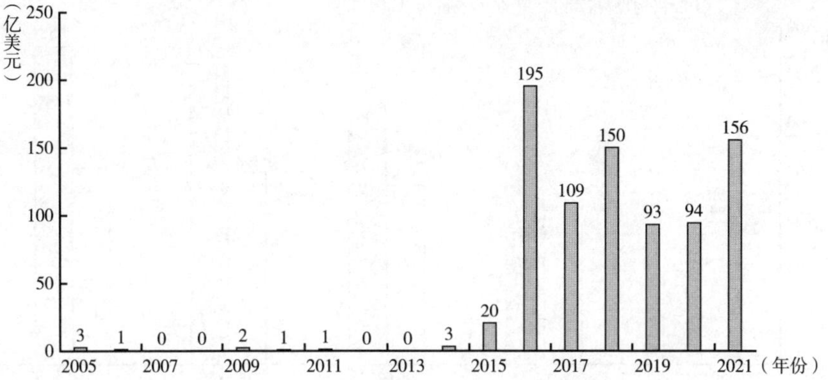

图 14－2　2005～2021 年熊猫债发行规模

资料来源：Bloomberg。

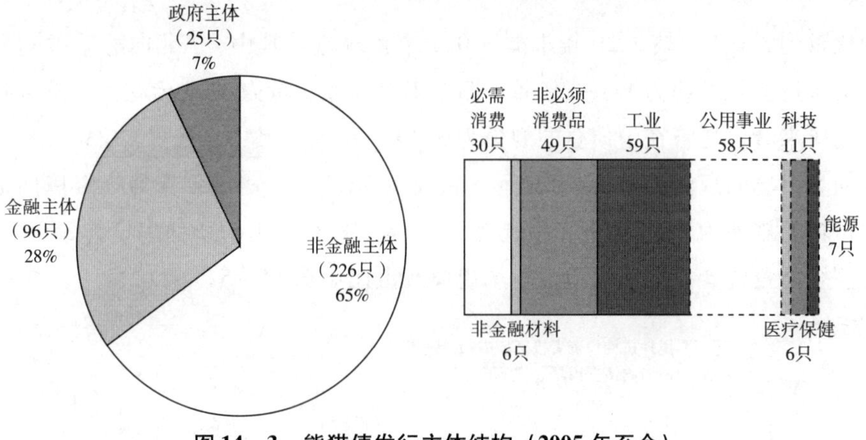

图 14－3　熊猫债发行主体结构（2005 年至今）

资料来源：Bloomberg。

1. 境外机构开户数量大幅增加

截至 2021 年 5 月，CIBM 机构投资者数量为 407 家，债券通机构投资者数量为 658 家，分别较 2020 年增加 9 家和 36 家。从趋势上看，近年来，债券通机构投资者数量增长速度更快（见图 14－4）。

2. 境外机构投资者投资境内债券市场规模不断提升

截至 2021 年 9 月，境外机构投资者投资境内债券市场规模为 3.84 万亿元，较 2020 年末增加 5902 亿元，年均增速超过 40%；占境内债券市场规模

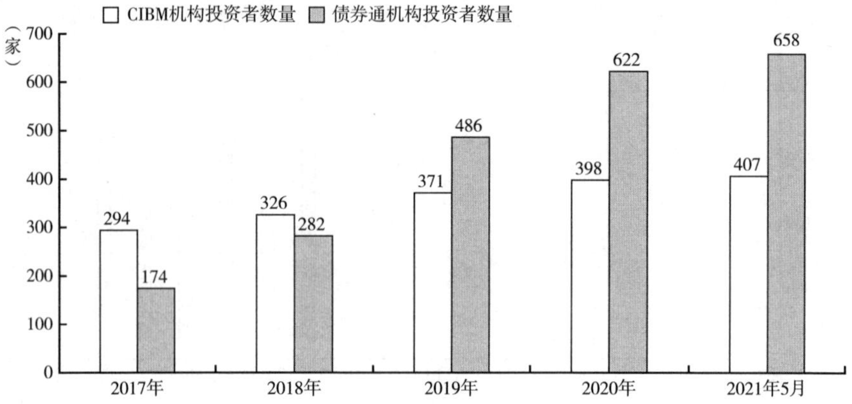

图 14－4　境外机构开户数量

资料来源：中国人民银行。

的比重为 3.0%，较 2020 年末提升 0.2 个百分点。其中，“北向通”的境外投资者持债规模约为 1.1 万亿元，四年来累计成交量为 12.3 万亿元。从分托管场所来看，托管在中债登的规模为 3.49 万亿元，其中，通过 CIBM 投资境内债券市场的规模为 2.57 万亿元，占比为 73.5%；通过债券通投资境内债券市场的规模为 9250 亿元，占比为 26.5%。托管在上清所的规模为 3508 亿元。境外投资者投资境内债券市场规模及占比见图 14－5。

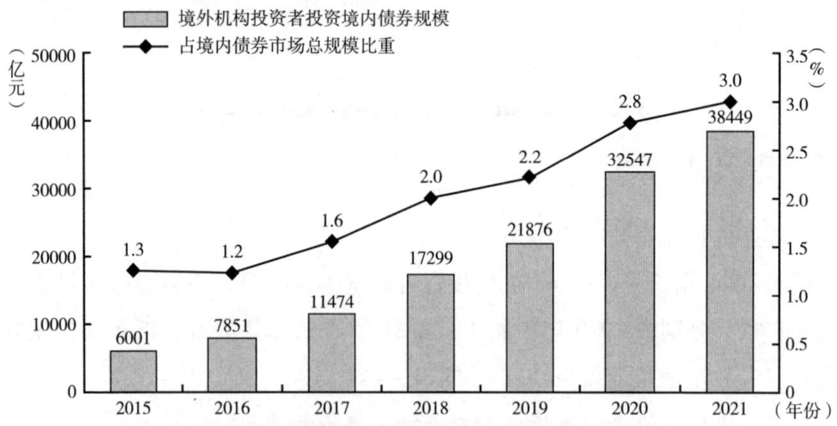

图 14－5　境外投资者投资境内债券市场规模及占比

注：2021 年数据截至 2021 年 9 月。

资料来源：中国人民银行、中债登、上清所。

3. 境外机构投资境内债券市场配置结构仍以利率债为主

境外投资者对境内债券的投资以国债为主，接着是政金债，对同业存单、信用债和地方债的持仓量相对较少。截至 2021 年 9 月，境外机构分别持有国债、政金债、同业存单、信用债和地方债 2. 279384 万亿元、1. 067427 万亿元、1759. 61 亿元、1221. 87 亿元、111 亿元，分别占持有境内债券总规模的 59. 7%、28. 0%、4. 6%、3. 2%、0. 3%。

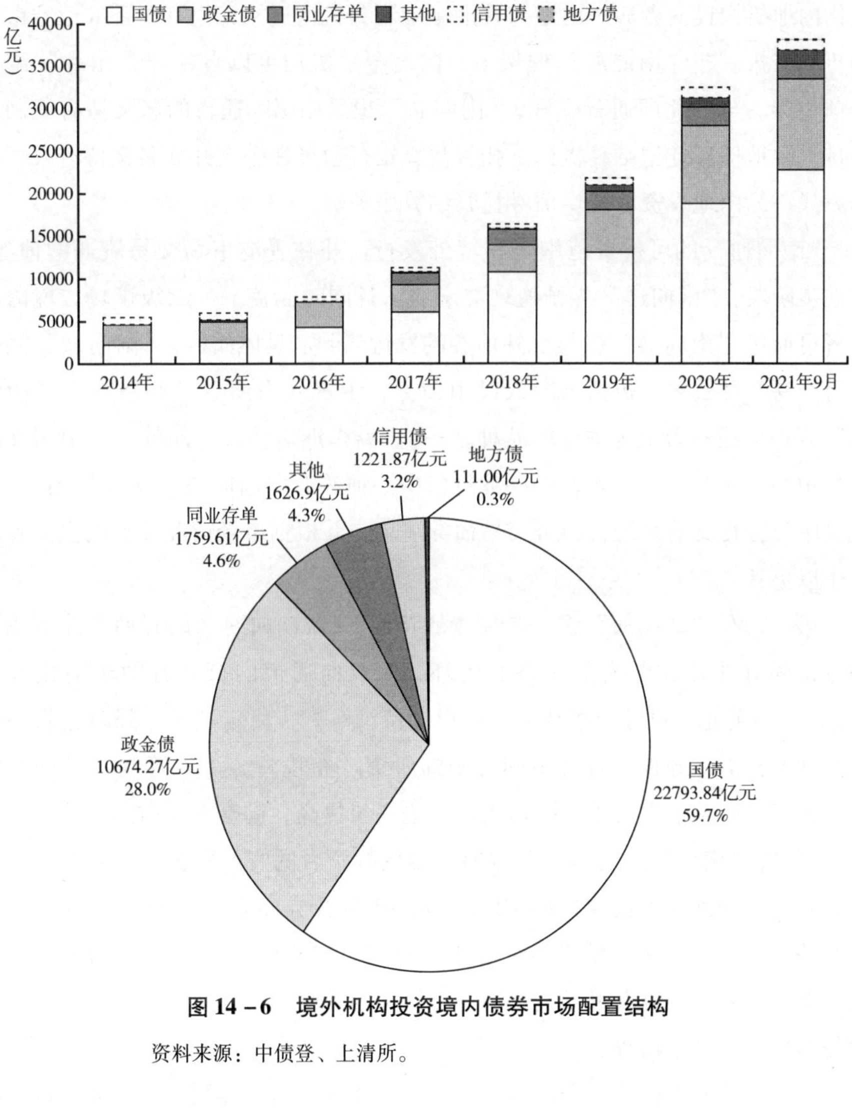

图 14－6　境外机构投资境内债券市场配置结构

资料来源：中债登、上清所。

三　中国债券市场对外开放——境内资金“走出去”

在“南向通”正式设立之前，我国机构投资者主要通过收益互换和 QDII/RQDII 配置境外债券，但 QDII/RQDII 面临一定的通道成本或者管理费，对投资收益会造成一定挤压。2021 年 9 月 24 日，“南向通”正式上线。“南向通”是指内地机构投资者通过内地与香港基础服务机构连接，投资于香港债券市场的机制安排。在“南向通”框架下，内地金融机构可以自主“走出去”配置全球债券。与“北向通”一样，“南向通”也采用国际通行的名义持有人制度安排。内地债券登记结算机构、托管清算银行通过在香港开立名义持有人账户的方式，为内地投资者提供债券托管结算服务。

“南向通”的可投资范围是在境外发行，并在香港市场交易流通的债券。在起步阶段，“南向通”先开通现券交易，且同时涵盖一、二级市场，境内投资者可通过“南向通”参与境外债券的发行认购。具体而言，“南向通”涵盖的可交易券种较多，包括离岸人民币债券、中资外币债券（亦是本次“南向通”开通后投资者最为关注的品种之一）、离岸港币债等。此外，从中国外汇交易中心发布的《全国银行间同业拆借中心债券通“南向通”交易规则》看，交易中心会在交易系统公布可交易债券清单，并根据市场情况及境内投资者需求予以更新。

第一，在“北向通”进一步完善的背景下，“南向通”的开通意味着我国债券市场对外开放形成了完整的闭环，而双向通道的打开有助于消化境内“过剩”的美元，对冲资本和金融账户的持续顺差，稳定汇率；同时也将在一定程度上打消部分投资者对中国实施的所谓“跨境资金流通管制”的固有偏见及担忧，有利于人民币国际认可度的进一步提高，助推人民币国际化。

第二，“南向通”也进一步丰富了境内投资者的资产配置工具箱，这使境内投资者在受到较严格管控的 QDII、RQDII 以及券商 TRS 等渠道之外有了新的对外投资工具。除了投资券种更为丰富之外，投资策略也将得到进一步扩充。例如，境内投资者可以基于同一主体境内外收益率之间的利差，采取利差收敛的相对交易策略等。

第三，随着国内外两个市场更为有效地连接，境内外投资者群体也将更加统一，而统一的投资群体更有利于债券市场发挥价格发现的功能。具体而言，中资机构进一步参与到中资境外债券市场，不仅可以为市场提供更多流动性与配置需求，增加中资定价话语权，也能够提升境内外联动的可能性。一方面，相对于境外机构而言，境内投资者对境内发行主体的经营情况的信用风险状况更为了解，因此对信用风险的定价也更为客观和理性，很少会受外围突发情况（比如，突发“美元荒”等）的影响而恐慌性抛盘。随着境内投资者参与度日渐提升，中资美元债的信用定价将更趋公平合理，与境内同类信用债间的利差也会趋向于收敛。另一方面，目前，海外债券整体的评级逻辑和框架相比国内更为规范和标准，评级分布也相对更合理，因此，在境内投资者逐步加深对离岸债券市场参与度的过程中，也会潜移默化地接触并受到海外债券市场的评级及定价逻辑影响，这有助于境内评级发展更加规范、合理，同时有助于境内债券市场，尤其是信用债市场良性健康发展。

第四，“南向通”的开通也有利于境内实体扩宽海外融资渠道，并降低海外融资成本。除了二级市场之外，境内机构投资者也可以参与到离岸人民币债、港币债及中资外币债的一级认购当中，进而吸引更多境内主体选择在离岸市场发行融资债券。同时，在境内外联动背景下，更为公允的信用定价还可以有效降低境内主体境外融资的成本。

四　中国债券市场对外开放的影响

（一）我国债券市场的双向对外开放将加速推动人民币国际化进程

第一，双向通道的打开将在一定程度上打消部分投资者对中国实施的所谓“跨境资金流通管制”的固有偏见及担忧，而这有利于人民币国际认可度的进一步提高，助推人民币国际化。第二，人民币想实现国际化，需要在国际上不断扩大以人民币计价的金融市场规模，即需要使以人民币计价的金融产品成为国际各主要商业金融机构乃至中央银行的投资工具。一方面，随着中国债券纳入全球三大债券指数，来自指数型基金等商业金融机构的资金将大量流入中国债市，增加对中国债券的配置；另一方面，境外央行的力量亦不容忽视。对中国债券市场而言，境外央行类机构是长期稳健型投资机构，且配置需求巨大，是我国债券市场最重要的基石投资者之一。

根据国家外汇管理局的数据，截至2020年底，境外央行类的投资者持有境内债券余额达2637亿美元，占所有境外投资者持仓比重的51%。未来，随着债券市场进一步开放，境外央行类配置机构对我国债券的配置需求有望持续而稳定地增长，从而推高人民币储备资产的规模，根据IMF公布的数据，2021年第一季度，人民币外汇储备总额升至2874.6亿美元，实现连续九个季度增长，在全球外汇储备中的占比升至2.45%，创下2016年第四季度以来的新高。而人民币储备资产规模的上升反过来也将提高境外金融机构对人民币资产配置的黏性，形成良性循环，进一步推动人民币国际化进程。

（二）我国债券市场的双向对外开放有利于境内债券市场进一步完善

第一，从“引进来”角度看，在全球央行货币宽松的推动下，境外资金成本普遍明显低于境内，因此，开放债市有助于引导境外低成本资金进入配置，从而压降我国融资利率水平。

第二，吸引境外资金进入，有助于完善资本市场投资者的理念和结构，推动完善境内资本市场的价格发现功能。一方面，虽然我国资本市场取得了长足的发展与进步，但仍然存在不成熟、不理性的问题，吸引更多境外投资者有利于引导国内资本市场投资理念和风格与国际市场接轨，更加重视价值型投资。另一方面，当前我国资本市场的定价能力较弱，尤其是债券市场信用债评级以AAA为主，评级区分度较低，信用风险定价不充分，资本市场资源配置功能在一定程度上被扭曲，不利于僵尸企业出清和资源优化配置。外资更理性、更成熟的投资理念有利于引导资本市场的价值投资行为，培育市场合理定价能力。同时，国内投资者定价能力的提升，也会倒逼国内资本市场在信息披露、监管机制等方面进行改革，进一步提高市场定价效率。

第三，从“走出去”角度看，债市双向开放也使境内金融机构在对外投资时有更多的选择，并且能够运用更加多元化的投资策略。同时，境内机构投资者获准参与离岸人民币债等债券的一级认购也意味着，更多境内主体能够在离岸市场发行债券融资，而境内外的联动将使信用定价更为公允，从而有效降低境内主体在境外融资的成本。

五 中国债券市场对外开放下一步展望

2021 年，我国债券市场对外开放不断推进，并取得令人瞩目的新突破，展望未来，中国债券市场对外开放的格局还有更多的可能性。

（一）我国将进一步健全境外发行人在境内发债的制度基础及配套政策

一是统筹同步推进银行间与交易所债券市场对外开放。当前，我国银行间债券市场与交易所债券市场各自分立、平行运作，这种分立状态带来了部分规则与监管之间的差异，产生了更高的信息成本，提升了市场参与的复杂性，成为影响境外投资者参与中国债券市场的一大障碍。未来将进一步统筹银行间债券市场和交易所债券市场对外开放，同时扩大跨境人民币支付系统（CIPS）应用范围，建立安全高效的全球化支付清算网络体系，降低境外投资者参与我国债券市场时的交易成本，提升交易效率，同时，我国债券市场也将出现制度、交易等层面的协同和转变。

二是完善熊猫债相关制度。近年来，随着我国经济的发展和人民币的国际化，越来越多的境外金融机构及非金融机构选择在中国境内发行熊猫债。预计随着交易所债市熊猫债发行管理办法公布，银行间和交易所债券市场的熊猫债发行规则将逐渐趋于统一，这有利于进一步推动我国熊猫债市场成长。

三是推动信用评级行业进一步对内对外开放。一方面，推动更多符合条件的境外评级机构开展境内业务；另一方面，支持本土评级机构根据自身意愿和能力，积极参与国际评级业务。从评级市场开放实践来看，国际评级机构很早就通过参股入资合作等方式进入国内评级市场。目前，在国际三大评级机构中，标普及惠誉的全资子公司均已获准展业，而穆迪也通过持有中诚信国际的股份实际参与了中国评级市场的活动。推动外资评级机构开展境内业务，有利于满足国际投资者配置多元化人民币资产的诉求，也有利于促进中国评级行业评级质量改善，对中国金融市场的规范健康发展具有积极意义。与引进国际评级机构相比，国内评级机构“走出去”的速度稍显缓慢。2020 年 5 月，国务院金融委办公室提出“鼓励境内评级机构积极拓宽国际业务”。一方面，境内高质量的信用评级机构“走出去”，有助于促进形成信用评级中国品牌，提升国际影响力，同时也能为人民币国际化和“一带一路”倡议实施提供金融服务支持和保障，助力国家政策的推进；另一方面，境内信用评级机构“走出去”，能够形成中国信用评级行业国际化发展的示范效应，对国内信用评级行业形成反向溢出，促进国内信用评级行业发展水平和质量提升，有助于境内债券市场尤其是信用债市场良性健康发展。

（二）我国未来将进一步推动债券市场对外开放力度

一是稳步实现跨境联通和双向开放，优先引进境外中长期投资者。2020年9月，中国人民银行与证监会、国家外汇管理局共同起草了《关于境外机构投资者投资中国债券市场有关事宜的公告（征求意见稿）》，鼓励境外机构作为中长期投资者投资我国债券市场，进一步明确了中国债券市场对外开放的整体性制度安排，有助于加强债券市场对外开放的系统性、整体性、协同性。引入境外中长期投资者也有助于降低我国债券市场融资成本，从资金流入角度讲，进一步放开境外投资者投资境内债券市场的限制，包括衍生品和回购交易等，并提高交易便利，有利于境外资金的可持续流入，助推境内融资成本下行。一方面，中国利率水平相比欧美日等发达国家处在绝对高位，在全球低利率环境下，对境外投资者的吸引力增强，而伴随境外资金的这种流入，中外利差长期将趋于收敛；另一方面，境外投资者成熟的高收益债投资理念、绿色投资理念等，随着资金的流入，也会被运用到中国债券市场当中，进而有利于增强价格发现功能，推升市场化融资的效率，减少摩擦成本，并引导相关债券发行成本更加合理化，助推发行主体融资成本下行。

二是不断丰富境外机构可参与的交易品种。从债券种类来看，未来，境外机构参与我国债券市场的广度有望进一步上升。目前，境外机构对我国债券的配置更多地集中在利率债上，随着我国对国债和政金债投资经验的逐步积累，境外机构对我国债券市场的熟悉度也在逐步提高，在境内市场评级体系与国际逐步接轨之后，未来境外投资者投资的券种可能会拓宽至信用债、可转债、ABS甚至债券基金领域。在“碳中和”的背景下，我国绿色金融体系将逐步发展，相关绿色债券也可能成为下一个连接境外机构参与我国债券市场的桥梁。

三是在合理控制风险的前提下，有序放开我国外汇衍生品等其他子市场。随着投资规模不断扩大，境外投资者利用衍生工具对利率风险、信用风险以及汇率风险进行管理的需求愈发迫切。当前，境外机构可以参与的利率风险对冲工具更多仅限于利率互换，包括离岸市场上的 NDIRS，境外机构若想参与到境内利率互换市场，更多的是通过 CIBM 模式，并需要签署《中国银行间市场金融衍生产品交易主协议》，将利率互换交易的内部操作规程和风险管理制度送交交易中心和银行间市场交易商协会备案，债券通模式下尚未开通衍生品交易资格，国债期货当前尚未对境外机构投资者开放。未来，我国或将探索允许境外投资者根据不同类型投资组合管理需求，合理利用国债期货、利率互换、信用风险缓释工具、外汇掉期等工具进行风险对冲。

（三）我国将进一步放开资金“南下”管制，加速与国际资本市场的接轨

伴随经济全球化以及中国金融市场的高速发展，不仅是境外机构投资境内金融产品的热情走高，境内机构配置海外资产的诉求也在提升。“南向通”开通之前，境内资金主要依托 QDII、RQDII、券商 TRS 的路径“走出去”，前两个途径分别受额度限制和央行宏观审慎管控，后一个途径则受限于券商资产负债表规模。“南向通”开通为境内投资者投资境外资产增添了新的途径，对 QDII 和 RQDII 起到有效补充，进一步便捷了境内投资者对全球大类资产的布局，为境内投资者提供新的国际化发展机遇。但目前“南向通”的参与者仍局限在 41 家银行类金融机构和 QDII、RQDII，且投资额度受限，未来在时机成熟时，有必要进一步放开管制，从投资者结构、投资券种、投资策略等多个方面进行丰富，加速与国际市场的接轨，推进人民币国际化。随着中资机构进一步参与到中资境外债券市场，一方面可以为市场提供更多流动性与配置需求，增强中资定价话语权；另一方面增加了境内外联动的可能。相对于境外机构，境内投资者对境内发行主体的经营情况的信用风险状况更为了解，因此，对信用风险的定价也更为客观和理性，很少会受外围突发情况（比如，突发“美元荒”等）影响而恐慌性抛盘。境内外联动背景下，更为公允的信用定价还可以有效降低境内主体的境外融资成本，更好地实现金融服务实体的目的。

（四）我国未来将引入海外债券市场成熟发展理念

中国债券市场相比海外市场起步较晚，虽然近年来发展迅速，规模逐年扩大，对外开放也在不断提速，但在投资理念等层面的培育仍需进一步与国际市场接轨。通过对外开放，除了吸引境外资金流入外，也要借鉴海外比较成熟的一些债市发展理念，进一步盘活境内的债券市场。

一是提升高收益债投资市场空间。美国高收益债券余额在2021年第一季度已超过3.12万亿美元的规模，占公司债整体规模的29%。反观境内信用债市场，首先是没有明确的对高收益债的界定，其次还面临投资者范围窄、多以私募发行为主、信息披露不充分、投资者保护力度不够、风险缓释渠道少等问题。在对外开放的过程中，尤其是随着“南向通”的逐步成熟，境内资金也会开始接触并参与到境外的高收益债市场投资，进而产生良性的正反馈，推动境内高收益债市场建设尽快落地。

二是促进绿色投资及绿色债券发展。海外绿色投资理念的建设早于境内市场，因此有很好的参考和借鉴作用。当前，中国发展面临碳中和、碳达峰的新要求，境内外投资者对绿色债券发行需求大幅增加。在这一过程中，除了发行方外，还会涉及绿色债券评级标准的设定、业绩评级标准的设定、投资理念的培训等。未来可以绿色投资为切入口，一方面借鉴海外比较成熟的绿色债券投资理念，另一方面吸引更多境外投资者参与到境内绿色债券的投资中，这将有利于我国绿色债券市场的长期蓬勃发展。

专题篇

第十五章 债券市场信用风险

卜振兴*

- 近年来，我国债券市场发展迅速。截至2020年底，我国债券市场的规模已经超过100万亿元，是全球第二大债券市场；其中，公司信用类债券规模超过20万亿元，也居世界第二位。伴随着规模的不断增大，债券市场也在逐步走向成熟。打破债券市场的刚兑预期，推进债券市场的法制化、市场化成为普遍共识。随着经济下行压力的加大，债券市场的违约率不断上升，信用风险成为市场关注的焦点。
- 从违约主体的背景看，债券市场的违约呈现以下明显的特点：一是违约主体的信用等级越来越高，并且很多高信用等级的主体发生违约后，其信用等级出现连续跨级调整，引发市场关注。信用评级机构的专业性和权威性因此受到质疑和挑战。二是违约主体的资产规模越来越大。资产规模本是经营实力的代表，但是近年来，很多“大块头”的主体出现违约，让投资人发现资产规模不再是投资的“护身符”。三是国企违约增加。这对债券投资主体提出警示，良好的股东背景只是债券投资的重要参考，债券主体自身的经营水平才是决定债券投资是否安全的关键。四是民营企业是违约大户。这是债券市场出现违约以来的持续性特点，投资机构的偏好和民营企业自身的经营情况决定了民营企业违约率会长期高于国有企业。五是上市公司违约频发。上市公司的违约往往伴随着财务造假的问题，业绩亮眼的上市公司频频“翻车”，严重损害了上市公司的信誉和资本市场的正常秩序。六是

* 卜振兴，中国国际经济交流中心博士后、中国邮政储蓄银行高级经济师。

城投不再绝对安全。频繁发生的技术性违约和非标违约，使城投的信仰受到冲击。不存在没有信用风险的信用债。

- 从债券主体违约的原因看，宏观经济、金融周期、产业政策等外部因素是造成债券主体违约的重要原因；同时，经营主体自身的经营状况也是一个不可忽视的因素。公司治理不完善、业务盲目扩张以及财务状况频发预警，都是违约主体的典型特点。经济下行的背景下，部分受政策调整影响较大的行业和经营风险较高的主体会存在违约的风险。整体来看，2022 年的债券市场违约压力仍然较大。

中国债券市场真正的起步是在改革开放之后。改革开放后，为弥补由于分权而增加的财政赤字，我国于 1981 年启动国债的发行。以 2005 年央行下属的交易商协会开始发行短期融资券为标志，我国债券市场步入了快速发展阶段。Wind 统计数据显示，截至 2020 年末，中国债券市场规模已经超过 100 万亿元，达到了 114.28 万亿元，是 GDP 的 1.12 倍，是全球第二大债券市场；公司信用类债券规模超过 20 万亿元，也居世界第二位。

2014 年之前，我国债券市场一直是零违约状态。2014 年，“11 超日债”因利息无法按期全额支付，成为国内首例实质性违约的公募债券，中国债券市场的“刚性兑付”就此终结。2015 年，我国债券违约频繁发生，截至 2015 年 10 月底，我国信用债市场的违约事件已漫延至所有债券类型，无论发行方式是公募还是私募，无论流通场所是交易所还是银行间，无论发行人属于国有企业还是民营企业，均发生多起违约，这意味着我国企业债券的违约，已经不是一个偶发性问题，而变成一个经常性现象。

一　债券违约概况

（一）总体情况

目前我国债券的发行交易场所主要有银行间市场和交易所市场，除此之外，我国部分地区也建立了区域性的股权交易市场，包括甘肃股权交易中心、广东金融高新区股权交易中心、广西北部湾股权交易所、齐鲁股权交易中心、陕西股权交易中心等。由于区域交易中心的审核标准差异较为明显，挂牌企业资质参差不齐，并且违约事件主要集中在2016年，违约情况不具有代表性，因此本部分内容主要以全国性的银行间和交易所为基准统计债券违约情况。

债券违约主要是指发行人不能按时偿付本息的行为，除此之外还有展期、触发交叉违约、担保违约、技术性违约等表现形式。技术性违约一般是因为技术、系统等方面因素导致发行人出现短暂的违约，但是一般能够在很短的时间偿付，因此本文在计算违约等指标时将这一类型予以剔除。

从违约债券的金额来看，2014年开始出现债券违约，之后违约金额出现小幅上升，2018年及之后违约金额大幅增长，违约规模在2020年达到了一个高峰；截至2020年末，债券违约金额突破2000亿元，达到2408.54亿元，2021年9月末，这一金额为2056.04亿元。从违约债券数量来看，违约债券从2014年的6只，上升到2020年的225只；截至2021年9月末，违约债券数量已经达到194只（见图15－1）。按照2021年前9个月的情况测算，2021年全年债券违约的金额和数量将会超过2020年。结合违约金额和违约数量看，2020年虽然违约的债券数量较2019年有所减少，但是其违约金额却高于2019年，这主要是因为2020年包括北大方正集团、华晨汽车等大型企业出现违约。

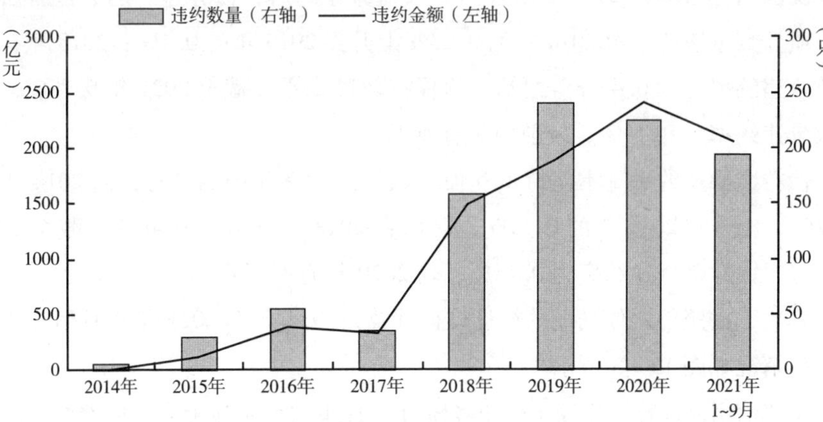

图15－1　2014年至2021年9月信用债违约债券余额和数量

资料来源：Wind。

为了分析债券违约率，我们选择两个指标，分别是债券数量违约率和债券金额违约率，并据此来考察我国债券市场的违约情况。根据统计口径不同，我们选用全市场债券到期情况、全市场信用债到期情况（不包含利率债和存单等短期货币市场工具）两组数据。

首先，按照全市场债券到期的统计口径计算，2014 年至 2021 年 9 月债券市场违约率情况如图 15 - 2 所示。

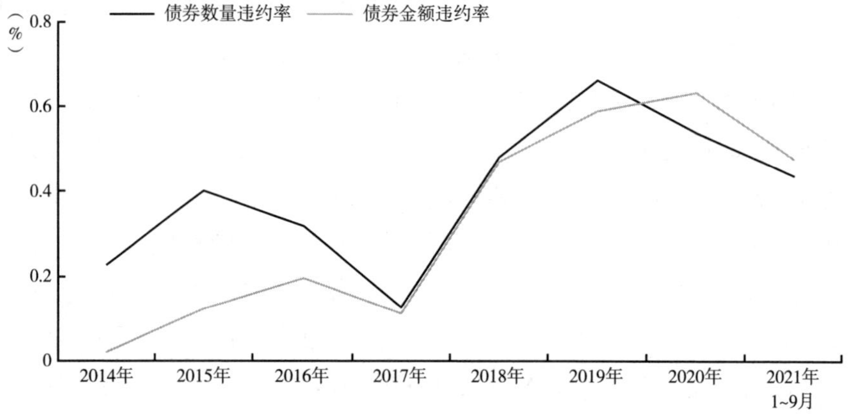

图 15 - 2　2014 年至 2021 年 9 月债券市场违约率（全市场口径）

资料来源：根据 Wind 数据经作者计算而得。

我国债券市场自 2014 年出现第一只债券违约后，债券违约的数量有所上涨，债券数量违约率由 2014 年的 0.23% 上升到 2015 年的 0.4%；2018 年，债券数量违约率达到 0.48%，之后一直保持较高水平。截至 2021 年 9 月底，债券数量违约率为 0.44%，较前两年有所下降。

债券金额违约率基本保持了和债券数量违约率相同的走势，由 2014 年的 0.02%，上升到 2016 年的 0.19%；之后在 2018 年猛升至 0.46%，截至 2021 年 9 月，债券金额违约率为 0.48%，较 2020 年有所下降。

其次，按照信用债到期的统计口径计算，2014 年至 2021 年 9 月债券市场违约率情况如图 15 - 3 所示。

按照信用债计算，相较于全市场统计，其违约率明显上升。债券数量违约率从 2014 年的 0.26% 逐步上升，到 2016 年已经达到 0.97%；2018 年的债券数量违约率出现大幅度跃升，达到 2.13%；截至 2021 年 9 月，债券数量违约率为

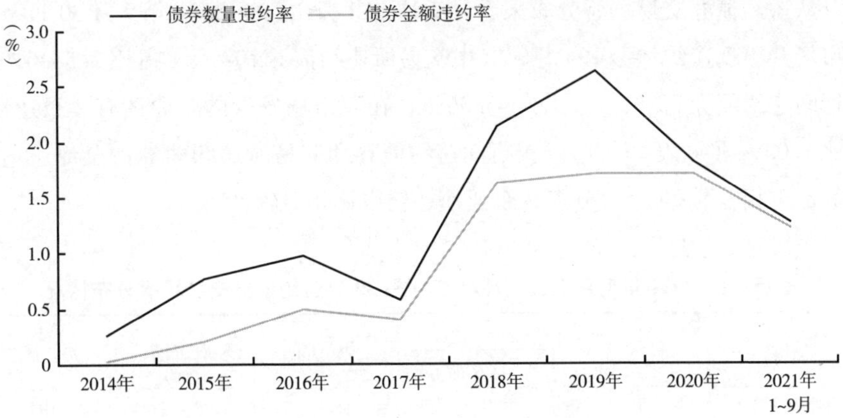

图 15－3 2014 年至 2021 年 9 月债券市场违约率（信用债口径）

资料来源：Wind。

1.26%，相较前几年已经有明显下降。从债券金额违约率看，违约率由 2014 年的 0.03% 逐步上升，2016 年达到 0.49%，之后在 2018 年出现跳升，达到了 1.71%，并在之后的时间保持；至 2021 年 9 月，违约率有所下降，为 1.21%。

通过统计违约情况我们可以发现：2014 年"11 超日债"发生违约后，在很短的时间内，违约数量、违约金额和违约率都有明显的上升，债券市场的信用风险状况有所暴露。进入 2015 年后，我国债券违约开始频繁发生。第一笔本息违约公募债券"ST 湘鄂债"、第一笔国有企业违约债券"11 天威 MTN2"、第一笔中央企业违约债券"10 中钢债"、第一笔超短融违约债券"15 山水 SCP001"、第一笔信用违约企业债券"12 圣达债"等相继发生，违约的种类覆盖不同企业属性、行业类型、债券类型等。究其原因，主要是这一段时间经济增速下降，导致以煤炭钢铁为代表的过剩行业因此出现违约。2018 ~ 2019 年违约数量激增，更多的是因为在金融市场去杠杆、严监管下，非标融资萎缩，以民生投资、东旭集团等为代表的民营企业因此出现违约。2020 年以来，国企违约增加，刚性兑付预期进一步打破，国企信仰边际恶化。

（二）分布结构

2021 年 1 月 1 日至 2021 年 9 月 30 日，我国债券市场一共有 60 个主体发生违约，涉及违约债券 194 只，违约金额 2056.04 亿元。

从违约债券交易场所分布来看，2021 年 1 月 1 日至 2021 年 9 月 30 日，债券市场共出现违约债券 194 只，其中交易所违约债券 104 只，占比为 53.61%；银行间违约债券 88 只，占比为 45.36%；在双市场发行的企业债有 2 只违约，占比 1.03%（见表 15－1）。银行间违约债券和交易所违约债券占全部违约债券的比重相差 8.25 个百分点，企业债违约占比相对较低。

表 15－1　2021 年 1 月 1 日～2021 年 9 月 30 日违约债券交易场所分布情况

场所	交易所		银行间	双市场	总计
	上交所	深交所			
数量(只)	75	29	88	2	194
占比(%)	38.66	14.95	45.36	1.03	100

资料来源：根据 Wind 数据经作者计算而得。

从违约债券评级分布来看，高等级债券的违约占比较高，其中，AAA 级主体违约债券 56 只，占比为 28.87%；AA＋级主体违约债券 81 只，占比为 41.75%，二者合计占比为 70.62%。高等级信用主体成为违约的重灾区（见表 15－2），其中北大方正集团、紫光集团、河南能源化工集团、海南航空控股和永城煤电控股集团违约债券数量较多，成为 AAA 级债券违约的代表。

表 15－2　2021 年 1 月 1 日～2021 年 9 月 30 日违约债券评级分布情况

违约前主体评级	AAA	AA＋	AA	AA－	其他	合计
数量(只)	56	81	35	13	9	194
占比(%)	28.87	41.75	18.04	6.70	4.64	100

资料来源：根据 Wind 数据经作者计算而得。

从违约债券企业属性来看，民营企业的违约债券数量和占比依然较高，在违约债券中占比为 62.89%；同时以北大方正集团和紫光集团为代表的中央国有企业债券也出现了违约，数量占比为 6.70%（见表 15－3），尤其此二者是中国最大的两家校企，其违约对市场产生了很大的冲击。民营企业中，华夏幸福基业股份有限公司、泛海控股股份有限公司和海航集团有限公司等违约主体资产规模较大，它们的违约对市场产生了非常大的负面影响。

表 15-3 2021 年 1 月 1 日~2021 年 9 月 30 日违约债券企业属性分布情况

性质	中央国有企业	地方国有企业	公众企业	民营企业	中外合资企业	其他	合计
数量(只)	13	46	4	122	6	3	194
占比(%)	6.70	23.71	2.06	62.89	3.09	1.55	100.00

资料来源：Wind。

从违约债券地区分布来看，广东、北京、河北的违约债券数量和占比位列前三，其违约债券数量占总违约债券数量的比例分别为 17.01%、15.46% 和 12.89%，与我们平常认知并不一致。虽然“投资不过山海关”，但是东北三省的违约主体一共 2 家，占比为 1.03%（见表 15-4），因此相比较而言，反而是广东、北京、河北等经济发达地区成为违约重灾区。

表 15-4 2021 年 1 月 1 日~2021 年 9 月 30 日违约债券企业地区分布情况

地区	广东	北京	河北	海南	四川	河南	天津	山东	上海	江苏	宁夏
数量(只)	33	30	25	22	15	14	11	6	6	5	5
占比(%)	17.01	15.46	12.89	11.34	7.73	7.22	5.67	3.09	3.09	2.58	2.58
地区	重庆	福建	湖北	浙江	新疆	云南	安徽	吉林	辽宁	西藏	总计
数量(只)	5	3	3	3	2	2	1	1	1	1	194
占比(%)	2.58	1.55	1.55	1.55	1.03	1.03	0.52	0.52	0.52	0.52	100.00

资料来源：Wind。

从违约债券行业分布来看，因为工业作为一级行业包含的行业较为广泛，因此其违约债券占比较高，其中海航集团有限公司及其下属子公司海南航空控股股份有限公司、海口美兰国际机场有限责任公司、云南祥鹏航空有限责任公司、三亚凤凰国际机场有限责任公司和天津航空有限责任公司债券违约 28 只，占整个工业行业违约债券的 47.5%。除此之外，2021 年房地产市场因为受到融资收紧、政策监管等的影响，成为违约的重灾区，2021 年前 9 个月出现违约债券 46 只，占比 23.7%，其中华夏幸福基业控股股份有限公司和四川蓝光发展股份有限公司共违约 31 只，占全部房地产企业违约债券的 67.4%。此外，信息技术、医疗保健、材料等行业的违约债券占比也较高（见表 15-5）。

表 15－5　2021 年 1 月 1 日～2021 年 9 月 30 日违约债券行业分布情况

行业	工业	房地产	信息技术	医疗保健	材料	可选消费	能源	金融	日常消费	总计
数量(只)	59	46	18	17	16	13	12	7	6	194
占比(%)	30.4	23.7	9.3	8.8	8.2	6.7	6.2	3.6	3.1	100

资料来源：Wind。

二　违约主体的特点

债券市场违约频发，并且呈现一定的特点，具体而言可以概括为以下几个方面：等级在攀升、国企不安全、民企未改善、上市现违约、城投有风险。

（一）等级越来越高

2018 年以来，债券市场违约债券数量明显上升，并且高信用评级主体违约量也在攀升。上海华信国际集团有限公司在 2018 年 5 月出现违约，成为市场上首个出现违约的 AAA 级主体。之后在 2019 年相继发生了包商银行、中国民生投资股份有限公司、青海盐湖工业股份有限公司、北大方正集团有限公司等 AAA 级主体的违约，打破了市场对高信用等级债券刚性兑付的预期。进入 2021 年，高信用等级债券的违约情况仍在继续，除了之前违约的 AAA 级主体河南能源化工集团、海航集团、康美药业、四川蓝光发展外，又新增了华夏幸福基业股份有限公司和华夏幸福基业控股股份公司等 AAA 级违约主体。

我国债券市场的评级分类包含 A 级（含 AAA、AA＋、AA－、AA、A－1、A－2、A＋等）、B 级（含 BBB、BB＋、BB、B－、B 等）以及 C 级（含 CCC、CC＋、CC、C－、C 等）。违约债券中，其主体在违约之前的评级为 A 级的占比情况如图 15－4 所示。

2018 年以来，以 A 级为代表的高信用等级债券违约数量增加，尤其在 2020 年表现得更为明显，占比达到了 37.95%。进入 2021 年后情况有所缓解，截至 2021 年 9 月底，这一数据为 18.04%。考虑到年底是债券违约频发的阶段，2021 年的情况仍然不容乐观。

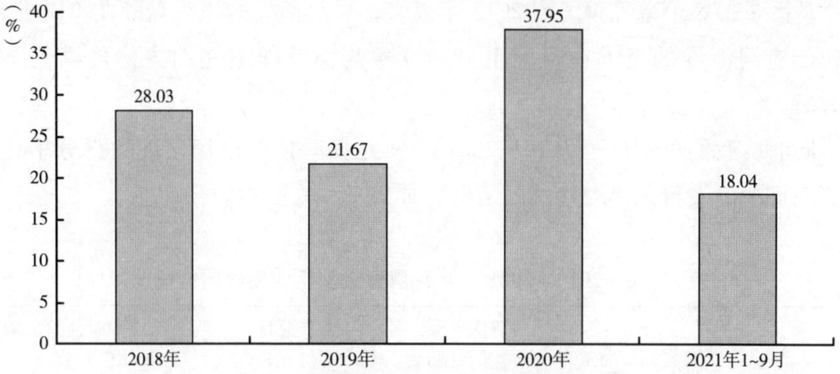

图 15-4　2018 年至 2021 年 9 月 A 级主体违约的占比情况

资料来源：Wind。

（二）规模越来越大

近年来，债券违约主体的资产规模不断攀升，很多“大块头”的发行主体出现了债券违约的情况。从这些违约的主体来看，违约债券的规模不仅远小于发行主体的资产规模，甚至也远小于发行主体持有的现金等流动性资产的规模，这种违约大大超出市场预期，短时间内会对市场造成比较大的负面影响。

我们以年度违约债券总金额除以年度违约债券的总数量，计算出单只债券违约金额（见图 15-5）。

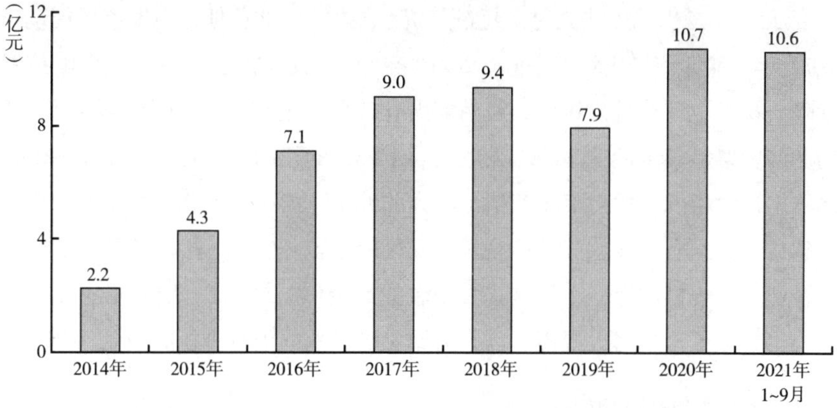

图 15-5　2014 年至 2021 年 9 月单只债券违约金额情况

资料来源：Wind。

从图 15 – 5 可以发现，自 2014 年以来，单只债券的违约金额在不断上升，反映出违约债券的规模在不断上升，也从侧面反映出违约主体规模的不断增大。

同时，我们也统计了 2019 ~ 2021 年 9 月我国债券市场出现的部分千亿级别资产规模的发行人出现违约的情况，如表 15 – 6 所示。

表 15 – 6　2019 ~ 2021 年 9 月部分大型企业债券违约情况

发行人	首次债券违约日期	资产总计（亿元）	首次违约时债券余额（亿元）
中国民生投资股份有限公司	2019 年 4 月 8 日	3109	8.5
北大方正集团有限公司	2019 年 12 月 2 日	3735	20
新华联控股有限公司	2020 年 3 月 6 日	1264	10
华晨汽车集团控股有限公司	2020 年 10 月 23 日	1933	10
紫光集团有限公司	2020 年 11 月 16 日	2966	13
海航集团有限公司	2021 年 2 月 10 日	9806	20
华夏幸福基业股份有限公司	2021 年 3 月 23 日	4888	10
华夏幸福基业控股股份公司	2021 年 6 月 15 日	5081	1.3
泛海控股股份有限公司	2021 年 8 月 30 日	1810	7
河南能源化工集团有限公司	2021 年 9 月 2 日	2714	10

资料来源：Wind。

2020 年 10 月 23 日，华晨汽车集团控股有限公司无力兑付 10 亿元的私募债，出现违约。当时，华晨汽车集团是辽宁省最大的国有企业，资产规模为 1933 亿元，但是仍然无法兑付不超过其资产规模 1% 的负债，引发市场震动。进入 2021 年，债券市场仍然不平静。2021 年 9 月 2 日，在子公司永城煤电控股集团有限公司发生违约近一年后，河南能源化工集团有限公司因为无法兑付 10 亿元到期的中票，发生债券违约。虽然之前子公司的违约已经是一种预兆，但是该主体发生违约事件仍然对市场产生了很大的冲击。河南能源化工集团有限公司是河南省最大的国有企业，其资产规模为 2714 亿元，占河南省国资委管辖的全部国有企业资产规模的近一半。这些大型企业的突然“暴雷”，引发了市场的极大关注，也打破了市场对大规模、具有区域关键影响的国有企业的刚兑预期。

（三）国企违约增加

国有企业与非国有企业体现的是企业产权归属的差异，同时，不同的产权归属也会带来信贷、税收、融资等方面的差异。对于国有企业而言，因为背靠国资、财政等政府部门，在投资者心中已经具备了隐性的担保。民营企业一旦发生违约，发行主体一般就是最后偿还人，无法再向后进行追索；但是与民营企业不同，国有企业由于具有国有产权的性质，发生违约后还会有政府的担保甚至兜底，因此，国有企业债券违约率相较于民营企业会明显偏低。2015 年，保定天威集团发生违约，成为第一家违约的国企，之后在很短的时间内，国企违约的规模和占比均有所上升，随后又快速回落；但是进入 2020 年以来，国企债券的违约情况有所加剧。具体如图 15 -6 所示。

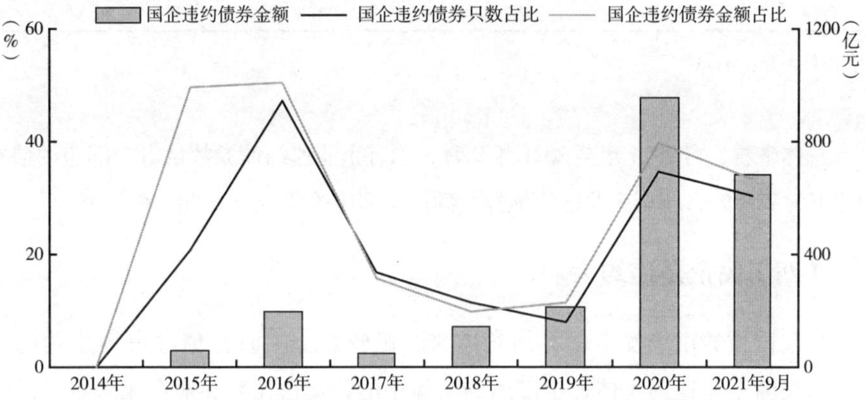

图 15 -6　2014 年至 2021 年 9 月国企债券违约情况

资料来源：Wind。

2015 年国有企业发行的债券首次出现违约，并且在当年相继发生了保定天威集团有限公司、吉林粮食集团收储经销有限公司、中国第二重型机械集团有限公司、国机重型装备集团股份有限公司、中国中钢股份有限公司等国有企业的违约，其中除吉林粮食集团收储经销有限公司外，其余均为中央国有企业。2020 年国有企业的违约情况有所加剧，当年共有 78 只国有企业发行的债券发生违约，涉及金额 957 亿元。2021 年国有企业违约依然很多，截至 2021 年 9 月末，共发生 59 只国有企业债券违约，涉及金额 685.57 亿元，国企违约的债券数量占全部违约债券的 30.4%，金额占比为 33.3%。具体情况如表 15 -7所示。

表 15－7　2014 年至 2021 年 9 月国有企业债券违约情况

时间	国企违约数量（只）	国企违约金额（亿元）	国企违约数量占比（%）	国企违约金额占比（%）
2014 年	0	0	0.0	0.0
2015 年	6	61.1	20.7	49.6
2016 年	26	196.2	47.3	50.3
2017 年	6	50.7	16.7	15.6
2018 年	18	143.63	11.3	9.7
2019 年	19	213.04	7.9	11.3
2020 年	78	957	34.7	39.7
2021 年 9 月	59	685.57	30.4	33.3
合计	212	2307.24	22.5	26.5

资料来源：Wind。

总体来看，自 2014 年至 2021 年 9 月，国有企业违约债券数量占全部违约债券的比率为 22.5%，国有企业违约债券金额占全部违约债券金额的比率为 26.5%。

（四）民企是违约大户

自我国债券市场发生债券违约以来，民营企业一直是债券市场违约的大户。从民营企业违约主体在全部违约主体中的数量占比和金额占比来看，民营企业一直占有较高比例（见图 15－7）。

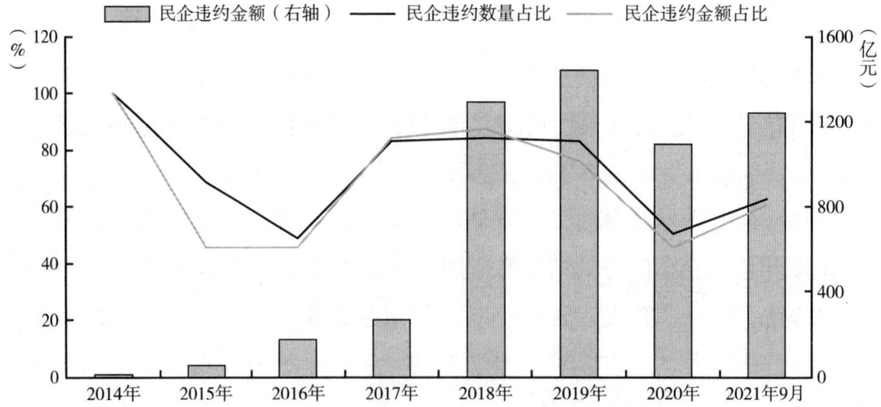

图 15－7　2014 年至 2021 年 9 月民企债券违约情况

资料来源：Wind。

以违约债券数量计算，2014 年的 6 只违约债券，全部是民营企业发行的。以违约债券数量占比计算，仅有 2016 年民企违约债券数量占比没有超过 50%（违约债券数量占比为 49.1%），其余年份均在 50% 以上。在经历了 2018 年和 2019 年违约金额的大幅跳升后，2020 年虽然有所下降，但是 2021 年以来，民营企业违约率再次出现上升。截至 2021 年 9 月末，民营企业的违约债券数量占比为 62.9%，债券金额违约率为 60.8%，均超过 50%。从总体数据来看，2014 年至 2021 年 9 月，民营企业的违约债券在全部违约债券中的数量占比为 69.1%，金额占比为 64.6%，均超过 60%（见表15－8）。

表 15－8　2014 年至 2021 年 9 月民营企业违约情况

时间	民企违约数量（只）	民企违约金额（亿元）	民企违约数量占比（%）	民企违约金额占比（%）
2014 年	6	13.4	100.0	100.0
2015 年	20	56.07	69.0	45.5
2016 年	27	178.87	49.1	45.9
2017 年	30	274.34	83.3	84.4
2018 年	134	1300.65	84.3	87.4
2019 年	199	1444.15	82.9	76.3
2020 年	114	1097.14	50.7	45.6
2021 年 9 月	122	1249.39	62.9	60.8
合计	652	5614	69.1	64.6

资料来源：Wind。

（五）上市公司违约频发

2018 年之前，上市公司出现违约的情况比较少见，这一时期出现的违约主体主要是一些小型的民营企业，出现违约主要是行业发展和自身管理等因素导致的。上市公司本身具有很多的优势，发生信用风险的概率相对较低，这主要是因为：一方面，上市企业的整体资质相对较好，相较于非上市企业，上市企业可以通过股票增发、增资配股、发行可转债等方式募集资金，融资渠道比较畅通，逻辑上来讲是不应该缺钱、不应该发生违约的；另一方面，上市公司需要接受交易所甚至证监会的审查，需要按照季度或者年度披露相关报告，投资者能根据披露信息进行投资，规避可能发生的违约风险。但是这种情况在 2018 年后出现了明显的变化。2014 年上市企业在出现第一只违约债券之后，后续几年也仅有零星的违约，但是进入 2018 年后，上市企业的违约债券数量和违约金额都有明显的上升（见表 15 –9）。

表 15 –9　2014 年至 2021 年 9 月上市企业违约情况

时间	违约数量(只)	违约金额(亿元)	违约数量占比(%)	违约金额占比(%)
2014 年	1	10	16.7	74.6
2015 年	3	13.22	10.3	10.7
2016 年	0	0	0.0	0.0
2017 年	2	17.9	5.6	5.5
2018 年	59	486.56	37.1	32.7
2019 年	81	603.83	33.8	31.9
2020 年	47	492.76	20.9	20.5
2021 年 9 月	77	872.87	39.7	42.5
合计	270	2497	28.6	28.7

资料来源：Wind。

2014 年，债券市场发生了 6 只债券违约，其中全市场发行的债券中出现的第一只违约债券“11 超日债”的发行主体——协鑫集成科技股份有限公司就是一家在深圳证券交易所中小板上市的企业。因为单只债券发行规模较大，其违约金额占到了 74.6%。2015 年第一家国有上市企业——国机重型装备集团股份有限公司出现违约，再加上其后续的退市和重新上市，对市场产生了很大的影响。进入 2018 年，上市企业违约数量和违约金额飙升，其中不乏大型上市企业。其中永泰能源一家上市企业就造成了其发行的 29 只债券的违约，涉及金额 300.02 亿元，违约数量占 2018 年上市企业违约债券数量的 49.15%，违约金额占上市企业违约债券总金额的 61.66%。2019 年又相继出现康得新、康美、东旭光电等上市企业的违约。进入 2021 年以来，四川蓝光和河南能源化工集团有限公司等大型上市企业的违约再次刷新了市场对上市企业违约的认知。

总体来看，2014 年至 2021 年 9 月，上市企业一共出现了 270 只违约债券，涉及金额 2497 亿元，违约债券数量占比为 28.6%，违约金额占比为 28.7%。上市企业的违约呈现出数量较多的违约债券集中为同一发行主体的特点。

（六）城投不再绝对安全

城投公司是一种特殊的企业形式，在我国城市基础设施建设中发挥了重要的作用，并且与地方政府保持着千丝万缕的联系。投资者在投资城投债时，很多时候会将政府的信用作为一个重要的考量。政府信用对企业信用的替代，使债券的信用风险被稀释消解，形成了我国城投债发行主体长期零违约的状况。

目前公开发行的城投债还没有出现过真正违约的情况，仅有的几次技术性违约的案例，都是在出现违约后很短时间内就得到了有效的解决。投资者认为城投债有政府信用托底，对城投债有刚性兑付的信仰，使城投债在债券市场非常受追捧。截至2021年9月底，我国城投债存量16208只，金额125974.17亿元，占同期信用债的比重分别为41.84%和30.15%，占非金融企业类信用债的比重分别为44.35%和39.45%。虽然城投债出现了个别兑付问题，但是其募集规模不断创造新高（见图15-8）。

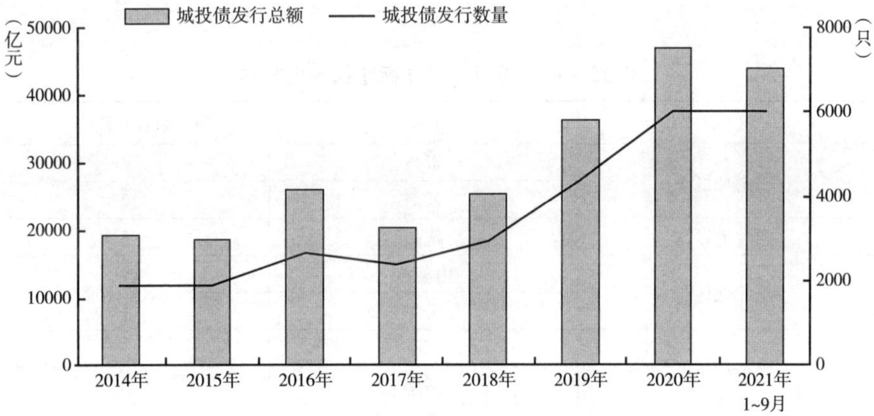

图15-8　2014年至2021年9月城投企业债券发行情况

资料来源：Wind。

城投债并非完全没有风险。自2009年至2021年9月，城投债一共出现了7只技术性违约（见表15-10），只是该类技术性违约发生后，城投公司很快就兑付本息，因此并未产生实质性的影响。

表 15－10　城投债技术性违约事件

时间	主体	区域	行政级别
2009 年 11 月	宜昌城建投资控股集团	湖北	市级
2009 年 11 月	安庆市城市建设投资发展(集团)有限公司	安徽	市级
2014 年 9 月	新密财源城市开发建设有限公司	河南	区县级
2017 年 5 月	天津滨海新区建设投资集团有限公司	天津	直辖市
2018 年 8 月	建设兵团第六师国有资产经营有限责任公司	新疆	市级
2019 年 12 月	呼和浩特经济技术开发区投资开发集团	内蒙古	市级
2020 年 10 月	沈阳盛京能源发展集团	辽宁	市级

资料来源：Wind。

技术性违约虽然属于虚惊一场，但值得一提的是，2018 年城投公司非标业务开始出现大面积违约，尤其是 2018 年初云南省国有资本运营公司出现的违约，引发了市场关注。

自 2018 年至 2021 年 9 月，共有 77 家城投公司出现非标违约事件（见表 15－11）。

表 15－11　城投公司非标违约地区分布

区域	省份	数量(家)
西南地区	贵州	54
	云南	2
西北地区	陕西	5
华北地区	内蒙古	4
	天津	1
中部地区	河南	3
	湖南	5
东北地区	吉林	3
合计		77

资料来源：中诚信国际评级公司统计数据、Wind。

城投公司的非标违约呈现以下几个特点。一是行政层级普遍较低。全部非标违约中，省级平台 3 家（云南省国有资本运营公司、天津市政建设集团、吉林省交通投资集团），市级平台 24 家，区县级平台 50 家，区县级城投公司成为违约的重灾区。二是区域比较集中。以贵州省为代表的西南区域是非标违约的主要区域，华南地区没有出现违约，东北地区的违约相对较少，这与市场中传言的“投资不过山海关”有一定的预期差。三是，城投公司的非标违约呈现加速趋势。2018 年全年非标违约有 7 家，而 2019 年为 13 家，2020 年为 52 家。

城投债的投资逻辑是将地方财政情况与城投企业的财务报表相结合进行偿还能力的分析，地方财政实力以及城投企业与地方政府的关系是城投债分析研究的重点。但是，随着城投监管政策的不断收紧和债券市场打破刚兑的趋势，城投债频繁的技术性违约和非标违约表明城投债已经不再绝对的安全。部分财政实力较差、平台层级较低、自身经营存在问题的中小城投企业违约概率在不断增加，城投债“金身不破”的神话或将成为历史。

三　违约原因与展望

债券市场违约频发，究其背后的原因，是内外部环境共同作用的结果，概括起来有以下几个方面。

（一）宏观经济

债券违约与宏观经济密切相关，并呈现为明显的负相关关系。从理论上讲，可以从融资人和借款人两个角度解释违约的发生。从融资人的角度看，经济繁荣时期，企业变得非常乐观，风险偏好提升，会通过大举借债扩张生产，可能导致信贷成本超过投资资产的收益。当经济增速放缓时，人们的风险偏好降低并且逐渐趋于理性，债券发行人持有资产的价格估值降低，难以有效应付债务负担。当经济增速进一步下降时，风险资产的价格随之进一步降低，当融资人变卖资产也难以支付债务的时候，就会导致违约的产生。

从借款人的角度看，以商业银行为例，由于存在信息不对称，商业银行无法以纯信用为基础为发行人提供贷款，更多的是基于企业的资产负债决定放债的规模和价格。在经济上升阶段，企业的资产负债表会不断优化改善，企业以资产负债情况为依据获得资金较为容易；当经济出现下滑时，企业的资产价值会下降，导致资产负债表恶化，使其可以获得的资金支持降低，增加了企业违约的可能性。

从实际情况看，随着宏观经济下滑，债券违约率上升是一种普遍现象。尤其是强周期行业，与经济增长的关系更加密切，随着经济波动，产生违约的概率也随之变化。以国内债券市场为例，2014 年开始，中国经济增速从 8% 逐渐下降，也正是在这一年，债券市场出现了首例违约。2014～2017 年，债券违约主体主要集中在制造业、化工、机械设备等周期性比较强的行业，这些行业的发展与宏观经济密切相关，经济增速的下滑，导致强周期行业的发债主体违约风险加大。

从宏观经济角度看，国内目前仍然受到新冠肺炎疫情的影响，虽然 2022 年新冠肺炎疫情对宏观经济的影响会不断减轻，但是经济结构调整的压力仍然存在，经济仍然面临下行风险，因此预计违约问题仍然会不断出现。除此之外，部分区域受区域经济结构调整的影响，会面临较大的违约压力，例如天津地区国企混改不及预期，山东地区互保等问题，都会加大企业违约的可能性。

（二）金融周期

金融周期的概念是伴随着货币政策和宏观审慎的双支柱框架提出来的。根据人民银行的定义，金融周期指的是由于金融变量的扩张与收缩带来的周期性波动。判断金融周期的两个重要指标分别是广义信贷和以房地产为代表的抵质押资产价格。

金融周期与信用风险的关系如下。在金融周期的上升阶段，信贷投放不断增加，并且融资人持有的以房地产等为代表的抵质押资产价格不断攀升，在获取融资上比较容易和便利，融资人的融资规模不断扩张，并且由于融资环境宽松，企业认为短债的成本更低，倾向于借短放长，忽略负债结构的安全性；但是随着金融周期逐渐见顶，信贷不断收缩，发行人持有的抵质押资产价格也不断下降，可用的抵质押品价值缩水，并经过一系列的传导，最终增加了企业的融资难度，“借新还旧”的模式难以为继。对于通过大肆举债，疯狂扩张，杠杆率水平较高的企业而言，在金融周期处于下降阶段时，资金链断裂的可能性极高，债券违约的压力极大。

具体到我国债券市场。2015 年之前，我国信贷投放环境整体较为宽松，导致 2014～2015 年企业的发债规模不断攀升，由于企业债的发行期限普遍是

3～5年，2017～2018年会是偿债的高峰期，但是2015年底，中央经济工作会议提出“三去一降一补”，并于2017年开始推进“金融去杠杆”。2018年，随着金融去杠杆的不断推进，广义信贷不断收缩，金融资产的价格不断下降，金融周期处于下行阶段。金融周期的下行导致了企业的外部融资难度加大，部分扩张激进的企业融资出现枯竭，造成债券违约增加。也正是自2018年开始，在金融周期下行和企业债券到期双重压力下，企业债券违约数量激增。

目前我国金融周期仍处于下行阶段，广义信贷处于收缩阶段。以银行表内贷款为例，一方面在经历了2020年因新冠肺炎疫情而出现的短暂放松后，2021年地方政府专项债和一般债的发行额度大幅减少，预计比2020年减少了近1万亿元；2022年，财政政策将会继续发力，但是发行力度不会出现大幅增长。另一方面，2020年受新冠肺炎疫情影响，相继推出了专门支持小微企业发展的企业延期支持工具和信用贷款支持计划，共投放资金超过6万亿元，2021年普惠小微企业信用贷款支持政策进一步延期至2021年12月31日，但是2022年，伴随着贷款的陆续到期，新增贷款可能会大幅减少。在金融周期延续下行的压力下，快速扩张的高杠杆企业面临更多的考验，违约概率将不断上升。

（三）产业政策

宏观经济和金融周期对债券市场的影响是整体性的，而产业政策对债券市场的影响更多是结构性的。

自2014年以来，我国针对产业结构出台的政策可以大概分为以下几个方面。一是针对过剩产能的调控政策。2015年提出“三去一降一补”政策后，结合供给侧改革提出解决产能过剩问题。2016～2018年主要是淘汰落后产能，优化产业结构，以煤炭、钢铁、基础化工等为代表的产能过剩行业，受到了较为严格的监管。这一时期出现了四川省煤炭产业集团、永泰集团、宝塔石化集团等大型国有企业的违约，并且这种产业结构调整带来的“阵痛”仍然在持续。2020～2021年又相继发生了永城煤电控股集团、河南能源化工集团等的违约。

二是针对房地产市场的调控政策。2016年的中央经济工作会议上，习近平总书记提出“房子是用来住的不是用来炒的”，2018年7月底召开的中央政治局会议明确提出“坚决遏制房价上涨”。进入2021年以来，在前期政策调控下，我国房地产市场价格稳中有降，房地产市场过热的情况有所缓解。国家统计局发布的数据显示，截至2021年9月末，我国70个大中城市中，新房价格环比下降的城市数量增加至36个，二手房价格环比下降的城市数量达到了52个，有超过一半的城市新房价格下跌，有近四分之三的城市二手房价格下跌。在此背景下，伴随着房地产信贷投放、土地出让等方面管控的不断增强，房地产企业违约现象不断出现。2018年房地产行业第一次出现债券违约，当年违约6只，2019年违约14只，2020年违约19只，2021年1~9月，违约46只。房地产行业债券违约量呈现加速的趋势。

三是针对以城投为代表的地方政府隐性债务的调控政策。从2016年中央经济工作会议提出打赢三大攻坚战开始，防范化解地方政府融资平台风险就成为主要的工作任务，在不断的政策性收紧过程中，前期过度扩张和经营不规范的城投公司的风险逐步暴露。虽然目前在公开的债券市场上还没有发生违约的情况，但是技术性违约和非标违约等情况不断出现，城投的刚兑信仰正在逐步打破。当前监管政策总体基调是趋严的，城投公司在这轮压力测试中注定需要承受更多考验。

当前我国正在积极推进产业结构调整、风险防范化解等，这对部分传统的落后产能行业和风险水平较高的行业是一次重大的考验。在结构转型和风险化解的过程中，所处行业发展走下坡路、累积风险较多的主体爆发违约的风险会相当大。

（四）自身经营

债券是债权人和债务人之间缔结的需要按照约定利率偿还的契约，因此满足委托代理关系。造成债券违约的因素除了外部的冲击，还有债务人对契约的履行意愿和能力，并且债券违约的概率会随着债务人的债券偿还意愿和自身经营状况的下降而上升。债务人自身经营状况导致的违约大体分为以下几种情况。

第一，公司治理不完善。公司治理的问题表现在很多方面：一是公司股权涉及纷争，股东抢夺公司股权或将公司股权质押，违规对外担保或者占用公司资金等，影响公司正常经营活动的开展。二是管理层发生非正常的人事变动，或者人事变动较为频繁，导致公司管理比较混乱，公司经营的稳定性和政策的连续性受到影响。三是公司风险管理机制存在重大缺陷，风控措施缺失，导致公司的风险不断累积抬升。四是财务管理制度存在重大隐患，财务舞弊或者信息披露违规，掩盖了公司的实际亏损情况，使公司无法及时有效地应对不利变化。

关于公司治理方面比较典型的案例是2020年发生违约的主体——康美药业股份有限公司（下文简称“康美药业”）。康美药业是一家1997年成立的医药公司，2001年在上交所主板上市，2018年公司资产规模达到1390亿元，是名副其实的“白马”股票。2018年公司陷入财务造假的风波中，资本市场股价也多次暴跌腰斩。2020年公司经营利润出现重大亏损，到期的“15康美债”无法正常兑付，最终发生了违约。康美药业涉嫌严重的财务造假，虚增300亿元的货币资金，同时股东方违规占用大量资金，未经公司授权或者审批，即将公司116.19亿元非经营资金提供给控股股东及其关联方，所提供的资金被用于炒股、垫付质押贷款等用途，最终造成24亿元公司债到期时无力偿还。

第二，业务盲目扩张。这种问题在民营企业中表现比较突出。在经济上行，行业或企业处于上升期时，公司的经营决策较为激进。这类企业在顺周期时，往往会通过收购兼并等方式扩大企业生产和业务范围，盲目地上项目、铺摊子，所需资金大量通过举借外债实现，在这一过程中，企业经营的财务风险在不断攀升。一旦投资项目出现重大失误，或者行业发展环境出现重大变化和调整，企业很快就会出现资金链紧张的情况，直至出现无法兑付。

这里比较典型的案例是2019年首次发生债券违约的康得新复合材料集团股份有限公司（下文简称“康得新”）。康得新成立于2001年，主要从事预涂膜生产等业务，2010年公司在深圳证券交易所中小板上市。康得新一度被称为光学膜和高分子行业的龙头企业。2017年，公司先后拓展裸眼3D和碳纤维轻量化业务平台，在德国慕尼黑设立复合材料研发中心，并参与筹建民营银行，之后公司就出现业绩暴跌和股价闪崩，但是很快公司的股价就出现了反弹，一度达到了近1000亿元的市值。之后康得新又相继收购上海傲邦汽车用品有限公司等。2018年公司股价再度出现暴跌，股东也遭监管机构调查。进入2019年，仅仅一周时间，公司市值就蒸发了80%，总市值仅剩190亿元。

2019 年 1 月 15 日，公司无法兑付到期的 15.6 亿元超短融，发生实质性违约，成为 2019 年发生的第一只违约债券。时至今日，康得新目前存量的到期债券仍然在不断发生违约。

企业盲目扩张，激进投资在经济和行业上行期问题还不是非常严重，在业务景气时，过度举债，四处投资，杠杆率水平居高不下，那么一旦遭遇经济和行业的不利冲击，投资的项目没有及时获得预计的收益，就很难经受住到期债务的压力。

第三，财务状况出现问题。公司的财务状况是经营状况最直接的反应，对于债券违约而言，从风险暴露到最终发生违约事件，是一个长期的动态过程，在债券出现实质违约之前，公司的经营状况和财务状况必然已经发生了严重的问题。衡量财务状况几个重要的指标包括营业利润、现金流入和有息债务。造成财务困境主要是以下指标存在问题。一是企业持续亏损。企业持续亏损表明企业的盈利能力较低，由此会带来很多负面影响。例如降低了公司权益资本，提高了资产负债率等，最终影响企业的偿债能力。2019 年发生违约的精功集团成立于 1968 年，连续多年入选中国企业 500 强，资产规模一度超过 500 亿元。2018 年披露的年报显示，精功集团营业收入下降了 4.68%，同期净利润亏损了 21.67 亿元，导致公司的净资产从 173 亿元下降至 141 亿元，资产负债率超过了 70%。2019 年第 1 季度季报披露的净利润又再次为负，并最终触发“18 精功 SCP003”债券的违约。

二是现金流出。对于企业而言，现金流的持续流出表明企业的运营能力不断下降，并且持续的现金流出极易造成企业现金流的断裂。从违约企业的经营来看，很多违约企业在违约前都经历了现金流的持续流出，造成了偿债能力的下降，并最终触发违约。2019 年发生违约的三胞集团就是一个典型案例。三胞集团是江苏的一家民营企业，旗下有多家上市公司，企业员工 12 万人，2017 年底的资产规模已经接近 900 亿元，连续多年入选中国企业 500 强。2018 年公司因为生产经营收到的现金流大幅减少，导致其 2018 年的净现金流为 -83.89 亿元，直接导致公司现金流断裂，并引发了 2019 年 3 月到期的“12 三胞债”的违约。

三是有息债务过高。有息债务过高，债务结构不合理也是造成企业违约的重要原因。如果公司债务规模较高，尤其是有息债务等刚性债务占比较高的话，一方面财务费用会侵蚀公司利润，影响公司的盈利状况，另一方面也会影响企业的再融资能力，影响公司的偿债能力。如果公司不能通过借新还旧维持负债结构的稳定，就很容易造成资金紧张，乃至出现债券违约问题。以2021年发生违约的华夏幸福基业控股股份公司（下文简称“华夏幸福”）为例，公司是一家成立于1998年的房地产企业。资产规模一度超过5000亿元，并荣登世界500强企业排行榜。到2020年末，华夏幸福总负债4168亿元，其中有息负债规模超过2000亿元，并且其中大部分为短期负债，短期借款297亿元，一年内到期的非流动性负债高达558亿元。2020年的财务费用就达到90亿元，而当年公司的利润总额才21.25亿元。华夏幸福自2016年开始，有息负债规模大幅增长，资产负债率长期保持在85%左右，也就意味着公司100块钱的资产中，有85块钱都是依靠负债获取的，再融资难度非常大。

很多出现违约的民营企业都存在有息负债规模占比较高的问题，扩张的资金大幅依赖外债，尤其是有息债务。如果公司能够一直保持高速增长，通过借新还旧还能维持正常的运转，但是公司投资项目的回报率一旦下降，企业的再融资能力就会受到影响，直至出现债务违约的问题。

虽然在前面分析财务状况恶化的时候，我们针对不同的指标给出了不同的案例，但是财务指标往往是关联在一起的，很多主体都是同时触发了不同的指标。财务状况和财务指标只是公司经营的一个方面的反映，是表面的现象，其根源还是公司的经营管理出现了问题，逐渐侵蚀了利润表、现金流量表和资产负债表，并最终导致违约的发生。

四　展望

受新冠肺炎疫情的影响，全球经济正经历下行的压力。展望2022年，经济增速会逐步恢复到新冠肺炎疫情之前的水平，但是增长的动力不足；并且全球央行都在逐步收紧货币投放，企业盈利能力和融资能力仍会经受严峻考验。具体到我国而言，在新冠肺炎疫情影响、经济结构调整的背景下，部分行业和企业仍会面临资金到期的压力，加上2022年我国信用债券到期规模较大，部分低资质企业的融资仍会面临困难，个别主体的违约会持续暴露，尤其是受政策监管以及高度依赖融资的房地产企业、地方政府融资平台以及经营较为激进的民企都是关注的主要对象。

面对可能出现的信用违约问题，一是要避免信用风险的相互传染，避免因为个体违约引发系统性的风险，要稳定市场预期，继续发挥债券市场的融资功能。对于部分影响较大的债券违约事件采取应急预案，并采用相应的对冲策略。二是加强对高风险行业和高风险主体的风险监测和管理，充分发挥专业评级机构的作用，同时做好信息披露，建立完善的债券市场运行机制和体制。三是充分发挥信用险衍生工具的积极作用，采用各种手段分散风险，建立风险转移和分担机制，减少债券违约对市场产生的严重冲击和影响。

第十六章 国际基准利率改革：从 Libor 到 RFRs

费兆奇　陆 洪*

- 国际基准利率改革的市场基础包括两个方面：一是全球银行间拆借市场萎缩，致使 Libor 交易规模与使用它定价的金融产品规模严重不匹配；二是金融危机以来，银行的信用风险受到质疑，金融市场对无风险利率的诉求上升，以美债为抵押的回购交易成为理想的替代者。
- 与以 Libor 为代表的旧基准利率相比，新型基准利率（统称为 RFRs，以下同）具有一些显著的优势：一是 RFRs 是基于市场的真实交易而形成的，从而规避了报价型利率在特殊时期可能出现的操纵行为。二是 RFRs 形成的市场基础更为扎实。三是 RFRs 剔除了银行的信用风险，从而强化了基准利率的无风险性。四是 RFRs 为隔夜期限利率，一方面，在货币市场的交易中，隔夜期限的交易量通常远高于其它期限，由此市场的代表性优势更为显著；另一方面，它与多数国家政策利率的期限相同，能更好地反映政策利率调整的方向。但是，事务具有两面性，RFRs 的优势同时也为其形成机制带来了一些新的问题：一是在有效市场假说的框架下，报价（Libor）的形成机制和基于交易数据（RFRs）的形成机制，其最终结果并无差异。二是 Libor 和 RFRs 的理论差异为银行信用风险，在实践中，RFRs 通常表现出比 Libor 波动更高的特征。三是在利率曲线估算方面，RFRs 都是隔夜期

---

* 费兆奇，国家金融与发展实验室高级研究员，中国社会科学院金融研究所研究员；陆洪，中国社会科学院大学研究生院金融系。

限，长期交易无法像 Libor 那样直接参考定期利率。四是隔夜产品的高频交易会为 RFRs 带来额外风险。

- 基准利率改革标志着美元基准利率定价权由离岸美元市场回归美国国内的货币市场。由于美元是世界货币，随着美元基准利率定价权回归本土，美国国内的货币政策和财政政策对其他经济体的外溢性影响将更为显著。
- 数字经济在近些年的快速发展，有助于缓解新型基准利率在形成机制上的不足及部分不利影响：一是信用关系技术化，能够有效弥补新型基准利率关于商业银行信用风险的缺失。二是大数据、机器学习等新技术，能够辅助新型基准利率构建利率曲线。三是央行数字货币的新发展，能够有效减缓新型基准利率背景下美元对非主要货币国家的冲击。

伦敦同业拆借利率（Libor）操纵案发生之后，各主要经济体纷纷对基准利率进行了改革，并最终确定了基于真实交易的近似无风险利率的替代方案，而以 Libor 为代表的基于报价形成的旧型基准利率将于 2021 年底正式退出。鉴于国际基准利率改革将对全球金融市场带来深远的影响，对新型和旧型基准利率的形成机制进行对比分析，具有重要的现实意义。

一　国际基准利率改革的背景与逻辑

国际基准利率改革发端于伦敦同业拆借利率（Libor，下文简称为“Libor 利率”）操纵丑闻：2008 年《华尔街日报》报道数家 Libor 利率报价行在同年金融危机期间为粉饰自身实际经营情况，蓄意操纵 Libor 利率报价。该报道随后引发了西方主要经济体货币当局和国际组织对 Libor 利率体系长期内控不足、监管缺位问题的调查。基于 Libor 利率体系的问题，2014 年以来，美、英、欧等经济体货币当局牵头启动了基准利率改革，希望新基准利率形成于真实市场交易、具有更好的市场代表性。

经过多年的实践总结，货币当局和金融市场普遍认为基准利率应符合以下标准：一是具备良好的市场交易量基础，准确、稳健地反映货币市场价格变动，且不易被人为因素干扰和操纵；二是具备普遍适用的代表性，基准利率虽然与货币市场直接相关，但是应满足货币市场以外各类金融市场需求，为各种类型金融交易提供价格标尺；三是基准利率能为同时经营存、贷业务的金融中介提供计价标准，存贷两端的利率变动机制最好能保持一致，以准确反映金融中介的融资成本和资产收益，避免基差风险。

由于货币市场具有期限短、流动性强、风险小的特点，兼具广度、深度和弹性，且货币当局通过公开市场操作可直接予以干预，因此各国基准利率备选方案基本均来自货币市场。货币市场利率包括本国银行间拆借利率、回购抵押融资利率、票据融资利率、衍生品融资利率以及离岸拆借利率等。基于统计方式，货币市场利率可分为报价型和交易型两种，其中的 Libor 利率是报价型利率的典型代表。Libor 利率的报价机制是由监管当局选择报价行，每个交易日，17 家报价行根据自身在银行间市场拆入、拆出资金价格，分别报出拆入利率（bid rate）和拆出利率（offered rate），由洲际交易所集团属下的管理机构①根据报价计算出平均指标利率并对外公布。以 Libor 利率为代表的报价型利率满足上述基准利率的第二、三条标准，但是达不到第一条标准的要求。这是因为，一方面，基于报价型利率的市场交易规模日益缩小，美元、欧元等离岸拆借市场的职能已经被美国、英国、欧盟内部的货币批发市场取代，离岸市场交易规模萎缩导致 Libor 利率代表性不断降低；另一方面，在交易量收窄、报价样本数量不足的情况下，少数银行报价产生的 Libor 利率更容易出现透明度低、价格被操纵的情况。

基于以上原因，美国、英国、欧盟和日本等主要经济体推出的基准利率改革方案普遍放弃报价型利率，以货币市场中交易规模最大的无风险隔夜交易利率作为替代（见表 16－1），形成新型的基准利率（统称为 RFRs）。以美国市场为例，以美国国债（U. S. Treasury）作为抵押品的隔夜回购交易规模稳定、连续、数量远超其他类型，日均交易规模接近 1 万亿美元，美国替代参考利率委员会（Alternative Reference Rates Committee，ARRC）经过多轮比较、筛选，最终选择以美国国债隔夜回购市场（Treasury repo market）的担保隔夜融资利率（SOFR，下文简称“SOFR 利率”）作为新基准利率。

---

① 注：Libor 利率原由英国银行家协会（British Banker's Association）选择报价行、计算指标利率并公布；因 2012 年 Libor 丑闻，英国银行家协会的这一工作转由洲际交易所集团（ICE，Intercontinental Exchange，Inc.）属下的 ICE Benchmark Administration Limited 负责。

表 16－1　主要经济体新基准利率

经济体	美国	英国	欧盟	日本	瑞士
原基准利率	USD Libor	GBP Libor	EUR Libor	JPY Libor	CHF Libor
新基准利率简称	SOFR	SONIA	EONIA	TONAR	SARON
新基准利率全称	担保隔夜融资利率 Secured Overnight Financing Rate	英镑隔夜指数均值 Sterling Overnight Index Average	欧元隔夜指数均值 Euro Overnight Index Average	东京隔夜平均利率 Tokyo Overnight Average Rate	瑞士隔夜平均利率 Swiss Average Rate Overnight
类型	交易型	交易型	交易型	交易型	交易型
抵押品	国债	无	无	无	国债
隔夜利率	是	是	是	是	是
监督机构	纽约联邦储备银行	英格兰银行	欧洲央行	日本银行	ICE 基准管理局
利率市场	隔夜回购市场	隔夜批发存款交易	隔夜批发存款交易	隔夜活期贷款交易	银行间隔夜回购市场

资料来源：纽约联储、英格兰央行、欧洲央行、日本银行、瑞士证券交易所。

二　新基准利率的优势及问题

（一）新型基准利率的优势

1. 有效避免价格操纵

基准利率能否避免被少数市场主体人为影响是评判基准利率的重要标准。美国、英国、欧洲等发达经济体一致选择无风险隔夜利率，重要原因之一即是交易型利率能够反应市场价格的真实走势。以美国为例，SOFR 利率形成于以美国国债为抵押品的隔夜回购市场（the U. S. Treasury repurchase/repo market），该市场参与机构包括经纪商银行，以及货币市场基金、对冲基金、账面资金富余的非银机构等。

图 16－1 中资金从右至左从隔夜回购市场的最终借出方流向最终借入方。在交易实践中，一般将隔夜回购市场交易划分为三种类型：类型 1 通常为三方回购（tri-party repos），由第三方银行（纽约梅隆银行，the Bank of New York

Mellon Corporation）作为中央对手方（central counterparty）提供清结算服务。三方回购发生在货币资金提供方与银行经纪商之间。账面资金富余、期望获得超短期无风险收益的非银机构 A（货币市场基金、投资基金、一般企业等）向银行经纪商 B 提供资金。类型 2 通常为一般抵押融资回购/GCF 回购（general collateral financing repos），为货币市场银行经纪商 B、C 间的内部交易。类型 3 通常为两方回购（bilateral repos），发生在银行经纪商 B 与货币资金需求方非银机构 D 之间。如图 16－2 所示，两方回购（类型 3）在隔夜回购市场比例最高，占比平均超过 50%；三方回购（类型 1）比例次之，占比接近 40%；GCF 回购（类型 2）比例较小。每个交易日中，纽约联邦储备银行（以下简称“纽约联储”）收集三类隔夜回购交易数据，综合各类型交易的融资成本编制成当日 SOFR 价格，并公布于纽约联储网站。由此可见，SOFR 利率具备扎实的市场价格数据支撑，并由货币市场权威机构纽约联储综合计算、发布，反映了隔夜回购市场资金供求的真实状况，具备良好的市场公信力。

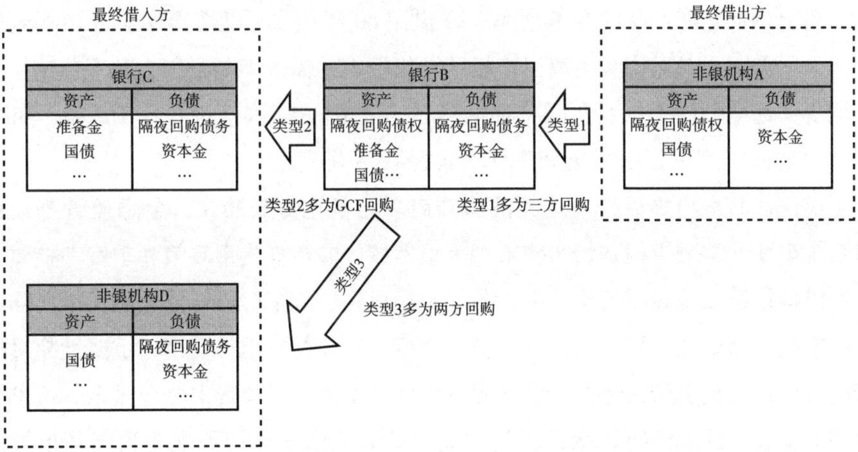

图 16－1　隔夜担保融资市场交易类型示意图

资料来源：作者整理。

2. 适应市场趋势变化

纵观金融历史，基准利率的选择并非一成不变，而是随着市场主体的需求变化、市场结构变迁而发生变化，市场主体的真实需求构成了基准利率的市场基础。以 Libor 利率为代表的报价型利率出现于 20 世纪 70 年代，最初仅是离岸美

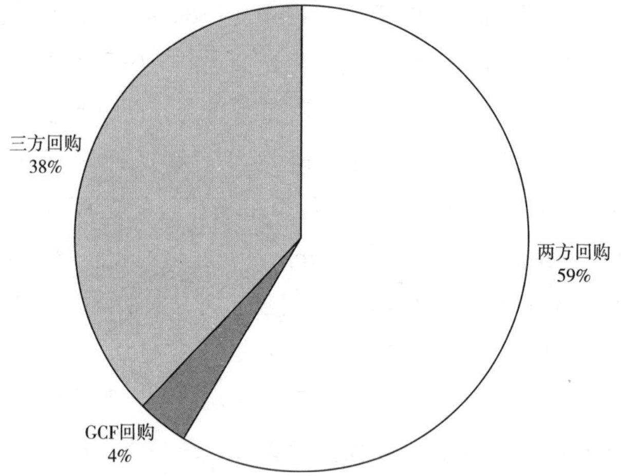

图 16－2　美国 SOFR 市场交易类型占比（2020 年第二季度）

资料来源：纽约联储网站。

元市场上少数金融产品的参考利率。20 世纪 80 年代末，随着离岸美元市场规模的扩大，美国金融机构吸引离岸市场欧洲投资人的需求不断增加，利率掉期、外汇期货、远期合约等新型金融产品陆续放弃美国短期国债（U. S. Treasury Bill）利率，转而以离岸货币市场利率作为产品参考利率。

美国次贷危机之后，发达经济体开启多轮量化宽松操作，金融监管当局针对系统重要性金融机构开始实施宏观审慎考核。非常规货币政策和季度考核要求金融机构持续保持高准备金水平，各国金融机构的隔夜拆借对象从离岸市场陆续转回本国货币市场，货币市场出现结构性变化：一是货币批发市场重要性超过银行间市场；二是出借人范围从商业银行扩展为本国货币市场上资金盈余、追求超短期安全收益的非银行机构；三是主流借款方式由无抵押借款变为国债抵押回购。在此背景下，Libor 利率对应的离岸拆借市场规模不断缩小，Libor 利率的 17 家报价成员银行之间经常出现只报价、无实际成交的情况。以 Libor 利率作为基准利率的金融市场交易规模呈现出不稳定的“倒置金字塔”结构：形成 Libor 利率的交易量最小，参考 Libor 利率的各类金融产品规模却十分庞大。

选择基于隔夜回购市场的无风险隔夜利率作为基准利率，顺应了金融体系整体的结构性变化。以国债作为抵押品的隔夜交易在货币市场的交易量远高于其他产品，市场代表性优势更加显著，定价基础更为扎实。

3. 价格型货币政策有效性增强

在实践中，无风险隔夜利率与多数国家政策利率的走势表现出强相关性。以 SOFR 利率为例，SOFR 利率与有效联邦基金利率（Effective Federal Funds Rate，EFFR[①]）的走势如图 16－3 所示。隔夜融资利率走势表现出如下特点：一是大部分交易日内，SOFR 利率围绕有效联邦基金利率上下浮动，浮动范围基本在有效联邦基金利率上下 10 个基点以内。二是联邦公开市场委员会（FOMC）决议调息后，有效联邦基金利率发生一次性永久调整；有效联邦基金利率调整后，SOFR 利率也会随之一次性调整，并围绕有效联邦基金利率新值继续上下波动。三是每个季度最后数个交易日内，SOFR 利率小幅上涨概率较大，原因是季末商业银行的宏观审慎监管资本要求以及国债市场季末结算、付息的影响；SOFR 利率小幅上涨发生后，一般在 1～2 个交易日即恢复至正常。SOFR 利率跟随联邦基金利率变动的走势特点，反映出政策利率目标对货

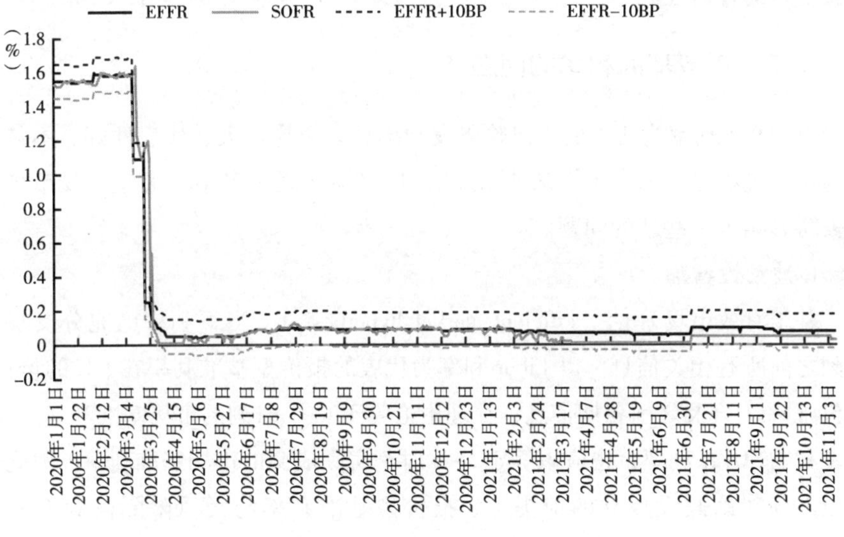

图 16－3　美国 SOFR 利率与 EFFR 利率走势对比

资料来源：纽约联储网站。

① 注：联邦基金利率（Federal Funds Rate）是美国各家银行间同业拆息利率，联邦公开市场委员会（Federal Open Market Committee，FOMC）通过公开市场操作将实际联邦基金利率维持在目标区间内。有效联邦基金利率（EFFR）是纽约联储计算的当日联邦基金利率中位数。

币市场交易的直接影响，因此，货币当局选择以 SOFR 利率作为基准利率时，价格型货币政策影响货币市场的有效性将增强。

4. 强化无风险属性

以 SOFR 利率为代表的无风险隔夜利率剔除了商业银行的信用风险，强化了无风险属性。Libor 利率的报价方式为（以 3 个月美元 Libor 利率报价为例）：

Libor 利率 = 无风险隔夜利率 + 期限溢价 + 风险溢价 + 流动性或信用风险溢价 + 银行经营边际成本

使用 Libor 利率作为基准利率，当报价银行出现个体经营困难或金融市场出现剧烈波动时，银行信用风险溢价上升会冲击基准利率。而以 SOFR 利率为代表的无风险隔夜利率本身近似于无风险利率，不存在银行信用风险溢价，不受报价行个体信用情况和银行业整体信用情况的干扰，对其他市场的金融产品具有更强的普适性。

（二）新型基准利率的问题

以 SOFR 利率为代表的无风险隔夜利率具有交易量大、代表性好、不易被人为操纵等优点；但是也带来波动性增加、期限利率计算相对复杂、受市场交易策略影响等一些新的问题。

1. 波动性增加

基于有效市场理论（efficient-market hypothesis），当下利率已充分反映该时刻之前所有相关信息。以 Libor 利率为代表的报价型基准利率在 t 日的价格，应包含 t-1 日及之前各期信息，在理论上等于 t-1 时刻的市场基准利率。在 t 日发布的 SOFR 利率，也应该等于 t-1 时刻实际成交的市场基准利率。因此在有效市场理论假设成立的前提下，报价型基准利率与无风险隔夜利率应该相等。

在实践中，美元 Libor 利率与 SOFR 利率走势总体吻合，但是 SOFR 利率表现出日波动性较高、在某些时间点甚至出现宽幅波动的特点（如图 16-4 所示）。

从 SOFR 利率的日常波动看，图 16-5 描述了自 2019 年 1 月以来，SOFR 利率对有效联邦基金利率的偏离值。SOFR 利率相对有效联邦基金利率的上下

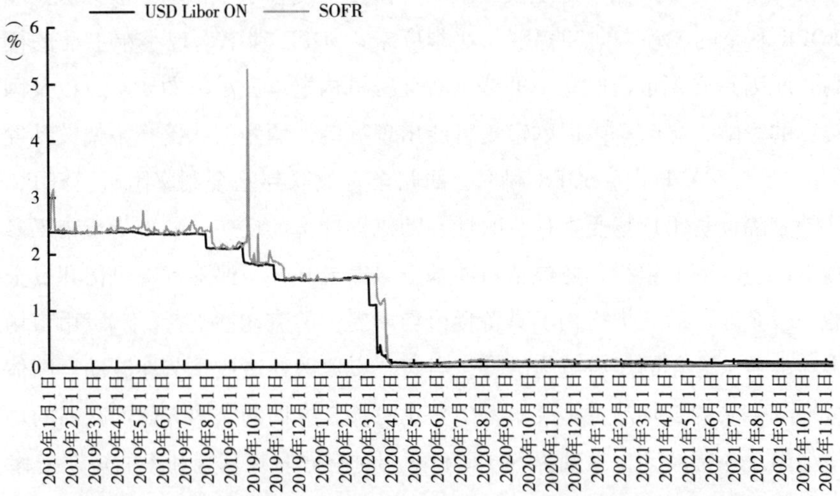

图 16-4　美元 Libor 利率与 SOFR 利率同期走势对比

资料来源：ICE 网站，纽约联储网站。

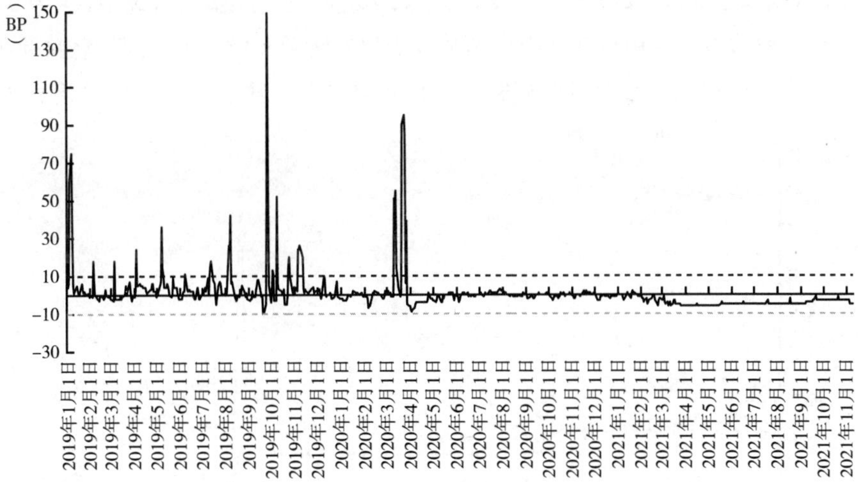

图 16-5　SOFR 利率对 EFFR 利率的偏离值

资料来源：纽约联储网站。

偏离一般在 10 个基点以内（图中虚线边界以内），换言之，SOFR 利率的日常波动范围在货币政策目标的上下边界以内。除少数时段以外，SOFR 利率相对有效联邦基金利率的偏移是随机发生的，偏移幅度较小，市场一般无法预测当日 SOFR 利率的波动方向和幅度。在季度末，SOFR 利率出现小幅上涨的概率较高，原因是宏观审慎监管季度考核对金融机构资本充足率的要求，以及国债清结算的影响，导致季末回购市场可能出现流动性紧张的状况；小幅波动发生后的 1 ~ 2 个交易日内，SOFR 利率会回归至有效联邦基金利率附近。SOFR 利率波动是隔夜货币市场受多种临时性、随机性冲击的反应。隔夜货币市场参与机构不仅包括商业银行，还包括对冲基金、养老基金、保险资管机构和资金富余的一般企业，后一类机构不具备货币当局提供的流动性支持，对货币市场资金供给、需求变化的反应更为敏感，当宏观审慎考核造成季节性波动、国债发行量增减带来的抵押品供需关系发生变化时，三方回购、两方回购交易的均衡价格会出现小幅波动，表现为 SOFR 利率相对有效联邦基金利率的短期偏移。

从 SOFR 利率的宽幅波动看，2019 ~ 2021 年 SOFR 单边波动范围超过 10 个基点的次数为 14 次，2019 年 9 月 16 日 SOFR 利率比有效联邦基金利率高出 350 个基点（见图 16 - 6）。造成 SOFR 利率宽幅波动的原因，一是税款划付和国债清算造成货币市场季末压力整体偏大。2019 年 9 月处于缴税季，9 月 16 日，季度税款由商业银行和货币市场基金账户划转至开设于美联储的财政部账户；此外，540 亿美元的长期国债于 9 月 16 日清算。税款划付和国债清算导

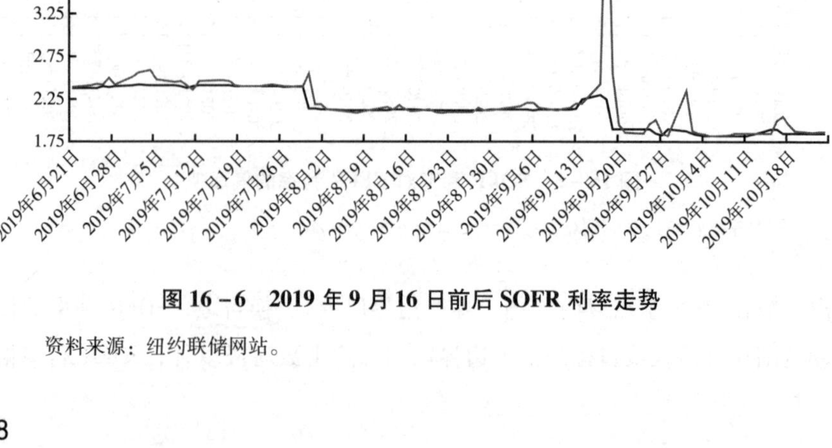

图 16 - 6　2019 年 9 月 16 日前后 SOFR 利率走势

资料来源：纽约联储网站。

致2019年9月16日前后商业银行体系的准备金储备处于低位。二是货币政策、财政政策的持续影响。美联储于2019年8月开始收缩资产负债表，同期美国国债发行数量上升；美联储缩表导致银行体系准备金持续减少，叠加国债发行增量因素，加剧了9月中旬各银行和货币市场交易商的现金紧张。三是货币市场交易商的供给刚性。国债回购市场中交易商存在“熟人交易、刚性供给”的特点，特别是银行交易商由于受到季末宏观审慎考核的约束，无意利用利率飙升时机获取短期超额利息，仍然按照日常计划向固定交易对手提供资金，对利率变动并不敏感，在利率上升时不愿意向市场额外提供资金。综上，导致2019年9月16日SOFR利率飙升的主要原因是货币政策持续收紧以及国债发行的加速，导致隔夜回购市场参与机构的准备金储备处于低位，各市场主体已形成流动性紧张的一致预期，而货币市场交易商的刚性供给进一步放大了利率飙升的幅度。

由此可以看出，形成于隔夜回购市场的无风险隔夜利率相比报价型利率具有日常波动增加的特点。此外，SOFR利率的波动率受到多重复杂因素的影响，包括市场流动性变化、货币政策外溢性影响、财政政策造成的国债抵押品供需关系变化等。

2. 期限利率的计算问题

基准利率改革前，计算基准利率期限利率的经典方法是息票剥离法，即提取短期到长期国债的现券交易价格信息以计算完整的债券收益率曲线。以Libor利率为例，计算收益率曲线上不同期限Libor利率时首先以隔夜、1个月、3个月、12个月期限的Libor现货交易利率作为基础得到Libor零息利率曲线；再结合欧洲美元期货利率和利率互换率，将利率曲线的期限从12个月扩展至24～60个月。

基准利率改革后，包括SOFR利率在内的无风险隔夜利率交易期限较短，缺少1至12个月无风险抵押债券的现货交易价格信息。以ARRC（the Alternative Reference Rates Committee）为代表的各国基准利率改革主导机构目前提出的解决方案包括前瞻型利率（forward-looking）和后顾型利率（backward-looking）两种。后顾型利率计算结合合约期内各交易日隔夜利率通过连续复利计算得到，不需要依赖无风险隔夜利率衍生品市场数据，计算结果具有平滑日常小幅波动的特点；缺点是只能在合约期末获得、事前参考性差、过度平滑导致有效信息丢失等问题。前瞻型利率计算基于预期和无风险隔夜利率的期货、互换等衍生品证券交易信息，根据短期利率加期限溢价和风险溢价的方式计算得到；缺点是计算准确程度与市场价格发现功能紧密相关，需要相对活跃的无风险隔夜利率衍生品市场。目前，美国、英国倾向于使用前瞻性利率，美、英货币当局亦在大力推动发展衍生品市场。

3. 高频交易的影响

高频交易是从人工交易无法捕捉的瞬息市场变化中获利的自动交易系统，具有交易量巨大、持仓时间短的显著特点。与人工交易相比，高频交易商的交易账号每日交易数量下限即数以千计，单笔交易从买入资产到卖出的持仓时间以秒或分钟计算。高频交易在股票市场、外汇市场和衍生品市场早已广泛使用，应用于隔夜回购市场的高频交易会对市场波动性和市场质量产生影响，进而影响新基准利率形成机制。

高频交易的应用提升了隔夜回购市场的流动性水平，加快了价格发现的速度，降低了交易成本。需要注意的是买卖价差变窄等流动性指标与高频交易之间的因果关系：市场流动性指标改善可能是高频交易策略实施的必然结果，而不是市场流动性真实水平的反应。所以在新的市场质量指标出现前，现有指标存在高估隔夜回购市场流动性的风险。另外，高频交易对短期信号的敏感性更高，容易对未经充分验真的短期信息做出过度反应，并引发多个高频交易系统的“多米诺效应”，过度放大负面冲击，形成价格“闪崩”，加剧隔夜回购市场的利率波动。

三　新型基准利率的影响

（一）离岸美元定价权回归

基准利率改革标志着美元基准利率定价权由离岸美元市场回归美国国内货币市场，宏观影响重大且深远。报价型利率由少数代表性银行报价机制形成，例如 Libor 利率的报价银行团由美洲银行（Bank of America）、巴克莱银行（Barclays Bank）、摩根大通银行（JP Morgan Chase）等 17 个成员组成，由于

Libor 利率报价行没有实际成交义务，所以报价存在主观性，甚至会因利益冲突而被人为操纵。基准利率改革后，各国货币当局选择本国货币市场的无风险隔夜利率作为新基准利率，利率形成过程脱离离岸市场，货币当局代表的本国政府对基准利率的调节效果将更加直接，例如美国 SOFR 利率受价格型货币政策的直接影响，SOFR 利率走势在政策利率走廊内部波动。此外，货币当局的数量型货币政策——公开市场操作和量化宽松，以及决定国债发行的财政政策会影响货币市场上流通的抵押品国债存量，并进一步通过抵押品供需渠道影响基准利率价格。

问题在于，由于美元是世界货币，随着美元基准利率定价权回归本土，美国国内货币政策和财政政策对其他经济体的外溢性影响将更为显著：其一，影响非主要货币国的境内美元定价。以我国为例，美元的基准利率改革后，我国基于贸易需求和直接投资产生的美元需求与美国货币市场走势基本脱钩，但是外贸结算和美债投资需要被动消化美国货币市场波动，并承担美国货币当局调整货币政策带来的摩擦成本。其二，美国国债作为隔夜回购市场的通用抵押品，全球需求将进一步提升。受益于国债需求上行，美国国内财政政策弹性增加，向其他经济体转移经常账户赤字、输出本国通胀的能力增强，国际货币体系不平衡加剧。

（二）对商业银行的影响

基准利率改革要求金融机构及时调整基于报价型利率的金融产品的估值、风控模型以及产品合同。由于无风险隔夜利率目前尚缺少统一的期限利率计算方法，对于部分习惯于直接使用固定期限利率的货币市场金融产品，存在调整和变更成本；而衍生品市场长期使用基于有效联邦基金利率和 SOFR 利率期货的隔夜指数互换（OIS，overnight index swaps）作为参考利率，所以切换至隔夜 SOFR 利率几乎不需要调整成本。

除此之外，报价型利率转变为无风险隔夜利率要求商业银行增强识别信用风险溢价的能力，以应对潜在的基差风险。基准利率改革后，商业银行资产端利率用国债利率加点定价，负债端利率为无风险隔夜利率，在正常市场环境下，负债端与资产端利率走势相同；市场冲击发生时，货币市场内资金向无风险资产转移，银行间拆借利率相比国债抵押融资利率显著上升，银行负债端利率增加、资产端利率不变，基差风险上升。因此，新基准利率改革后，商业银行需要提高信用风险识别能力。

（三）对货币政策的影响

基准利率改革对货币政策的传导途径产生相对复杂的影响：其一，货币当局价格型货币政策设定政策利率目标后，新基准利率会快速向新的目标利率区间收敛，价格型货币政策有效性增强。其二，无风险隔夜利率形成过程依赖抵押品国债的回购交易，货币当局公开市场购买债券、量化宽松时扩表或退出量化宽松时缩表等操作会影响国债数量，进而对隔夜无风险市场形成冲击，扰动基准利率水平。其三，隔夜回购市场的参与主体不仅包括商业银行，还包括对冲基金、投资基金和一般企业，后一类机构不接受货币当局的直接监管，各参与主体的市场预期、情绪和交易既受到价格型、数量型货币政策的影响，又对货币政策执行效果施加反向影响，因而增加了货币政策影响基准利率的复杂程度。

四　数字经济与新型基准利率

基于前文的分析，虽然国际基准利率改革引发了一些新问题，但数字经济在近些年的快速发展，有助于缓解新型基准利率在形成机制上出现的问题及部分不利影响。

其一，信用关系技术化能够有效弥补新型基准利率关于商业银行信用风险的缺失。数字经济对新型基准利率的改善主要体现为信用关系的技术化，即商业银行综合使用算法交易、智能化技术、机器学习等多种技术手段提高资产、负债两端的风险管理水平和风险定价准确程度，进而缓解新型基准利率难以反映商业银行相关信用风险的问题。

其二，大数据、机器学习等新技术辅助新型基准利率构建利率曲线。大数据分析、机器学习等新技术手段可以改善基准利率市场的价格发现功能，并深度应用于交易型基准利率收益曲线的构建过程。机器学习方法适用于解决基准利率定价问题：一是基准利率期限定价问题的本质是对不同资产未来超额收益的条件期望求解问题，机器学习方法的主要使用场景之一即为条件期望计算。

二是基准利率定价的相关因素数量多、影响机制复杂，不仅包括单个资产的个体因素，还包括行业因素、宏观因素以及不同因素之间的复杂影响，这些因素（解释变量）之间存在高度相关性，传统回归算法应用效果不佳，而机器学习方法中的变量选择和降维技术专门用于解决变量复杂性问题。三是基准利率定价方程的形式难以确定，而机器学习方法综合了线性方程、回归树和神经网络模型，可以很好地解决“模糊”方程形式的黑箱子问题。所以，以机器学习方法为代表的数字新技术在交易型基准利率收益曲线的构建和完善方面的作用将日趋明显。

其三，央行数字货币能够有效减缓新型基准利率背景下美元对非主要货币国家的冲击。在国际支付和清算领域，使用数字货币结算减少银行等金融中介的参与，可以大大简化支付清算流程。央行数字货币用于国际结算不仅节省了跨国支付的时间成本和交易成本，更重要的是促进了不同国家货币当局的直接合作，减少了进口国与出口国对美元的依赖。我国是进出口大国，央行的数字货币及“多边央行数字货币桥项目”，将在很大程度上使我国从跨国贸易支付计算的“去美元化”过程中受益，同时能够减少对外贸易的汇率变动风险敞口，削弱美国国内货币政策对我国的外溢性影响。

第十七章 银行理财与债券市场

王增武　唐嘉伟*

- 银行理财市场转型源于2018年4月发布的《关于规范金融机构资产管理业务的指导意见》，之后监管机构陆续发布《商业银行理财业务监督管理办法》《商业银行理财子公司管理办法》《理财公司理财产品销售管理暂行办法》《关于规范现金管理类理财产品管理有关事项的通知》等，对商业银行理财行为进行规范，2021年影响银行理财行为的主要是《理财公司理财产品销售管理暂行办法》《关于规范现金管理类理财产品管理有关事项的通知》两份文件，它们分别从销售行为以及近期发展迅速的现金管理类理财产品出发进行整治。
- 目前已有29家理财子公司获批筹建或开业，重要的国有银行、股份行等均已拥有理财子公司，部分中外合资理财子公司也已经开始展业，而大部分城商行和农商行未有理财子公司，未来城农商行理财方面的转型值得关注。
- 2021年是银行理财市场净值化转型的最后一年，银行机构需要充分利用过渡期，通过压降存量非净值型理财产品，推动净值型理财产品的发行，保证银行理财产品的顺利转型。从理财产品整体发行及存量情况看，呈现出2020～2021年净值化转型加速，银行理财产品只数减少、规模小幅增长、平均单只规模增大，理财产品主要投资于债券类资产，现金管理类理财产品迅速增长等特点。
- 从银行理财转型对债券市场的影响来看，今年的情况主要体现在三个

* 王增武，中国社会科学院金融研究所，博士，副研究员；唐嘉伟，国家金融与发展实验室财富管理研究中心特聘研究员。

层面。第一个是银行理财子公司的设立对债券市场的影响，主要体现为增加对债券市场的配置；债券期限更偏好短期；低等级信用债配置比例下降，高等级信用债及利率债配置占比增加；投资决策总分行联动模式弱化等。第二个是摊余成本与净值转型对债券市场的影响，主要包括定向 ABN、永续债等流动性较差的产品未来将逐步回归市场估值进行定价，未来市场对该类品种的需求量将有所下降；利率债、高评级信用债的投资需求将进一步上升，信用分化将进一步加剧。第三个是现金管理类理财产品改革对债券市场的影响，表现为私募债、二级资本债、永续债等产品的市场配置将减少。

一 银行理财市场转型

（一）制度变迁

银行理财市场的转型源于 2018 年 4 月发布的《关于规范金融机构资产管理业务的指导意见》，该意见适用于金融机构的所有资管业务。2018 年 9 月发布的《商业银行理财业务监督管理办法》进一步在上述意见框架下对商业银行理财业务进行规范，之后《商业银行理财子公司管理办法》《理财公司理财产品销售管理暂行办法》《关于规范现金管理类理财产品管理有关事项的通知》等文件分别从主体、销售、具体业务等方面对银行理财市场进行规范。2021 年以来，对银行理财转型较为关键的两个制度分别是《理财公司理财产品销售管理暂行办法》和《关于规范现金管理类理财产品管理有关事项的通知》，此外还有市场传言的包括摊余成本法适用的改变等。具体梳理见表 17－1。

2018 年 4 月，中国人民银行、银保监会、证监会、外汇局联合发布《关于规范金融机构资产管理业务的指导意见》（以下简称“资管新规”），首度明确资产管理业务定义、产品范围和分类，立足于解决业务发展不规范、资金池、监管套利、产品多层嵌套、刚兑等问题，并宣布资管新规过渡期延长至 2020 年底。自此，资产管理市场业态迎来了较大改变。

表 17-1 银行理财转型之制度变迁

时间	文件	主要内容
2018 年 4 月	《关于规范金融机构资产管理业务的指导意见》	首度明确资产管理业务定义、产品范围和分类，立足于解决业务发展不规范、资金池、监管套利、产品多层嵌套、刚兑等问题。具体包括明确标准化债权特征、明确摊余成本法适用条件、完善分级杠杆规则、明确资管产品范畴、引导资管行业转向服务实体经济等
2018 年 9 月	《商业银行理财业务监督管理办法》	严格区分公募和私募理财产品，加强投资者适当性管理；规范产品运作，实行净值化管理；规范资金池运作，防范“影子银行”风险；去除通道，强化穿透管理；设定限额，控制集中度风险；加强流动性风险管控，控制杠杆水平；加强理财投资合作机构管理，强化信息披露，保护投资者合法权益；实行产品集中登记，加强理财产品合规性管理等
2018 年 12 月	《商业银行理财子公司管理办法》	明确了商业银行理财子公司是指商业银行经国务院银行业监督管理机构批准，在中华人民共和国境内设立的主要从事理财业务的非银行金融机构。具体规范了商业银行理财子公司的业务规则、风险管理、监督管理等事项
2019 年 8 月	《商业银行理财产品核算估值指引（征求意见稿）》	对商业银行理财产品的估值、确认和计量进行规范。其中，允许固定收益类证券在符合条件的情况下采用摊余成本法；封闭期在半年以上的定期开放式资产管理产品、投资以收取合同现金流量为目的并持有到期的债券可使用摊余成本计量
2021 年 5 月	《理财公司理财产品销售管理暂行办法》	包括界定理财产品销售活动概念范畴、明确理财产品销售机构范围、提出从事销售业务活动应当具备的条件等
2021 年 6 月	《关于规范现金管理类理财产品管理有关事项的通知》	1. 规定产品投资范围。现金管理类产品应当投资于现金，包括期限在 1 年以内（含 1 年）的银行存款、债券回购、中央银行票据、同业存单，剩余期限在 397 天以内（含 397 天）的债券（包括非金融企业债务融资工具）、在银行间市场和证券交易所市场发行的资产支持证券等货币市场工具。现金管理类产品不得投资于股票、可转换债券、可交换债券、以定期存款利率为基准利率的浮动利率债券（已进入最后一个利率调整期的除外）、信用等级在 AA+以下的债券、资产支持证券等金融工具。 2. 规定投资集中度。分别对每只现金管理类产品投资于同一机构的金融工具、有固定期限银行存款、主体评级低于 AAA 的机构发行的金融工具，以及全部现金管理类产品投资于同一银行存款、同业存单和债券等情况，提出了比例限制

资料来源：银保监会。

2018 年 9 月，《商业银行理财业务监督管理办法》（以下简称“理财新规”）发布，主要内容包括严格区分公募和私募理财产品，加强投资者适当性管理；规范产品运作，实行净值化管理；规范资金池运作，防范“影子银行”风险；去除通道，强化穿透管理；设定限额，控制集中度风险；加强流动性风险管控，控制杠杆水平；加强理财投资合作机构管理，强化信息披露，保护投资者合法权益；实行产品集中登记，加强理财产品合规性管理等。《商业银行理财业务监督管理办法》是基于资管新规下的商业银行配套理财新规。

2018 年 12 月，《商业银行理财子公司管理办法》发布，商业银行理财子公司正式面世。该办法明确界定，商业银行理财子公司是指商业银行经国务院银行业监督管理机构批准，在中华人民共和国境内设立的主要从事理财业务的非银行金融机构，具体规范了商业银行理财子公司的业务规则、风险管理、监督管理等事项。

2019 年 8 月，中国银行业协会理财业务专业委员会就《商业银行理财产品核算估值指引（征求意见稿)》公开征求意见，对商业银行理财产品的估值、确认和计量进行规范。其中，允许固定收益类证券在符合条件的情况下采用摊余成本法；封闭期在半年以上的定期开放式资产管理产品、投资以收取合同现金流量为目的并持有到期的债券可使用摊余成本计量。

2020 年 7 月 31 日，央行发布公告称将资管新规的过渡期延长至 2021 年底。

2021 年 5 月发布，2021 年 6 月 27 日起施行的《理财公司理财产品销售管理暂行办法》，对理财公司、销售机构销售理财产品进行了规范，这是对资管新规、理财新规和《商业银行理财子公司管理办法》等制度规则的进一步落实。其内容包括界定理财产品销售活动概念范畴、明确理财产品销售机构范围、提出从事销售业务活动应当具备的条件等，其中包括禁止单独或突出使用绝对数值、区间数值展示业绩比较基准，防止变相宣传预期收益率，更好促进产品净值化转型，推进打破刚兑预期等。

2021 年 6 月，针对现金管理类理财产品在资管新规后的爆发，中国银保监会、中国人民银行联合发布《关于规范现金管理类理财产品管理有关事项的通知》，对现金管理类理财产品进行了规范。该通知首次提出现金管理类产品概念，并要求对其进行严格监管，同时允许此类产品在一定条件下采用摊余成本计量。该通知还对现金管理类理财产品展业进行了进一步规定，具体包括对产品的投资范围、集中度等要求。

（二）理财子公司成立情况

2018 年 12 月 2 日，银保监会颁布《商业银行理财子公司管理办法》，商业银行理财子公司正式走入市场。2019 年 5 月，工银理财有限责任公司、建信理财有限责任公司获得银保监会批准开业，成为市场上第一批获准开业的商业银行理财子公司。之后理财子公司陆续成立，截至目前，已有 29 家理财子公司获批筹建或开业。从表 17－2 中可以发现，2019 年下半年到 2020 年是理财子公司获批及开业的重要时间段，2021 年开始，理财子公司的批准节奏已经明显放缓。在注册资本上，理财子公司管理办法要求理财子公司的最低注册资本为 10 亿元，目前来看，国有银行理财子公司的注册资本集中在 80 亿～160 亿元，股份行理财子公司的注册资本集中在 20 亿～50 亿元，其余城商行、农商行以及中外合资银行理财子公司的注册资本集中在 10 亿～30 亿元。截至目前，重要的国有银行、股份行等均已拥有理财子公司，部分中外合资理财子公司也已经开始展业。大部分城商行和农商行未有理财子公司，因此未来城农商行理财方面的转型值得关注。

表 17－2　银行理财子公司名单（截至 2021 年 10 月）

类别	名称	注册资本(亿元)	开业日期
国有银行	工银理财有限责任公司	160	2019 年 5 月
	建信理财有限责任公司	150	2019 年 5 月
	农银理财有限责任公司	120	2019 年 7 月
	中银理财有限责任公司	100	2019 年 7 月
	交银理财有限责任公司	80	2019 年 6 月
	中邮理财有限责任公司	80	2019 年 12 月
股份制银行	光大理财有限责任公司	50	2019 年 9 月
	招银理财有限责任公司	50	2019 年 11 月
	兴银理财有限责任公司	50	2019 年 12 月
	信银理财有限责任公司	50	2020 年 7 月
	平安理财有限责任公司	50	2020 年 8 月
	华夏理财有限责任公司	30	2020 年 9 月
	广银理财有限责任公司	50	2020 年 7 月筹建获批
	浦银理财有限责任公司	50	2020 年 8 月筹建获批
	民生理财有限责任公司	50	2020 年 12 月筹建获批
	渤银理财有限责任公司	20	2021 年 4 月筹建获批
	恒丰理财有限责任公司	20	2021 年 6 月筹建获批

续表

类别	名称	注册资本(亿元)	开业日期
城商行	杭银理财有限责任公司	10	2019 年 12 月
	宁银理财有限责任公司	15	2019 年 12 月
	徽银理财有限责任公司	20	2020 年 4 月
	南银理财有限责任公司	20	2020 年 8 月
	苏银理财有限责任公司	20	2020 年 8 月
	青银理财有限责任公司	10	2020 年 9 月
	上银理财有限责任公司	30	2021 年 7 月筹建获批
农商行	渝农商理财有限责任公司	20	2020 年 6 月
中外合资	汇华理财有限公司	10	2020 年 9 月
	贝莱德建信理财有限责任公司	10	2021 年 5 月
	施罗德交银理财有限公司	—	2021 年 2 月筹建获批
	高盛工银理财有限责任公司	—	2021 年 5 月筹建获批

资料来源：银保监会。

二　银行理财市场变化

2021 年是银行理财市场净值化转型的最后一年，银行机构需要充分利用过渡期，通过压降存量非净值型理财产品，推动净值型理财产品的发行，保证银行理财产品顺利转型。从理财产品整体发行及存量情况看，呈现出 2020 ~ 2021 年净值化转型加速、银行理财产品只数减少、规模小幅增长、平均单只规模增大，理财产品主要投资于债券类资产，现金管理类理财产品迅速增长等特点。

（一）银行理财市场整体规模变化情况

在资管新规落地后，2018 年和 2019 年的银行理财转型进程相对较慢，主要是业务模式的根本性改变导致先行者存在一定风险，市场均抱持观望态度。2020 年开始，银行理财产品存续数量开始下降，具体表现为存续数量减少，存续规模维持高位。截至 2021 年 6 月底，存续银行理财产品共有 3.97 万只，同比减少 4130 只，存续余额 25.80 万亿元，同比增长 5.37%（见图 17 - 1）。

这意味着单只产品规模有所上升，这与开放式产品占比提升密切相关，也是未来理财产品净值化转型之后的必然趋势。

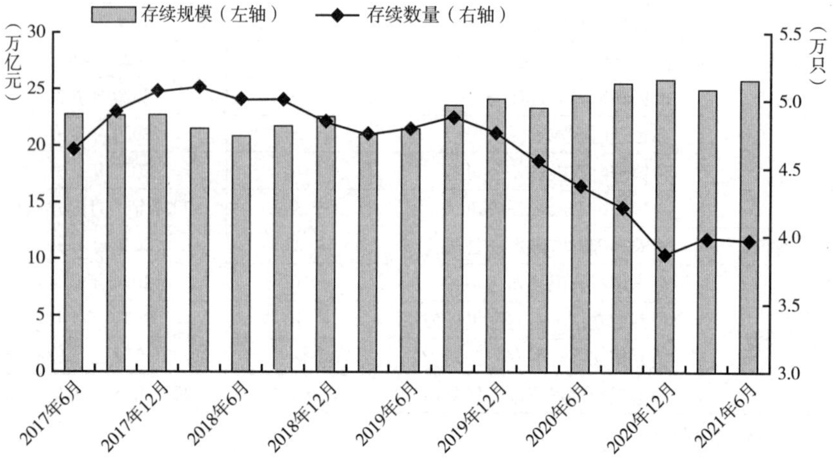

图 17－1　银行理财产品存续规模及存续数量

资料来源：银行业理财登记托管中心。

（二）银行理财产品净值化转型情况

由图 17－2 可见，2019 年以来净值型理财产品的规模及占比不断上升，截至 2021 年 6 月底，银行净值型理财产品存续规模为 20.39 万亿元，占比达 79.03%，较 2021 年初提高 11.75 个百分点；而在 2019 年底时，银行净值型理财产品存续规模仅为 10.13 万亿元。根据目前的要求，2021 年底过渡期结束后，理财产品要完成净值化转型，按照此增速，预计 2021 年底前能完成 90% 以上理财产品的净值化转型工作。

（三）银行理财产品投资结构

银行理财产品的主要配置对象为债券。截至 2021 年 6 月底，银行理财产品合计投资规模为 28.66 万亿元，同比增长 2.31%；其中银行理财投向债券类产品的比重最大，为 16.29 万亿元，占比为 56.84%；其次为非标准化债权类资产，合计规模为 3.75 万亿元，占比为 13.08%（见图 17－3）。进一步从债

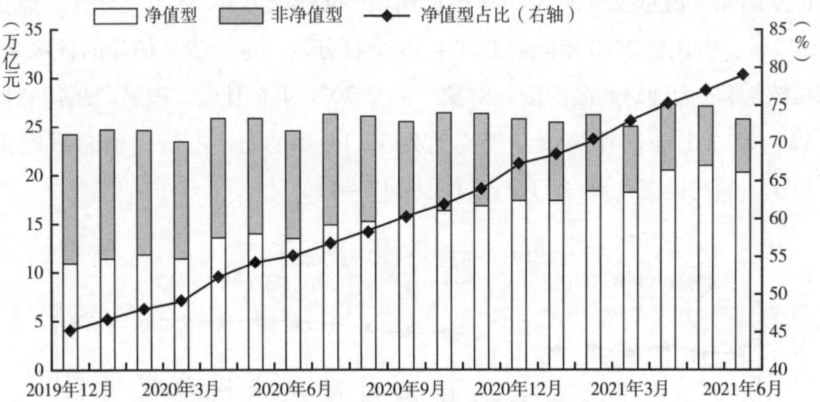

图 17－2　银行理财产品净值型及非净值型情况

资料来源：银行业理财登记托管中心。

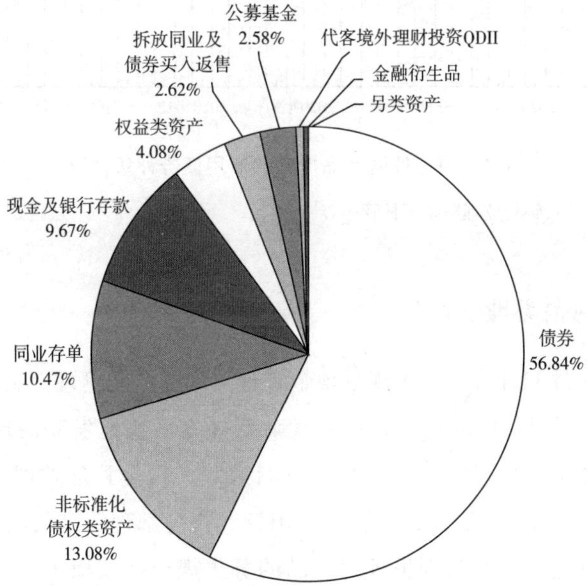

图 17－3　2021 年 6 月底银行理财产品资产配置情况

资料来源：银行业理财登记托管中心。

券产品的类型来看，截至2021年6月底，理财产品持有的利率债[①]投资额为1.76万亿元，占总投资的6.14%；信用债[②]投资额为14.53万亿元，占总投资的50.7%，占比较2020年同期上升4.18个百分点。进一步从债券的评级来看，高评级债券成为理财产品的偏好对象。截至2021年6月底，理财产品持有评级为AA+及以上的高评级债券规模达到12.14万亿元，占信用债总投资额的83.55%，同比提高4.88个百分点（见图17－4）。

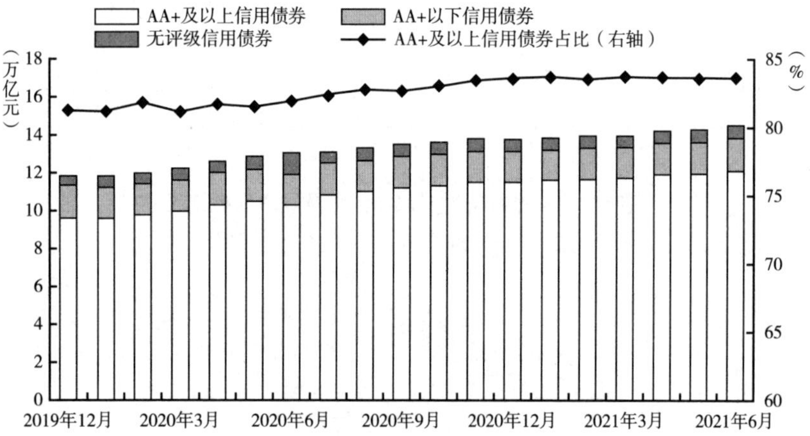

图17－4　理财产品持有的信用债券评级情况

资料来源：银行业理财登记托管中心。

（四）现金类理财产品

2021年6月11日，《关于规范现金管理类理财产品管理有关事项的通知》正式落地，以管理和规范资管新规和理财新规之后快速发展的现金管理类产品，2018年几乎从0起步，到2021年6月底时，现金管理类理财产品存续规模已经达到7.78万亿元，同比增长42.01%，占全部理财产品的30.15%（见图17－5）；而且，现金管理类理财产品的募集规模持续稳步增长，2021年上

① 利率债包含国债、地方政府债、中央银行票据、政府机构债券和政策性金融债券。

② 信用债包含商业性金融债券、企业债券、公司债券、企业债务融资工具、资产支持证券、外国债券（不含QDII债券）。

半年，现金管理类理财产品累计募集金额达到33.97万亿元，占全部理财产品累计募集金额的54.43%。分理财子公司规模来看，大型银行理财子公司的现金管理类理财产品占开放式理财产品总额的比重达到59.35%，股份行和城商行理财子公司的该项比例分别为38.05%和45.90%。在资产配置方面，现金管理类理财产品由于流动性需求原因主要配置了高评级、高流动性的债券、同业存单等资产，二者合计占比为90.48%，远高于一般性理财产品。

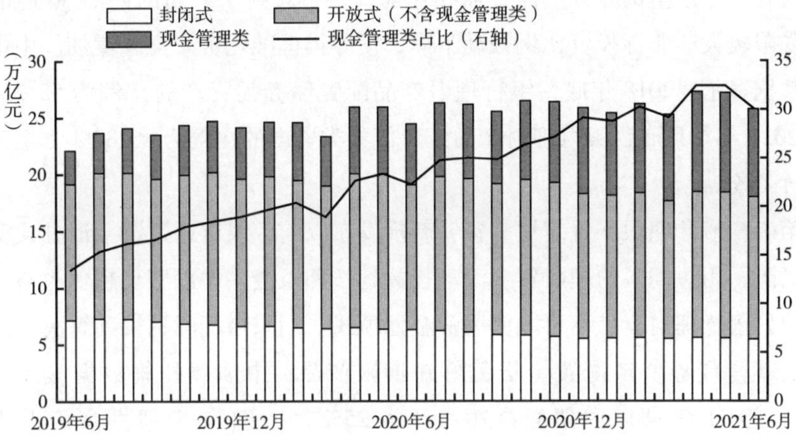

图17－5　现金管理类理财产品存续情况

资料来源：银行业理财登记托管中心。

三　银行理财转型对债券市场的影响

固收类产品是理财产品投资的主要方向，截至2020年底，固定收益类理财产品存续额为21.81万亿元，同比增长15.65%，占全部理财产品存续额的84.34%。此处的固收类产品的定义为现金管理类、纯债固收、固收+、非标等。可见，商业银行理财转型对债券市场的影响较大。

（一）银行理财子公司转型对债券市场的影响

银行理财子公司的设立对于银行落实资管新规和理财新规具有重要意义。从公司运营的角度看，商业银行理财子公司的设立有利于强化银行理财业务的风险防范能力，通过加强风险隔离、业务隔离，推动银行理财子公司回归资管本源。

在资管新规发布以前，银行开展理财业务主要通过资金池模式、期限错配等方法实现收益，而随着资管新规和理财新规的发布以及银行理财子公司的发展，银行的投资决策、资产配置模式发生了变化。主要表现在以下几个方面。

第一，对债券市场配置的增加。资管新规发布以前，银行通过多层嵌套等方式配置了一定量的非标产品，而在当前，银行理财子公司的内部风控加强，非标受限较大，非标投资比例被动下降，债券类标准化资产配置增加。中国理财网数据显示，2018 年底，银行理财产品配置债券类资产的比例为 53.35%，而到 2021 年 6 月底，银行理财产品配置债券类资产的比例为 56.84%，上升了 3.49 个百分点。

第二，债券期限配置缩短。资管新规发布以前，银行通过资金池方式实现期限错配，用短期限的理财资金滚动投放到长期限产品中以实现超额收益。而在目前，银行理财产品不再能使用资金池模式，期限错配问题得到解决，随之而来的就是债券资产配置上更偏好短期限产品。中债登托管数据显示，在 2018 年底，1 年期以内债券余额占比为 25%，1 ~ 2 年期债券余额占比为 12.50%，2 ~ 3 年期债券余额占比为 15.35%，3 ~ 5 年期债券余额占比为 20.38%，5 ~ 7 年期债券余额占比为 10.35%，7 ~ 10 年期债券余额占比为 11.61%，10 年以上债券余额占比为 4.81%；而在 2021 年 10 月 31 日，1 年期以内债券余额占比为 26.12%，1 ~ 2 年期债券余额占比为 13.83%，2 ~ 3 年期债券余额占比为 12.46%，3 ~ 5 年期债券余额占比为 17.30%，5 ~ 7 年期债券余额占比为 9.32%，7 ~ 10 年期债券余额占比为 11.74%，10 年以上债券余额占比为 9.22%。通过对比可以发现，从 2021 年 10 月 31 日的债券结构来看，2 年期以下的债券余额比例相较于 2018 年底增加了 2.45 个百分点，10 年期以上的债券余额比例相较于 2018 年底增加了 4.41 个百分点，而 3 ~ 10 年期的债券余额比例相较于 2018 年减少了 3.98 个百分点。其主要原因是资管新规发布以后，债券发行品种以 3 年期及以下为主，这也是市场根据银行理财等投资机构的风格变化进行的选择。

第三，低等级信用债配置比例下降，高等级信用债及利率债配置比例增加。过去银行理财主要通过多层嵌套以及资金池的方式来隐藏底层资产，从而通过配置高风险产品获得超额收益。资管新规发布后，通道业务被严格监管，截至2021年6月底，银行理财产品持有各类资管产品的规模为9.49万亿元，较资管新规发布以前降低了21.02%，占比减少了14.71个百分点。随着理财业务规范转型的推动，嵌套现象得到有效缓解，过去通过资产池和通道模式绕道监管投资低信用、长期限产品的现象得到有效控制。为实现平稳过渡，银行理财产品对高等级信用债和利率债的配置需求将增加，这实质上也与银行理财的预期收益率相匹配。银行业理财登记托管中心数据显示，2021年6月底，银行理财产品持有评级为AA+及以上的高评级债券规模达到12.14万亿元，占信用债投资总余额的83.55%，同比上升4.88个百分点。

第四，投资决策与债券发行总分行联动模式弱化。过去银行资管业务总分行联动模式密切，在投资决策阶段，分行对于银行理财产品的配置方向以及价格有较大的决策作用，而随着银行理财子公司的独立以及理财产品的净值化波动考核，理财子公司的投资决策将起更为决定性的作用，尤其是近期，原来私募ABN等可以采用摊余净值法评估时，市场发行利率往往由于分行的合作推动而低于二级估值，但随着整改推进，私募ABN等产品的一级发行已经明显挂钩于二级市场估值。

（二）摊余成本与净值化转型对债券市场的影响

资管新规第十八条明确规定，金融机构对资产管理产品应当实行净值化管理，净值生成应当符合企业会计准则规定，及时反映基础金融资产的收益和风险。同时，按照资管新规的规定，符合以下条件之一的，可按照企业会计准则以摊余成本进行计量：其一，资产管理产品为封闭式产品，且所投金融资产以收取合同现金流量为目的并持有到期。其二，资产管理产品为封闭式产品，且所投金融资产暂不具备活跃交易市场，或者在活跃市场中没有报价，也不能采用估值技术可靠计量公允价值。基于上述摊余成本的可使用范围，2021年市场上出现了一种新型体外资产池现象（见图17-6）：主要表现为各个银行理财产品同时投向多只信托计划或券商资管计划等形成大资产池，资产池内的产品则主要通过购买少部分采用市值法估值的ABS、公募债等产品和大部分采用成本法估值的私募债产品，如私募公司债、PPN、定向ABN、银行优先股等来实现收益的可预期化。从部分产品的净值化表现来看，基本呈现直线缓步上涨型，由于采用公允价值计量的产品占比较小，因此即使债券市场发生较大调整，净值的波动也不会大。从另一个角度来看，对于信托、券商资管通道方来说，此举可以为其增加收入来源。对于信托还可以在实现“非标转标”的同时将自己包装成“服务类信托”，满足监管的转型要求。因此这种体外资产池从模式来看，具有“通道” + “资产池”的特征。

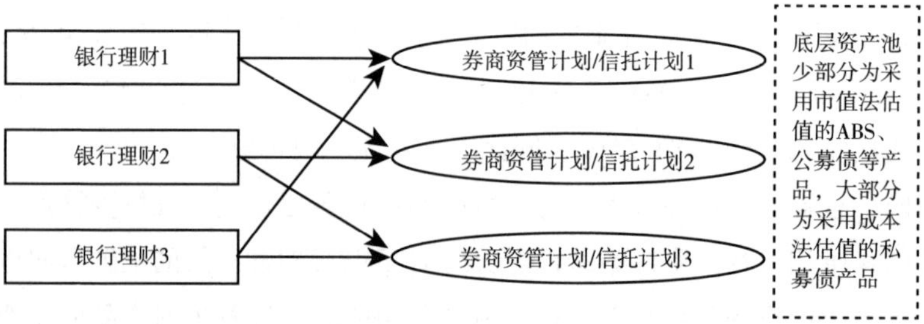

图 17－6　新型银行理财“体外资产池”模式

资料来源：王增武、唐嘉伟：《银行理财“双池”新模式的潜在风险及对策》，《银行家》2021 年第 9 期。

据证券时报报道，2021 年 8 月 24 日，监管部门对六家国有大行及其理财子公司做出指导，进行两项重要安排：一是过渡期结束后（2021 年末），不得再存续或新发以摊余成本计量的定期开放式理财产品；二是除严格按照现行监管规定使用摊余成本计量外，理财产品（除现金管理产品）自 2021 年 9 月 1 日之后新增的直接和间接投资的资产，均应优先使用市值法进行公允价值计量，暂不允许对除未上市企业股权外的资产采用成本法估值，已使用成本法估值的理财产品存量资产，应于 2021 年 10 月底前完成整改。

虽然此番报道没有得到监管机构的正面回应，但从市场上银行理财对债券市场的参与情况看，已经开始对采用摊余成本法的 ABN、ABS 等产品进行整改，银保监会也曾在 2021 年 7 月发布的行政处罚信息中，明确列示某股份行的主要违法违规行为之一为“净值型理财产品估值方法使用不准确”。从对债券市场的影响来看，定向 ABN、永续债等流动性较差的产品未来将逐步回归以市场估值进行定价，考虑到流动性较差的私募债、永续债等品种估值波动幅度较大，未来市场对该类品种的需求量将有所下降，利率债、高评级信用债的投资需求将进一步上升，信用分化将进一步加剧。

（三）现金管理类理财产品改革对债券市场的影响

在理财新规发布后，银行理财子公司对现金管理类产品可用摊余成本法估值，且银行理财子公司可以投资剩余期限在 397 天以上的债券，这些都是货币基金所没有的权限，银行理财子公司的现金管理类理财产品因此迅速发展。2018 年 10 月开始，现金管理类产品几乎从 0 起步，到 2019 年末，现金管理类理财产品存续余额达 4.16 万亿元；截至 2021 年 6 月底，全市场存续现金管理类理财产品 351 只，存续余额达到 7.78 万亿元。

2021 年 6 月，针对现金管理类理财产品在资管新规发布后的爆发式增长，中国银保监会、中国人民银行联合发布《关于规范现金管理类理财产品管理有关事项的通知》，对现金管理类理财产品进行了规范。政策出台后，现金管理类产品规模有所下降，但从目前情况看，多数银行现金管理类产品存续规模依然较大，大多数银行的现金管理类产品规模占净值型产品的比例在 40% 以上。2021 年 10 月，据财联社报道，银保监会召集部分银行理财子公司开会，拟要求部分公司逐步压降现金管理类理财产品的规模及占比。按照监管要求，相关银行理财子公司在 2021 年底前应将现金管理类理财产品占产品总规模的比例下降至 40%，2022 年底下降至 30%。虽然此报道的真实性不得而知，但是从监管的整体方向来看，现金管理类产品的整改正在路上。从对债券市场的影响来看，过往现金管理类理财产品主要依靠拉长久期，投资二级资本债等高收益资产来提高收益率，随着新规的出台，对现金管理类理财产品的监管要求开始与货币基金类似，那么现金及货币工具投资占比将明显上升，而之前参与的可采用摊余成本法估值的流动性较差的债券产品将被抛售。统计部分现金管理类理财产品的 2021 年第三季度报告显示，现金及货币工具的投资占比确实有所上升，债券投资占比也有所下降。其中受新规影响较大的应该是银行二级资本债、永续债、ABN 等产品。

另外，财政部办公厅 2021 年 9 月 30 日发布的《资产管理产品相关会计处理规定（征求意见稿）》（财办会〔2021〕34 号）也将资管新规明确的资管产品纳入规范，严格锁定现金管理类产品投资的存量银行永续债、二级资本债，允许持有至到期，但不得再新增投资不合规资产。

总体来看，无论是银行理财子公司的转型还是 2021 年的监管动态，无不指向银行理财产品的期限匹配、净值化等核心理念，因此，过去受益于可采用摊余成本法进行估值的流动性较差的私募产品如私募 ABN、二级资本债、永续债等产品的市场配置将减少，银行理财产品配置上会更偏好于符合投资人期限需求以及风险需求（见图 17－7、图 17－8）的短久期、高评级产品。

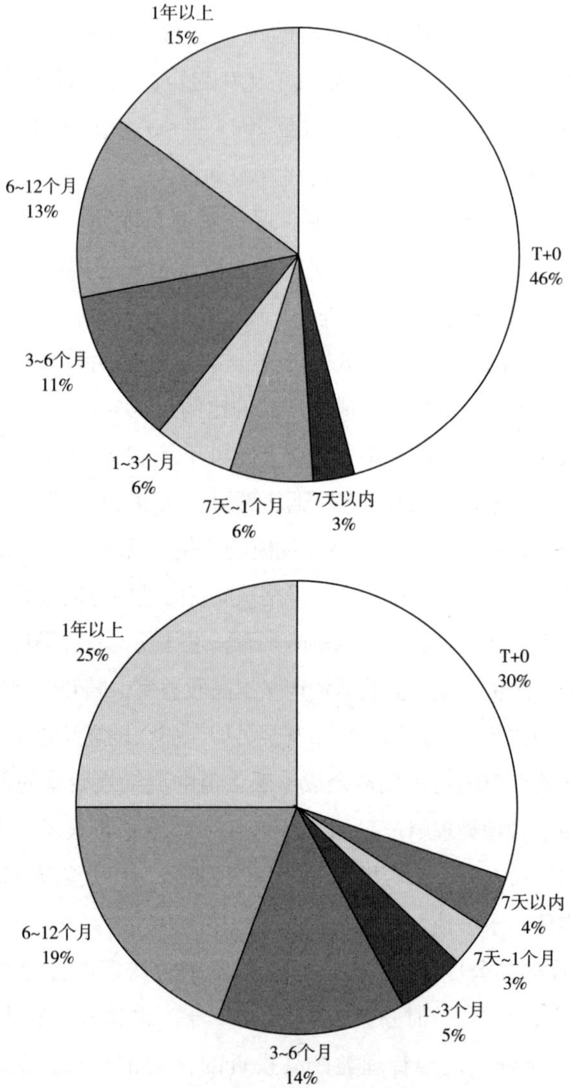

图 17－7　2021 年 6 月各期限理财产品投资者数量分布（上）及持有总金额分布（下）

资料来源：银行业理财登记托管中心。

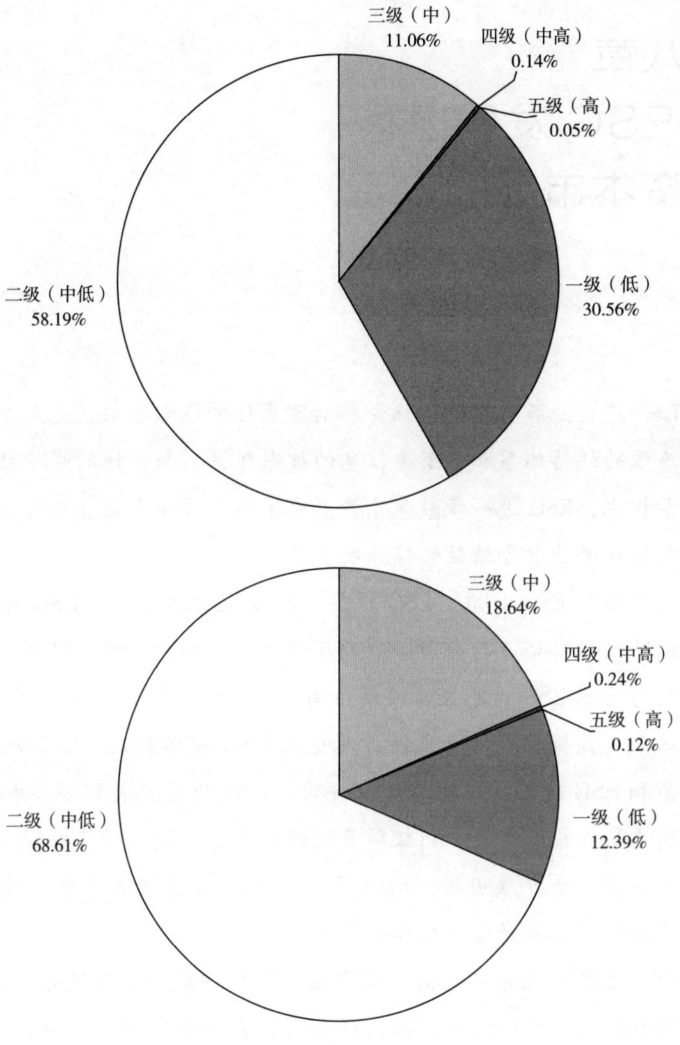

图 17－8 2021 年 6 月各风险等级产品投资者数量分布（上）及持有总金额分布（下）

资料来源：银行业登记托管中心。

第十八章
国内 ESG 发展现状及对资本市场的启示

潘海怡*

- ESG 是企业履行环境、社会和治理责任的核心框架，也是企业非财务绩效的评估体系和非财务信息的披露体系。与传统的企业社会责任体系相比，ESG 进一步聚焦于资本市场参与方对企业在环境、社会及公司治理等非财务绩效的综合衡量。
- ESG 涉及 ESG 标准、ESG 评价、ESG 投资等概念。ESG 标准关注可持续议题对企业自身财务绩效及环境、社会的影响，根据实质性等原则为企业 ESG 信息披露提供指南；ESG 评价基于企业 ESG 信息披露、第三方数据库等信息来源，对企业 ESG 战略制定、ESG 风险管理能力和 ESG 政策执行能力进行评价；ESG 投资是将环境、社会和治理因素纳入投资决策和积极所有权的策略和实践，ESG 投资主流化趋势在国际社会日益明显，2020 年全球五大发达经济体可持续投资规模已经超过总资产管理规模的 1/3。
- ESG 生态系统建设包括标准制定、治理实践、信息披露、政策监管、投资决策、评级认证、咨询服务、社会共识培育等活动，以及企业、标准制定者、投资者、政策制定与监管机构、第三方服务机构、倡议组织等多元利益相关者。我国 ESG 生态系统发展还处于早期阶段，与发达经济体相比仍有较大差距，呈现出以下特点：碳达峰碳中和的政策引导力度明显，政策正在落地过程当中；投资者对 ESG 投资反

* 潘海怡，第一创业证券股份有限公司 ESG 研究员。

应积极，但从理念培育到应用落地仍需要一段时间；企业作为 ESG 战略践行主体和 ESG 信息披露主体，逐渐接受 ESG 理念，但不同企业的实践程度差异较大。

- ESG 理念与国家提出生态优先、绿色低碳的目标高度契合，ESG 生态系统建设可以作为推动经济绿色低碳转型、落实国家双碳战略的重要手段。资本市场可以通过参与建设符合我国经济社会发展情况的 ESG 标准体系、制定 ESG 投资规范、引导社保基金和养老基金等长期资金进行 ESG 投资等方式促进我国 ESG 生态系统发展。
- 第一创业证券将可持续发展理念纳入公司愿景和发展战略，致力于将自身发展与社会进步、环境改善紧密相连，在践行 ESG 理念上不断进行新探索：建立 ESG 治理体系，落实 ESG 实质性议题；履行 ESG 投资，做负责任的资产管理机构；立足专业，发挥资本中介功能，推动资本市场高质量发展；重视 ESG 风险管理，强化风险管理能力；做好 ESG 信息披露工作，提高公司透明度；积极参与 ESG 生态系统建设。

一 ESG 内涵及相关重要概念

（一）ESG 内涵

ESG 代表环境（Environmental）、社会（Social）和治理（Governance）三个维度，最早由联合国全球契约组织在 2004 年于《有心者胜——将金融市场与不断变化的世界连接起来（Who cares wins—Connecting financial markets to a changing world）》报告中提出，是联合国可持续发展理念应用于商业环境的进一步阐释。“E”即环境因素，包括能源管理、水资源利用、废弃物处理、气候变化、污染防治、生物多样性等话题；“S”即社会因素，包括雇佣行为、劳动关系管理、职业安全与健康、员工培训与发展、产品质量与安全、供应链管理、消费者权益保护、公共关系维护等话题；“G”即治理因素，包括董事会结构、高管薪酬、反腐败、商业道德、风险管理、利益相关方管理、监督举报制度等话题。ESG 是企业履行环境、社会和治理责任的核心框架，也是企业非财务信息披露体系以及企业非财务绩效评估体系。近年来，监管机构对企业可持续发展能力的重视、投资者对责任投资需求的增长，以及消费者等各利益相关方在商业环境中的活跃，成为ESG理念在全球范围内快速传播的推动力。

ESG与CSR（企业社会责任体系）存在一定的联系与区别。ESG与CSR都对企业运营有一定的指导意义，通过企业实践帮助公众了解企业文化与价值观。CSR是一种企业进行自我调节的商业模式，可以帮助公司为自身和利益相关者承担社会责任。企业通过履行社会责任，关注到企业对经济、社会和环境等方面的影响，把社会和环境的影响整合到企业运营以及与利益相关方的互动过程中；而ESG建立了一套与ESG标准相一致的量化指标体系，对企业的非财务绩效和风险水平进行评价，为投资决策提供参考信息。与CSR相比，ESG进一步聚焦于资本市场参与方对企业在环境、社会及公司治理等非财务绩效的综合衡量。将ESG作为投资考量因素的投资实践逐渐成为新兴的投资策略。

企业ESG绩效对其财务表现的影响是ESG领域研究的重要课题。从理论上分析，ESG因素会对企业的营收/经营成本/资本成本（利润表）、资产或负债（资产负债表）产生一定程度的影响，进而影响企业的财务绩效。比如，因为优质产品能迎合消费者对高营养价值、高质量食物的需求，所以食品加工企业需要关注加工食品的营养价值和食品安全问题，并因此提高企业在食品市场中的竞争力，帮助企业创造更高的营业收入；燃气运输行业需要重视燃气管道运输的安全性，建立完善的监测管理体系以减少重大安全事故发生的概率，有效管理公司运营及声誉风险，避免风险管理制度不足导致公司陷入融资困境。在过去的几十年间，学术界也开展了大量关于公司ESG表现与其财务绩效之间关系的实证研究。德国研究者Friede等（2015）分析了超过2000份研究ESG与企业财务表现的论文，发现90%的研究结果显示ESG绩效对企业财务业绩和商业价值为非负向影响，62.6%的研究结果显示ESG绩效对企业财务表现的影响为正向显著。联合国负责任投资原则组织在2018年开展的一项研究表明，使用以ESG因素对发达国家市场（美国市场等）和发展中国家市场（中国市场等）的股票或债券进行排名的投资策略，可能产生超出基准的超额收益，这说明良好的ESG企业绩效与企业财务业绩正相关。以中国上市公司为研究样本的实证研究也得到了相似的结论。施懿宸、吴祯姝（2019）以2015年至2018年的中证800指数成分股公司为研究对象，发现中国上市公司ESG绩效表现与其净资本收益率之间呈显著正相关关系，印证了ESG表现优秀的公司可以通过提升信用品质、增强抗风险能力、降低融资成本等方式提高财务绩效表现。ESG并非单纯的理念与价值观，而是可以衡量企业运营效率和管理水平的有效信息，可以帮助投资者、消费者等利益相关群体识别出优质企业。

（二）ESG标准

从20世纪90年代开始，国际上逐渐出现了针对ESG议题设定相关披露标准指引的组织。ESG标准发展初期的特点为：以国际组织为标准制定主体，标准制定各有侧重。1997年，全球报告倡议（GRI）成立并建立了全球第一个可持续发展报告框架；2000年，CDP全球环境信息研究中心和联合国全球契约组织（UNGC）成立，分别提出了CDP（碳信息披露项目）和联合国全球契约十项原则；2006年，由联合国前秘书长科菲·安南先生牵头发起成立了联合国负责任投资原则组织（UN PRI）；2007年，气候披露标准委员会（CDSB）成立，作为CDP的分支机构，制定有助于投资决策的环境信息标准；2010年，国际标准化组织（ISO）出台社会责任指南标准（ISO 26000），同年，国际综合报告委员会（IIRC）成立，并于2013年发布国际综合报告框架；2011年，可持续发展会计准则委员会（SASB）成立，致力于分析可持续议题对企业财务的影响，并于2018年发布了77个行业的ESG信息披露标准；2015年，FSB成立气候相关财务信息披露工作组（TCFD），这是首个从金融稳定角度审视气候变化的国际倡议。国际上主要ESG标准组织名称及其特点如表18－1所示。

从组织的特点来看，各ESG标准组织主要关注的领域具有相似性，同时又存在互补性，部分组织的关注重点为可持续议题对企业财务绩效的影响。随着国际上对ESG的认识不断加深，现阶段国际ESG标准发展呈现出新特点：为提高企业ESG信息披露的一致性和可读性，并且加强企业财务绩效和非财务绩效信息的整合，标准制定的组织纷纷寻求将不同标准进行整合的契机，旨在建立有广泛影响力的整合性质的ESG标准。2020年7月，全球报告倡议（GRI）与可持续发展会计准则委员会（SASB）宣布进行GRI-SASB联合项目的研发与推广，并于2021年4月联合研究并发布了一份可持续性报告实用指南，阐明二者之间的互补性关系，即GRI的标准更侧重于公司的经济、环境和社会方面的影响；SASB的标准则更具行业针对性，能够帮助企业在经营层

表 18－1　主要 ESG 标准组织名称及其特点

制定标准的组织名称	发布的标准/指引	特点	是否有针对不同行业制定标准或框架	ESG 信息披露的目标受众
全球报告倡议（GRI）	最新版本为 GRI 可持续发展报告标准	包含经济、环境和社会三大范围内容	有（进行中）	大部分利益相关者
CDP 全球环境信息研究中心	碳信息披露项目（CDP）	通过问卷调查的方式促使企业披露低碳战略、温室气体排放核算、碳减排的公司治理、全球气候治理的内容	总体无，对个别行业进行了披露标准的补充	大部分利益相关者
联合国全球契约组织（UN Global Compact）	联合国全球契约十项原则	构建人权、劳工、环境和反腐败等实践原则的全球共识	无	大部分利益相关者
联合国负责任投资原则组织（UN PRI）	六项负责任投资原则	促使资产所有者和投资管理人将 ESG 问题纳入投资分析和决策过程	针对资产所有者和投资管理人设定六项负责任投资原则	以投资者为主
国际标准化组织（ISO）	ISO 26000 社会责任指引	围绕组织治理、人权、劳工实践、环境、公平运营实践、消费者、社区参与和发展七大核心议题	无	大部分利益相关者
国际综合报告委员会（IIRC）	国际综合报告框架（<IR> Framework）	综合财务信息、环境信息、社会信息和治理信息的框架	无	以投资者为主
金融稳定委员会（FSB）	气候相关财务信息披露工作组（TCFD）建议	涵盖治理、策略、风险管理、指标和目标四大核心因素	总体无，对个别行业进行了披露标准的补充	以投资者为主
可持续发展会计准则委员会（SASB）	可持续发展会计准则	围绕环境、社会资本、人力资本、商业模式与创新、领导力与治理五大维度	对 11 个领域 77 个行业提出行业实质性议题及披露标准	以投资者为主
气候披露标准委员会（CDSB）	气候披露框架	为企业提供气候信息披露框架	无	以投资者为主

资料来源：根据各组织网站内容整理。

面上识别与可持续相关的机遇和风险，从而利好其经营业绩和财务状况。2020 年 9 月，CDP 全球环境信息研究中心、气候披露标准委员会（CDSB）、国际综合报告委员会（IIRC）与 GRI、SASB 发布联合意向声明，表示五个组织将共同致力于打造综合性企业报告体系，并于 2020 年 12 月公布了气候相关的财务披露标准模型。2021 年 6 月，IIRC 和 SASB 宣布合并成一个统一的新组织——价值报告基金会（Value Reporting Foundation）。ESG 信息披露的重要性也受到财务标准制定组织的关注。2020 年 9 月，国际财务报告准则基金会（IFRS Foundation）发布《关于可持续发展报告的咨询文件》，就如何制定国际公认的可持续发展报告准则的相关事宜向公众征询意见。2021 年 11 月 COP26 气候会议上，国际可持续准则理事会（ISSB）由 IFRS 基金会正式启动成立，这标志着朝着建立统一且全球一致的可持续发展相关企业披露迈出了重要一步，而且 CDSB 和 VRF 将于 2022 年 6 月并入 IFRS 基金会。ISSB 将作为一个独立的私营部门机构，在 IFRS 基金会的监督下运作，负责制定和批准 IFRS 可持续发展披露标准。全球范围内形成广泛认同并采纳的 ESG 报告框架的趋势已日趋明朗，整合性标准可以降低企业进行 ESG 信息披露的成本，提高 ESG 信息有效性，从而进一步揭示企业财务绩效与非财务绩效之间的联系。

实质性原则（Materiality），或称重要性原则，是 ESG 信息标准制定的指导性原则之一，许多标准制定组织对 ESG 信息披露的实质性提出了要求。实质性原则在 ESG 信息披露实践中也得到了广泛应用，为企业的信息披露决策提供了分析框架，有助于企业区分应该披露的信息和不需要披露的信息。与传统财务信息披露所强调的财务重要性（Financial Materiality）不同，“双重实质性”（Double Materiality）的概念更适用于 ESG 信息标准体系。双重实质性的第一层含义是对企业创造商业价值有重大影响，与财务重要性的概念相似；第二层含义是对经济、环境与人类社会有重大影响。不同 ESG 标准制定组织对 ESG 信息的实质性要求不一，如 CDSB、IIRC、SASB 与 TCFD 强调的是双重实质性的第一层含义，即对企业创造商业价值有重大影响，而 CDP 与 GRI 强调的是对经济、环境与人类社会有重大影响的 ESG 信息披露。

根据《时机已到——毕马威 2020 年可持续发展报告调查》，GRI（全球报告倡议）、SASB（可持续发展会计准则委员会）以及 ISO 26000 标准为企业最常采纳的 ESG 标准。

1. GRI（全球报告倡议）

GRI（全球报告倡议）设立的宗旨是“供组织报告其对经济、环境、社会的影响”，是当下国际公认影响力最大的综合性企业报告准则的制定者。根据《时机已到——毕马威2020年可持续发展报告调查》，在全球范围内，位于各国前100的共计3983家大型企业中，有67%的企业使用GRI标准进行ESG信息披露。GRI标准由通用标准与议题专项标准组成，两者相互关联，供企业结合使用，“以帮助组织编制基于报告原则且注重重要性议题的可持续发展报告”。GRI标准内容总结见表18－2。

表18－2　GRI标准

通用标准	GRI1 基础（使用GRI标准的切入点）
	GRI2 一般披露（报告组织的背景信息）
	GRI3 实质性议题（确定实质性议题及披露方法）
议题专项标准	GRI200 经济（7个经济议题）
	GRI300 环境（7个环境议题）
	GRI400 社会（17个社会议题）

资料来源：GRI官方网站。

2. SASB（可持续发展会计准则委员会）

SASB（可持续发展会计准则委员会）制定的可持续发展会计准则可以帮助企业了解影响其价值创造的可持续发展议题，并为企业提供基于行业重要性准则的报告标准。SASB对企业在可持续发展情景下的风险和机遇进行分析，对传统的行业分类进行补充，自主研发了可持续发展行业分类系统（SICS）。2018年，SASB针对77个SICS定义的行业发布了行业标准和披露指标，每个行业有2～6个重要性议题。SASB行业标准覆盖五个维度，每个维度下列举不同的可持续议题，具体见表18－3。

表18－3　SASB标准的维度与可持续议题

维度	可持续议题
环境	温室气体排放、空气质量、能源管理、水资源与废水管理、废物与有害物质管理、生态影响
领导力与治理	商业伦理、竞争行为、法规环境、重大事故管理、系统性风险管理
商业模型与创新	产品设计与生命周期管理、商业模式弹性、供应链管理、原材料采购与效率、气候变化的实体影响

续表

维度	可持续议题
人力资本	劳动管理、员工健康与安全、员工参与、多样性与融入
社会资本	人权与社区关系、客户隐私、数据安全、可得性与可负担性、产品质量与安全、客户福利、营销行为与产品标签

资料来源：SASB官方网站。

3. ISO 26000

国际标准化组织制定的ISO 26000也是被众多国家采用的标准。ISO 26000标准中确定了企业履行企业社会责任的七大核心主题，即组织治理、人权、劳工实践、环境、公平运营实践、消费者、社区参与发展。在ISO 26000制定过程中及正式出版发行后，多个参与标准制定的国家和标准制定机构依据ISO 26000或者参考ISO 26000修订、制定或者完善自己的社会责任倡议和工具，出台新版本或者重新制定自己的标准。我国于2016年1月1日实施的《社会责任指南》（GB/T36000－2015）亦参照了ISO 26000，其中阐述的社会责任核心主题与议题见表18－4。

表18－4　《社会责任指南》的社会责任核心主题与议题

核心主题	议题
组织治理	决策程序和结构
人权	公民和政治权利，经济、社会和文化权利，工作中的基本原则和权利
劳工实践	就业和劳动关系，工作条件和社会保护，民主管理和集体协商，职业健康安全，工作场所中人的发展与培训
环境	污染预防，资源可持续利用，减缓并适应气候变化，环境保护、生物多样性和自然栖息地恢复
公平运营实践	反腐败，公平竞争，在价值链中促进社会责任，尊重产权
消费者	公平营销、真实公正的信息和公平的合同实践，保护消费者健康与安全，可持续消费，消费者服务、支持和投诉及争议处理，消费者信息保护与隐私，基本服务获取，教育和意识
社区参与发展	社区参与，教育和文化，就业创造和技能开发，技术开发和获取，财富和收入创造，健康，社会投资

资料来源：《社会责任指南》（GB/T36000－2015）。

（三）ESG 评级

ESG 评估是对企业 ESG 战略、风险和机遇管理能力的评价。随着 ESG 概念在资本市场中的影响力不断扩大，企业 ESG 信息受到资本市场参与者的关注，针对上市公司及发债主体的 ESG 评价活动也由此产生。对企业 ESG 绩效进行 ESG 评价的一般步骤是：选取某个行业分类标准，对被评估公司按行业类别进行分组；明确每个行业中的 ESG 实质性议题及指标，对各指标赋予不同权重；根据收集的被评估公司的 ESG 信息进行评分，并进行标准化处理。目前国际上有广泛影响力的 ESG 评级机构有 S&P、CDP、Sustainalytics、MSCI、富时罗素（FTSE Russell）等公司。

1. S&P ESG 评级

S&P ESG 评级通过邀请企业填写标普全球企业可持续评估问卷、检索公开信息与文件等收集 ESG 信息，其评级结果由公司 ESG 基本情况（ESG profiles）与 ESG 风险应对状态（Prepareness）两个部分组成。公司 ESG 基本情况通过环境、社会、治理三大维度进行评分，其中环境维度包括温室气体排放、废弃物与污染、水资源利用、土地利用四类因素；社会维度包括劳动力与多元性、安全管理、消费者沟通、社区参与四类因素；治理维度包括公司结构与监督、行为准则与价值观、透明度与信息披露、财务与运营风险四类因素。ESG 风险应对状态是对公司预测和适应各种新型风险的定性判断，S&P ESG 评级分析师与公司的董事会成员和高级管理人员进行沟通，以评估他们对新趋势和潜在风险的认识和评估程度。

2. CDP 评级

CDP 每年邀请企业填报 CDP 问卷，以获取其环境绩效信息。问卷回收后，CDP 根据公开披露的评分细则，对企业回复的内容进行打分评级，供投资者等群体参考。CDP 的问卷主要从气候变化、水资源安全和森林三方面考察企业的绩效表现，通过企业简介、治理、风险和机遇、商业战略、目标和表现、排放计算方法、排放数据、排放细分、能源、额外指标、核实、碳定价、沟通合作、其他土地管理、签署和供应链等问卷模块多维度地考察企业的环境管理和绩效。问卷指标体系包括定性指标和定量指标。

3. Sustainalytics ESG 评级

Sustainalytics 的评估体系以 ESG 风险敞口为基础，由企业管理模块、实质性 ESG 议题模块及企业独特议题模块三个计分模块组成。按照流程，评估组会在正式发布企业 ESG 风险评级报告前联系企业，让企业审核拟发布的风险评级报告的准确性和完整性，并进行补充或修改，再由分析师进一步对企业补充提供的信息进行审查与整合，并对分数进行相应调整，最后按照企业 ESG 风险得分划分风险等级。0～10 分为可忽略的风险水平，10～20 分为低风险水平，20～30 分为中等风险水平，30～40 分为高风险水平，40 分以上为严峻风险水平。

4. MSCI ESG 评级

MSCI ESG 评级内容主要由环境、社会及管治三个主要维度构成。环境维度涵盖气候变化、自然资源、污染与废弃物、环境机遇四个议题；社会维度涵盖人力资源、产品责任、利益相关方三个议题；管治维度涵盖社会机遇、企业治理、企业行为三个议题。MSCI 按照全球行业划分准则（GICS）将被评估企业分为 11 大类和 24 个行业组别，并按照不同行业中各议题的风险将各项核心议题赋予 5%～30% 的权重。MSCI ESG 评级的信息来源于上市公司的信息披露、媒体资讯及其他信息机构提供的第三方数据，要求公司披露的信息必须是从公开信息渠道可以获取的信息。MSCI ESG 评级只对行业实质性议题相关的信息进行评分，计算每个实质性议题的风险敞口分数（Exposure Score）和管理分数（Management Score），并为每个实质性议题赋予不同权重，算出加权平均得分后再对同一行业的公司得分进行标准化处理，得出最终 ESG 分数和 ESG 评级结果（AAA－CCC 七个等级）。

5. FTSE ESG 评级

FTSE ESG 评级仅使用公司年报、企业社会责任报告等公开渠道可获得的信息，并且与每家企业进行沟通，以明确评级项目组是否已找到所有相关的公开信息。FTSE ESG 评级框架由环境、社会、公司治理三大核心内容构成，其中环境包括生物多样性、气候变化、污染排放和资源利用、公司供应链情况、水资源使用五项主题，社会包括客户责任、产品健康与安全、人权及团队建设、劳动标准、供应链五项主题，公司治理包括反腐败、企业管理、风险管理和纳税透明度四项主题。每项主题包含 10 到 35 个指标，整个评级体系总共由 300 多项独立的考察指标构成。

随着市场需求的发展，以国内上市公司为研究主体的本土 ESG 评级机构也不断增加，如万得 ESG 评级、华证指数 ESG 评级、嘉实 ESG 评级、社会价值投资联盟 ESG 评级、商道融绿 ESG 评级、鼎力公司治商评级、微众揽月 ESG 评级等。国内的 ESG 评级机构在参考全球通用方法的基础上，对评级方法进行本土化调整，并且进一步运用人工智能、机器学习和自然语言处理等技术抓取 ESG 信息与数据，提高 ESG 评级的更新频率，为投资者践行 ESG 投资提供关键的信息和工具。

（四）ESG 投资

ESG 投资源于社会责任投资（SRI）等早期投资理念，但存在一定的差异。早期的社会责任投资模型通常使用价值判断和筛选来决定如何投资公司，而 ESG 投资和分析更强调通过公司的非财务表现评估来发现公司的内在价值。判断公司的非财务表现没有单一的标准，投资者可以采用各种分析方法和数据源来了解企业的 ESG 表现，通过分析 ESG 指标有助于投资者更全面地了解 ESG 相关风险和机遇。

2006 年，由联合国前秘书长科菲・安南先生牵头发起成立的联合国负责任投资原则组织（United Nations Principles for Responsible Investments，简称 PRI）是联合国环境署金融倡议（UNEP FI）和联合国全球契约（UNGC）联合发起的投资者倡议，它鼓励各方采纳并合作贯彻六项负责任投资原则，完善公司治理、诚信和问责机制，并通过扫除市场运作、结构和监管方面面临的障碍，建立起可持续的全球金融体系。PRI 将负责任投资定义为将环境、社会和治理因素纳入投资决策和积极所有权的策略和实践。六项负责任投资原则分别为：将 ESG 问题纳入投资分析和决策过程；成为积极的所有者，将 ESG 问题纳入所有权政策和实践；寻求被投资实体对 ESG 相关问题进行合理披露；推动投资业广泛采纳并贯彻落实负责任投资原则；齐心协力提高负责任投资原则的实施效果；报告负责任投资原则的实施情况和进展。截至 2021 年 10 月，PRI 的全球签署机构已经超过 4400 家，签署机构管理的资产规模超过 110 万亿美元，其中国内签署机构超过 70 家。

在 ESG 投资领域内的另一个有重要影响的组织是国际可持续投资联盟（Global Sustainable Investment Alliance，简称 GSIA），它是建立在全球会员制上的可持续投资组织，其使命是在全球范围内深化可持续投资组织的影响力和知名度。GSIA 的现有注册会员包括欧洲可持续投资论坛（Eurosif）、加拿大可持续投资协会（RIA）、英国可持续投资与金融协会（UKSIF）、美国可持续与负责任投资论坛（US SIF）、日本可持续投资论坛（JSIF）等。GSIA 的目标是加强 GSIA 成员在全球层面的影响力和知名度，加强 GSIA 成员之间的协同作用，使 GSIA 成员能够相互支持和补充其他会员的工作；使 GSIA 成员在其区域和国家市场的活动中取得成效；向地方和区域可持续投资组织提供建议和支持。

GSIA 认为可持续投资主要采用如表 18－5 所示的七大投资策略：依公约筛选法、可持续主题投资法、同类最佳法、负面筛选法、ESG 整合法、企业参与和股东行动以及影响力/社区投资。

表 18－5　GSIA 七大投资策略

七大 ESG 投资策略	含义
1. 依公约筛选法	根据国际规范（OECD 或者联合国等国际组织发布的规范）筛选符合最低商业标准的资产
2. 可持续主题投资法	投资于符合可持续发展主题的资产
3. 同类最佳法	投资某一行业或领域中 ESG 表现较好的公司或者项目
4. 负面筛选法	根据特定的 ESG 标准将某些行业、公司从组合中排除
5. ESG 整合法	在传统的财务或因子投资基础上，将 ESG 风险与潜在机会整合到投资决策中
6. 企业参与和股东行动	在 ESG 指导准则下行使股东权利参与企业治理、决策及行为
7. 影响力/社区投资	旨在解决社会或环境问题的有针对性投资，为有明确社会、环境绩效目标的企业提供融资

GSIA 每两年发布《全球可持续投资评估》报告（Global Sustainable Investment Review）。2020 年的报告显示，可持续投资在全球投资行业持续盛行。2020 年，欧洲、美国、加拿大、澳大利亚及日本五大市场可持续投资规模已经达到 35.3 万亿美元，占五大市场总资产管理规模的 35.9%，与 2018 年相比增长了 15%；其中美国、欧洲为 ESG 投资实践最广泛的市场。数据显示，ESG 整合法、ESG 负面筛选法、企业参与和股东行动是应用最广泛的 ESG 投资策略，其中 ESG 整合法为近年应用范围增长最快的 ESG 投资策略，在 2018～2020 年两年之内超越 ESG 负面筛选法成为首位。由于 ESG 整合法强调在传统

的财务或因子投资基础上将 ESG 风险与潜在机会整合到投资决策中，加上 ESG 信息收集、评价体系不断完善，ESG 整合法的应用规模将会进一步扩大。

二　我国 ESG 生态系统发展现状

ESG 生态系统建设涉及标准制定、治理实践、信息披露、政策监管、投资决策、评级认证、咨询服务、社会共识等活动。根据世界经济论坛构建的 ESG 生态系统模型，ESG 生态系统中的角色包括企业、金融机构、标准与框架制定者、审计机构、ESG 数据供应商、咨询服务机构、代理投票与企业参与机构、国际组织与倡议等。与发达国家相比，我国生态系统发展方兴未艾，表现出的特点有：ESG 主题符合国家经济高质量发展方向与碳达峰碳中和目标，相关产品和服务在未来有很大的市场空间；针对绿色金融、绿色产业等的政策引导力度明显，ESG 概念在官方文件和发言内容中被提及的频率有所上升；投资者对 ESG 产品服务开发有一定的市场反应，但从理念到应用落地仍需要一段时间；企业作为 ESG 策略践行主体和 ESG 信息披露主体，逐渐接受 ESG 理念，但是不同企业实践的深度差异较大；ESG 信息披露制度范围不断扩大，自愿 ESG 信息披露原则仍适用于绝大多数非上市公司；本地和国际 ESG 服务供应商积极开拓业务，推出 ESG 咨询、评级、数据等服务；在 ESG 主流化的影响下，国际组织积极发起倡议，我国也积极融入国际可持续发展议程。以下内容重点总结我国 ESG 生态系统中政府、企业与投资者的情况。

（一）政府及监管机构

政府及监管部门的政策法规很大程度上推动了我国 ESG 生态系统的发展。

总体来看，国内的政策法规集中在绿色产业、绿色金融等领域，体现了国家应对气候变化挑战、实现绿色经济转型的决心。2017 年，上交所、深交所正式成为联合国可持续证券交易所倡议第 65 家、第 67 家伙伴交易所。2020 年 9 月，中国国家主席习近平在第七十五届联合国大会一般性辩论上发表重要讲话强调，中国二氧化碳排放力争于 2030 年前达到峰值，努力争取在 2060 年前实现碳中和。政府对 ESG 生态系统的监管作用可分为金融监管、非金融监管和联合监管多种形式：金融监管以证监会、交易所、金融行业协会等为主导；

非金融监管以立法机构、生态环境部、国资委、产业协会等为主导；联合监管即金融部门与非金融部门共同制定政策，如中国人民银行、生态环境部、证监会等七部门于2016年8月联合发布《关于构建绿色金融体系的指导意见》，要求建立上市公司披露环境信息的强制性制度。

与国外 ESG 标准发展情况相比，我国在制定标准或指南上主要依靠政府指导。生态环境部、证监会等监管机构已针对重点行业或者上市公司制定环境和社会信息披露指引，但尚未形成涵盖环境、社会与治理的标准体系。以下列举我国与 ESG 信息披露标准及规定有关的重要政策文件。

（1）深圳证券交易所于2006年制定《深圳证券交易所上市公司社会责任指引》，将上市公司社会责任界定为“上市公司对国家和社会的全面发展、自然环境和资源，以及股东、债权人、职工、客户、消费者、供应商、社区等利益相关方所应承担的责任”，要求上市公司“按照本指引要求，积极履行社会责任，定期评估公司社会责任的履行情况，自愿披露公司社会责任报告”。2010年深交所发布《关于做好上市公司2010年年度报告披露工作的通知》，规定纳入“深证100指数”的上市公司应当按照《深圳证券交易所上市公司社会责任指引》的规定披露社会责任报告。2020年的《深圳证券交易所上市公司信息披露工作考核办法（2020年修订）》中提及深交所对上市公司履行社会责任的披露情况的考核将重点关注以下方面：是否主动披露社会责任报告，报告内容是否充实、完整；是否主动披露环境、社会责任和公司治理（ESG）履行情况，报告内容是否充实、完整；是否主动披露公司积极参与符合国家重大战略方针等事项的信息。该文件是国内首个明确使用“ESG”作为专业术语概括环境、社会与治理信息的政策性文件。

（2）上海证券交易所于2008年制定《上海证券交易所上市公司环境信息披露指引》，规定上市公司可以根据自身需要，在公司年度社会责任报告中披露或单独披露环境信息。2019年发布的《上海证券交易所科创板股票上市规则（2019年4月修订）》中规定，在上交所科创板上市的公司应当在年度报告中披露履行社会责任的情况，并视情况编制和披露社会责任报告、可持续发展报告、环境责任报告等文件。

（3）环境保护部（现为生态环境部）于2014年公布《企业事业单位环境信息公开办法》，规定重点排污单位应当公开下列信息：基础信息，包括单位名称、组织机构代码、法定代表人、生产地址、联系方式，以及生产经营和管理服务的主要内容、产品及规模；排污信息，包括主要污染物及特征污染物的名称、排放方式、排放口数量和分布情况、排放浓度和总量、超标情况，以及执行的污染物排放标准、核定的排放总量；防治污染设施的建设和运行情况；建设项目环境影响评价及其他环境保护行政许可情况；突发环境事件应急预案；其他应当公开的环境信息。

（4）国家质量监督检验检疫总局和国家标准化管理委员会于2015年正式发布《社会责任指南》（GB/T36000－2015）、《社会责任报告编写指南》（GB/T36001－2015）和《社会责任绩效分类指引》（GB/T36002－2015），为我国社会责任领域首个国家层面的标准。《社会责任指南》（GB/T36000－2015）为推荐性国家标准，主要包括理解社会责任、社会责任原则、社会责任基本实践、关于社会责任核心主题的指南、关于将社会责任融入整个组织的指南等内容，其编制过程参考了ISO 26000。

（5）香港联合交易所于2015年发布《环境、社会及管制报告指引》（2015年修订）（《主板规则》附录27及《创业板上市规则》附录20）的咨询总结文件，将上市公司“环境和社会范畴一般披露”及“环境范畴关键绩效指标”的信息披露责任提升至“不遵守就解释”。2019年香港联合交易所发布最新《环境、社会及管制报告指引》（2019年修订），新增“强制披露”要求，并将社会范畴关键绩效指标的信息披露责任提升至“不遵守就解释”，相关修订于2020年7月1日或之后开始的财政年度生效。

（6）证监会于2021年2月就《上市公司投资者关系管理指引（征求意见稿）》公开征求意见，其中在上市公司与投资者沟通的内容中增加公司的环境保护、社会责任和公司治理（ESG）信息。证监会随后于2021年6月发布《公开发行证券的公司信息披露内容与格式准则第2号—年度报告的内容与格式（2021年修订）》《公开发行证券的公司信息披露内容与格式准则第3号—半年度报告的内容与格式（2021年修订）》。修订后的上市公司年度报告和半年度报告格式准则为了突出上市公司作为公众公司在环境保护、社会责任方面的工作情况，将与环境保护、社会责任有关条文统一整合至新增的“第五节 环境和社会责任”，要求全部上市公司披露报告期内因环境问题受到的行政处罚情况；为协同做好“碳达峰、碳中和”工作，鼓励公司自愿披露为减少其碳排放所采取的措施及效果；为协同做好乡村振兴工作，鼓励公司积极披露巩固拓展脱贫攻坚成果、乡村振兴等工作情况。

除 ESG 有关信息披露规定外，我国近年来陆续发布与 ESG 相关的主要政策文件，推动我国企业可持续发展进程，促进我国经济的低碳绿色转型进程。主要政策文件详情见表 18－6。

表 18－6　国内发布的与 ESG 相关的主要政策文件

发布机构	时间	文件名称
国家环保总局	2003 年	《关于企业环境信息公开的公告》
国家环保总局	2005 年	《关于加快推进企业环境行为评价工作的意见》
国务院	2005 年	《关于落实科学发展观加强环境保护的决定》
深圳证券交易所	2006 年	《深圳证券交易所上市公司社会责任指引》
国家环保总局	2007 年	《环境信息公开办法(试行)》
国家环保总局、中国人民银行、银监会	2007 年	《关于落实环保政策法规防范信贷风险的意见》
证监会	2007 年	《上市公司信息披露管理办法》
国家环保总局	2008 年	《关于加强上市公司环境保护监督管理工作的指导意见》
上海证券交易所	2008 年	《关于加强上市公司社会责任承担工作暨发布〈上海证券交易所上市公司环境信息披露指引〉的通知》
上海证券交易所	2008 年	《上海证券交易所上市公司环境信息披露指引》
深圳证券交易所	2010 年	《深圳证券交易所主板上市公司规范运作指引》 《深圳证券交易所中小企业板上市公司规范运作指引》 《关于做好上市公司 2010 年年度报告披露工作的通知》
国务院	2011 年	《“十二五”节能减排综合性工作方案》
国务院	2011 年	《国家环境保护“十二五”规划》
香港联交所	2012 年	《环境、社会及管制报告指引》
银监会	2012 年	《绿色信贷指引》
国务院	2013 年	《关于加快发展节能环保产业的意见》
全国人大	2013 年	《中华人民共和国公司法》
银监会	2014 年	《绿色信贷实施情况关键评价指标》
环境保护部	2015 年	《企业事业单位环境信息公开办法》
环境保护部等	2015 年	《关于加强企业环境信用体系建设的指导意见》
中共中央、国务院	2015 年	《生态文明体制改革总体方案》
全国人大	2015 年	《中华人民共和国环境保护法》
深圳证券交易所	2015 年	《深圳证券交易所中小板上市公司规范运作指引》
香港联交所	2015 年	《环境、社会及管制报告指引》(修订)

续表

发布机构	时间	文件名称
中国人民银行等七部门	2016 年	《关于构建绿色金融体系的指导意见》
环境保护部	2017 年	《重点排污单位名录管理规定（试行）》 《环境保护综合名录(2017 年版)》
证监会	2017 年	《公开发行证券的公司信息披露内容与格式准则第 2 号——年度报告的内容与格式(2017 年修订)》 《公开发行证券的公司信息披露内容与格式准则第 3 号——半年度报告的内容与格式(2017 年修订)》
中国金融学会绿金委等	2017 年	《中国对外投资环境风险管理倡议》
全国人大	2018 年	《中华人民共和国公司法》
中国保险资产管理业协会	2018 年	《中国保险资产管理业绿色投资倡议书》
证监会	2018 年	《上市公司治理准则》（修订版）
基金业协会	2018 年	《绿色投资指引（试行）》
中国人民银行	2018 年	《关于开展银行业存款类金融机构绿色信贷业绩评价的通知》
上交所	2019 年	《上海证券交易所科创板股票上市规则(2019 年 4 月修订)》
国家发改委等	2019 年	《绿色产业指导目录(2019 年版)》
香港交易所	2019 年	《主板上市规则》（附录二十七《ESG 报告指引》） 《创业板上市规则》（附录二十《ESG 报告指引》）
中共中央、国务院	2020 年	《关于构建现代环境治理体系的指导意见》
国务院	2020 年	《关于进一步提高上市公司质量的意见》
深交所	2020 年	《深圳证券交易所上市公司规范运作指引(2020 年修订)》 《深圳证券交易所上市公司信息披露工作考核办法(2020 年修订)》
银保监会	2020 年	《关于推动银行业和保险业高质量发展的指导意见》
生态环境部	2021 年	《碳排放权交易管理办法（试行）》
生态环境部	2021 年	《环境信息依法披露制度改革方案》
深圳市人大	2021 年	《深圳经济特区绿色金融条例》
中国人民银行	2021 年	《银行业金融机构绿色金融评价方案》
中国人民银行等	2021 年	《绿色债券支持项目目录(2021 年版)》
证监会	2021 年	《上市公司投资者关系管理指引（征求意见稿）》 《公开发行证券的公司信息披露内容与格式准则第 2 号——年度报告的内容与格式(2021 年修订)》 《公开发行证券的公司信息披露内容与格式准则第 3 号——半年度报告的内容与格式(2021 年修订)》

续表

发布机构	时间	文件名称
中共中央、国务院	2021 年	《关于完整准确全面贯彻新发展理念做好碳达峰碳中和工作的意见》
国务院	2021 年	《2030 年前碳达峰行动方案》
生态环境部	2021 年	《环境保护综合名录(2021 年版)》
中国人民银行等	2021 年	《可持续金融共同分类目录报告——减缓气候变化》

资料来源：根据各机构网站整理。

（二）企业

企业是将 ESG 原则应用于经营管理的主体，也是 ESG 信息最主要的披露主体。企业需要管理自身经营过程中遇到的关键挑战和风险，识别对企业有利的新机遇，同时考虑环境、社会和治理问题。企业在内部落实 ESG 原则和政策，并以一致和标准化的格式向市场提供 ESG 相关绩效信息。ESG 信息可以通过公司年报、单独的 ESG 报告/社会责任报告、投资者关系沟通渠道等传达给金融市场。

北京大学光华管理学院在 2021 年针对 ESG，从上市公司对 ESG 的理解与认知、在 ESG 方面的实践以及未来与公司业务的整合布局三个方面对国内上市公司董秘进行了问卷调查。课题组对回收的 481 份问卷进行分析，并出版《中国资本市场信息质量暨上市公司信息透明度指数白皮书》。报告显示，不同上市公司对 ESG 内涵有不同的理解，认识程度也有差异，出现该现象的主要原因是 ESG 的度量指标尚未形成统一标准。对于环境指标 E，18% 的上市公司认为包括企业是否环保、对环境是否友好以及环保举措等，大部分受访公司认为碳排放、污染物排放和节能减排是环境因素中最主要的度量指标。对于社会指标 S，16% 的上市公司认识到其含义是社会责任，包括企业是否履行社会责任、是否披露社会责任报告等。受访公司认为员工是评价社会责任时主要的度量指标，其中包括员工的安全健康、满意度、福利、成长机制和多样性等。对于治理指标 G，受访公司认为董事会治理和风险管理是公司治理中最重要的度量因素，26% 的上市公司表示其含义是公司治理，包括公司治理合规性和公司治理质量。可以看出，上市公司对治理指标 G 的理解程度略好于环境指标 E 和社会指标 S。而在公司对 ESG 作用的认知上，大部分上市公司认为 ESG 对企业长期发展和价值提升具有重要作用——78.0%的公司认为ESG是企业的重要组成部分，对企业长期发展的成功与否起到重要的作用；有72.3%的企业表示ESG具有投资者寻求的长期可持续价值，对企业吸引投资者有益；有57.6%的企业认为ESG是公共关系或营销议题，对维持和提高企业的公众形象有重要作用；有7.7%的公司认为ESG是一个合规负担，增加企业短期投资，减少短期效益，对是否提升企业整体价值并不确定。调查的数据结果表明，上市公司对ESG理念及原则有一定认识，而对E\S\G不同维度的具体内容仍需进一步加深理解与实践。

企业在披露ESG相关信息时，通常会根据企业性质、行业特点等情况，参考多项标准的合规要求，如国际标准、国家标准、地方标准、行业标准或上市公司规定等。参考通用的ESG信息标准有助于企业提高ESG信息披露质量，提升ESG信息的一致性与可比性。社会科学文献出版社出版的《金蜜蜂中国企业社会责任报告研究（2020）》中，研究团队对1730份于2020年1月1日至10月31日在中国大陆公开发布的中文社会责任报告编制的参考依据进行了评估（见图18-1），近90%的报告发布主体为上市公司，因此港交所、上交所、深交所的指引文件为样本最常见的参考依据，使用证券交易所指引文件的企业占总样本数的68.9%。参考GRI进行报告编制的企业共有481家，占总

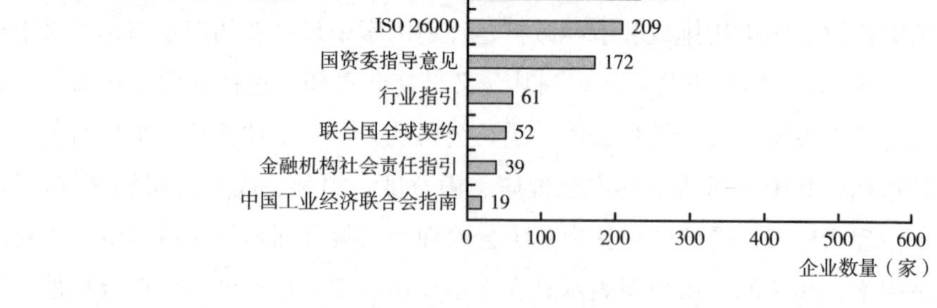

图18-1　报告编制参考依据

资料来源：《金蜜蜂中国企业社会责任报告研究（2020）》，社会科学文献出版社，2021。

样本数的 27.8%，体现了 GRI 标准在我国企业 ESG 信息披露中的影响力。中国社会科学院《中国企业社会责任报告编写指南》、《社会责任报告编写指南》(GB/T36001)、ISO 26000、国资委指导意见等标准和规定也是常见的报告编制参考依据。

图 18－2 为 2010～2020 年中国企业使用 GRI 标准和 ISO 26000 的情况。数据显示越来越多的企业通过参考受到公众认可的社会责任指南和标准，加强报告编制的规范性。自 2010 年以来，参考 GRI 标准、ISO 26000 的报告比例上升幅度较大，分别上升了 11.7 个百分点和 10.6 个百分点。GRI 标准被越来越广泛地引用，也说明中国企业的社会责任报告编制加快了与国际接轨的脚步。

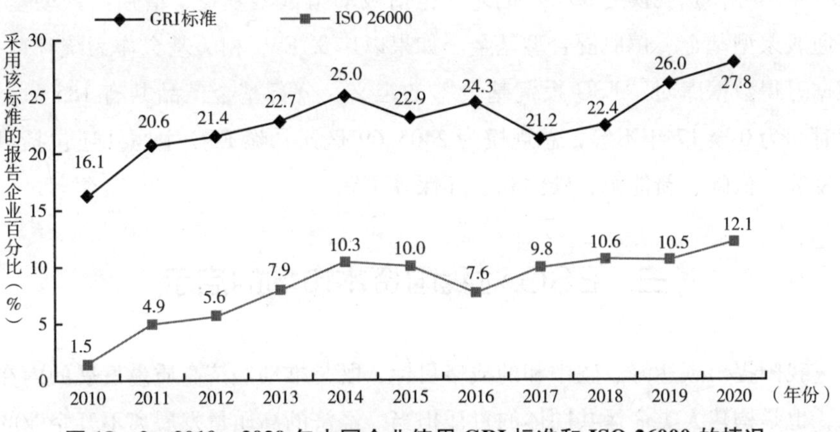

图 18－2　2010～2020 年中国企业使用 GRI 标准和 ISO 26000 的情况

资料来源：《金蜜蜂中国企业社会责任报告研究（2020）》，社会科学文献出版社，2021。

（三）投资者

国内 ESG 投资处于发展初期阶段，市场潜力巨大。ESG 投资在国内的具体形式有 ESG 股权投资、ESG 公募基金、ESG 私募基金等。除政策推动外，投资者 ESG 意识的加强也是 ESG 投资在国内发展的强大助力。目前我国加入 PRI 的成员超过 70 家，其中资产所有者 3 家，投资管理人 57 家，签署成员多为私募股权基金、公募基金、券商资管与保险资管；但是从比例上看，我国加入 PRI 的机构数量仅占该组织全球 4500 多家成员的 1.7% 左右，与我国经济金融体量在全球的地位不相称。

《2020年度中国资管行业ESG投资发展研究报告》课题组对国内226家机构投资者进行中国资管行业ESG投资问卷调查，结果显示，机构将ESG责任投资的业务动机集中在提高长期回报、降低投资风险和社会责任三项，说明ESG投资在提高投资收益和风险管理上受到机构投资者的认可。尽管如此，由于涉及内部决策、投研积累和产品发行上报等众多流程，资管机构从认可ESG理念到产品落地仍需较长周期。促进ESG投资发展不仅需要更多机构认同ESG投资策略，也要缩短从投研到产品落地的周期，促进产品与服务创新。

ESG投资产品已初显市场规模。以公募基金为例，万得数据库数据显示，截至2021年11月，命名为“ESG”的公募基金产品共有19只，存续时间为0至9年不等，总规模为86.96亿元，包括被动指数型基金、增强指数型基金、普通股票型基金、偏股混合型基金。如果以广义ESG相关基金作为统计口径，根据万得数据库对“ESG投资基金”的定义，公募基金产品共有185只，存续时间为0至17年不等，总规模为2405.69亿元，除ESG主题外还包括可持续发展、低碳、新能源、碳中和、环保等主题。

三　ESG对我国资本市场的启示

我国提出碳达峰、碳中和的战略目标，既是推动经济高质量发展的内在要求，也是构建人类命运共同体的责任担当。经济的高质量发展离不开企业的可持续发展，而企业的可持续发展能力取决于对财务绩效和非财务绩效的统筹管理。企业践行ESG理念，积极提高企业财务绩效和非财务绩效表现，与国家提出生态优先、绿色低碳的目标高度契合，因此，ESG生态系统建设可以作为推动经济绿色低碳转型、落实国家双碳战略的重要手段。资本市场作为改革开放的重要阵地，应当积极拥抱投资生态变化趋势，为ESG投资发展提供配套的制度设施，为碳达峰、碳中和战略提供投融资渠道，更好地推动我国ESG生态系统的整体发展。

（一）建设符合我国经济社会发展情况的ESG标准体系

ESG标准作为ESG生态系统中最重要的基础设施，是企业进行ESG治理实践和信息披露的方法依据和行动指南，是投资与评价机构开展ESG投资和评估的逻辑依据，也是政府部门制定、执行 ESG 有关政策并进行监管的决策参考。建立符合我国经济社会发展情况的企业 ESG 标准有利于实现我国 ESG 生态系统的良性循环，推动国家经济高质量发展。在双碳战略工作紧密部署之际，通过企业 ESG 标准化建设为经济高质量发展之路打好根基，是适逢其时、顺势而为；而且建设符合我国经济社会发展情况的 ESG 标准体系有助于我国更好地融入国际经济体系，参与全球经济治理进程。标准是一个国家软实力的综合体现，掌握了标准就掌握了国际竞争的话语权。现阶段，有影响力的标准制定组织纷纷寻求标准的整合契机，旨在形成全球范围内有广泛影响力的 ESG 标准。与之相比，我国尚未形成涵盖 ESG 的标准体系。在当前阶段抓紧启动我国企业 ESG 标准化建设，是顺应国内潮流且符合国际趋势的政策布局。一方面促进中国企业与国际接轨，更好地融入国际经济体系，加快形成以国内大循环为主体、国内国际双循环相互促进的新发展格局；另一方面有利于树立我国负责任大国形象，提升国际话语权，更好地参与全球标准制定与经济治理进程。

（二）制定 ESG 投资规范，为 ESG 投资行为提供指南

ESG 投资包括绿色信贷、绿色债券、可持续证券、可持续股权投资、绿色产业基金等多种形式。国内尚未形成对 ESG 投资的明确界定，加上 ESG 投资与绿色金融、可持续金融、责任投资、影响力投资等其他概念有相似之处，导致 ESG 投资市场规模的统计难度增大。ESG 投资定义模糊也导致部分 ESG 产品及服务存在“漂绿”现象，无法真正实现促进经济低碳绿色转型的效果。

在国内暂无 ESG 投资规范的背景下，资产管理机构多在参考国际实践案例的基础上自行探索 ESG 投资策略，效率较低，制约着 ESG 投资的发展。制定 ESG 投资规范，为 ESG 投资行为提供指南有助于提高 ESG 投资在我国的增长速度与实践深度，可以促进国内资本市场适应 ESG 在全球投资领域的主流化趋势，有利于构建国内国际双循环相互促进的新发展格局。

（三）引导社保基金、养老基金等长期资金进行 ESG 投资

全球有越来越多的长期资金进行 ESG 投资实践：日本政府养老投资基金作为全球最大的养老金基金，资产管理规模超过 16000 亿美元，2015 年加入

UN PRI 并将 ESG 因素融入各类资产的投资策略之中；美国的加州公务员退休基金资产管理规模超过 4000 亿美元，针对每个资产类别都制定了一套 ESG 投资实践指南；荷兰退休金资产管理集团作为欧洲最大的养老金资产管理公司，管理超过 6000 亿美元的资产，也采纳了 ESG 投资框架。ESG 投资与长期资金的长期属性、避险属性与公共属性相匹配，因此在许多发达国家已经被养老基金管理机构广泛采用。中国人民银行副行长在 2021 年 7 月的全球财富管理论坛 2021 北京峰会上曾表示“将丰富 ESG 投资运用领域，引导养老金、保险、社保等具有一定社会属性的长期资金进入 ESG 投资市场”。在 ESG 标准体系和 ESG 投资规范不断完善的情况下，长期资金率先进入 ESG 投资市场将形成良好的示范效应，可以带动其他资产管理机构进行 ESG 投资。

四　第一创业 ESG 实践案例

近年来，第一创业积极贯彻落实中国证监会、中国证券业协会对构建“合规、诚信、专业、稳健”的行业文化的工作要求，认真部署文化建设工作。公司在成立之初就将可持续发展理念纳入公司愿景和发展战略，致力于将自身发展与社会进步、环境改善紧密相连。2020 年，公司以 ESG 可持续发展理念为出发点，在公司治理、投资业务、信息披露、风险管理、社会公益等方面积极履行企业社会责任，推动绿色转型，开展了一系列的实践。

（一）建立 ESG 治理体系，落实 ESG 实质性议题

第一创业将 ESG 纳入公司战略，在董事会层面审议通过了建立 ESG 治理体系的议题，并通过实质性问题分析甄别出 20 个对公司经济、环境、社会及治理绩效有重大影响的实质性议题（见表 18－7），并从 ESG 治理、ESG 投资、ESG 风险管理和 ESG 信息披露四个方面落实 ESG 实质性议题。第一创业 ESG 治理体系主要内容如下。

（1）ESG 治理：将 ESG 实质性议题运用于公司内部管理体系之中，利用关键指标评估议题落实效果，持续提高公司治理能力，提高管理效率。

（2）ESG 投资：提高公司投资部门的 ESG 投研能力，加强投资活动中对风险的识别和管理能力，追求更高风险收益比，为客户提供稳健收益回报。

（3）ESG 风险管理：分析与实质性 ESG 议题相关的风险与机遇，增加气候变化、监管政策变动等条件下对信用风险、市场风险的分析，加强投资活动中对 ESG 风险和机遇的识别能力，重视将风险转化为机遇的能力。

（4）ESG 信息披露：完善 ESG 信息收集、校验、披露流程，积极通过与信息披露渠道与监管机构、外部评级机构等重要利益相关方的沟通，提高外部机构对公司 ESG 绩效的评分，提升企业价值，增强投资者信心。

表 18－7　第一创业 ESG 实质性议题列表

分类	议题名称
经济类议题	经济绩效、ESG 投资策略、产品与服务设计
环境类议题	绿色运营、金融活动产生的环境影响
社会类议题	公平雇佣行为、员工平等与多元化、员工培训与教育、职业健康与安全、道德和诚信、反腐败、预防金融犯罪、营销信息合规、数据治理、网络信息安全、乡村振兴、抗疫责任
治理类议题	公司治理、ESG 风险管理、供应链管理

资料来源：第一创业证券公司。

第一创业的 ESG 治理体系以公司董事会为最高管理机构；公司经营管理层在董事会领导下，负责相关事项的组织与执行；监事会作为内部监督机构，监督 ESG 治理体系的落实；相关部门、各分支机构及子公司负责 ESG 议题的具体落实。公司管理层还成立了 ESG 委员会，统筹落实 ESG 实质性议题，监督各部门的执行情况，并且逐步将 ESG 实质性议题的落实情况纳入公司的考核体系，从管理架构上保证 ESG 治理体系的落实。

（二）履行 ESG 投资，做负责任的资产管理机构

2020 年 7 月，第一创业正式加入 UN PRI，成为国内首家签署该原则、承诺践行六大负责任投资原则的证券公司。作为联合国负责任投资原则的签署机构，第一创业着力构建 ESG 投研体系，管理投资风险，完善投资决策，逐步提高将 ESG 因素纳入投资考量的资产占比。

第一创业的 ESG 投资政策遵循以下原则：将重大 ESG 因素纳入公司投资分析与决策过程；定期、及时披露公司 ESG 投资政策实施情况；公司行使积极所有权，将 ESG 问题纳入积极所有权实践中；推动公司投资实体合理披露

其 ESG 相关问题；推动行业 ESG 标准的设立，促进投资行业广泛采纳并落实 ESG 投资原则；齐心协力提高 ESG 投资实施效果，响应国家经济高质量发展主题。

ESG 投资原则的责任机构为第一创业经营管理层，执行部门为各投研部门和风险管理部。投研部门结合业务情况和行业特点，将有重大财务影响的 ESG 因子纳入投资考量流程中，考虑 ESG 因素相关风险和机遇；风险管理部协助公司投研部门将 ESG 因子纳入风险管理流程，加强风险识别能力，提高风险收益比。

券商资产管理业务方面，第一创业已经发起成立第一创业 ESG 整合债券系列集合资产管理计划，主要采用 ESG 整合策略，即在原有的投资分析体系基础上，通过内部构建的可持续发展价值评估模型，将 ESG 角度的非财务指标评估因子融入企业信用分析、政府信用分析、个券定价等投资分析环节，并结合传统财务指标，进行相应的策略调整。在投资标的持有期内，公司将对企业含 ESG 因素在内的所有信息进行持续跟踪。

在公募基金方面，第一创业旗下基金子公司创金合信积极探索 ESG 筛选法（负面筛选/正面筛选）、整合策略和可持续主题投资法等 ESG 投资策略，并将 ESG 投资理念与全市场配置基金、行业主题基金、指数基金的投资相结合。创金合信共管理 5 只符合广义 ESG 标准的主动管理权益基金，分别是创金合信 ESG 责任投资股票（采用负面筛选策略投资于 A 股与港股中符合 ESG 投资理念的企业）、创金合信气候变化责任投资股票（重点投资于清洁能源、节能减排、新能源汽车、环保行业领域的绿色企业）、创金合信新材料新能源股票（重点投资于光伏、风电、电动车等新能源行业和高性能功能材料、半导体材料、复合材料等新材料领域企业）、创金合信新能源汽车股票（主要投资于新能源汽车主题股票，对新能源汽车主题细分行业配置）和创金合信碳中和股票（投资于精选碳中和主题相关证券）。其中，创金合信 ESG 责任投资股票的投资策略，选用 ESG 筛选策略，结合公开信息和主动调研等方式，投资时重点关注环境、社会责任、公司治理指标；创金合信气候变化责任投资股票、创金合信新材料新能源股票、创金合信新能源汽车股票和创金合信碳中和股票则选用可持续主题投资策略，投资于与 ESG 主题有关的行业优质股票。截至 2021 年 9 月底，这五只符合广义 ESG 标准的主动管理权益基金规模为

62.47 亿元。

在私募股权基金方面，第一创业的私募股权基金管理子公司一创投资，重视产生积极、可衡量的环境社会影响的行业投资，规避高能耗、高污染以及涉及违法违规的相关行业，在获得财务回报的同时实现可持续目标。根据《第一创业投资管理有限公司资产池分类方案（暂行）》，高端装备制造、生命健康、新一代信息技术与环保和新能源行业为重点关注行业。在项目尽调工作执行中，一创投资会对项目的 ESG 风险进行提示。2020 年，一创投资及旗下二级私募基金管理公司所管基金的投资项目总额为 44650.56 万元，其中符合广义 ESG 属性的项目投资金额占比 94.18%。一创投资及旗下二级私募基金管理公司现有基金也是重点服务于国家战略性新兴产业。其中，鲲鹏一创基金重点聚焦高端装备制造、大消费、生物医药、TMT（科技、媒体及通信）等国家政策支持的战略性新兴产业和未来产业；晟创深高速基金的对外投资集中于节能环保产业运营类项目；金砖一创基金重点投向高端装备制造（工业智能制造系统及装备）及新能源汽车产业链；海油安能基金重点投向新能源、新材料、新技术等重点行业。

（三）立足专业，发挥资本中介功能，推动资本市场高质量发展

作为资本市场中重要的中介机构，证券行业应充分发挥自身资本市场投融资中介的职能，为实体企业提供精准金融服务。针对近年来民企融资难、融资贵的情况，第一创业不断完善综合融资服务体系，已服务民企过百家。截至目前，第一创业及其全资子公司一创投行作为总协调人/主承销商，为长源东谷、明新旭腾、祖名股份、凯莱英、联创电子、值得买、三维工程等提供股权融资服务，并助力东阳光、欣旺达、华创证券等发行“疫情防控债”，为抗击新冠肺炎疫情及复工复产提供保障。

第一创业围绕“碳中和”理念，以 ESG 投资实践为抓手，融入绿色金融的发展。2021 年 6 月 4 日，第一创业作为承销团成员，协助发行人上海汽车集团财务有限责任公司成功完成“上和 2021 年第一期绿色个人汽车抵押贷款资产支持证券”的发行工作；同年，第一创业还助力首批公募 REITs 中唯一一单污水处理特许经营权类的基础设施公募 REITs——首创水务 REITs 发行成功。第一创业担纲首创水务 REITs 的合作机构，充分发挥股权、债权投融资领

域和资产证券化业务领域的集成创新能力、承销能力和丰富实操经验，积极协助首创环保集团高质、高效完成各项发行事宜，在战配投资和网下询价申购等环节贡献了重要力量，与各参与机构积极合作，助力首创水务 REITs 圆满发行。2021 年 9 月，第一创业旗下富显系列产品完成对桂东电力（600310. SH）和日上集团（002593. SZ）定向增发项目投资，助力两家企业完成绿色股权融资。桂东电力此次募资为重大资产重组（桥巩水电站资产注入）募集配套资金，共募集 7.4 亿元，用于支付购买桥巩水电站 100% 股权的现金对价。桂东电力聚焦水力发电、光伏发电和风力发电等业务，是广西国资委旗下企业广投集团唯一的新能源发电上市公司。桂东电力项目是继金开新能之后，第一创业在 2021 年第二次助力新能源发电产业链上市企业完成绿色股权融资。日上集团是主营商用车车轮与钢结构双主业驱动的大型全球化综合集团，其中轻量化锻造铝合金轮毂智能制造项目第一期投资产品已经成熟并批量生产，为日上集团未来产品发展的重要方向。日上集团此次定增共募集 3.294 亿元，用于轻量化锻造铝合金轮毂智能制造项目。此次轻量化锻造铝合金轮毂智能制造项目定向增发落地，符合汽车产业“轻量化”发展方向，有助于日上集团推动轮毂业务节能、减排、降耗的“绿色驾驶”变革。

（四）重视 ESG 风险管理，强化风险管理能力

第一创业将 ESG 理念纳入现有风险评估和管理体系中，强化风险管理能力，结合非财务信息，弥补传统风险评估体系的不足，有助于完善和优化风险管理体系。通过将 ESG 纳入投资理念，公司逐步将资产分布向可持续、高质量的产业转移。在系统性风险加大时，这类高质量的资产主体往往有更强的风险适应能力和管理能力，更能够帮助公司实现“风险向质量”的转移，进而缓解外部风险带来的冲击。在具体业务的风险管理层面上，ESG 理念的践行有利于提高公司在固定收益类投资、权益类投资、投行业务、资产管理等各方面业务的风险管理有效性。通过对企业 ESG 情况的分析，公司制定了相应的负面清单，尽可能避免遭遇“黑天鹅”等事件的发生，实现良性健康发展。

公司内控部门将公司金融活动的 ESG 风险纳入监督与评估审核，从信用风险、市场风险、声誉风险等角度管控 ESG 风险要素，促进风险管理与 ESG 理念的深入融合。例如，设定 ESG 相关的负面清单，如“两高一剩”行业、

环保违法企业等，将负面清单中的企业作为禁投范围进行信用风险管理。对于投向权益类证券，将其 ESG 相关的情况作为评估要素之一进行市场风险管理。公司持续开展舆情监控进行声誉风险管理，关注公司在 ESG 方面的负面报道，及时处理、回应和改进；通过对公司治理、员工关怀、社会责任的努力践行和宣传，从源头上规避与 ESG 治理有关的声誉风险。

（五）做好 ESG 信息披露工作，提高公司透明度

第一创业通过信息披露积极与利益相关方沟通企业社会责任履行情况，提高外部机构对公司的 ESG 评级。2021 年 3 月 30 日，公司披露《2020 年度社会责任及 ESG 履行情况报告》，首次对 ESG 履行情况进行合并披露，也成为国内首家支持并在披露中落实 TCFD 信息披露建议的证券公司。报告编制参考的 ESG 信息披露标准框架包括：全球可持续发展标准委员会（GSSB）发布的 GRI 可持续发展报告标准（简称 GRI 标准）、可持续发展会计准则委员会（SASB）的可持续发展会计准则、气候相关财务信息披露工作组（TCFD）建议。该报告还同时参照《深圳证券交易所上市公司规范运作指引》、《深圳证券交易所上市公司业务办理指南第 2 号——定期报告披露相关事宜》及其附件 1《上市公司社会责任报告披露要求》、《深圳证券交易所上市公司信息披露工作考核办法（2020 年修订）》和《深圳经济特区绿色金融条例》等相关法律法规、规范性文件的要求进行编制。

第一创业在 ESG 理念践行方面的率先垂范，获得了社会的认可：在 MSCI 明晟、标普全球企业可持续发展评估、恒生可持续发展企业指数评估等外部评级项目中，第一创业的 ESG 绩效表现获得评级机构的认可。“香港品质保证局－恒生指数可持续发展评级与研究企业可持续发展绩效报告摘要 2021～2022”显示，第一创业“在行业中获最佳得分”，被纳入恒生 A 股可持续发展企业基准指数（HSCASUSB）成分股，这意味着第一创业 ESG 实践获得权威指数编制机构的认可。而且，MSCI 给予第一创业“BB”的 ESG 评级结果，处于业内较优水平。

（六）积极参与 ESG 生态系统建设

第一创业正积极推动国内 ESG 生态系统发展，促进投资行业广泛采纳并

落实 ESG 投资原则。2020 年 7 月 17 日，第一创业与首都经济贸易大学联合发起成立中国首家专门开展 ESG 研究的高校智库——中国 ESG 研究院。第一创业董事长刘学民先生、党委书记兼监事会主席钱龙海先生担任中国 ESG 研究院理事会成员，钱龙海先生在理事会首次会议上当选为理事长。ESG 研究院旨在构建中国 ESG 报告标准、评价指标体系和数据库，目前已形成了“十四五” ESG 发展的政策体系设计、国外 ESG 披露标准的比较研究、中国企业 ESG 披露标准框架体系等系列研究成果。2021 年 1 月 9 日，中国 ESG 研究院与第一创业共同举办首届中国 ESG 论坛，以“ESG 与经济高质量发展”为主题，搭建 ESG 理论研究与实践结合的政产学研交流平台。2021 年 6 月，第一创业参与《深圳经济特区绿色金融条例》配套制度与标准课题工作，分享了公司内部建立 ESG 治理体系的经验，作为证券公司代表参与《金融机构绿色金融制度体系建设》研究，成为深圳市绿色金融协会首批会员单位，并获深圳市绿色金融协会课题研究贡献奖。2021 年 8 月，第一创业受邀参加新浪财经 ESG 全球领导者峰会，公司党委书记兼监事会主席钱龙海先生作《积极践行 ESG 理念，创造美好未来》主题演讲。2021 年 11 月，在由证券时报主办的“中国企业 ESG 发展研讨会”上，“中国企业 ESG 发展联盟”正式启动，第一创业成为“中国企业 ESG 发展联盟”的发起会员单位，钱龙海先生作为圆桌论坛的主持人及分享嘉宾受邀出席论坛。

参考文献

施懿宸、吴祯姝. 2019. IIGF 观点 | ESG 与公司价值. 2019 [2021 - 12 - 16]. http: //iigf. cufe. edu. cn/info/1012/1331. htm.

Friede, G. , Busch, T. , & Bassen, A. 2015. ESG and financial performance: aggregated evidence from more than 2000 empirical studies. *Journal of Sustainable Finance & Investment*, 5 (4), 210 - 233.

图书在版编目（CIP）数据

中国债券市场．2021／李扬，王芳主编．--北京：社会科学文献出版社，2021．12

ISBN 978-7-5201-9527-0

Ⅰ．①中… Ⅱ．①李… ②王… Ⅲ．①债券市场-研究-中国 Ⅳ．①F832．51

中国版本图书馆CIP数据核字（2021）第278988号

中国债券市场：2021

主　　编／李　扬　王　芳

出 版 人／王利民
组稿编辑／恽　薇
责任编辑／孔庆梅　胡　楠
责任印制／王京美

出　　版／社会科学文献出版社·经济与管理分社（010）59367226
　　　　地址：北京市北三环中路甲29号院华龙大厦　邮编：100029
　　　　网址：www．ssap．com．cn
发　　行／市场营销中心（010）59367081　59367083
印　　装／三河市尚艺印装有限公司

规　　格／开　本：787mm×1092mm　1/16
　　　　印　张：28．5　字　数：475千字
版　　次／2021年12月第1版　2021年12月第1次印刷
书　　号／ISBN 978-7-5201-9527-0
定　　价／158．00元

本书如有印装质量问题，请与读者服务中心（010-59367028）联系